信息管理系列丛书

信息生态环境和谐演化

XINXI SHENGTAI HUANJING HEXIE YANHUA

孙瑞英 著

知识产权出版社
全国百佳图书出版单位

图书在版编目（CIP）数据

信息生态环境和谐演化 / 孙瑞英著. —北京：知识产权出版社，2019.2
ISBN 978-7-5130-6058-5

Ⅰ. ①信… Ⅱ. ①孙… Ⅲ. ①信息化建设－研究－中国 Ⅳ. ①G203

中国版本图书馆CIP数据核字（2019）第015927号

内容提要

本书系统地探讨了泛在信息环境下的信息异化问题，追溯了泛在信息社会的相关概念，阐述了泛在信息环境加剧信息异化的历史必然性，总结了信息异化的症状，并从信息生态学视角对信息异化问题进行了诠释。本书确定了构建和谐信息生态环境的目标，对和谐信息生态环境进行了释义，并确定了构建和谐的信息生态环境的目标定位和构建和谐信息生态环境的路径。本书可作为信息管理、图书馆学相关教师和学生的参考用书。

责任编辑：许　波　　　　**责任出版**：孙婷婷

信息生态环境和谐演化

XINXI SHENGTAI HUANJING HEXIE YANHUA

孙瑞英　著

出版发行：知识产权出版社有限责任公司　　**网　　址**：http://www.ipph.cn
电　　话：010－82004826　　http://www.laichushu.com
社　　址：北京市海淀区气象路50号院　　**邮　　编**：100081
责编电话：010－82000860转8380　　**责编邮箱**：xubo@cnipr.com
发行电话：010－82000860转8101　　**发行传真**：010－82000893
印　　刷：北京虎彩文化传播有限公司　　**经　　销**：各大网上书店、新华书店及相关专业书店
开　　本：720mm×1000mm　1/16　　**印　　张**：21.5
版　　次：2019年2月第1版　　**印　　次**：2019年2月第1次印刷
字　　数：341千字　　**定　　价**：68.00元

ISBN 978-7-5130-6058-5

目 录

1 泛在信息环境下信息异化问题

泛在信息环境是目前理论界讨论的一个热点概念，信息技术的进步与网络环境的泛化为泛在信息环境奠定了基础。在泛在信息环境下，信息无所不在，为人们利用信息提供了无限的空间。

1.1 泛在信息社会概念溯源

在社会形态演化的历史进程中，人类社会最初的形态是从原始的渔猎社会演进到农业社会，再从自给自足的农业社会进一步演进到社会化大生产的工业社会，最后从社会化高速发展的工业社会演进到信息社会。在信息社会中，信息技术得到了空前快速的发展，并且渗透到人类生存和活动的任何空间。虚拟空间互联网的快速发展，逐步渗透到物理世界的物联网，社会形态从“E”社会（Electronic Society）过渡到“U”社会（Ubiquitous Society）。

1.1.1 信息社会

信息社会的别称是信息化社会，信息社会的概念与知识社会、网络社会、虚拟社会、后工业社会等概念存在彼此交叉的关系。信息社会是在农业社会、工业社会后出现的一种新的社会形态，信息社会依靠的基础技术是信息技术，支柱产业是信息产业，生产活动的中心是提升信息价值，生产的产品主要是信息产品的社会形态。18世纪，空想社会主义者圣西门就对未来社会进行了预测，圣西门认为科技人员是未来社会重要的阶级力量，科学技术的发展将会对社会产生巨大的影响，圣西门的预测是提出信息社会的理论渊源。自美国哈佛大学社会学家丹尼尔·贝尔（Daniel Bell）提出“后工业社会”的概念以来，梅棹忠夫（日本社会学家）在《信息与产业论》中提出“信息社会”概念，日内瓦信息社会世界峰会《原则宣言》中提出“全面发展的信息社会”，学者们对信息社会的理论研究层出不穷。关于“信息社会”概念的提出如表1-1所示。

表1-1 “信息社会”概念提出的过程

概念	提出者	时间	含义	补充、备注
未来社会	空想社会主义者：圣西门	18世纪	认为科技人员是未来社会重要的阶级力量，科学技术的发展将会对社会产生巨大的影响	是提出信息社会的理论渊源
后工业社会	美国哈佛大学社会学家丹尼尔·贝尔在《后工业社会的来临》中提出	1959年	后工业社会的关键变量是信息和知识，主要经济部门是以加工和服务为主导	首次探讨信息社会问题
信息社会	日本社会学家梅棹忠夫在《信息与产业论》中提出	1963年	也称信息化社会，是脱离工业化社会以后，信息将起主要作用的社会	首次提出了“信息社会”概念
信息社会	美国哈佛大学社会学家丹尼尔·贝尔接受了信息社会的提法。	1979年	“信息社会”比“后工业社会”的概念表达更确切	此后人们广泛接受“信息社会”的概念
全面发展的信息社会	日内瓦信息社会世界峰会《原则宣言》中提出的	2003年	人人可以创造、获取、使用和分享信息及知识的社会	促进社会达成可持续的发展，而且提高公民生活质量

如表1-2所示，国际上对“信息社会”的研究是从20世纪70年代开始的，国外学者从经济发展的视角、社会形态变迁的视角、产业划分等角度对信息社会及相关问题进行了研究，采用PEST分析法，对经济（E）、政治（P）、社会文化（S）、技术发展（T）等各领域的变化进行了分析和预测，是从宏观角度来研究信息社会的。马克·波拉特（M.U.Porat）认为应该对国民经济采用“四产业划分法”，提出信息产业地位应该与传统的农业、工业、服务业平等，并称为“第四产业”；阿尔文·托夫勒（Alvin Toffler）在其著作《第三次浪潮》中，梳理了人类文明发展的进程，总结分为三个阶段：农业化过程、工业化过程、信息化过程；约翰·奈斯比特（John Naisbitt）在《大趋势》中描述了信息社会来临的标

志和基本特征；曼纽尔·卡斯特尔（Manuel Castells）在其力作《信息时代：经济、社会与文化》三部曲中，从历史、社会和经济等方面对信息化社会进行了深入研究。

表 1-2 国外学者对"信息社会"的理论研究

学者姓名、国别	提出时间	理论观点
美国经济学家：马克·波拉特（M.U. Porat）	1977年	在《信息经济》一书中提出了国民经济"四产业划分法"。把信息产业和传统的农业、工业、服务业并列，称为"第四产业"
美国学者、未来学家：阿尔文·托夫勒（Alvin Toffler）	1980年	在《第三次浪潮》中，托夫勒把人类的文明发展分为三个时期。第一次浪潮时期——农业阶段，历时数千年；第二次浪潮时期——工业阶段，历经300多年；第三次浪潮时期——信息化阶段，正在行进中
美国未来学家：约翰·奈斯比特（John Naisbitt）	1982年	在《大趋势》中，他指出1956年美国"白领人员"的数量首次超过了"蓝领工人"，苏联于1957年成功发射首颗人造地球卫星，奠定全球卫星通信的基础。这两个事件是工业社会结束和信息社会开始的标志
美国社会学家：曼纽尔·卡斯特尔（Manuel Castells）	1996年	在著作《信息时代：经济、社会与文化》三部曲：《网络社会的崛起》《认同的力量》《千年终结》中，卡斯特尔发展了信息社会理论，展示出一幅瑰丽壮阔、超乎寻常的网络社会图景

国内学者对"信息社会"的研究大约始于1983年，从 1983 年 开 始 到 20 世纪末，国内学者对"信息社会"问题开始重视，我国学术界翻译了一批西方信息社会学研究方面的著作，并进行了一定程度上的移植研究，涌现出大量的研究成果，如表1-3所示。这些研究成果对信息社会的理论进行了梳理，指出了各国信息化的发展模式和一些国家的信息化进程，为国人了解信息社会的本质特征提供了初步的、非系统性的观点，为其他学者继续研究信息社会提供了借鉴与参考。

表 1-3 国内学者对"信息社会"的主要理论研究

时 间	学 者	著 作
1983年	众多学者	《情报学报》期刊、《情报科学》期刊、《情报资料工作》期刊和《情报业务研究》期刊
1986年	秦麟征	《后工业社会理论和信息社会》（辽宁人民出版社）
1988年	潘培新、亦舟	《信息社会论和新技术革命》（世界知识出版社）

续表

时　间	学　者	著　作
1990年	卢泰宏	《信息文化导论》（吉林教育出版社）
1991年	梁枢、孙丽萍	《信息时代与民族复兴》（青岛海洋大学出版社）
1993年	王东明、王家全	《当代中国信息观》（机械工业出版社）
1994年	刘昭东、宋振峰	《信息与信息化社会》（商务出版社）
1995年	董小英、张海华 黄德发 钟义信	《信息高速公路与社会发展》（中国经济出版社） 《后信息社会》（中国统计出版社） 《从信息科学到信息社会》（北京邮电大学出版社）
1996年	岳剑波 马费城 严康敏、赖茂生	《信息环境论》（书目文献出版社） 《信息资源与社会发展》（武汉大学出版社） 《信息高速公路——面向未来的震荡》（山东教育出版社）
1998年	金吾伦 汪向东 黄顺基	《塑造未来——信息高速公路通向新社会》（武汉出版社） 《信息化：中国21世纪的选择》（社会科学文献出版社） 《信息革命在中国》（人民大学出版社）
1999年	崔保国	《信息社会的理论与模式》（高等教育出版社）
2002年	乌家培	《信息社会与网络经济》（长春出版社）

总结中外学者的观点得出：信息社会的来临是不以人的意志为转移的，是人类社会演进过程中的必然阶段，正是信息技术的革命与人类需求的变化才会导致二者的自然耦合，这和农业技术革命将人类带入农业社会、工业技术革命缔造了工业社会是一样的，正是信息技术革命才将人类引领到信息社会，所以，信息社会是一种有别于农业社会、工业社会的全新的社会形态。信息科学、技术广泛应用于社会的各领域，信息技术渗透于整个社会结构中，成为信息社会发展的物质基础，促进了人类的社会形态的改变。在信息社会中，知识与信息是生产力的主要来源，信息社会的经济模式是一种以信息化、网络化、全球化为特征的新经济。

第一，作为最重要的媒介和信息基础设施，互联网的普及和快速发展促进了社会经济发展模式的变革。曼纽尔·卡斯特尔在其研究成果《网络社会的崛起》中对互联网的重要作用进行了总结："作为一种历史趋势，信息时代的支配性功能与过程日益以网络组织起来，网络建构了我们社会的新社会形态，而网络化逻辑扩散的实质是改变了生产、经验、权利和文化过程中的操作和结果。"

第二，信息社会的结构是一种网状结构，无论是宏观层面的社会结构，还是微观的生活工作，都是网状的结构，这种网状结构能够实现快速的信息交换，因为网状结构的社会关系网络是信息网络上的一个个结点，网状结构的社会是信息社会的必然产物。

第三，信息与信息技术是信息社会的主要资源。在信息社会中，信息的作用已经超过了资本、能源、材料等传统生产要素，信息与信息技术是生产力的主要源泉，整个社会的生产和交换都是在信息与信息技术的基础上实现的。信息无处不在，人们被各种文字、声音、图像信息时刻包围着。信息技术推动了信息产业和信息经济的发展，信息产业成为整个社会最重要的支柱产业。信息技术自动化、智能化的特点使人类无须再从事繁重的体力劳动。

第四，虚拟实践与现实实践并存。在信息社会中，人们的实践活动不仅存在于物理空间，而且存在于虚拟空间。借助信息技术，通过互联网，人们既可以“进入”图书馆、展览馆学习，也可以“逛”商场和“去”银行……总之，人们可以利用网络来做现实世界的各种实践活动。在信息社会中，不能把虚拟实践与现实的社会实践对立起来，虚拟实践活动只能是以现实实践活动作为存在的基础，虚拟实践行为是对现实实践行为的发展和突破。

第五，社会活动具有超越时空性。在信息社会，人们活动的空间和时间都得到极大扩展，利用信息网络技术，不再需要把人固定束缚在一定的场所来工作、学习和娱乐，人们可以足不出户地、自由地做自己的工作、学习和娱乐，不再受地域和时间的限制。

1.1.2　泛在信息社会

“泛在”（Ubiquitous）一词源自拉丁语，意为“无所不在、普遍存在、到处存在”。信息社会的发展演进到高级阶段就必然进入泛在信息社会，泛在信息社会表征一种新的社会形态，智能化网络、计算机和数字技术是必不可少的基础设施，在泛在信息社会，通过网络通信或智能感知技术，可以实现在任何时间、任何地点、任何情况下的人与人、人与物、物与物之间的相互联通状态。“泛在信息社会”概念的提出经过了若干年的发展，如表1-4所示。

表1-4 概念提出时间过程

概　念	提出者	时间	主要观点
泛在计算（Ubiquitous Computing） 泛在信息环境（Ubiquitous Information Environment）	马克·维瑟（美）（Mark Weiser）	1991年 1998年	任何人无论何时何地通过终端设备和合适的网络连接。 随着信息环境的更新，人们更希望获得个性化的信息服务
泛在知识环境（Ubiquitous Knowledge Environment）	美国国家科学基金会（The National Science Foundation，NSF）	2003年	是一种数字化信息基础设施，组成部分包括：信息资源、信息用户、网络、软硬件等，是知识型社会的结构基础
环境感知智能（Ambient Intelligence）	欧盟（European Union）	2003年	分析信息用户的需求，满足个性化信息的需求，并渗透到信息用户每天的生活和工作中
泛在网络社会（Ubiquitous Network Society）	村上辉康（日）	2004年	信息技术在不知不觉中融入人们的日常生活，实现人与物的跨时空网络通信和互联
泛在信息社会（Ubiquitous Information Society）	筱本学（日）	2006年	人与物随时随地跨时空的网络连接，并且可获取任何个性化服务的新型信息社会

2006年10月在中国上海国际会议中心召开的“亚太地区城市信息化论坛”第六届年会上，日立信息通信集团总裁筱本学正式提出“泛在信息社会”概念。此概念被提出以后，随着“泛在信息社会”理念在人们思想中的逐步渗透，人类正向一个“无所不在”的高度信息化的智能网络社会迈进。2007年5月富士通论坛宣布：世界将进入“泛在信息社会”，日本和韩国也相继提出“U-Japan”和“U-Korea”的发展战略。

虽然“泛在信息社会”的社会形态是信息社会发展演进的必然结果，但是二者之间的核心技术却极其不同，泛在信息社会的核心技术不仅包括通信技术、信息技术，还包括射频身份识别技术和电子标签技术，射频识别和电子标签统称为RFID（Radio Frequency Identification），泛在信息社会以RFID技术为核心技术。这种技术能够识别、观察和跟踪社会中的任何一件东西（包扩自然环境）。信息社会与泛在信息社会的网络基础也不同，信息社会的网络基础是互联网，泛在信息社会的网络基础是物联网。泛在信息社会需要在全社会建设和部署识别感知网络（Sensor Network），这是“U社会”的一种新的基础设施。凭借这种基础设施，在信息社会中，能够实现人们之间的通信与联系，并且不受时间和空间的限制，即“3A”（Anyone，Anytime，Anywhere）通信。在泛在信息社会，通信超越“3A”模式，能够实现“4A”（Anyone，Anytime，Anywhere，Anything）通信，即不仅能够实现人与人之间的通信与联系，还可以实现人和物之间的通信与联系，可见，信息社会与泛在信息社会的信息交流方式也不同，信息社会的信息交流局限于人与人之间、人与机器之间，泛在信息社会的信息交流不仅局限于人与人之间、人与机器之间，还可以实现人与物体之间、物体与物体之间的信息交流，这样便形成了一个无所不在、普遍存在的“U-Society”。例如，Srivastava等研究者在*Japan's ubiquitous mobile information society*一文中提出了移动通信技术的强大信息功能：移动通信技术的使用已经无处不在。

总之，泛在信息社会是由“人-机-物”互动互通而组成的动态开放的网络社会，即人、信息、物组成的三元世界。泛在信息社会的“泛在”体现在以下四个方面。

第一，信息泛在。能够实现人与人之间的通信与联系，还可以实现人和物之间的通信与联系，即“4A”模式的信息获取。

第二，服务泛在。以人的需求为出发点，能够满足人们个性化需求的服务无处不在。

第三，技术泛在。RFID设施、物联网设施等和基于云计算的相关平台技术、各种软件技术呈现虚拟化，并且充斥于人们生活的任何领域，无处不在。

第四，网络泛在。2009年9月，ITU-T（国际电信联盟远程通信标准化组织）将“5C+5Any”确定为泛在网络的标准，“5C”包括融合（Convergence）、内容（Contents）、计算（Computing）、通信（Communication）、连接（Connectivity）。“5Any”为任意时间（Any Time）、任意地点（Any Where）、任意服务（Any Service）、任意网络（Any Network）和任意对象（Any Object）。

1.1.3 泛在信息社会发展现状

自2006年日立信息通信集团总裁筱本学正式提出“泛在信息社会”这一概念以来，不仅在理论层面世界各国和相关国际组织对“泛在网络（Ubiquitous Network）”概念更加重视，而且在实践层面，据不完全统计的结果可知：全球600多个城市和国家的“泛在网络”正在建设中：欧盟（2002）提出的“Icentric”概念，即在“Cyberspace”通信空间，将各种设备协同起来，并且得到美国DARPA、NSF、NIST等相关科研基金组织的大力资助，启动了Ambient Intelligence计划；在亚洲，日本和韩国也相继启动了“U-Japan”，“U-Korea”战略规划；日本的“E-Japan”被“Ubiquitous Japan”所取代，积极构建日本的泛在信息社会；中国香港地区“香港Wi-Fi通”已普及，中国一些发达城市积极跟进，“北京无线城市”以2008年奥运会建设为基础，无线覆盖面积已达100平方千米；上海凭借2010年世博会的基础，也完成大部分城区的Wi-Fi覆盖；广州于2008年开始分三期建成覆盖全广州公共区域的无线网络。

总之，“泛在信息社会”的时代已经到来，信息成为人们生活中不可或缺的重要资源，人们需要凭借网络设备不受时间和空间的限制获取信息资源，满足自己个性化的信息与知识需求。2009年9月，虽然“5C+5Any”被国际电信联盟远程通信标准化组织（ITU-T）视为泛在网络的标准，但是实际建设中“泛在网络”的技术标准很难统一。在“泛在信息社会”的动态系统中，目前还不能完全根据人的需求来设计各种系统和功能，个性化的服务没有达到无处不在；因此，目前只是“泛在信息社会”的初期阶段，RFID设施及技术还没有完全成熟，这导致泛在业务的盈利模式尚不健全，因此，各国“泛在信息社会”的建设工作并不顺利。

1.2 泛在信息环境加剧信息异化

“泛在信息社会”是一个“人-机-物”组成的动态开放的三元世界。人虽然是信息技术的发明者，是信息载体的创造者，是信息本身的传播者，但是人在信息泛在、服务泛在、技术泛在、网络泛在的“泛在信息社会”中却无所适从，不能很好地主宰信息，人反而成为信息的奴隶。正如社会问题总是和社会的发展与进步共生共存一样，在“泛在信息社会”中，泛在信息、泛在服务、泛在技术、泛在网络的发展在造福人类的同时也会带来诸多的社会问题，即信息异化问题，同样干扰着正常的社会秩序。例如，许多人由于过分担忧泛在网络的网络安全、泛在信息的信息质量等问题罹患“信息焦虑症”；由于泛在网络的泛在技术、泛在服务无处不在，网络成瘾、网络犯罪问题凸显，并向着低龄化方向蔓延，这些信息异化现象严重阻碍了“泛在信息社会”的进步和发展，严重影响人的心理和行为方式。

1.2.1　异化与信息异化

“异化”一词出自拉丁文alienation，具有“让渡或转让、疏远与分离、差异与变异、精神崩溃与错乱”之意，德语“异化”（entfremdung）由动词entfremden变化而来，包含“彼此分离、相对疏远、感觉陌生化”等含义。这个词是由马丁·路德于1522年在翻译《圣经》时，从希腊文的《新约全书》中移植“异化”这个词到新高地德语中，移植这个词用以指代与上帝疏远、不相信神及其无知等含义。“异化”这个概念最初来源于偶像崇拜的观念，并且可以追溯到柏拉图的观点：自然界是理念世界不完善的摹本，黑格尔和卡尔·马克思把它作为一个哲学概念开始讨论。黑格尔认为，“异化”是指自然界对于绝对精神、绝对理性的自我外化或人在对象世界中的自我外化和自我归复，是主体与客体之间分裂、统一、充实、发展的辩证过程。而马克思则抓住黑格尔关于人的自我创造的异化和扬弃的概念，用以说明人的异化劳动，说明人及其自身活动的产物外化成一个多种形式的、与人分离的独立强大的对象世界，从而成了奴役人的异己力量。异化的一般含义是：主体是客体的创造者，但客体却脱离主体的支配，而且客体甚至成为支配主体并且敌视主体的力量。进入20世纪，“异化”这个概念不仅在哲学领域受到关注，而且已经在社会各领域之中受到广泛关注，信息科学技术领域也不例外。

异化是指人被自身所创造的对象支配、统治和控制的情形。所谓信息异化，是指人们创造了信息，但信息却在各种信息实践环节（生产、传播和利用）中受相关因素干扰，丧失其原有的内涵和作用，变成其创造者（人）外在的异己力量，变异为一种新的支配、统治和控制人的力量。作为信息创造者的人类缔造了日新月异的信息时代。在这个因信息丰富而急剧变化的时代里，有些人对信息以及信息技术的痴迷和依赖无法控制，已经沉迷于自己编织的信息网中，本来要主宰信息，没想到最终被信息所主宰。哲学家卢梭关注社会不平等问题，在论证不平等的起源时指出："A奴役B，不必通过暴力手段，只要使B处于一种完全不能摆脱A的状态就可以实现。"实际上，信息异化就是因为人对信息的过分依赖而导致的，信息异化是一种在泛在信息社会条件下人对物，即对工具依赖的新形式，是从工业社会对"实际"的物的依赖走向了对"虚拟"物（即信息、信息技术）的依赖。

1.2.2 信息异化的历史必然性

"异化"一词出自拉丁文，"异化"是指主体创造了客体，但客体却脱离主体的支配，并且客体变成支配主体甚至敌视主体的力量。所谓信息异化，就是指信息是人的创造物，但在相关信息活动过程中受到各种因素的干扰，导致信息原有的内涵和作用发生变异，信息演变为人类外在的异己成分，变为支配、统治和控制人的力量。信息是人的创造物，人类虽然缔造了信息社会，但是却无法使自身不依赖信息和信息技术，人类正是在希望主宰信息的实践中，反而被客体的信息和信息技术所主宰。马克思的观点，"社会无穷发展进程中的每一个阶段都是必然的，对它发生的时代和条件来说，都有它存在的理由"。人的信息实践能力必然受制于客观历史条件，必然经历由低到高演进发展的演化过程，信息实践产物不会完全以信息人的意志为转移，有时会背离信息人的主观愿望，甚至成为异己的对立物，从与信息人主观愿望对立的视角来控制和支配信息人的信息行为，此时，信息异化问题凸显，所以说，信息异化问题是与信息人的实践行为相伴随而产生的。黑格尔曾经说过："在历史里面，人类行动除了取得他们直接知道欲望的那种结果之外，通常又产生一种附加的结果。虽然这种结果没有呈现在他们的意识中，而且也并不包括在他们的企图中，却也一起完成了。"信息异化问题即是信息实践活动附加的结果，是不受信息人的主观愿望制约的必然存在，虽然这种结果既不被信息人的主观意识所感知，更不是信息人的主观追求，但是信息异化必然伴随信息实践活动，如影随形，是超越人的意志控制范畴的。

1.2.3 信息异化的可扬弃性

扬弃是指在新事物取代旧事物的过程中，既克服、抛弃旧事物中落后、消极的部分，又保存和继承那些对新事物的发展壮大有积极意义的部分，并把有积极意义的部分推进到一种新的层次。泛在信息社会的发展有其自身内在的逻辑，虽然信息异化是泛在信息社会发展的必然结果，但是正如马克思指出的："一直统治着历史的客观的异己力量，现在处于人们自己的控制之下了。只是从这时起，人们才完全自觉地自己创造自己的历史；只是从这时起，由人们使之起作用的原因才在主要的方面和日益增长的程度上达到他们所预期的结果。这是人类从必然王国进入自由王国的飞跃。"依据马克思的观点，泛在信息社会的历史总是处在不断的运动过程之中，在生产力和人的自主性同时提高的情况下，人必将摆脱被自身的产物——信息所左右的历史现象，人是泛在信息社会历史的缔造者，换句话说，人将左右自己的历史命运，更好地改造泛在信息社会，必然要对泛在信息社会中存在的消极部分进行抛弃，同时还必须保留和继承其有积极意义的部分，并把泛在信息社会中有积极意义的部分逐步发展壮大到新的层面，这就是信息异化的扬弃。

1.3 信息异化的症状

1.3.1 信息数量过载

泛在信息社会中，人们借助网络设备可以跨越时空获取所需的各种信息资源，对信息与知识的需求将得到最大限度的满足，即人们可以在"4A"（Anyone，Anytime，Anywhere，Anything）空间下实现信息的发布、传播、获取。所以，在泛在信息社会中，信息"无所不在"，信息的利用不再受基础系统和信息终端技术、性能的限制，"信息"的发布、传播、使用得到了淋漓尽致的发挥，整个世界处于一种信息过载的状态。例如，截至2014年6月，我国网民规模达6.32亿，而仅微博、微信用户就达2.75亿。遇到重大事件或者焦点事件时，人们可以在“4A”（Anyone，Anytime，Anywhere，Anything）空间下快速地发布、传播、获取各种信息，在短时间内就会爆发出惊人的信息量，而且传播极其迅速，影响力也特别大。例如，2014年3月1日19时发生的昆明暴恐案，在发生几小时内就在微博中引起了巨大的反响，并在第二天全面传播开来，如图1-1所示。“信息”被无限制地发布、传播、使用，导致信息数量的过载，信息过载增加了人类大脑的负荷，超过了人的注意力的极限，必然引起智力冲突，因为“音讯的倍增从根本上损害了大脑对意义与噪声进行有选择地辨别的能力”。学者们做过一个心理学实验：将数字和字母排成一定的序列，让被试者把看到的序列背出来。实验结果表明，被试者很容易记住只有两三个字母或数字的序列，随着字母和数字数量的增加，序列延长，人们不仅很难记住全部，甚至记住序列中某一部分的概率也在变小。这个试验表明，信息过载必然引起人辨别能力的下降，也就是说信息数量的过载会导致信息异化。

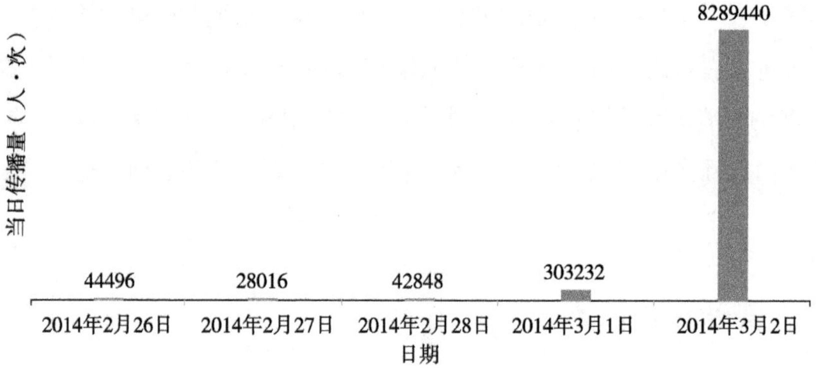

图1-1　微博中昆明暴恐事件声量变化图

1.3.2　信息传播炒作

泛在信息社会是自媒体时代，每一个人都是信息传播者。泛在信息社会的信息传播不仅局限在人与人之间，而且扩充到了人与物、物与物之间，信息交流既包括人与人之间的信息交流，也包括人与机器、人与物体之间的信息交流，可以说信息交流“无处不在”。例如，发源于博客、论坛等Web 2.0网络应用的社交媒体，鼎盛于微博、微信等“微时代”明星级应用。2009年面世的新浪微博（2014年3月改名为“微博”，淡化新浪色彩）发展至今，成为社交媒体的极致呈现。2013年，无线应用微信和新闻客户端异军突起，逐渐与微博三分社交媒体之天下。在各种社交媒体中，信息传播者为了在过载的信息流中引起受众注意，增加信息传播的效率和效果，煽情和表演成为必不可少的传播手段，对信息浮华的包装，使信息的刺激性和挑逗性形式更加华丽而内涵却更加空洞，媒体的信息噪声加剧，必然形成恶性循环的信息异化。在媒体市场化的背景下，商业利益驱使炒作新闻的现象更加严重。

1.3.3 信息内容失真

泛在信息社会是人类新的生活模式和一种新的技术社会形态。人们利用射频识别和电子标签技术（简称RFID）来识别、观察和跟踪社会中的任何一件东西（包扩自然环境），在泛在信息社会中，利用智能网络、泛在计算和数字技术，人们可以在任意时间（Any Time）、任意地点（Any Where）利用任意网络（Any Network）和任意对象（Any Object）进行交流，接收任意服务（Any Service）。智能网络是泛在信息社会中的第一传媒，智能网络在当今社会的影响力迅速膨胀，所以智能网络也就演化为信息快速滋生的发动机。很多智能网络信息的真实与否，对大多数人来说难以核实。导致建立在毫无事实根据上的虚假信息被传播和被使用，并且带有很强的目的性，其社会危害也越来越大。而且，由于智能网络传播的匿名与即时特性，很多人也在无意之中成为失真信息的传播者。例如，2011年日本发生核电站事故之后，一则“含碘食盐可以防辐射”的谣言通过各种网络社交媒体开始迅速传播开来，造成席卷全国的“抢盐风波”闹剧。在这个信息爆炸的时代，人们往往是被动接受而没有足够的经验和时间来怀疑，因此，加强对信息失真可能造成的负面影响的认识，及时采取正确的措施控制信息失真现象势在必行。如2013年4月23日，黑客非法进入美联社的官方推特账号，随即网络上就出现“白宫发生爆炸，奥巴马受伤”的内容失真的假消息，迅速引起美国股市短暂性暴跌。事后，美国各大股市开始时刻监测各种网络社交媒体，并迅速针对各种消息采取应对策略。

1.3.4 信息心理病态

人的心理和行为受社会文化因素、环境因素等的影响和控制。泛在信息社会是一个“人—机—物”组成的动态开放的泛在网络社会，即人类社会、信息世界、物理世界组成的三元世界。随着智能网络、泛在计算和数字技术的飞速发展，信息异化现象日益严重，“心理空间”是存在于人类原有的三维空间之外的新空间——第四空间。“心理空间”对智能网络世界的感受是一种因人而异的主观感受，感性因素充斥于这个“心理空间”中，过多的感性因素使得一些人的心理呈现病态特征，有些信息人会受到心理抑郁症、心理焦虑症、心理自闭症、心理强迫症、心理偏执症等心理疾病的折磨。

第一，“信息迷茫与信息焦虑”浮现于心灵空间，依托智能网络，借助泛在计算和数字技术引领了一个“信息爆炸”的新时代：信息数量急剧膨胀，信息主题渗透交错，信息内容更新速度更是瞬息万变，泛在网络既是信息的宝库，也是信息的垃圾场。在智能的泛在网络出现之前，广播、电视、报刊、杂志等传统媒介的信息传递过程必须经过“把关人”的严格审查，经过审查后媒体传播的信息绝大多数是真实可靠的“精神食粮”。泛在网络信息的监管缺位，绕开至关重要的“把关人”环节，通过微博、微信等网络自媒体迅速传播，所以，泛在网络中充斥大量的垃圾信息，不仅使泛在网络信息环境逐渐恶化，更大大降低了信息用户对泛在网络的认可度，泛在网络不可避免地成为各种信息的万花筒，使许多人面对充斥质量良莠不齐信息的泛在网络无所适从而感到迷茫和焦虑。这种迷茫和焦虑诱发人们产生心理疾病，人们总会担心信息占有不全面，总会忧虑由于信息闭塞或对信息理解不充分而在竞争中处于劣势，这必然会增加人们的心理负担，加剧心灵的失落感而导致心理疾病，使人的心理和生理受到极大的伤害。

第二，“人格扭曲与网络侵犯行为”充斥于泛在网络虚拟空间。人格表征一个人的内在思想、情感特征及人的外在行为的专有模式，正是通过这个专有模式，才会把一个人与他人区别开来，人格体现人的稳定而统一的心理品质。具有虚拟性特点的泛在网络世界会导致人们混淆视听，进而形成精神沙漠化，自我内外同一性的分解，使人格发生变异扭曲，即出现了异化，人们无法对社会环境的形势进行准确评估，也无法理解环境对自己的要求，更加无法掌控自己的行为方式，很难以合理的方式处理纷繁复杂的人际交往问题，无法有效应对环境变化带来的刺激，也必将无法对刺激做出恰当的反应。此时人会产生心理偏差，恐惧社交，否定交往，甚至想逃离现实世界。更有甚者，人格扭曲会加重网络空间的侵犯行为，例如，一些人自认为泛在网络具有隐蔽性，在扭曲的人格的支配下，侵犯他人的人身权和财产权，给整个泛在网络运行带来不安全因素，传播禁止的黄、赌、毒、封建迷信等负面信息，甚至发表反社会言论，隐身于网络中，希望借助网络破坏现实社会的秩序等。

第三，“信息崇拜与情感畸形”泛滥于认知空间。智能网络、泛在计算和数字技术的发展一日千里，日新月异。毋庸置疑，泛在网络对人类无比重要，人们对泛在网络的依赖将逐年提高。泛在网络缔造了信息时代新的经济奇迹，有些人一“触网”就陷入无法自拔的“信息强迫症”中，对这种日新月异的高新技术顶礼膜拜。此时，人们不再把泛在网络看成一种工具，反而把泛在网络视为支配自身的外在强制力量，如果对泛在网络的依赖达到一定的限度，必然会形成信息崇拜，甚至染上网瘾。还有一些人对现实世界的情感交流采取回避的态度，而希望在泛在网络世界找到情感寄托，在虚拟网络空间中，寻找宣泄自己受压抑的情绪和情感的渠道，渴望获得精神安慰、生活关爱、赢得自尊等。但是如果长时间依恋网络的虚拟的情感交流，必然会导致人情感的扭曲异化，这对情感的健康发展毫无益处，反而会使人们在情感上更加盲目，进而会降低其应有的现实责任感；盲目沉迷于网络，人们将更加忽略现实的人际交往，情感上更加冷淡、麻木，形成自闭的心理状态，更加游离于社会群体，在现实的社会交往中会感到更加无助，甚至会更加孤独、寂寞和空虚。

第四，“信息窄化与符号暴力”遍及泛在网络群体中。泛在网络具有对不同类信息进行归类和过滤的特点，使信息更具备系统性。在个性化的网络群体中，群体成员认知选择性的特点将会进行选择性接触和选择性理解，因此，内容接近性的信息反而被强化传播，认知选择性的“窄化”机制使得在网络群体中传播的信息的内容更加接近，类似的观点极容易受推崇，这种观点“一边倒”现象在网络群体中经常出现，而且极易发展为“信息窄化”。目前我国的相关立法还不健全，有效的网络教育缺位，道德伦理无法引领网络言论，法律、制度对网络舆论制约也不严密，网民们在网络发言中不能够严格要求自己，自律程度极低，常常发表违背道德，甚至触犯相关法律的言论。很多人为了宣泄自己的情绪，不认真考察事实真相，仅根据自己主观的盲目判断就发表意见。而依据沉默的螺旋理论，从众行为无所不在，网民们极易受到群体意见的左右，迫于舆论环境的压力对那些不理智、偏激的意见进行盲目的支持。我们本来希望网络平台成为民意正确表达的主战场，没想到它助长滋生“网络暴力”，对一些无辜的人造成伤害。虽然“网络暴力”不似现实生活中的暴力，但这种借助文字、符号的“符号暴力”具有很强的语言攻击性，此时文字、符号不仅能够表达自己的观点，宣泄情绪和情感，还能够成为追缉、鞭挞和讨伐他人的利器，这种利器往往是网民在非理性时表达愤怒的手段。例如，社会突发事件出现后，就会在各种网络社交媒体中同步出现，网民用文字、符号来表达自己，追缉、鞭挞讨伐的对象，争夺网络群体的话语权。

1.3.5 利用信息犯罪

泛在信息社会具有“信息泛在、技术泛在、服务泛在”的特点。公众可以在4A（Anyone，Anytime，Anywhere，Anything）空间下实现信息的获取；在泛在信息环境中，满足人的需求是信息服务的驱动力和各种信息技术设计的出发点与归宿，无处不在的高智能的信息服务和信息技术的个性化程度不断提高；RFID设施和物联网设施及技术完全虚拟化，在人们生活的领域无处不在，云计算平台技术、软件技术更是虚拟化、泛在化；由于泛在信息环境是由网络、软硬件、信息资源和微信用户组成的一种数字化信息基础设施，随着信息技术的发展和社会信息化的加速，信息被非法获取或利用的问题越来越突出，国家机密、知识产权和个人信息权受到的侵害越来越严重。信息犯罪是信息异化现象延伸进入法律领域的凸显，由于泛在信息社会具有“信息泛在、技术泛在、服务泛在”的特点，社会秩序更加混乱，更不容易规范管理，信息犯罪越来越严重，小到磁卡的伪造，大到射频识别和电子标签（Radio Frequency Identification，RFID）的伪造，犯罪分子能够识别、观察和跟踪社会中的任何一件东西（包括自然环境），“U社会”的信息犯罪更加严重和难以预防。目前，美英等国的情报部门搜索社交网络，发现恐怖分子也利用社交网络开展犯罪活动。因此，情报部门采用多种形式跟踪恐怖分子在网络上的活动，依据相关信息建立起全球的恐怖分子数据库，这个恐怖分子数据库中存有数千名嫌疑人的信息，通过社交网络跟踪，可以分析和梳理恐怖分子的微博关注和网络聊天的记录，就能确定哪些人是恐怖组织的领导者和骨干分子，进而达到预测恐怖分子将要发动的恐怖袭击活动。

1.3.6 挑战信息伦理

泛在信息社会是建立在智能化网络、计算机技术以及数字技术基础设施之上的技术社会形态，在泛在信息社会可以实现任何时间、任何地点、任何情况下的人与人之间、人与物之间、物与物之间的互联状态。信息伦理的制定和执行不是由国家强制的，信息伦理以善恶为标准规范人们的信息行为，主要依靠人们内心的信念和社会秩序来维系。泛在信息社会状态对传统伦理学形成挑战，在泛在信息社会的虚拟现实环境中，人们的行为不再受制于传统的伦理关系，对传统的伦理秩序构成威胁。依托于智能化网络、计算机技术以及数字技术可以实现任何时间、任何地点、任何情况下的人与人之间、人与物之间、物与物之间的互联，这使得任何人都成为泛在网络的节点，都会与其他的人和物存在千丝万缕的联系，既可能是生产者，也可能是消费者，既可能是传输者，也可能是接收者。在泛在网络交换中，有些人缺乏职业道德，利欲熏心，为了谋求自身利益最大化而大量生产、散布虚假信息（如假新闻、假商标、虚假广告等）、淫秽信息（如色情、暴力、迷信信息）等，势必信息污染泛滥。智能化网络、计算机技术以及数字技术是把双刃剑，人们的政治观点和伦理道德素养不同，完全可以为了自己的目的利用这些技术，而在泛在网络中既不需要承担相应的义务，又不需要遵循泛在网络的管理规则。

1.3.7 危害信息安全

“泛在信息社会”是一个“人-机-物”组成的动态开放的网络社会，即人类社会、信息世界、物理世界组成的三元世界。正如社会问题总是与社会的发展和进步共生共存一样，在“泛在信息社会”中，泛在信息、泛在服务、泛在技术、泛在网络的发展在造福人类的同时，也会使得危害信息安全的问题凸显，并向着低龄化方向蔓延。危害信息安全是信息异化所涉及的最敏感的问题，泛在信息社会的信息安全问题遍布人类社会、信息世界和物理世界。危害安全的信息渗透和信息战不仅涉及个体或集团的信息安全，也涉及经济安全、国家安全等。例如，大量的外国驻华使领馆、国际政要以及国际组织都在中文网络社交媒体中建立宣传阵地，通过社会、经济、文化、生活等多方面的话题讨论，展开对华全方位的“信息传播”“文化输出”“价值渗透”，这对中国网民、中国社会产生越来越严重的负面影响。经济安全问题，智能化网络、计算机技术以及数字技术的发展，在促进社会经济发展的同时，也增加了经济不安全的因素，目前，世界各国都在限制、控制金融的流通，在当今技术条件下，几秒钟内数亿的资产就可以从一个地方转移到另一个地方，这是相当危险的。智能化网络、计算机技术以及数字技术就像核能一样，既能给人类带来财富，也能将人类引入地狱。

1.3.8 营造信息霸权

阿尔文·托夫勒（Alvin Toffler）早有断言：“人类生存及生活的模式必将随着计算机网络的建立与普及而彻底发生改变。信息和网络被谁所控制，整个世界就将被谁所主宰。”在泛在信息社会，作为地缘政治的网络空间的竞争更加激烈，成为国际政治权力角逐与利益竞争的新空间，网络空间的信息话语权与协议及密钥的控制权更是成为各国角逐的焦点，个别国家凭借自身实力营造网络信息霸权。网络霸权国与霸权受制国之间存在着不可调和的矛盾与对抗，这种敌对情绪充斥于网络空间。由于网络国际制度体系是由信息霸权国家主导构建的，因此，为了继续保持霸权地位，信息霸权国家利用各种技术、政治、经济、军事资源，采取多种手段，千方百计地遏制霸权受制群体国家的发展，在信息霸权国家主导构建的网络国际制度背景下，网络崛起国家面临发展的困境，有着极其强烈的愿望改变目前的网络国际制度体系。因此，网络国际制度体系的发展演变必然是体现利益博弈的结果，表征网络霸权国家与网络崛起国之间的战略利益博弈的均衡。网络崛起国家必须权衡利弊得失，应对自如；否则，必然对本国的国家安全与发展战略产生不利的影响。目前，互联网作为各国国家战略利益的制高点，是国家机器运转的“神经系统”，能否控制互联网不仅关系到国家的安全，而且一旦发生网络战争，更是哪个国家都输不起的战争。目前，全球唯一的超级大国——美国极其重视网络安全，多次强调网络战的重要性。《网络空间国际战略》和《网络空间行动战略》分别于2011年5月和7月相继出台，表明美国已下定决心称霸网络空间。其他发达国家也紧跟其后，逐步加大对网络的投入，跟现实世界相似，网络空间也形成“一超独霸，多强并存”的网络信息霸权新格局。美国对网络空间国际机制建构具有控制权，再依据技术综合实力和网络空间话语权等有利条件，必然占领网络超级大国的地位。例如，在全世界用来管理互联网主目录的13台根服务器中，美国既掌控着主根服务器又掌控其中的9个辅根服务器，这样美国凭借对根服务器的控制，自然可以实现对互联网的控制。在泛在网络迅猛发展的背景下，网络空间成为各国群雄争霸的新领域，欧盟、俄罗斯、日本等也成为争夺网络信息霸权的后起之秀。

1.4 信息异化问题的生态学诠释

从信息生态学视角来探究信息污染、信息超载、信息障碍、信息贫困、数字鸿沟、信息霸权、信息病态、信息犯罪等信息异化问题，可以帮助我们科学地进行信息资源的优化配置，促进信息社会的可持续发展。

1.4.1 生态与信息生态的内涵

“生态（Eco-）”一词源于古希腊语οικos，意思是“住所”或“栖息地”。简单地说，生态就是生物在一定的环境下生存和发展的状态，也指生物的生理特性和生活习性。邹德慈在《中国城市发展报告2007》一书中，将“生态”定义为“生物（人）在一定的自然环境下生存和发展的状态”。生态是一种关系，是指所有生物与周围环境之间的一种相互关系。生态主要是指生物与其生存环境相互依存、相互影响的关系。

“信息生态”一词是在20世纪80年代由西方学者开始使用的，关于“信息生态”一词的含义，学者们的观点并不统一。1997年，Davenport首先正式提出了信息生态的概念，Davenport把信息生态定义为“信息的整体管理”，并指出信息生态随着时间的推移在不断地进化，人及其信息行为是信息生态中的关键要素。1999年，Nardi和O'Day提出的信息生态概念，突出了人在信息生态中的核心作用，Nardi和O'Day把信息生态定义为在一个特定环境中，由人员、工作、价值和技术构成的系统。卢剑波认为：“信息生态是一个利用现代计算机技术与现代系统理论、方法来分析和处理日益扩大的生态信息的测试和观察，寻求全面的生态系统水平的规律。”陈曙认为：“信息生态是研究信息自身和环境之间的关系，其中涉及的信息、人类、环境的相互作用和相互影响，并由此推导出整个生态系统（包括生物环境和在此基础上的非生物环境）的产生、演变和发展规律。”蒋录全与邹志仁认为：“信息生态是人类生存的信息环境的研究，社会组织（企业、学校、机构）和科学研究过程的信息环境的相互作用及其规律；人是指导和协调信息社会本身的发展和整个自然界（自然科学、资源与环境）的关系。”总之，正如张新时院士的观点：“信息生态”是综合信息科学与生态学的理论与知识，研究信息生态系统及信息生态环境和谐发展的问题。

1.4.2 信息生态研究现状与启示

信息生态问题的相关研究起源于20世纪80年代，信息生态问题的相关研究对于控制信息异化问题，构建和谐的信息生态环境具有重要的意义。

1.4.2.1 信息生态研究现状与热点

尽管信息生态的相关研究在我国出现较晚，但相关研究进展较快。笔者以中国知网（CNKI）数据库为数据源，采用高级检索方式，确定检索式为：“主题=信息生态”（精确匹配），检索出从1985年1月1日至2016年5月31日的相关文章1350篇（检索日期2016年6月3日）。利用CNKI的导出工具，将1350篇文献的题录（包括作者、出版社、年代等数据）导出作为数据源。使用的可视化工具是基于JAVA平台的CiteSpace（版本：4.0 R5 SE），将上述所有数据导入CiteSpace

统计软件，选择时间跨度为1985—2016年，时间分区为1年，然后分别选择Keyword、Institute、Author作为分析对象，设定时间片的阈值为4。用CiteSpace对1985—2016年的“主题=信息生态”（精确匹配）的1350篇文章进行分析，并绘制相应的科学知识图谱，力求梳理“信息生态”问题研究的现状与找出研究热点。

（1）发文年代分布分析

以横坐标为年代，以纵坐标为该年的发文数量，绘制时间序列图，如图1-2所示。图1-2描述了国内“信息生态”主题的研究文献的年度分布情况，从图1-2可以看出：“信息生态”问题研究始于1985年，距今只有30多年的历史，目前还属于研究的起步阶段。1985—2003年研究刚刚起步，每年发表的文献少于20篇；2004—2015年文献数量急剧增长。观察图1-2可知，“信息生态”问题研究的文献符合普赖斯指数增长曲线模型，图1-2准确地揭示了“信息生态”问题研究发展初期阶段的规律，显示了在“信息生态”问题研究发展初期，相关科学知识和文献迅速增长的趋势。

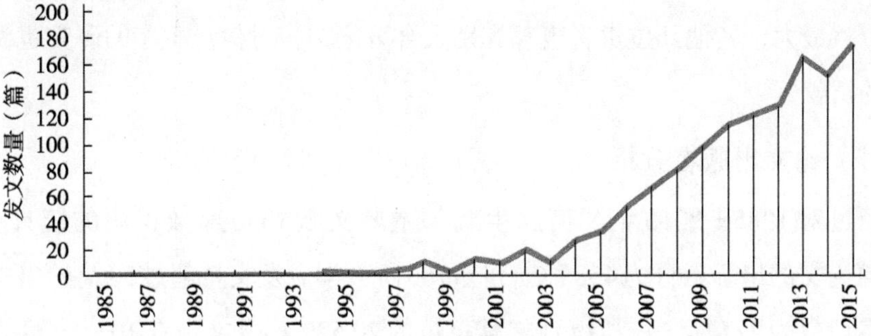

图1-2　我国信息生态文献的年度分布（1985—2015年）

（2）核心关键词分析

学术论文的关键词代表作者的学术观点，因此学术论文的关键词能够表征学术论文的主要内容。学术论文关键词共现是指不同学术论文中同一关键词共同出现的现象，通过关键词共现分析能够描述某一研究领域的内部结构关系，揭示某一研究领域的内容关联，以及内容关联所隐含的寓意。对1985—2016年“信息生态”主题文献1350篇数据源进行关键词共现分析，设定Time Slicing为1985—2016年，Node Types选择Keyword，关键词知识图谱中，将频次10以上的关键词标识出来，去掉若干没有实质意义的词，得出：“信息构建”“信息生态链”“图书馆”“信息生态位”“信息生态环境”“高校图书馆”等所涵盖的领域是“信息生态”研究的重要理论研究基础和热点领域。

（3）核心研究机构分析

对1350篇“信息生态”的文献数据源，利用CNKI文献分析工具，导出“机构”数据，对1985—2016年“信息生态”的相关文献1350篇数据源进行作者所属机构分析，得到：吉林大学管理学院、吉林大学信息资源研究中心、华中师范大学信息管理系，这三个机构是我国“信息生态”研究的中心。

（4）核心作者分析

对1350篇文献，导出“作者”数据，对1985—2016年“信息生态”的相关文献1350篇数据源进行作者分析，Time Slicing为1985—2016年，Node Types选择为Author，发文数量4篇及以上的核心作者为：娄策群、靖继鹏、马捷、王晰巍的贡献最大，其他几位学者也都和别人合著论文，对信息生态的研究也做出了相应的贡献。

（5）论文出版者分析

经过对1985—2016年“信息生态”主题文献1350篇数据源的统计分析，1350篇论文的出版者分为458种期刊和103所大学。发文量超过50篇的出版者的发文累计数为277篇，占所统计文献总数的20.52%；发文量在10～50篇的出版者的发文累计数为303篇，占所统计文献总数的22.44%；发文量在10篇以下的出版者的发文累计数占所统计的文献总数的57.04%。由于版面限制，表1-5中只列出发文较多的前18种期刊和18所大学。由于“信息生态”主题的图书只有两本（卢剑波.信息生态学[M].北京：化学工业出版社，2005；蒋录全.信息生态与社会可持续发展[M].北京：北京图书馆出版社，2003），本研究忽略不计，只把期刊论文和学位论文作为研究对象。

表1-5 出版者分布表

序号	出版者（期刊）	文献（篇）	所占比例	序号	出版者（大学）	文献（篇）	所占比例
1	情报科学	110	8.15%	1	吉林大学	39	2.89%
2	图书情报工作	100	7.41%	2	华中师范大学	20	1.48%
3	情报理论与实践	67	4.96%	3	黑龙江大学	8	0.59%
4	图书馆学研究	34	2.52%	4	山西大学	6	0.44%
5	情报杂志	33	2.44%	5	河北大学	5	0.37%
6	现代情报	25	1.85%	6	华中科技大学	4	0.30%
7	科技情报开发与经济	20	1.48%	7	华南理工大学	4	0.30%
8	情报资料工作	17	1.26%	8	湖南大学	4	0.30%
9	图书馆学刊	16	1.19%	9	湘潭大学	4	0.30%
10	中国电化教育	15	1.11%	10	福建师范大学	4	0.30%
11	兰台世界	15	1.11%	11	东北师范大学	3	0.22%
12	情报探索	14	1.04%	12	南京农业大学	3	0.22%
13	图书与情报	13	0.96%	13	南京师范大学	3	0.22%
14	农业图书情报学刊	12	0.89%	14	南昌大学	3	0.22%
15	图书馆工作与研究	10	0.74%	15	天津师范大学	3	0.22%
16	图书馆理论与实践	10	0.74%	16	山东大学	3	0.22%
17	科技进步与对策	10	0.74%	17	曲阜师范大学	3	0.22%
18	图书馆	8	0.52%	18	武汉大学	3	0.22%

前六种期刊依次是：《情报科学》《图书情报工作》《情报理论与实践》《图书馆学研究》《情报杂志》《现代情报》，研究者主要集中在图书情报领域，作为核心研究机构的前几所高校是：吉林大学、华中师范大学、黑龙江大学等。通过布拉德福定律算出各个区域期刊数之比，核心区有9个出版者，相关区有115个出版者，非相关区有437个出版者。9∶115∶437=1∶12.78∶48.56，不太符合布拉德福定律，作为新兴学科，信息生态研究刚刚起步，文献数量不多，核心区、相关区、边缘区变化不是很明显。

(6) 基金资助分布分析

1985—2016年获得基金资助的论文共有326篇，占总论文数的24.15%。从表

1-6中可以看出，国家社会科学基金资助发文200篇，国家自然科学基金资助发文40篇，“信息生态”研究在社会科学领域受到了主管机构的认可和资金支持，在自然科学领域受到的重视不够。

表1-6　基金资助发文（部分）数量表

序号	基金名称	数量（篇）
1	国家社会科学基金	200
2	国家自然科学基金	40
3	湖南省社会科学基金	10
4	国家科技支撑计划	7
5	全国教育科学规划	7
6	湖南农业大学青年科研基金	6
7	中国博士后科学基金	4
8	湖北省教委科研基金	4
9	安徽省教育厅科研基金	4
10	江苏省教育厅人文社会科学研究基金	3
11	陕西省自然科学基金	3
12	福建省教委科研基金	3
13	吉林大学创新基金	3
14	吉林省科技发展计划基金	3
15	国家软科学研究计划	2
16	安徽省高等学校青年教师科研资助计划项目	2
17	四川省教委重点科研基金	2

（7）论文学科分布分析

如图1-3所示，1350篇“信息生态”相关研究论文共涉及40个学科，但“新闻与传媒”“图书情报与数字图书馆”这两个学科是“信息生态”研究的核心区，共撰文743篇；此外，“计算机软件及计算机应用”领域也在“信息生态”研究中占据了相对重要的位置，共124篇，“教育理论与教育管理”领域撰文93

篇，这说明“计算机软件及计算机应用”“教育理论与教育管理”是“信息生态”研究的相邻区；其他学科：“企业经济”“贸易经济”等领域共发文390篇，这说明这些领域是“信息生态”研究的边缘区。

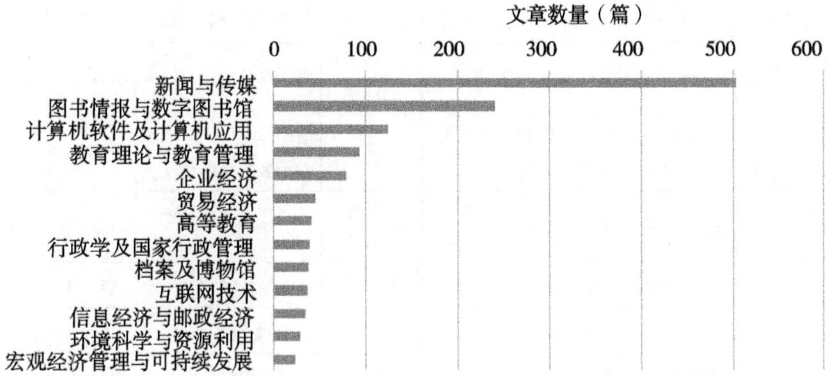

图1-3 信息生态研究的学科分布

（8）被引频次分布分析

根据被引次数从高到低排序，对1985—2016年“信息生态”主题的相关文献1350篇中被引频次最高的文章20篇列表，如表1-7所示。从表1-7中可以看出，《信息生态研究》这篇论文是被引次数最多的，共被引142次，《信息生态系统的剖析》被引141次，《信息生态链：一个理论框架》与《构建和谐“信息生态”突围教育信息化困境》均被引132次，……这20篇论文属于这个领域的核心论文。

表1-7 论文被引次数排序表

序号	题 名	作者	文 献 来 源	时间	引用次数
1	信息生态研究	陈曙	图书与情报	1996年	142
2	信息生态系统的剖析	李美娣	情报杂志	1998年	141
3	信息生态链：一个理论框架	韩刚 覃正	情报理论与实践	2007年	132
4	构建和谐“信息生态”突围教育信息化困境	余胜泉 陈莉	中国远程教育	2006年	132
5	现代教育理念与校园空间形态	何镜堂 郭卫宏 吴中平	建筑师	2004年	131

续表

序号	题　　名	作者	文献来源	时间	引用次数
6	信息生态链：概念、本质和类型	娄策群 周承聪	图书情报工作	2007年	130
7	信息构建（IA）——情报学研究的新热点	周晓英	情报资料工作	2002年	124
8	信息构建对当代情报学发展的影响	马费成 姜婷婷	图书馆论坛	2003年	115
9	媒介生态学研究的新视野——媒介作为绿色生态的研究	邵培仁	徐州师范大学学报（哲学社会科学版）	2008年	114
10	信息生态失衡的根源及其对策分析	王东艳 侯延香	情报科学	2003年	113
11	信息生态学的初步研究	张福学	情报科学	2002年	112
12	信息生态的失调与平衡	陈曙	情报资料工作	1995年	107
13	信息生态的理论探讨	娄策群	图书情报知识	2006年	106
14	基于CASA模型的内蒙古典型草原植被净初级生产力动态模拟	张峰 周广胜 王玉辉	植物生态学报	2008年	102
15	信息生态平衡及其在构建和谐社会中的作用	娄策群 赵桂芹	情报科学	2006年	101
16	信息生态学——企业信息管理的新范式	蒋录全 邹志仁	图书情报知识	2001年	96
17	信息生态链中的信息流转	娄策群 周承聪	情报理论与实践	2007年	95
18	信息生态问题初探	田春虎	情报杂志	2005年	93
19	基于用户体验的信息构建	王晓艳 胡昌平	情报科学	2006年	88
20	基于信息生态观的区域教育信息化推进	余胜泉 赵兴龙	中国电化教育	2009年	85

对1985—2016年“信息生态”主题的相关文献1350篇频次最高的文章20篇，分别从文献来源、年代分布、机构分布、基金分布角度进行分析，得到这20篇“信息生态”领域核心论文的“文献来源分布图”“年代分布图”“机构分布图”“基金分布图”。

根据图1-4，可知：1985—2016年“信息生态”主题的相关文献1350篇中被引频次最高的20篇论文中，来自其他图书情报领域的期刊的文章共15篇。1985—2016年“信息生态”主题的相关文献1350篇中被引频次最高的20篇论文中15篇来自图书馆学情报学领域，占75%，因此，可知“信息生态”主题研究是图书情报学科的研究重点，“信息生态”主题研究是从图书情报学科领域向其他学科辐射的。

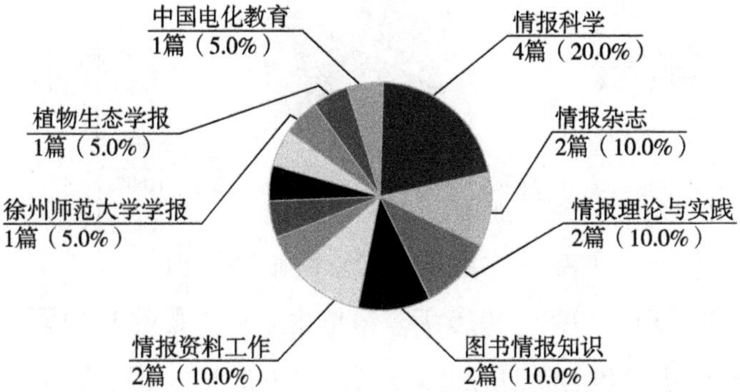

图1-4　被引高频文献的来源分布图

观察图1-5可知：2002年、2003年、2006年、2007年、2008年中，1985—2016年“信息生态”主题的1350篇中被引频次最高的20篇论文的被引次数较以前明显增多，同时结合图1-2情况可知，“信息生态”主题研究在国内是从2002年开始进入快速发展阶段的，形成了第一次“信息生态”主题研究的高峰期。

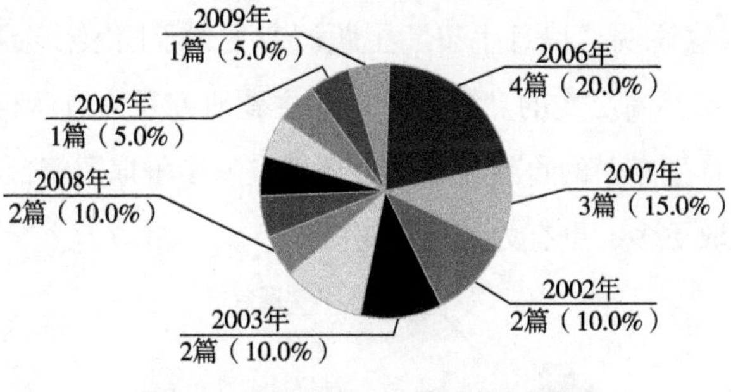

图1-5　被引高频文献的年代分布图

观察图1-6可知：1985—2016年“信息生态”主题的1350篇中被引频次最高的20篇论文中华中师范大学发文最多，再结合核心作者可知：华中师范大学以娄策群为首的研究团队是“信息生态”主题研究的核心，这一研究核心直接影响着“信息生态”主题研究的研究范式、研究层次和相关概念的定义域。

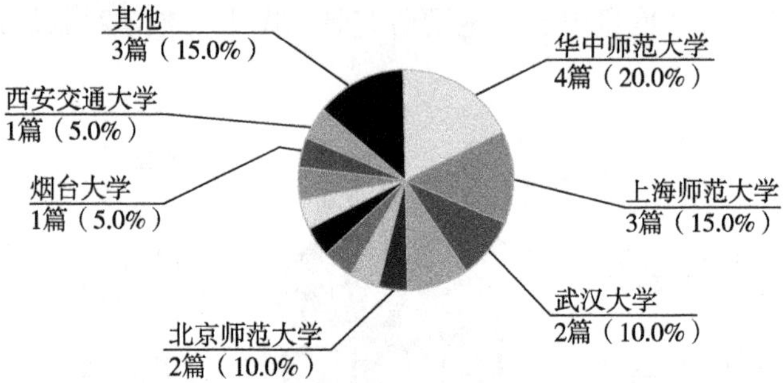

图1-6　被引高频文献的机构分布图

观察图1-7可知，1985—2016年“信息生态”主题的1350篇中被引频次最高的20篇论文中获得基金资助的论文5篇，只占25%，而在这5篇论文中国家自然科学基金资助2篇，陕西省自然科学基金资助1篇，中国科学院知识创新项目资助1篇，国家社会科学基金资助1篇，通过以上的统计数据可以看出：被引频次最高的20篇论文中获得自然科学类基金资助的论文数量比获得社会科学类基金资助的论文数量要多，这说明高层次的“信息生态”主题研究是由自然科学学者引领的。再观察表1-6发现：1985—2016年“信息生态”主题的1350篇论文中受国家社会科学基金资助的论文高达200篇，而获得国家自然科学基金资助的论文只有40篇，这说明“信息生态”主题研究受到了国家社会科学基金主管机构的普遍重视，虽然高层次的“信息生态”主题研究是由自然科学学者引领的，但是，研究“信息生态”的自然科学学者还需进一步争取国家自然科学基金主管机构的重视，争取更多、更有力的资金支持。

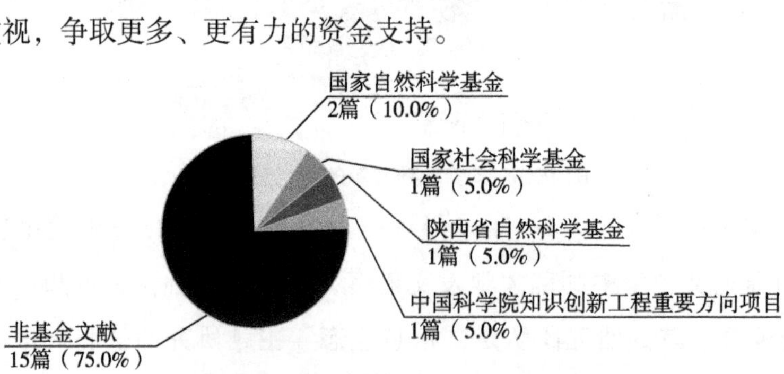

图1-7　被引高频文献的基金分布图

(9) 相关文献引文聚类分析

“信息生态”主题领域被引频次最高的前20篇论文间的引证与被引证双方的相互联系从定量的视角可以反映出“信息生态”相关研究成果之间的联系强度。另外，通过文献间的相互引证关系可以分析出“信息生态”研究领域与其他学科间的联系，为制订研究方案提供依据。

根据表1-7可知，“信息生态研究”这篇论文是被引次数最多的，共被引142次，“信息生态研究”这篇论文是后来学者们引用的焦点，主要引用情况如表1-8所示。

表1-8 焦点论文主要被引情况表(1)

被引文献				引用文献			
作者	篇名	出版者	出版时间	篇 名	作者	出版者	出版时间
陈曙	信息生态研究	图书与情报	1996年	信息生态学研究的概况与术语界定初探	周庆山 李瀚瀛 朱建荣	图书与情报	2006年
				论“教育信息生态学”学科构建	朱永海 张新明	电化教育研究	2008年
				信息生态的哲学维度	肖峰	河北学刊	2005年
				数字图书馆信息生态分析	郭海明 刘桂珍	图书馆理论与实践	2007年
				和谐信息生态探析	罗义成	情报科学	2006年
				信息生态理论研究成果述略	袁烨 王萍	情报科学	2009年
				信息生态理论研究进展	卢金荣 郭东强	情报杂志	2007年
				信息生态因子分析	严丽	情报杂志	2008年
				网络空间中的信息生态问题	谢立虹	图书馆	2000年

续表

被引文献				引用文献			
作者	篇名	出版者	出版时间	篇　　名	作者	出版者	出版时间
陈曙	信息生态研究	图书与情报	1996年	电子商务中的信息生态模型构建实证研究	王晰巍 靖继鹏 刘明彦	图书情报工作	2009年
				电子商务信息生态系统的构建研究	张向先 张旭 郑絮	图书情报工作	2010年
				企业信息生态系统的要素及评价指标构建研究	王晰巍 刘铎	图书情报工作	2010年

观察表1-8可知，"信息生态研究"这篇论文是在2000年以后受到广泛关注的，2000—2010年区间，学者们普遍引用其观点，"信息生态研究"这篇论文奠定了"信息生态"主题研究的基础，明确了"信息生态"研究的性质、范围、对象及其主要任务，提出了"信息生态"研究的重点概念：信息生态系统、信息生态失调和平衡、信息生态演替等，对后来学者的研究影响很大，后来学者的研究都是秉承阶段的研究成果的。根据表1-7可知，"信息生态学的初步研究""信息生态问题初探""信息生态学——企业信息管理的新范式"这三篇论文分别被引用112次、93次和96次，这三篇论文的主要被引用情况如表1-9～表1-12所示。观察表1-9～表1-12可知：其一，"信息生态"主题研究是从2002年开始进入快速发展的阶段的，2002—2010年这个区间段形成了第一次"信息生态"主题研究的高峰期；其二，2002—2010年这个区间段虽然是"信息生态"研究的第一个高峰期，但是这一阶段还处于研究的初创阶段，2002—2010年学者们研究的重点是"信息生态"基本概念的界定、基本研究内容的争鸣，还没有形成完整的研究体系；其三，2002—2010年这个区间段，学者们已经开始借鉴其他学科的理论、思想，并注意把"信息生态"理论向其他学科辐射，关注从多学科交叉的视角分析问题，例如"信息生态"研究与企业结合、"信息生态"研究与网络结合等。

表1-9　焦点论文主要被引情况表(2)

被引文献				引用文献			
作者	篇名	出版者	出版时间	篇　名	作者	出版者	出版时间
谢立虹	网络空间中的信息生态问题	图书馆	2000年	信息生态学研究的概况与术语界定初探	周庆山 李瀚瀛 朱建荣	图书与情报	2006年
				数字图书馆信息生态分析	郭海明 刘桂珍	图书馆理论与实践	2007年
				信息生态的失调与对策分析	孟瑞玲	农业图书情报学刊	2006年
				信息生态失衡的根源及其对策分析	王东艳 侯延香	情报科学	2003年
				关于网络信息生态的若干思考	袁文秀 余恒鑫	情报科学	2005年
				信息生态学——现代企业信息管理的新模式	李佳洋 郭东强	情报科学	2005年
				信息生态链：一个理论框架	韩刚 覃正	情报理论与实践	2007年
				信息生态问题初探	田春虎	情报杂志	2005年
				信息生态理论研究进展	卢金荣 郭东强	情报杂志	2007年
				Internet环境下信息生态模型研究	余小鹏 裴雷	情报杂志	2008年
				信息生态环境问题研究	胡运清	图书馆工作与研究	2007年
				Internet环境下信息生态系统失衡研究	余小鹏 朱湘晖	图书情报工作	2009年
				电子商务信息生态系统的构建研究	张向先 张旭 郑絮	图书情报工作	2010年
				网络信息生态环境的危机与保护	彭前卫	图书馆学研究	2002年
				信息生态系统的失调和对策	王芳	现代情报	2007年

表1-10　焦点论文主要被引情况表(3)

被引文献				引用文献			
作者	篇名	出版者	出版时间	篇　　名	作者	出版者	出版时间
蒋录全 邹志仁	信息生态学——企业信息管理的新范式	图书情报知识	2001年	信息生态学研究的概况与术语界定初探	周庆山 李瀚瀛 朱建荣	图书与情报	2006年
				完善中小企业信息生态系统的对策	史波	经济纵横	2008年
				关于网络信息生态的若干思考	袁文秀 余恒鑫	情报科学	2005年
				信息生态学——现代企业信息管理的新模式	李佳洋 郭东强	情报科学	2005年
				信息生态理论研究成果述略	袁烨 王萍	情报科学	2009年
				信息生态链：一个理论框架	韩刚 覃正	情报理论与实践	2007年
				信息生态问题初探	田春虎	情报杂志	2005年
				信息生态理论研究进展	卢金荣 郭东强	情报杂志	2007年
				Internet环境下信息生态模型研究	余小鹏 裴雷	情报杂志	2008年
				2009年中国情报学研究热点的知识图谱分析	宗乾进 沈洪洲 袁勤俭	情报杂志	2011年
				信息生态群落演化机理研究	李北伟 靖继鹏 王俊敏	图书情报工作	2010年
				企业信息生态系统的要素及评价指标构建研究	王晰巍 刘铎	图书情报工作	2010年

表 1-11 焦点论文主要被引情况表(4)

被引文献				引用文献			
作者	篇名	出版者	出版时间	篇名	作者	出版者	出版时间
张福学	信息生态学的初步研究	情报科学	2002年	信息生态学研究的概况与术语界定初探	周庆山 李瀚瀛 朱建荣	图书与情报	2006年
				完善中小企业信息生态系统的对策	史波	经济纵横	2008年
				关于网络信息生态的若干思考	袁文秀 余恒鑫	情报科学	2005年
				基于信息生态圈的竞争情报系统	邱晗	情报杂志	2005年
				信息生态理论研究进展	卢金荣 郭东强	情报杂志	2007年
				企业信息化的终极目标：构建健康的信息生态系统	陈远 陈子夏 望俊成	情报杂志	2007年
				Internet环境下信息生态模型研究	余小鹏 裴雷	情报杂志	2008年
				信息生态环境问题研究	胡运清	图书馆工作与研究	2007年
				信息生态系统进化初探	娄策群 杨小溪 王薇波	图书情报工作	2009年
				信息生态系统的失调和对策	王芳	现代情报	2007年

表1-12　焦点论文主要被引情况表(5)

被引文献				引用文献			
作者	篇名	出版者	出版时间	篇　　名	作者	出 版 者	出版时间
田春虎	信息生态问题初探	情报杂志	2005年	信息生态学研究的概况与术语界定初探	周庆山 李瀚瀛 朱建荣	图书与情报	2006年
				论“教育信息生态学”学科构建	朱永海 张新明	电化教育研究	2008年
				信息生态理论研究成果述略	袁烨 王萍	情报科学	2009年
				信息生态链：一个理论框架	韩刚 覃正	情报理论与实践	2007年
				信息生态理论研究进展	卢金荣 郭东强	情报杂志	2007年
				信息生态因子分析	严丽	情报杂志	2008年
				Internet环境下信息生态模型研究	余小鹏 裴雷	情报杂志	2008年
				从信息生态学角度探讨公共危机防范思路	陈翀 谢阳群 王青叶	情报杂志	2009年
				信息生态系统构建核心问题研究	魏辅轶 周秀会	图书馆工作与研究	2010年
				信息生态系统初探	韩子静	图书情报工作	2008年
				电子商务中的信息生态模型构建实证研究	王晰巍 靖继鹏 刘明彦	图书情报工作	2009年
				企业信息生态系统的要素及评价指标构建研究	王晰巍 刘铎	图书情报工作	2010年
				信息生态系统的失调和对策	王芳	现代情报	2007年
				和谐信息生态分析及其构建研究	张寒生 岳贤平 张小怡	现代情报	2009年

根据表1-7可知，虽然“信息构建（IA）——情报学研究的新热点”这篇论文被引次数为124次，排第七；“信息构建对当代情报学发展的影响”这篇论文被引次数为115次，排第八，但是，观察表1-13和表1-12，可以看出“信息生态”研究方面的论文引用这两篇文章并不多，这说明“信息生态”研究虽然吸纳了“信息构建”的理论思想，“信息生态”研究与“信息构建”研究二者有交叉，都是情报学的研究热点，同样在2002年以后进入快速发展阶段，但是，“信息生态”研究有自身独立的研究范围与概念体系，二者的研究领域并不相同。

表1-13　焦点论文主要被引情况表(6)

被引文献				引用文献			
作者	篇名	出版者	出版时间	篇　　名	作者	出版者	出版时间
马费成 姜婷婷	信息构建对当代情报学发展的影响	图书馆论坛	2003年	信息构建与知识构建	周晓英	情报理论与实践	2005年
				我国IA（信息构建）研究综述	代玉美 刘元芳	情报资料工作	2005年
				信息构建（IA）内涵剖析	贾惠芳	情报资料工作	2006年
				信息构建评价初析	马费成 姜婷婷	图书馆论坛	2005年
				数字领域的新兴学科——信息构建（IA）的发展与应用前景	肖荣莲	现代情报	2005年

根据表1-7可知，“信息生态系统的剖析”这篇论文被引次数为141次，排第二。观察文献的引文聚类分析可以看出这篇论文也是学者们引用的焦点，主要引用情况如表1-14所示。“信息生态系统的剖析”这篇论文于1998年发表，由于这篇文章是后来学者们引用的焦点，所以后来的“信息生态”研究始终把“信息生态系统的构成”“信息生态系统的功能”“信息生态因子”作为研究重点，如表1-14所示，所以，围绕“信息生态系统”的研究是“信息生态”研究的核心。

表 1-14 焦点论文主要被引情况表(7)

被引文献				引用文献			
作者	篇名	出版者	出版时间	篇名	作者	出版者	出版时间
李美娣	信息生态系统的剖析	情报杂志	1998年	信息生态学研究的概况与术语界定初探	周庆山 李瀚瀛 朱建荣	图书与情报	2006年
				图书馆信息生态系统组成因子分析	王瑶	科技情报开发与经济	2008年
				信息生态平衡及其在构建和谐社会中的作用	娄策群 赵桂芹	情报科学	2006年
				基于复杂适应系统理论的网络信息生态分析	宣云干 朱庆华	情报科学	2009年
				信息生态理论研究成果述略	袁烨 王萍	情报科学	2009年
				信息生态链：一个理论框架	韩刚 覃正	情报理论与实践	2007年
				基于信息生态链的信息污染及主体防范策略	李键非	情报资料工作	2010年
				企业信息化的终极目标：构建健康的信息生态系统	陈远 陈子夏 望俊成	情报杂志	2007年
				信息生态位概念、模型及基本原理研究	刘志峰 李玉杰	情报杂志	2008年
				信息生态系统构建核心问题研究	魏辅轶 周秀会	图书馆工作与研究	2010年
				信息生态链：概念、本质和类型	娄策群 周承聪	图书情报工作	2007年
				信息人与信息生态因子的相互作用规律	周承聪 桂学文 武庆圆	图书情报工作	2009年
				信息生态系统的信息组织模式研究	马捷 靖继鹏 张向先	图书情报工作	2010年
				企业信息生态系统的要素及评价指标构建研究	王晰巍 刘铎	图书情报工作	2010年

根据表1-7可知，虽然“现代教育理念与校园空间形态”这篇论文被引次数为131次，排第五，但是，研究文献的引文聚类分析可以看出“信息生态”研究方面的论文引用这篇文章的几乎没有，这说明“现代教育理念与校园空间形态”这篇文章研究的内容与“信息生态”研究二者之间虽有交叉，但是“信息生态”研究并不能从“现代教育理念与校园空间形态”这篇论文中得到启示，“现代教育理念与校园空间形态”这篇论文的研究重点是“教育学”和“建筑学”，“现代教育理念与校园空间形态”这篇论文是被“教育学”和“建筑学”的研究者所引用的，虽然被引次数高达131次，但却和“信息生态”研究关系不大。

“构建和谐‘信息生态’突围教育信息化困境”这篇论文被引次数高达132次，并列排第三，主要引用情况如表1-15所示。研究“信息生态”引文关系网和表1-15可知：引用“构建和谐‘信息生态’突围教育信息化困境”这篇论文的多是研究“教育学”的学者，这说明“信息生态”研究与“教育学”学科之间具有较近的亲缘关系，“信息生态”与“教育学”之间存在交叉、渗透和衍生趋势；由于“构建和谐‘信息生态’突围教育信息化困境”这篇论文是从研究信息生态系统的概念、信息生态系统的特征、信息生态系统的构建角度展开研究的，因此，后续有关信息生态问题的研究普遍关注信息生态系统的概念、信息生态系统的特征、信息生态系统的构建等问题，使得信息生态系统的概念、信息生态系统的特征、信息生态系统的构建这三个问题成为“信息生态”研究的热点。

表1-15　焦点论文主要被引情况表(8)

被引文献				引用文献			
作者	篇名	出版者	出版时间	篇　名	作者	出版者	出版时间
余胜泉　陈莉	构建和谐“信息生态”突围教育信息化困境	中国远程教育	2006年	论教育信息系统的演进——兼论教育信息生态的形成	朱永海　张新明	中国远程教育	2008年
				基础教育信息化资源开发与应用的有效性研究	房雨林	电化教育研究	2006年
				论“教育信息生态学”学科构建	朱永海　张新明	电化教育研究	2008年
				教育信息化绩效成熟度模型研究	李新晖	电化教育研究	2008年
				完善中小企业信息生态系统的对策	史波	经济纵横	2008年
				教育信息生态模型的建构方法研究	程现昆	图书情报工作	2008年
				基于信息生态观的区域教育信息化推进	余胜泉　赵兴龙	中国电化教育	2009年
				影响信息技术与课程深层整合的生态学归因分析	彭伟国　张文兰　毛仁兴	中国电化教育	2010年
				应然的泛在学习技术	陈维维	中国电化教育	2010年
				技术何以革新教育——在第三届佛山教育博览会“智能教育与学习的革命”论坛上的演讲	余胜泉	中国电化教育	2011年

根据表1-7，基于对引文聚类分析，对“信息生态”引文关系网和表1-16～表1-18进行研究可知，“信息生态链：一个理论框架”与“信息生态链：概念、本质和类型”这两篇论文分别被引132次和130次，“信息生态链中的信息流转”这篇论文也被引用95次，这说明：自2007年至今，“信息生态链”研究一直是“信息生态”研究的主要领域。娄策群认为：“信息生态链是信息生态系统中不同信息人种之间信息流转的链式依存关系。”娄策群的观点进一步确证：“信息生态”研究的核心问题是：信息生态系统、信息人、信息流转等。

表1-16 焦点论文主要被引情况表(9)

被引文献				引用文献			
作者	篇名	出版者	出版时间	篇 名	作者	出版者	出版时间
韩刚 覃正	信息生态链：一个理论框架	情报理论与实践	2007年	信息生态理论研究成果述略	袁烨 王萍	情报科学	2009年
				信息生态链优化的准则探析	娄策群 常微 徐黎思	情报科学	2010年
				信息生态链中的信息流转	娄策群 周承聪	情报理论与实践	2007年
				信息生态链断裂问题研究	李佳玉	情报理论与实践	2010年
				基于信息生态链的信息污染及主体防范策略	李键菲	情报资料工作	2010年
				信息生态链：概念、本质和类型	娄策群 周承聪	图书情报工作	2007年
				Internet环境下信息生态系统失衡研究	余小鹏 朱湘晖	图书情报工作	2009年
				企业信息生态系统的要素及评价指标构建研究	王晰巍 刘铎	图书情报工作	2010年
				博客信息生态链：概念、影响要素及其维护	谢守美 方志	图书情报工作	2011年

表1-17 焦点论文主要被引情况表(10)

被引文献				引用文献			
作者	篇名	出版者	出版时间	篇 名	作者	出版者	出版时间
娄策群 周承聪	信息生态链：概念、本质和类型	图书情报工作	2007年	信息生态理论研究成果述略	袁烨 王萍	情报科学	2009年
				信息生态链断裂问题研究	李佳玉	情报理论与实践	2010年
				信息生态系统稳态的影响因素分析	赵云合 娄策群	情报理论与实践	2011年
				基于信息生态链的信息污染及主体防范策略	李键菲	情报资料工作	2010年
				信息生态系统的平衡机制	赵云合 娄策群 齐芬	图书情报工作	2009年

续表

被引文献				引用文献			
作者	篇名	出版者	出版时间	篇　　名	作者	出 版 者	出版时间
娄策群周承聪	信息生态链：概念、本质和类型	图书情报工作	2007年	企业信息生态系统的要素及评价指标构建研究	王晰巍 刘铎	图书情报工作	2010年
				博客信息生态链：概念、影响要素及其维护	谢守美 方志	图书情报工作	2011年
				微博信息生态链构成要素与形成机理	马捷 孙梦瑶 尹爽	图书情报工作	2012年
				网络信息生态链运行机制研究：信息流转机制	娄策群 杨瑶 桂晓敏	情报科学	2013年

表1-18　焦点论文主要被引情况表(11)

被引文献				引用文献			
作者	篇名	出版者	出版时间	篇　　名	作者	出 版 者	出版时间
娄策群周承聪	信息生态链中的信息流转	情报理论与实践	2007年	信息生态理论研究成果述略	袁烨 王萍	情报科学	2009年
				信息生态链优化的准则探析	娄策群 常微 徐黎思	情报科学	2010年
				2009年中国情报学研究热点的知识图谱分析	宗乾进 沈洪洲 袁勤俭	情报杂志	2011年
				电子商务信息生态系统的构建研究	张向先 张旭 郑絮	图书情报工作	2010年
				企业信息生态系统的要素及评价指标构建研究	王晰巍 刘铎	图书情报工作	2010年
				博客信息生态链：概念、影响要素及其维护	谢守美 方志	图书情报工作	2011年
				网络信息链的动力与动态演化	张军	图书馆学研究	2009年

根据表1-7可知，“信息生态失衡的根源及其对策分析”“信息生态的失调与平衡”“信息生态平衡及其在构建和谐社会中的作用”这三篇论文分别被引113次、107次和101次，在表1-7中分别排在第10、12、15位，通过对引文聚类分析，对“信息生态”引文关系网和表1-19～表1-21进行研究可知，自陈曙1995年发表“信息生态的失调与平衡”这篇论文后，大概经历了10年时间，学者们才认识到研究“信息生态的失调与平衡”问题的重要性，自2004年以后，在2004—2010年这个区间段，研究“信息生态的失调与平衡”问题成为“信息生态”研究的核心问题。

表1-19　焦点论文主要被引情况表(12)

被引文献				引用文献			
作者	篇名	出版者	出版时间	篇　名	作者	出版者	出版时间
王东艳 侯延香	信息生态失衡的根源及其对策分析	情报科学	2003年	信息生态学研究的概况与术语界定初探	周庆山 李瀚瀛 朱建荣	图书与情报	2006年
				数字图书馆信息生态分析	郭海明 刘桂珍	图书馆理论与实践	2007年
				关于网络信息生态的若干思考	袁文秀 余恒鑫	情报科学	2005年
				基于复杂适应系统理论的网络信息生态分析	宣云干 朱庆华	情报科学	2009年
				企业信息生态系统的逻辑模型与运行机制	张海涛 闫奕文 冷晓彦	情报理论与实践	2010年
				企业信息生态系统的信息协同模式研究	张向先 国佳 马捷	情报理论与实践	2010年
				网络信息生态失衡与对策研究	吕桂芬	情报探索	2007年
				信息生态理论研究进展	卢金荣 郭东强	情报杂志	2007年
				信息生态因子分析	严丽	情报杂志	2008年

续表

被引文献				引用文献			
作者	篇名	出版者	出版时间	篇　　名	作者	出 版 者	出版时间
王东艳 侯延香	信息生态失衡的根源及其对策分析	情报科学	2003年	Internet环境下信息生态系统失衡研究	余小鹏 朱湘晖	图书情报工作	2009年
				信息生态系统的信息组织模式研究	马捷 靖继鹏 张向先	图书情报工作	2010年
				企业信息生态系统的要素及评价指标构建研究	王晰巍 刘铎	图书情报工作	2010年
				信息生态系统的失调和对策	王芳	现代情报	2007年
				加强信息伦理建设促进信息生态平衡	应金萍 冯建新	浙江工商职业技术学院学报	2004年

表1-20　焦点论文主要被引情况表(13)

被引文献				引用文献			
作者	篇名	出版者	出版时间	篇　　名	作者	出 版 者	出版时间
陈曙	信息生态的失调与平衡	情报资料工作	1995年	信息生态学研究的概况与术语界定初探	周庆山 李瀚瀛 朱建荣	图书与情报	2006年
				图书馆信息生态系统组成因子分析	王瑶	科技情报开发与经济	2008年
				信息生态理论研究成果述略	袁烨 王萍	情报科学	2009年
				基于信息生态链的信息污染及主体防范策略	李键菲	情报资料工作	2010年
				信息生态理论研究进展	卢金荣 郭东强	情报杂志	2007年
				电子商务中的信息生态模型构建实证研究	王晰巍 靖继鹏 刘明彦	图书情报工作	2009年
				企业信息生态系统的要素及评价指标构建研究	王晰巍 刘铎	图书情报工作	2010年

表1-21 焦点论文主要被引情况表(14)

被引文献				引用文献			
作者	篇名	出版者	出版时间	篇　　名	作者	出 版 者	出版时间
娄策群 赵桂芹	信息生态平衡及其在构建和谐社会中的作用	情报科学	2006年	信息生态链中的信息流转	娄策群 周承聪	情报理论与实践	2007年
				信息生态因子分析	严丽	情报杂志	2008年
				Internet环境下信息生态模型研究	余小鹏 裴雷	情报杂志	2008年
				信息生态系统初探	韩子静	图书情报工作	2008年
				信息人与信息生态因子的相互作用规律	周承聪 桂学文 武庆圆	图书情报工作	2009年
				信息生态系统的平衡机制	赵云合 娄策群 齐芬	图书情报工作	2009年
				图书馆信息生态失衡及对策研究	邓以惠 黄付艳	现代情报	2009年

1.4.2.2 信息生态研究的启示

通过对1985—2016年"信息生态"的相关文献1350篇进行论文年代分布分析、关键词共现分析、核心研究机构分析、核心作者分析、出版者分布分析、基金资助分布分析、学科分布分析、文献被引分析、文献互引分析，梳理了"信息生态"问题的研究现状，找出了"信息生态"问题的研究热点，在此基础上得到如下启示。

第一，"信息生态"主题研究刚刚起步，发展呈现不平衡的特点。根据图1-2可知，从1985年开始的信息生态研究虽然经过了30多年的发展，但是信息生态研究还是处于起步阶段，按照生命周期理论来说，信息生态研究刚刚度过初生阶段，目前是快速成长期。虽然各学科的学者们积极参与和探索这一领域的研究，但是目前信息生态研究中还存在许多有争议和模糊的观点，争议的观点还需要学者们进一步地解读与澄清，模糊的观点还需学者们继续辨析与求证。

第二，"信息生态"主题研究的主要领域已经形成，热点问题凸显。根据核心关键词可知，最突出的是“信息构建”，根据周晓英的观点：“信息构建的核心是信息组织与提供。”这说明：一方面，“信息生态”主题研究的理论一部分是从“信息构建”理论移植过来的，或者说“信息生态”主题研究与“信息构建”研究二者之间存在交叉关系；另一方面，“信息构建”主题研究关注“组织信息和设计信息环境、信息空间或信息体系结构，以满足需求者的信息需求”。“信息生态链”也是重要的研究领域，根据娄策群的观点：“信息生态链是指在信息生态系统中，不同种类信息人之间信息流转的链式依存关系。”所以，可知：“信息流转”是主题研究的重点；“信息生态位”“信息生态环境”、以图书馆为实体机构的“信息构建”也是重点研究领域。

第三，“信息生态”主题研究具有稳定的核心作者群，明确的核心研究机构。

第四，经过对1985—2016年“信息生态”的相关文献1350篇数据源统计分析可知，1350篇相关论文的出版者分为417种期刊和83所大学。论文的出版者帕累托分布明显。

第五，信息生态研究在社会科学与自然科学领域极度不均衡，呈现帕累托分布。

第六，信息生态研究在信息科学领域过热，但在生态学领域缺位。观察图1-3可知，“信息生态”相关研究论文共涉及40个学科，“新闻与传媒”“图书情报与数字图书馆”这两个学科是“信息生态”研究的核心区，共撰文743篇；“计算机软件及计算机应用”领域共124篇，由于“图书情报与数字图书馆”属于信息管理，“计算机软件及计算机应用”属于信息应用，“新闻与传媒”既属于信息管理又属于信息应用，所以说信息生态研究在信息管理与信息应用这两个信息科学的分支领域都是研究热点。观察图1-3同样可知，“信息生态”这个信息科学与生态学的交叉领域并没有得到从事生态学研究的学者的重视，生态学学者的研究缺位，预示信息生态研究的生态学的思想和生态学的隐喻的贫乏，这将制约信息生态研究的研究范式、学科层次结构和定义域的发展。

1.4.3 信息异化问题的生态学诠释

“信息生态”研究是用生态学的观点和理论来研究信息科学中的问题。尽管

"信息生态"研究出现得较晚，但相关研究发展较快。"信息生态"重点关注信息社会的可持续发展问题，可以对信息异化问题进行生态学意义上的解释。

1.4.3.1 信息生态研究的理论支撑作用

第一，借鉴生命周期理论，对"信息生态"研究的成长能力演进进行分析。

综合国内外学者的观点，任何事物的发展都有生命周期，事物的生命周期总体上分为四个阶段：出生期、成长期、成熟期、衰退期。出生期的特点是从空白开始，增长缓慢，是积累力量的阶段；成长期的特点是高速增长，力量急剧壮大；成熟期的特点是增长速度放慢，或者没有增长，但保持雄厚的力量；衰退期的特点是出现负增长，力量萎缩。借鉴国内外学者提出的生命周期理论可知，任何事物都具有生命周期，"信息生态"研究自然也不例外。观察图1-2可知，"信息生态"研究目前正处于研究生命周期的成长期，如图1-8所示。

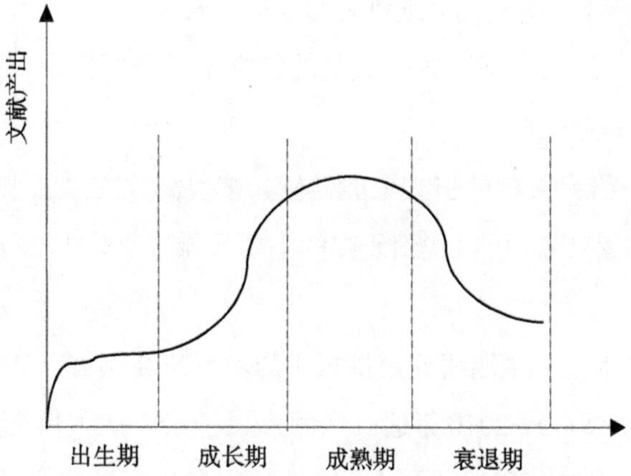

图1-8 "信息生态"研究的生命周期图

"信息生态"研究经过了自1985—2002年的出生期的缓慢发展，积蓄了发展的力量，在2003年以后进入快速发展的成长期。观察图1-8可知，在"信息生态"研究的生命周期曲线上，2003年以后，曲线的斜率为正，且曲线上升很快，这说明"信息生态"研究正处在成长期，此时的研究规模逐渐扩大，学术的影响力逐渐增强，研究成果的辐射范围越来越广，总之，处于成长期的"信息生态"研究昭示着这项研究的前景乐观，学者们在这个领域的研究今后将大有用武之地。

“信息生态”研究目前处于成长期的特点同时也给研究者如下的警示：研究者必须利用当前的大好形势，完善研究内容，保持“信息生态”研究产出的高速增长。首先，必须提升研究质量，深入挖掘研究内容，进入更加专深的研究状态，这样才能进一步扩大研究的影响力，增强学术地位；其次，必须借鉴相关学科的研究成果，汲取更多的学术营养，赋予研究成果新的知识点，争取在多学科交叉的领域有所突破；最后，必须提高研究的知名度，提高研究的美誉度，力争获得更大的经费资助，保证研究的可持续发展。

总之，分析“信息生态”研究的生命周期图，可以帮助我们以生命周期不同阶段的成长能力为基础，对“信息生态”研究不同生命周期阶段的发展规律进行系统的分析，这样就可以清晰地理解“信息生态”研究的生命周期与其成长能力之间的关系，科学地总结适应生命周期不同阶段的“信息生态”研究的特点，改善“信息生态”研究的质量，促进研究的可持续发展。

第二，根据“信息生态”研究文献的引文聚类分析图，找到研究的主要领域，探寻研究的发展轨迹。

观察表1-7，研究文献的引文聚类分析，被引高频文献的来源分布、年代分布图以及表1-8 ~ 表1-21可以找到研究的主要领域（见表1-22），探寻研究的发展轨迹。

首先，“信息生态”主题研究是情报学的主要研究领域，从2002年开始进入快速发展的阶段，2002—2010年这一区间形成了第一次“信息生态”主题研究的高峰期；2002—2010年这一区间虽然是“信息生态”研究的第一个高峰期，但是这一阶段还处于研究的初创阶段，2002—2010年学者们研究的重点是“信息生态”基本概念的界定、基本研究内容的争鸣，还没有形成完整的研究体系；2002—2010年这一区间段，学者们已经开始借鉴其他学科的理论、思想，并注意把“信息生态”理论向其他学科辐射，关注从多学科交叉的视角分析问题，例如“信息生态”研究与企业结合、“信息生态”研究与网络结合等。

其次，信息生态的主要研究领域和热点问题清晰：自陈曙1995年发表“信息生态的失调与平衡”这篇论文后，大概经历了10年时间，学者们才认识到研究“信息生态的失调与平衡”问题的重要性，自2004年以后，在2004—2010年这个区间段，研究“信息生态的失调与平衡”是核心问题。“信息生态系统的剖析”这篇文章是后来学者们引用的焦点，所以后来的“信息生态”主要瞄向其系统的“组成”“功能”以及“信息生态因子”的研究，如表1-14所示，围绕“信息生态系统”的研究是“信息生态”研究的核心。自2007年至今，“信息生态链”研究一直是“信息生态”研究的主要问题。

最后，相关研究领域、交叉学科清晰：“信息生态”研究虽然吸纳了“信息构建”的理论思想，“信息生态”研究与“信息构建”研究二者有交叉，都是情报学的研究热点，同样在2002年以后进入快速发展阶段，但是，“信息生态”研究有自身独立的研究范围与概念体系，二者的研究领域并不相同。通过引文聚类分析，特别是对“信息生态”引文间的网状关系和表1-15进行研究可知：引用“构建和谐‘信息生态’突围教育信息化困境”这篇论文的多是研究“教育学”的学者，这说明“信息生态”研究与“教育学”学科之间具有较近的亲缘关系，“信息生态”与“教育学”之间存在交叉、渗透和衍生趋势。

表1-22 “信息生态”研究的核心领域与热点问题统计表

核心领域	热点问题		
	问题内容	主要研究者	研究时间
信息生态研究的概况与术语界定	信息生态研究的性质、范围、对象及其主要任务，“信息生态”研究的重点概念等	陈曙、谢立虹、蒋录全、邹志仁、张福学、田春虎、周庆山	1985—2006年
信息生态系统	信息生态系统的基本要素、信息生态系统的功能、信息生态的结构成分等	靖继鹏、李美娣、马捷、张向先、韩子静、张旭、郑絮	1998—2010年
信息生态的失调与平衡	Internet环境下信息生态的系统不稳定性、信息生态不均衡的条件、维持信息生态平衡的措施、信息障碍、主体防御方法、促进信息生态均衡的机制等	娄策群、赵桂芹、陈曙、王东艳、侯延香、吕桂芬、王芳、赵云合、邓以惠、黄付艳、余小鹏、朱湘晖、李键菲	1995—2010年

续表

核心领域	热点问题		
	问 题 内 容	主要研究者	研究时间
信息生态链	信息生态链：概念、本质和类型、信息生态链优化、信息生态链中的信息流转、信息生态链断裂问题、博客信息生态链、信息生态链的信息污染及主体防范、微博信息生态链、网络信息生态链运行机制、网络信息链的动力与动态演化等	韩刚、覃正、娄策群、周承聪、李佳玉、李键菲、谢守美、方志、王晰巍、刘铎、常微、张军	2007年至今

第三，根据核心研究机构、核心作者群的分布情况，探寻“信息生态”研究核心能力和优势的升级。

知名教授C.K.Prahalad和Gary Hamel提出，核心竞争力是“组织中的积累性学识……核心竞争力来自于组织的集体学习，来自于经验规范和价值观的传递”。“信息生态”研究具有稳定的核心作者群，明确的核心研究机构。根据核心机构分布可知，吉林大学管理学院及其信息资源研究中心、华中师范大学信息管理系是信息生态的核心研究机构。如果将“信息生态”的研究者们看作一个组织，那么，要想提高“信息生态”研究的核心竞争力，就必须加强研究者之间的相互学习、相互借鉴，加大作者之间经验规范和研究观点的传递，因此，可以以吉林大学管理学院、华中师范大学信息管理系为中心，围绕娄策群、靖继鹏、马捷、王晰巍等这几位研究实力较强的学者广泛展开学术交流，力图把“信息生态”研究的独特的学术资源、知识和技术进行有效的整合，这样，才会使“信息生态”研究具备独特的持久的竞争力。

如图1-9所示，“信息生态”研究的核心竞争力其内涵事实上是核心研究领域里所潜藏的学问、技术、能力或它们的组合体，而怎样将纷繁、芜杂、无序的研究技能及其构筑的知识妥恰融合、和谐一致、配合得当则尤为关键。首先，研究“信息生态”核心竞争力是驱使“信息生态”步入未来多种研究领域的必要途径。信息生态核心力可谓一个“能量研究源”，在其巨大、强烈的研究带动、辐射作用下，将“信息生态”的研究能力不断扩展到核心研究领域上，从而源源不断地碰撞出新的核心研究问题，扩大研究的深度和广度。其次，“信息生态”研究的核心竞争力有助于实现研究者看重的价值。“信息生态”研究的核心竞争力是其他领域研究者难以轻易占有、转移或模仿的，必须依靠本领域研究者的持续思考、努力革新乃至在研究中的摸索、实践，方可创设和提升信息生态研究的核心竞争力。因此，“信息生态”必须在其核心竞争力、核心领域及核心问题三大理论方向上相互学习、相互借鉴，才能永葆活力、增强竞争力。在核心竞争力突破某一研究水平后，“信息生态”研究就可以凭借各种有机整合，优化核心竞争力，使得“信息生态”研究自发分列出来一系列核心研究问题，具备该领域的研究独特性、不易模仿性、无法替代性，从而获得和保持持久的竞争优势。

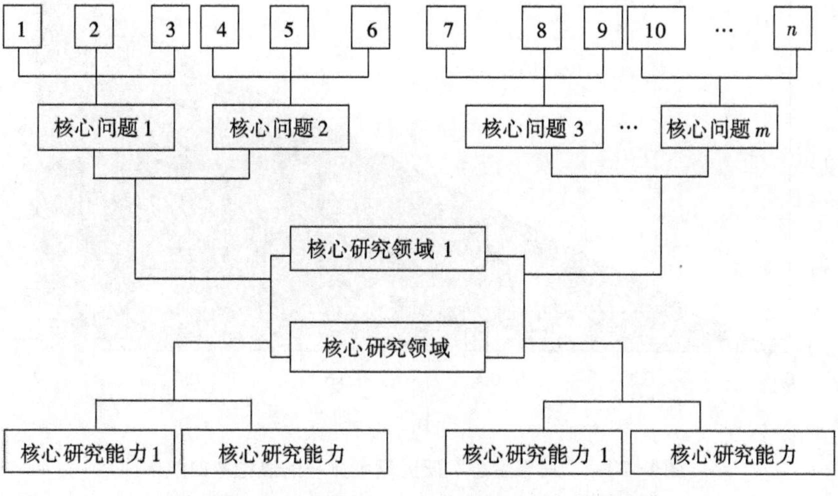

图1-9　“信息生态”研究的核心竞争力提升图

第四，根据“信息生态”研究基金分布情况，绘制用洛伦兹曲线，探寻“信息生态”研究的基金分布的公平情况。本研究先用洛伦兹曲线来描述“信息生态”研究基金资助分布状况，如图1-10所示，洛伦兹曲线制作方法详见笔者研究论文。

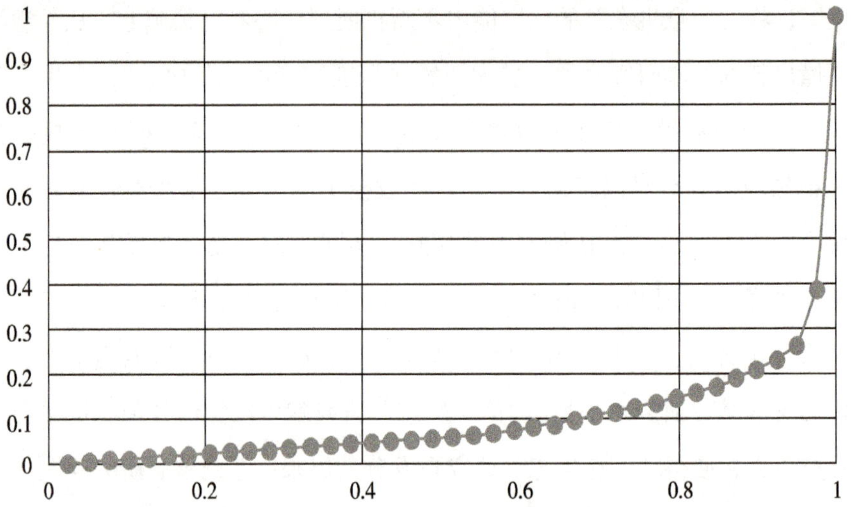

(a)

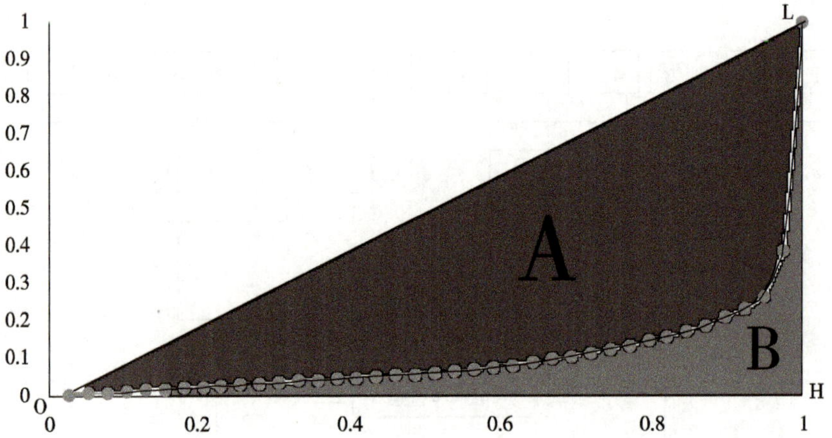

(b)

图1-10 “信息生态”研究基金分布的洛伦兹曲线

图中曲线显示，趋势向右下方凸出，而且有一定弯曲度，其弯曲度明显上倾，接近折线形状，说明基金分配存在更多的不公平性。通过计算，“信息生态”研究基金分布的基尼系数为0.795736983，1985—2016年获得基金资助的论文有326篇，资助的基金项目共有39个，但国家社会科学基金和国家自然科学基金两个基金项目就资助发文240篇，这说明：其一，“信息生态”研究在基金分布上极其不均衡，国家级基金项目支持力度较大，省部级、厅局级的资助力度不够；

其二，在国家级基金项目内部，“信息生态”研究受社会科学与自然科学基金的资助程度也呈现极度不均衡的状态。

第五，根据“信息生态”研究的出版者分布情况（见表1-23），绘制帕累托曲线，探寻“信息生态”研究出版者的ABC分布情况，如图1-11所示。绘制ABC分析图的方法参见笔者研究论文。

发文多于3篇的出版者共72个，在全部出版者中所占比例为14.4%，但发文多于3篇的出版者，所出版文献总数累计百分比为0%~60%，因此，发文多于3篇的出版者为A类出版者（最重要类型）；发文2篇论文的出版者共66个，所占比例为13.2%，但发文2篇的出版者文献总数累计百分比为60%~70%，为B类出版者（次重要类型）；只发文1篇的出版者共423个，占全部出版者的75.4%，所发文献总数为423篇，占所统计的文献总数的30.50%，累计百分比为70%~100%，为C类出版者（不重要类型）。所以，借助帕累托分布分析，我们就可以辨认这561个出版者，从而做到主次分明，把握分寸，并突出重点，例如发文多于3篇的出版者有72个，虽然只占全部出版者的14.4%，但这72个出版者出版文献的总数占全部相关文献的58.89%，如表1-23所示。

表1-23 “信息生态”研究的相关文献1350篇的分布情况表

分类	发文数（篇）	百分比	累计百分比
发文50篇以上出版者	277	20.52%	20.52%
发文10~50篇出版者	303	22.44%	42.96%
发文3~9篇出版者	215	15.93%	58.89%
发文2篇出版者	132	9.78%	68.67%
发文1篇出版者	423	31.33%	100%
合　计	1350	100%	100%

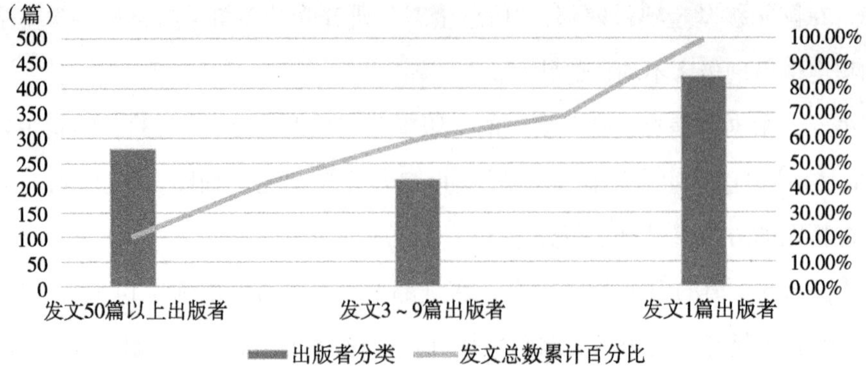

(a)

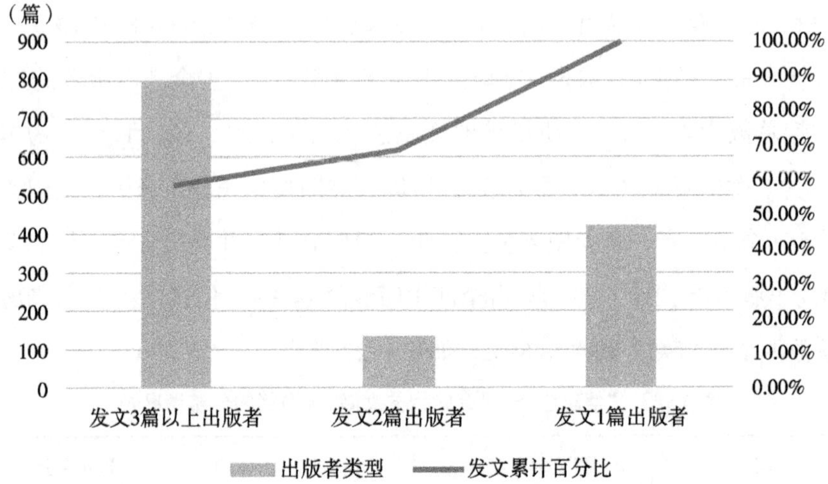

(b)

图1-11 “信息生态”研究ABC分析图

第六，吸收生态学等自然科学的理论与方法，与生态学研究相互结合发展，形成新的交叉边缘研究领域，重铸“信息生态”研究的范式，提升研究层次。

观察图1-3可知，“信息生态”相关研究论文共涉及很多学科，“新闻与传媒”“图书情报与数字图书馆”这两个学科是“信息生态”研究的核心区，共撰文743篇；“计算机软件及计算机应用”领域共124篇，由于“图书情报与数字图书馆”属于信息管理，“计算机软件及计算机应用”属于信息应用，“新闻与传媒”既属于信息管理又属于信息应用，所以说信息生态研究在信息管理与信息应用这两个信息科学的分支领域都是研究热点。观察图1-3同样可知，“信息生态”

这个信息科学与生态学的交叉领域并没有得到从事生态学研究的学者的充分重视，生态学学者的研究严重缺位，预示信息生态研究的生态学的思想和生态学的隐喻的贫乏，这将制约信息生态研究的研究范式、学科层次结构和定义域的发展。

库恩称范式是："特定的科学共同体从事某一类科学活动所必须遵循的公认的'模式'，它包括共有的世界观、基本理论、范例、方法、手段、标准等与科学研究有关的所有东西。"观察图1-12所示的"信息生态"研究的学科分布图可知，目前，"信息生态"研究的基础原理、步骤程序、方式方法、典型案例、范式规律等重点植根于信息科学，鲜有学者采用生态学研究方法和理论工具，由于目前"信息生态"研究正处于快速发展的成长期，因此，研究者必须审慎思考"信息生态"研究的范式，即"信息生态"研究的框架或原则到底是什么？特别是要借鉴生态学的基本理论、研究范例、研究方法、研究手段等，提出新的研究模式。研究范式不仅是科学研究的必要条件，而且是学科成熟的标志，"信息生态"研究的范式是研究的出发点，因而决定着"信息生态"研究的发展方向，因此学者们必须思考这一命题。

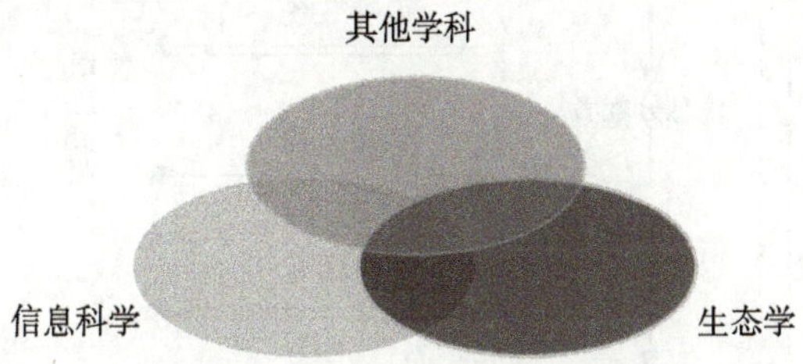

图1-12 "信息生态"研究应然的学科交叉关系图

任何一个领域的科学研究都具有5个层次，即发现、发明、理论、模型和哲学的总结。"信息生态"研究同样也有5个层次，而且这5个层次是一个对"信息生态"研究的认识逐渐深化的过程，前两个层次要回答到底怎样进行"信息生态"研究的问题，第3、4个层次回答"为什么"这样进行"信息生态"研究的问题，第5个层次是前4个层次的总结，然而这不等于说，后面的层次比前面的层次更高级，这5个层次是互为基础、互相促进的关系。目前，"信息生态"研究正处于快速成长期，研究领域不成熟、核心问题不够明确，所以，可以说"信息生态”研究刚刚度过第1个层次，目前正处于第2个层次，正在广泛吸收和借鉴其他学科的理论知识和研究方法等，试图形成图1-14所示的以信息科学和生态学为基础的广泛吸收、借鉴其他学科理论和方法的综合性、交叉性的研究领域，逐渐形成“信息生态”研究独特的研究领域和热点问题，使得“信息生态”研究向第3个、第4个、第5个层次快速跃进，促进“信息生态”研究由不成熟状态向成熟状态演进。

1.4.3.2 信息异化问题的生态学诠释

信息、信息人、信息环境这三部分共同构成了信息生态系统，属于可自我调节的人工系统。信息的流通、反馈促使信息生态系统发挥效能，以满足信息人需求，这是系统存在的目标和出发点。

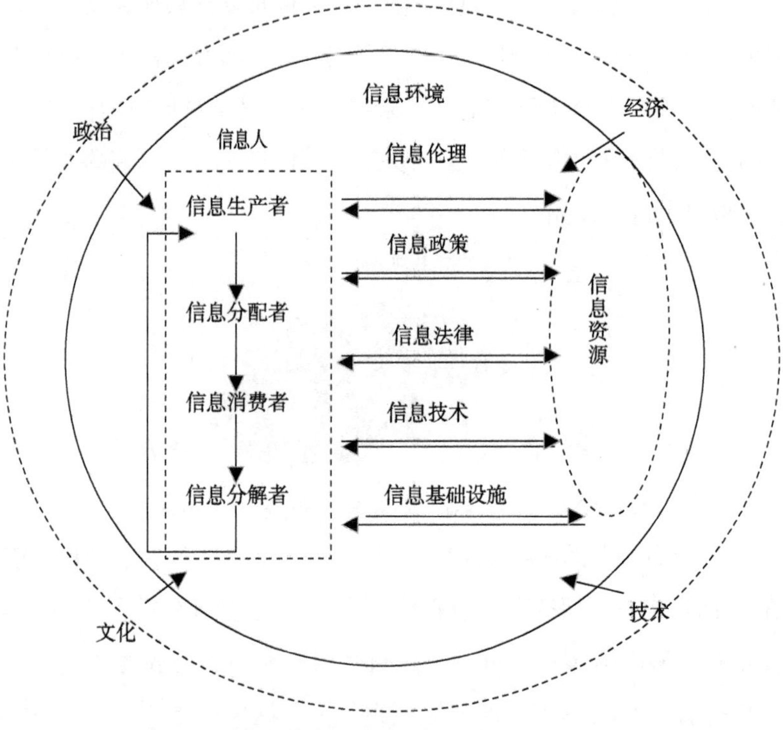

图1-13 信息生态系统

如图1-13所示，信息生态系统包括四种要素：①信息人（既是信息的创造者，又是信息的传播者和利用者）；②信息资源（类型和特征各异）；③信息环境

（约束和规范信息人的行为）；④外部社会环境（对信息生态系统的存在和发展产生影响）。

信息人包括信息的生产者、分配者、消费者及分解者；信息环境则包含了信息的伦理、政策、法律、技术、基础设施等在内的各种要素；信息资源是自然与社会的信息集合；外部社会环境包括政治、经济、文化、技术等因素。信息生态系统里的各元素彼此制约、联系，既协作又竞争，形成了动态平衡、和谐共生的有机统一状态。

在信息生态系统中，信息人居于核心位置，因为由信息人制造了信息资源，进而产生了信息环境。但是，信息资源及环境在一定程度上也制约着信息人，所以，信息人必须依靠自身本能和主观意识适应不受人意志所转移的信息环境，对信息内容进行选择、吸收、消化以及传递，以满足信息需要，维持自身生存。只有在这样的信息生态循环体系中，信息资源才得以开发利用，信息人才能生存发展，信息环境也得到更新，从而反馈新的信息，满足新的信息需求……如此循序不断、反复无穷地循环。

和谐的信息生态系统的信息需求、供给、更新、反馈呈现共生共进状态，此时能量传输和物质革新是畅通无阻的。信息生态系统各因素间一定具有竞争合作关系，而竞争加剧必然导致信息生态系统呈现无序、混浊的状态，即异化状态。在信息学领域存在的异化问题就是信息异化，信息异化是信息遗失了本来的内在特性，鹊巢鸠占，喧宾夺主，转化为控制、约束和统治人的力量。信息异化反映在信息生态系统中的问题包括：第一，信息本身异化，包括数量异化（信息的数量过载）和质量异化（信息的质量良莠不齐）。第二，信息人的异化问题，包括由于信息异化而导致信息人的各种心理和生理病态问题。第三，信息环境异化，即很多约束和影响信息资源供求的条件所引发的问题。与其他任何系统一样，信息生态系统具有一定的演化周期，从生态学视角审视信息异化问题，信息异化当属信息生态系统初期或成长期无法回避的情形。恒久进化是信息生态系统的发展趋势，所以应顺应趋势，力保并推进其各种组成成分、数量比例等居于平稳态势，促进信息生态系统科学、健康地发展。信息生态系统达至成熟之时，其结构和功能维持着稳步均衡的状态，即信息生态系统的稳态。这种稳态促使其系统本能地自我调节、修复并延续。防范信息异化，成就信息生态系统稳态发展，一方面我们要明确信息生态系统能够摆脱外扰的程度，系统负反馈作用在一定程度上使信息生态系统达至稳态，抑制和减弱了最初发生变化的那种成分所发生的变化；另一方面，加大对信息生态系统物质、能量的投入，确保系统内部结构与功能的协调。同时要给信息生态系统不断注入稳定的信息资源，还要注重信息的多样性，在各种信息成分间还应保持一定的相对稳定比例等；形成具有稳定合作关系的生产者、消费者、分解者等；要加强对信息环境的控制、调节，明确公平规则，确保信息人和谐共进与良性竞争；只有这样才能实现信息生态系统的动态平衡，实现信息生态系统的“可持续性发展”的稳态目标。

本章参考文献

[1] 孙瑞英.信息异化与信息异化的根源研究[J].图书馆学研究,2006(5):2-4.

[2] 徐丹丹.近十年来我国学者对信息社会及其结构的研究述评[J].河南师范大学学报(哲学社会科学版),2004(3):38-42.

[3] 昂利·圣西门.圣西门选集(第1卷)[M].北京:商务印书馆,1979:288 .

[4] 孙伟平.信息社会及其基本特征[J].哲学动态,2010(9):12-18.

[5] 单美贤.泛在信息社会的概念溯源及基本特征[J].贵州社会科学,2013(2):33-38.

[6] 陈柳钦.现代化的内涵及其理论演进[J].经济研究参考,2011(44):15-31.

[7] 张新红,等.走近信息社会:理论与方法[J].电子政务,2010(8):24.

[8] 王欣,靖继鹏,王钢.国内外信息技术产业测度方法综述[J].情报科学,2006 (12):145-150.

[9] Alvin Toffer. The Third Wave[M].New York:Bantam Books,1981.

[10] 黄艾禾."第三次浪潮"涌进中国[J].中国新闻周刊,2008(44):20-23.

[11] 约翰·奈斯比特.大趋势——改变我们生活的十个新趋向[M].北京:新华出版社, 1984:49.

[12] 曼纽尔·卡斯特尔.信息化城市[M].南京:江苏人民出版社,2001:13.

[13] 谢俊贵.我国信息社会学研究的回顾与展望[J].情报科学,2002(1):108-112.

[14] 张新红,等.走近信息社会:理论与方法[J].电子政务,2010(8):24.

[15] 曼纽尔·卡斯特.网络社会的崛起[M].社会科学文献出版社,2003:569.

[16] 解玉杰.信息社会的矛盾研究[D].广州:华南理工大学,2013(6):15.

[17] 王焕斌.网络社会:内涵及其特征探析[J].江西社会科学,2003(2):29.

[18] 季拥政.泛在信息社会及其基本特征[J].图书馆学研究,2011(6):6-9,64.

[19] 李晓云.泛在信息社会公共图书馆的公众信息素养教育[J]. 图书馆学刊,2013(6):92-93.

[20] 金岳晴.泛在信息社会下我国省级公共图书馆网站信息服务研究[D].合肥:安徽大学,2013(5):11.

[21] 曾建勋,曾民族."泛在知识环境"——"后数字图书馆"的发展目标和研究方向[J].数字图书馆论坛,2005(6):1-6.

[22] 王志东.什么是泛在网络?[EB/OL].[2012-01-20].http://finance. Sina.com.cn/hy/20090111/10375745434.shtml.

[23] 任彩玲."泛在信息社会"已经到来[EB/OL].[2012-04-13].http://publish.it168.com/2006/1018/20061018039801.shtml.

[24] 日立提出“泛在信息社会”新理念.电信科学,2006(11):100.

[25] 王楠,万志坤.日韩泛在网络的发展状况[N].人民邮电报,2010-02-04(7).

[26] 秦殿启.论泛在信息社会的人际情报网络[J].情报杂志,2013(7):24-27,23.

[27] 胡海波.泛在网络环境下的政府信息服务[J].情报资料工作,2011(3):83-87.

[28] Srivastava, Lara. Japan's ubiquitous mobile information society [J].Info,2004,6(4):234-251.

[29] 单美贤.泛在信息社会的概念溯源及基本特征[J].贵州社会科学,2013(2):33-38.

[30] 段宇锋,王舒君.关于泛在网络环境下图书馆应对策略的几点思考[J].图书馆论坛,2012(5):26-30.

[31] 孙瑞英,毕强.信息异化的控制研究[J].中国教育信息化,2007(5):20-23.

[32] 马克思,恩格斯.马克思恩格斯选集[M].北京:人民出版社,2009: 213.

[33] 孙瑞英.信息异化问题的理性思考[J].情报科学,2007(3):340-344.

[34] 曾庆发,商卫星.马克思的异化理论及其意义[J].武汉理工大学学报(社会科学版),2004(1):7-11.

[35] 马克思恩格斯选集[M].北京:人民出版社,2009:213.

[36] 黑格尔.历史哲学[M].北京:三联书店,1956:76.

[37] 马克思.1844年经济学、哲学手稿[M].北京:人民出版社,1985:74.

[38] 马克思恩格斯选集(第三卷)[M].北京:人民出版社,2009:441.

[39] 中国互联网信息中心.第34次中国互联网络发展状况统计报告[EB/OL]. http://www.cnnic.net.cn/hlwfzyj/hlwxzbg/,2014-07-21.

[40] 马克·波斯特.信息方式[M].北京:商务印书馆,2000:101 .

[41] 胡海波.泛在网络环境下的政府信息服务[J].情报资料工作,2011(3):83-87.

[42] 谢婉若,邹姝玉.2010-2013年社交媒体研究热点解析[J].新闻知识,2014(4):3-5.

[43] 威廉·洽森.世界新闻多棱镜[M].北京:新华出版社,2000.

[44] 秦殿启.论泛在信息社会的人际情报网络[J].情报杂志,2013(7):24-27,23 .

[45] 广州日报.多地出现抢盐现象专家:吃盐防辐射?不靠谱![EB/OL].http://news.xinhuanet.com/fortune/2011-03/17/c_121199858.htm,2014-11-04.

[46] 凤凰卫视.美联社推特被黑发“白宫爆炸、奥巴马受伤”假消息[EB/OL]. http://news.ifeng.com/world/detail_2013_04/24/24580717_0.shtml, 2014-11-04.

[47] 边秀兰.环境污染对心理健康的影响.现代预防医学[J].2008(3):414-415.

[48] 肖毅,王方.网络信息种群共生理论及其模型研究[J].图书情报工作,2009,53(18):17-21.

[49] 蔡莉莉.浅谈幼儿的人格教育[J].早期教育(教师版),2005(4):6-7.

[50] 侯玉波.社会心理学[M].北京:北京大学出版社,2002:3.

[51] 郭小平.信息的"协同过滤"与网民的"群体极化"倾向[J].东南传播,2006(2):43-44.

[52] 伊丽莎白·诺埃勒-诺依曼.重归大众传播的强力观[J].《传播学刊》,1974.

[53] 黄清源,王毅萍.社交媒体在突发性群体事件中的作用分析——以什邡事件为例[J].湖北社会科学,2013(1):27-29.

[54] 中国青年报.美英通过社交媒体获取情报　反恐作战已获战果[EB/OL].http://mil.news.sina.com.cn/2012-12-21/0947710372.html.

[55] 王国华,杨腾飞.境外主要政府机构、政要及国际组织在华"微传播"研究——以新浪微博为例[J].情报杂志,2013(6):24-28.

[56] 蔡权.基于环境参量的参数化绿色建筑设计研究[D].南京:南京工业大学,2012:6.

[57] 余丽.美国互联网战略对我国的严峻挑战及其对策[J].红旗文稿,2012(7):33-36.

[58] Jack Chang. Internet control by U.S. promises to be hot topic at U.N. forum. The Seattle　Times, November 11, 2007, http://seattletimes.nwsource.com html The nation-world /2004007171_internet 11.html.

[59] 生态[EB/OL].[2014-11-28].http://baike.baidu.com/view/10382.htm.

[60] 丁守遐.论马克思主义生态环境保护思想及其现实意义[D].天津:天津师范大学,2009.

[61] 赵永红.马克思恩格斯生态观的历史演进及当代价值[D].石家庄:河北师范大学,2013:6.

[62] Davenport T H. Information ecology: mastering the information and knowledge environment [M]. New York: Oxford University Press, 1997.

[63] NardiB A, O,Day V L. Information ecology: using technology with heart [M]. [S. .l]: MIT Press, 1999.

[64] 卢剑波.信息生态学[M].北京:化学工业出版社,2005:3.

[65] 陈曙.信息生态研究[J].图书与情报,l996(2):12-19.

[66] 娄策群,周承聪.信息生态链:概念、本质和类型[J].图书情报工作,2007(9):29-32.

[67] 张新时.现代生态学的几个热点[J].植物学通报,1990,7(4):1.

[68] 李美娣.信息生态系统的剖析[J].情报杂志,1998,17(4):3-5.

[69] 韩刚,覃正.信息生态链:一个理论框架[J].情报理论与实践,2007,30(1):18-32.

[70] 余胜泉,陈莉.构建和谐"信息生态"突围教育信息化困境[J].中国远程教育,2006(5):19-24,78.

[71] 谢立虹.网络空间中的信息生态问题[J].图书馆,2000(2).

[72] 张福学.信息生态学的初步研究[J].情报科学,2002(1):31-34.

[73] 田春虎.信息生态问题初探[J].情报杂志,2005(2):90-92.

[74] 蒋录全,邹志仁.信息生态学——企业信息管理的新范式[J].图书情报知识,2001(3):2-6.

[75] 周晓英.信息构建(IA)——情报学研究的新热点[J].情报资料工作,2002(5):6-8.

[76] 马费成,姜婷婷.信息构建对当代情报学发展的影响[J].图书馆论坛.2003,23(6):20-25.

[77] 何镜堂,郭卫宏,吴中平.现代教育理念与校园空间形态[J].建筑师,2004(2).

[78] 余胜泉,陈莉.构建和谐"信息生态"突围教育信息化困境[J].中国远程教育,2006(5):19-24.

[79] 韩刚,覃正.信息生态链:一个理论框架[J].情报理论与实践,2007(1):18-20,32.

[80] 娄策群,周承聪.信息生态链中的信息流转[J].情报理论与实践,2007,31(6):725-727.

[81] 王东艳,侯延香.信息生态失衡的根源及其对策分析[J].情报科学,2003,21(6):572-583.

[82] 陈曙.信息生态的失调与平衡[J].情报资料工作,1995(4):11-14.

[83] 娄策群,赵桂芹.信息生态平衡及其在构建和谐社会中的作用[J].情报科学,2006,24(11):1606-1610.

[84] 张新时.现代生态学的几个热点[J].植物学通报,1990,7(4):1.

[85] 张宏达.生态环境与科学技术的变迁 ——论工业革命后科学技术发展对生态环境的影响[D].哈尔滨:黑龙江大学,2013:1.

[86] 王毅,陈劲,许庆瑞.企业核心竞争力:理论溯源与逻辑结构剖析[J].管理科学学报,2000(9):24-43.

[87] 帕累托分布[EB/OL].[2015-01-08].http://baike.baidu.com/link?url=g1_qbWfk-sYshvZfOs-euXa21rsh49Ki_S139tvLcJSmp29FCeqah7-69sHteDl_-62nV2U62e0vU8tAHSi31c_.

[88] 严英琪,孙瑞英.我国信息生态论文出版者的ABC分类的数学计量研究[J].情报科学,2015(7).

[89] 汪信砚.范式·层次·定义域——认识论研究方法论三题[J].社会科学研究,1987(6):51-56.

[90] 陈洪,孙宝国,刘次全.论科学研究的层次[J].北京工商大学学报(自然科学版),2005(7):57-61.

[91] 薛纪珊.信息生态与信息开发[J].学会月刊,2001(12):53-54.

[92] 王东艳,侯延香.信息生态失衡的根源及其对策分析[J].情报科学,2003(6):572-583.

[93] 高琼.信息生态学的前景展望[J].中外科技政策与管理,1994(7):89-94.

[94] Nardi B A, O'Day V L. Information Ecologies: Using Technology with Heart[M]. Cambridge: MIT Press, 2002.

[95] Stepp J R. Remarkable Properties of Human Ecosystems[J]. Conservation Ecology, 2003, 7(3): 11-15.

[96] 英姿.基于生态学核心概念之信息生态学发展趋势探讨[J].情报杂志,2009(3):31-34,38.

2 确定信息生态环境和谐演化的目标

泛在信息社会的特定的虚拟空间是人们的生存之所，这个虚拟的空间本身就是开放的生态系统，信息人、信息资源、信息环境是这个生态系统的三大要素。信息资源的传输与反馈作为纽带维系着信息人与信息环境之间的关系，依托信息技术，以网络设施为平台，通过满足信息人需求，实现信息人、信息资源、信息环境三种要素的均衡运动状态。泛在信息社会，信息生态系统的和谐发展是我们追求的目标，但是，信息生态系统的和谐发展状态却不是永恒的状态，信息异化问题的出现为信息生态系统的和谐发展设置了阻力，为抵消这部分阻力，在构建和谐的信息生态环境的过程中，通过梳理古今中外的“和谐”思想，取其精华，去其糟粕，进而给“和谐信息生态”赋予新的内涵和特征。“信息生态和谐”将作为衡量信息社会的理想标杆或尺度。

2.1 和谐的含义

古往今来，和谐思想闪烁着中华文明的神韵。从《左传》到《大同书》，从儒家鼻祖孔丘到革命先驱孙中山，两千多年来，和谐思想源远流长；和谐思想同样在西方社会也有着悠久的历史。从古希腊思想家柏拉图的《理想国》到马克思和恩格斯的《共产党宣言》，明确提倡社会和谐，揭示社会和谐的本质和发展的规律。

在中国古代的典籍中并没有“和谐”一词，“和”与“谐”在中国古代的文献中是分开来使用的。例如：“诗言志，歌咏言，声依水，律和声。八音克谐，无相夺伦，神人以和”出自《尚书·舜典》，此处出现的“和”与“谐”在字义上相同。在浩瀚的文献中，由于“和”字使用的频率远远大于“谐”字使用的频率，且“和”与“谐”意义相近，所以，在中国传统文献中，“和”就代表“和谐”的含义，“和”使用的范围很广，被广泛地用于天地自然、社会人文、个人精神和社会实践等各个方面，诚然，由于语境不同，“和”的重点也不尽相同。提倡“和谐”虽然是中国文化传统的一大特色，但是，并不是中国文化特有的东西。方克立先生指出：和谐是人类社会共同的理想追求，是人类文化关怀的普遍主题和永恒主题。世界各民族文化中蕴含着丰富的“和谐”思想资源，我们可以广泛地参考和借鉴。

2.1.1 中国传统和谐思想

追溯中国历史可知，中国传统“和谐”思想滥觞于上古时代的尧、舜时期，奠基于西周，而最终在春秋战国时代——诸子思想勃兴的轴心时代，逐渐完善、成熟。

2.1.1.1 中国传统和谐思想溯源

中华民族是一个崇尚“和谐”的古老民族，“和谐”理念反映中华文化的独特内涵与民族特色。

第一，查阅现存最古老的文献可知，在尧、舜、禹时代，“和”（“和谐”）就是至关重要的治国理念。《尚书·尧典》记载，尧帝“克明俊德，以亲九族。九族既睦，平章百姓。百姓昭明，协和万邦”。《尚书·舜典》记载，舜命夔曰：“夔！命汝典乐……八音克谐，无相夺伦，神人以和。”《尚书·大禹谟》记载，禹亦尝言：“於！帝念哉！德惟善政，政在养民。水、火、金、木、土、谷，惟修；正德、利用、厚生，惟和。”从这些文字记载可知，上古圣王时代，君民之间关系的“和谐”是上古圣王追求的政治目标。

第二，根据《尚书·周书》中的记载，在西周时期，“和”既作为表达政治目标的重要概念，又用来描述和表达祭祀、音乐、饮食和人际关系等的美好、协调状态。例如，《诗经》记载，“鼓瑟鼓琴，和乐且湛”（《小雅·鹿鸣》）、“酒既和旨，饮酒孔偕”（《小雅·宾之初筵》）。这些诗文表达的一种欢愉、和谐、协调的气氛与状态，反映出周人“和谐”的理念已经融入日常的生活或人生体验之中。西周末年的周太史伯提出“和同之辨”，这一命题具有深刻的哲学意涵。依据《国语·郑语》记载，周太史伯言：“夫和实生物，同则不继。以他平他谓之和，故能丰长而物归之；若以同裨同，尽乃弃矣。故先王以土与金、木、水、火杂，以成百物。”这句话的意思是：事物在“和”的情境下生长和发育，事物在“同”的情境下无法生长和发育。这里的“和”，指的是不同的事物之间的平衡调和、互济共生；这里的“同”，指的是相同事物在数量上的简单相加。“和”是事物生长和发育的根本法则，是各种不同事物共生共荣的前提条件；反之，“以同裨同”只会导致缺乏“他”物平衡调济的单一事物最终走向灭亡。所以，古圣先王通过“以土与金、木、水、火杂，以成百物”，以满足社会的需求、百姓的日常之用。根据周太史伯的观点可知：世界是由丰富多样而又相互平衡调济、和谐共生的各种不同事物组成的，人类社会只是其中的一部分，因此，人类社会的治理必须依据“和实生物”与“尚和去同”或“和与同异”的“和谐”规律与法则。

第三，春秋战国时期，诸子百家学派林立、学说风起云涌。在诸子百家各派的多维理论视野下，“和谐”理念的意涵逐渐丰富，并且被赋予不同的社会政治含义。“和”既指上下之间的慈和、兄弟之间的友和、人际之间的礼让，又指诸侯国之间的盟约和平，也指庄稼的和熟、五声的和听等。儒、墨、道、法等诸子百家虽然都提倡“和谐”，但是不同学派在阐述实现“和谐”条件时却存在认识上的重大分歧。

儒家阐述了“和谐”所涉及的多个视角：政通、人和、物调与天下太平，但是，儒家强调“人和”是其他视角“和”的基础和保证，其他视角的“和”是“人和”的拓展和延伸，如孟子曰：“天时不如地利，地利不如人和。”儒家强调“人和”，把人伦和谐、群居和一、小康大同作为追求的理想社会目标。所以，儒家把以德化民、以礼制序、制民恒产、君民同乐等作为其政治主张，并要求统治者在道德方面要自我克制、以身作则。儒家最终要构建一种和谐安乐、等差有序的理想社会。

先秦时期，儒家和墨家并称显学，据《韩非子·显学》记载，韩非子有言：

"孔子、墨子俱道尧、舜而取舍不同，皆自谓真尧、舜。尧、舜不复生，将谁使定儒、墨之诚乎?"追求"和谐"是墨家思想中重要的组成部分，墨家憧憬和谐良序的社会理想，热衷于人伦关系的良序和谐。墨家最高的和谐追求就是"兼相爱，交相利"。墨子是被尊奉的"平民圣人"，墨子生活在社会的底层，对社会混乱、礼崩乐坏的罪恶都归咎于不"兼爱"。"兼爱"表达的是不论等级、远近、亲疏，要爱所有的人；提倡将爱给予每个人，而不受等级地位、贵贱贫富的限制。墨子"兼相爱"的主张精髓就是表达"交相利"，可见"兼而爱之"就代表"兼而利之"(《墨子·法仪》)，主张人人必须参加劳动，有利相交、有力相助、有财相分。

道家坚持"玄同""至德"的"和谐"思想，与儒家、墨家关注人伦秩序的和谐不同，道家深切关注天与人之间的和谐关系，主张返璞归真，指出人类应该效法自然。老子说："人法地，地法天，天法道，道法自然。"道家认为应采取无为而治的治理国家政策，倡导人类应该回归自然，实现天人合一、万物群生的和谐的"玄同"境界。最终实现"至德之世"的理想社会目标。法家坚持"矛盾"说的良序社会，法家将法、术、势三者相结合，法家在洞察人类事务矛盾性和人类好利自为性的基础上，主张"以法治国"。倡导君主依仗自身的权势，运用赏罚和法令的强制性手段，令所有臣民"和同以听令"，希望建立起一个"法不阿贵""任法去私""信赏必罚"的和谐社会。

2.1.1.2 中国传统和谐思想的含义

在中国传统思想中，"和"即"和谐"的含义极其丰富，"和谐"思想在中国人的价值理念、思维方式、行为规范和社会风俗等方面均有体现，几乎覆盖了天地自然、国家民族、思想精神和社会实践等各个领域。然而，由于"和谐"思想应用的语境不同，其含义的重点也不完全相同。总体来说，"和"即"和谐"在传统思想中的含义主要有以下几个方面。

第一，"和谐"是多样性的统一与协调状态——"和实生物，同则不继"。"和"与"谐"最早都是来自礼乐文化，"和"字与"谐"字的原义指的是声音相应和，协调地唱或伴奏之意。在演奏音乐的时候，必须使各种音色能够多样统一，协调有序，这样才能达到悦耳的功效，因此，“和”字与“谐”字最早是指多种声音统一与协调而形成的美妙音乐。“和谐”的哲学含义最早出自《国语·郑语》，公元前8世纪，周朝太史伯指出周王朝衰落的原因是周幽王在政治上“去和取同”。周太史伯言：“夫和实生物，同则不继。”这里的“和”，指的是不同的事物之间的平衡调和、互济共生；这里的“同”，指的是相同事物在数量上的简单相加。根据周太史伯的观点可知：周幽王“去和取同”的治国方略只听信奸佞小人的曲意逢迎，而不能容纳正直之人的正言直谏，这样的君臣关系不是“和谐”的君臣关系。“和实生物”指的是事物的形成以多种要素的统一与协调为前提，周幽王治理国家必须遵循事物生长和发展的规律，使得正直臣子能够正言直谏，这样才会纠偏补弊，使得国家真正地长治久安。

第二，“和谐”代表适度和适中状态——“不偏不倚，兼容两端”。“和”及“和谐”最早出自礼乐文化，古人强调感性审美，古人认为声音的音色、响度既要满足人的感觉器官的生理要求，又不会给感觉器官造成过度的、有害的刺激，所以，古人强调音乐响度要适度、适中，即“声出于和，和出于适”，“刚柔得适谓之和”，此时“和”就代表“适”。古人认为：只有秉承适中的心态去体味音乐，才能达到赏心悦耳的“和谐”状态。《说文》解释说：“中，和也。”此时“和”的哲学含义就是“中”，“中”即中道或中庸。正如南宋著名学者陈淳曾言：“那恰好处，无过不及，便是中。此中即所谓和也。”孟子赞美商汤说：“汤执中，立贤无方。”就是说汤选拔贤人不拘一格，无过不及，不偏不倚。“和”及“和谐”此时就表示适度、适中，也就是不偏不倚、兼容两端的意思。

第三，“和谐”是人与天地万物完美交融状态——“天人之际，合而为一”。《周易·乾·象》中记载：“乾道变化，各正性命，保合大和，乃利贞。”这里所说的“乾道”，就是指“天道”。这里所说的“大和”，就是指“太和”，即所追求的最高的和谐状态。《淮南子》中记载：“天地之气，莫大于和，和者，阴阳调，日夜分而生物。”这句话的意思表达就是，“和”是天地万事、万物包括人类创生、生存、发展应该遵循的普遍法则，代表大千世界事物存在和运行的基本条件及方式。这种“和”是人和天地万物赖以产生的根本。基于这种天道观，古人推崇那种“天人合一”的崇高宇宙观和世界观，渴望实现“天人之际，合而一”。

这种人与天地万物完美交融的世界观明确肯定人既是自然界的产物，当然是从属于自然界。人与万物的生命存在一定是统一的，绝不是对立的，人类最和谐的状态应该是达到与天地万物完美的交融，即达到“并育而不相害”的状态。所以，“天人和谐”状态必然是人际和谐的生态环境基础，是社会秩序良性发展的生态环境保障。

第四，“和谐”是理想的社会和睦状态——“庶政惟和，万国咸宁”。在我国古代文化典籍中，有许多和睦社会状态的文字描述和语言憧憬，均先来自《易传》中“保合太和”，再到孔子所提倡的“致中和”，还包括惠施倡导的“汜爱万物，天地一体”等，都是这种和睦社会状态的描写。“和”不仅指处理人与事的原则和方法，也是君主行德政的具体表现。如“庶政惟和，万国咸宁。宗伯掌邦礼，治神人，和上下”。在古人的这些叙述中，所要表达的都是如何实现人际关系、家庭之间关系、国与国之间关系的和睦相处。这种人际之间和睦相处的状态首先必须依赖贤明君主的励精图治，据《尚书・尧典》中记载，远祖尧帝“克明俊德，以亲九族。九族既睦，平章百姓，百姓昭明，协和万邦，黎民于变时雍”。这段话的意思是尧重用德才兼备的贤人，以团结族人，使得百官、各个邦族都和睦相处。

第五，“和谐”是一种自我的健全精神状态——“性情之德，中和之妙”。在中国传统文化的思想精髓中，“和”既是一种行为准则，“和”引导人们正确处理人与人之间、家庭之间、国与国之间的关系，又是表征精神世界健全发展的一个重要标志。《中庸》记载，“喜怒哀乐之未发，谓之中；发而中节，谓之和”。喜怒哀乐是一个人内在心理情感特征的外在表现，内在心理情感特征表达出来之前，如果内心心理情感没有偏倚就为“中”，心理情感特征的外在表现就合乎节度，没有出现乖戾就是“和”。“中节”是代表合乎道德准则、行为规范的行为表现，“中节”代表的是情感表达的和谐有度，“中节”是指达到心平而气和、和颜而悦色的精神和谐境界，是实现健全的精神和谐的一个理想状态。古人通过对“和”的积极肯定和热衷追求表达对实现精神世界健全状态、精神活动趋于平衡的理想追求，即达到古人所指的“性情之德，中和之妙”。今天我们所阐述的和谐社会既包括实现社会生活秩序的规范与调和，也包括达到心理状态的舒畅与宁静。

2.1.1.3 中国传统和谐思想的借鉴价值

中国传统和谐思想意义深远，由于时代的局限性，我们不可能全盘吸收，但是，剔除其落后的部分后，还有许多我们可以借鉴的方面。

首先，“和而不同”思想的提出指出了和谐的本质特征，是科学发展观的思想动力。“和而不同”是“和谐”理念的核心，“和”是表征不同事物多样性的统一，而“同”是代表单一事物在数量上的积累。“和实生物，同则不继”，中国传统“和谐”思想认为，新事物、新生命的产生都必须是事物多样性的相互冲突、相互作用、相互影响、相互规定产生的，即“和”才会产生新事物，营造新天地，达致新境界。“同”就无法产生新事物，无法营造新天地，达致新境界。“和”即“不同”，“和”代表差别，即矛盾，事物发展的这种矛盾性是永恒的。“和而不同”“和为贵”的和谐理念为我们正确地看待差别与矛盾、处理各种关系提供了思想指导。在“和谐”思想的指导下，我们了解了事物发展的多样性、互补性和兼容性等特点，承认差异性和多样性，倡导人与人之间、国家与国家之间、人类和自然界之间的相互尊重，提倡各方之间相互信任与相互帮助，避免各方之间相互敌视与相互欺诈，更反对各方之间相互对抗。“和谐”思想倡导的“和而不同”就是要求同存异，消除彼此的疑虑和隔阂，最终实现均衡普惠，共同发展。

其次，中国传统和谐思想指出了“和谐”目标和路径。古代哲人的“和谐”思想体现他们各自的政治哲学理念，我们可以通过对其政治哲学理念分析，理解“和谐”思想的实质性内涵，以及实现“和谐”的目标和路径。和谐的目标包括政治和谐、制度和谐、分配和谐与精神和谐。实现和谐需要诸多条件，比如政治思想的指导、制度的约束、道德的自律等。第一，“以德和民”，实现政治和谐。从上古圣王尧、舜、禹的神话传说开始，和谐的含义就是“神人以和”“协和万邦”等蓄民、和民的政治思想，上古圣王追求神人之间、种族之间以及君民之间关系的协调，以实现政治和谐。西周时，先哲们追求上承命于天、下和万民的“以德和民”的政治目标，努力敬修己德、发政施教，以便实现上政治和谐。春秋战国时代，政治家和思想家普遍认为，统治者能否做到“以德和民”直接关系其国家的兴亡、统治的绩效。“以德和民”的和谐思想是实现小康、大同的富民足君、君民同乐的良序社会的基础。第二，“以礼和求”，实现制度和谐。荀子主张，“礼”的境界是达到“养人之欲，给人以求”，“礼”能够合理地调解人们的欲望和追求。“礼”既可以满足人的正面情感的需求，也可以对人的负面情欲进行疏导和制约。由于资源有限，而人的欲求无限，所以人们之间的“纷争”在所难免。因此，需要礼的规约来约束人的欲求。《论语》记载“礼之用，和为贵”，通过“礼”将人划分出不同的等级、地位、职业，采取“义分则和”的原则，根据人的社会地位来区分利益享受的级别，再根据利益享受的级别来确定分配制度，分配制度确保社会上各类人群各自得到其应得利益，此时“礼”作为一种分配制度，以“礼”求“和”，从而实现社会和谐。第三，“义分则和”，实现分配和谐。分配问题关系到每个人的切身利益，是所有社会、所有阶层成员都关注的问题。如果“分配”得不合理，社会矛盾必然激化，严重时会造成社会混乱。因此，“分配”均衡及“分配”方式等问题就必然关系到社会是否和谐。能够“公平、正义”的分配原则，就能够实现荀子所宣扬的“义分”，借助巧取豪夺的方式，导致社会贫富两极分化自然不是“义分”。要实现社会和谐，就必须遵照荀子所说的“德必称位，位必禄，禄必称用”，即要采用“公平正义”的制度来安排分配社会资源，“义分则和”是“和谐”社会所当确立的基本理念。第四，“以乐和心”，实现精神和谐。古人强调“乐之务在于和心”，“圣人感人心，而天下和平”。所谓“和心”，是指心灵间达到那种共鸣与融合状态，所以“和谐”不仅指物质生活的富足，还指包括音乐在内的精神生活的和乐、安宁。事实上，“和谐”的一个重要方面就是身心和谐，古人运用“乐”的手段，达成对思想的教育和实现道德情操的陶冶，进而实现自我身心的和谐统一与完善，内心进入高尚的道德境界和形成健全人格的心理特征，这就是音乐对人的积极影响，“乐”对身心“和谐”建设独具特殊的贡献。

最后，指出“和谐”应用的范围，中国传统和谐思想博大精深，“和谐代表中国传统文化的核心和最高价值，它集中体现自然、社会、人生等多个领域的古典系统论思想和宇宙存在的图式，包括太和、心和、家和等多个方面的丰富内容及价值准则”。中国传统“和”即“和谐”思想被广泛地应用在处理人与人之间、人与社会、人与自然、人与自己、民族之间、国家之间的关系上，因此，要达到“和谐”状态，就要处理好政治关系、经济关系、社会关系、生态关系等，最终才能真正实现生态和谐、家国和谐、人际和谐以及身心和谐。总之，中国传统和谐思想表达了天人合一的宇宙观和人生追求，承认和而不同、合二为一的辩证法，倡导以和为贵、求同存异的价值观和方法论，信奉厚德载物、仁爱天下的处世哲学，追求天下大同、天下为公的社会理想。

2.1.1.4 中国传统和谐思想的局限

正如恩格斯所指出的，任何一个时代所产生的理论思维必是历史发展的产物。中国传统和谐思想也不例外，必然有其时代的烙印，体现那个时代的理解和诉求。学者们认为，中国传统和谐思想不仅带有明显的形而上学方法论和浓厚的空想主义色彩，缺乏社会公平和正义思考，而且中国传统和谐思想中有男尊女卑的思想糟粕。

第一，传统和谐思想忽视人的主体能动性，不提倡主体与客体并重的关系。《易经》中关于和谐思想的论述，“一阴一阳之谓道”“乾道变化，各正性命，保合太和，乃利贞”。道家学派的创始人老子说：“道生一，一生二，二生三，三生万物。万物负阴而抱阳，冲气以为和。”可见，中国传统和谐思想认为：“天之道”是和谐的，从发生学意义上看，天道和谐处于优先地位，人类对天道的迎合必须是无条件的，在此基础上，才能构筑天道和人事的和谐。在中国传统和谐思想中，不论是“以天合人”儒家观点，“以人合天”道家主张，还是“天人感应”的阴阳五行家思想，都忽视人类主体的能动性，否认主体与客体并重的关系。这种天道和谐是抽象和意想的，缺乏客观性和可操作性。表面上看，中国传统“和谐”理论为人类追求和谐理想奠定了坚实的理论基础，然而事实上，中国传统和谐理论主张无法真正地揭示出和谐的精髓，这种“乌托邦”式的意想将成为束缚人们思考的枷锁，阻碍人们正确思考。

第二，传统和谐思想依存奴隶和封建两种社会制度形式，这两种社会制度的本质是剥削人民，因此传统“和谐”思想缺乏广泛的群众性、社会性基础；在中国传统哲学思想尤其是儒家主张中，凡是涉及社会“和谐”的，基本上都能与

“礼”发生某种联系。《论语》中有言：“礼之用，和为贵。先王之道。斯为美，大小由之，有所不行，知和而和，不以礼节之，亦不可行也。”这句话中，孔子先肯定了“和”的价值，然后指出“和”必须依赖于“礼”。儒家强调“礼”的作用，但谈到“礼”如何产生的问题时，却只能用“圣人制礼作乐”，还有“周公制礼作乐”以及“先王制礼义以分之”等的套话来搪塞，由此看来，就“礼”的合理性而言，假想或臆想性的成分比较大，所以“礼”的产生并没有经过群众调查和社会调查，缺乏群众性、社会性基础。“圣人”制“礼”的目的无非是以制度规约的名义来规范和约束绝大部分人群，因为这些社会底层的人群根本就意识不到自己有制“礼”的权力，也没有资格参与“礼”的设计。“礼”将人划分为不同的等级，也就是规定出贫富贵贱的等级，其出发点自然是为了便于统治者层层监督。“使贵贱之等，长幼之差，知愚、能不能之分，皆使人载其事而各得其宜。”依据“礼”的“和谐”根本要求就是满足统治阶层的利益诉求，根本不考虑普通民众的利益诉求，这必然导致“礼”无法达成社会的公平与正义，社会财富的创造与占有之间必然失衡。

第三，传统和谐思想的经济基础是农耕经济，农耕经济封闭性的特点使得传统和谐思想具有明显的宗法等级特点。中国传统的农耕经济最大的特点是以家庭为单位进行自给自足的生产来满足自己生存需要，即所谓的男耕女织经济，这种经济模式极其封闭，会把农民束缚在土地上，思想也就相对封闭，形成逆来顺受的小农思想，认为外界发生的一切事情都几乎与之有关，使得农民意识不到民主，只能在已规定好的等级结构中找到自己相应的位置，对号入座并谨守本分。荀子提出：“仁人在上，则农以力尽田，贾以察尽财，百工以巧尽器械，士大夫以上至于公侯，莫不以仁厚尽官职。”可见，荀子倡导的不过是一个封建伦理型的“等级和谐社会”。这种“和谐”的目标是实现“无相夺伦”的宗法等级境地，具有明显的阶级性，是一种维护统治者自身利益的制度安排。儒家崇尚“精英治国”，认为圣人或先王是“仁且智”，“和而不同”。《论语》记载，“君子和而不同，小人同而不和”。何晏解释说：“君子心和，然其所见各异，曰不同；小人所嗜好者同，然各争利，故曰不和。”主观认为圣人或先王在道德、知识和政治能力上都远远超越于一般的庶民百姓，所以，“圣人制礼作乐”，事实上“圣人”制出的“礼”包含着极大的不公平，完全不能代表普通百姓的利益。孔子倡导“礼”即周礼，代表的是宗法等级制度，这就是“礼”的别异性，即“贵贱有等，长幼有差”，“礼”是周天子为了维护封建宗法制度而“纲纪天下”，也就是约束百姓服从封建宗法制度的根本大法。

第四，传统的和谐思想缺乏民主文化特色，缺乏对人的权利的尊重和维护观念。儒家的“和谐”思想一直是中国传统和谐思想中最重要的组成部分，处于最高的地位。儒家的“和谐”思想以宗法血缘关系为纽带，即“尊尊、亲亲、父父、子子”的和谐观，这种“和谐”必然会造成道德的狭隘和偏见，这种“和谐”只能保证贵族、大夫们和长辈们的要求，而却无法满足庶民与晚辈的要求。这种“和谐”仅仅体现出狭隘的自我之爱以及家族之爱，而对于他人则表现出漠不关心，甚至排斥倾轧，处于伦理秩序底层的平民百姓的权利不会受到尊重和维护，底层的平民百姓则会处于“不和谐”的地位。

法家认为社会与人心已然堕落，那么依靠血缘亲情与内心良知的道德自律无法实现“和谐”。法家的“和谐”思想主张变法改制，主张君主利用人性好利的弱点，运用专制权力和工具化的法术来绝对支配和完全控制百姓。正如韩非子说：“释法术而心治，尧不能正一国；去规矩而妄意度，奚仲不能成一轮。”显然，法家的“和谐”思想强调绝对专制，可以说法家追求的是一种完全的强制性同一的治理目标。这一思想最易导致君主的绝对专制，根本就没有考虑对人的权利的尊重和维护，因此，极容易出现暴君和苛政。

墨家的“和谐”理论体系彰显“法先王”的旗号，推行“兼爱”“交利”等和谐观，所以，墨家的“和谐”思想受制于古代“圣王”，必然有其历史局限性。墨家强调借助上帝的力量来推行道德，人的主体地位被贬低了，缺乏对人的权利的尊重和维护。墨家主张“兼相爱，交相利”，既提倡人们在精神上要互相关爱，又要求人们在经济利益上实现互惠互利，这似乎实现了平等，然而墨家又提倡：“入则孝慈于亲戚，出则弟长于乡里，坐处有度，出入有节……君有难则死，出亡则送。”可见，墨家的“和谐”理论体系也是建立在不平等的基础上的，这种不平等就体现在君臣之间的尊卑等级上，墨子强调“上同而下不比”，因此，墨家的主张也是宣扬绝对君权主义，而非真正关心普通百姓的权利。

第五，传统的和谐思想具有小国寡民的特点，会导致技术停滞不前，甚至走回头路。传统和谐思想成熟的西周和春秋战国时代，中国社会具有小国寡民的特点。西周时期，周天子分封的诸侯小国林立，有些“国”的面积只有几平方千米。人们固守着自己的一份土地，不用先进的工具，人们没有竞争与攀比之心，过着一种老死不相往来的生活。道家的“天人合一”思想，虽然倡导万物平等、人与自然和谐相处的生态意识，但是却会使百姓不思进取，安于现状，容易诱使人们产生“部落迷信”，不能够顺利接受新事物，创造新事物，这样会导致技术进步受阻，科技发展停滞，甚至退步。

2.1.2 马克思和谐思想

虽然各国的文化千姿百态，但是其合理内核往往是相通的。在西方历史上出现过多种和谐观，对和谐思想的研究应该着眼世界文化发展的前沿，汲取丰富的营养，在学习借鉴中不断增强对和谐思想的领悟。

2.1.2.1 马克思和谐思想溯源

西方文化中对和谐社会的畅想自古有之，这些丰富多彩的论述反映了人类的共同追求，同时，也为马克思主义和谐思想注入了丰富的营养成分。

（1）西方古代朴素和谐观

和谐思想滥觞于古希腊哲学，毕达哥拉斯受音乐的启发，指出声音的差异源于发音体在数量上的变化，同时，音调的比例构成会导致音乐节律是否和谐。在对音乐研究的基础上，毕达哥拉斯提出了“和谐”的概念，指出：“整个天是一个和谐，一个数目。”他认为世界的本原是“数”，这些“数”之间必然存在一定的关系和比例，这些“数”之间的正常关系和比例就代表“和谐”。可见，毕达哥拉斯关注的重心是事物之间的相互协调与趋同一致。

在毕达哥拉斯之后出现的古希腊学者赫拉克利特指出：和谐有序的自然物象不是源于同质事物之间的简单联结，而是异类事物的相反相成，只有对立的事物才会产生和谐，和谐不会在相同的事物中产生。赫拉克利特指的观点是：世界的本原就是“一团活火”，“火”流变中的斗争和统一体现出的就是和谐。可见，赫拉克利特所看重的是事物之间的相异或互相对立。

把“和谐”理念引入政治和社会领域的学者是古希腊的苏格拉底，苏格拉底认为“善”是“和谐”的基点。柏拉图提出“和谐就是协调冲突”的哲学命题，柏拉图既借鉴了毕达哥拉斯和赫拉克利特两人的观点，又克服了毕达哥拉斯和赫拉克利特各自的不足，指出：和谐就是协调冲突，和谐是使互相冲突的事物及其要素有机融合。可见，柏拉图的“和谐”观是基于“和谐”“冲突”和“协调”的相互关系的基础上的，通过梳理这三者的关系来概括他对“和谐”的认识。亚里士多德主张世界或事物的本原状态就是一种理想状态，也就是和谐状态。亚里士多德的观点受到广泛的认同，一直持续到中世纪，他的理论框架逐渐演变成宗教神学，哲学家把古希腊和基督教的传统结合起来，构想乌托邦式的和谐社会。奥古斯丁在其著作《上帝之城》中极力宣扬上帝创造了和谐的有序的世界，认为神是自然和社会和谐的缔造者。托马斯·阿奎那反其道而行，用自然和社会的和谐来反证上帝的存在。根据宗教神学的观点可知：由于“智慧的存在者”——上帝本身是和谐的，那么上帝所创造的世界万物也必然是和谐的。

（2）西方近代机械和谐观

西方经过文艺复兴的洗礼，科学技术迅猛发展，宗教改革逐步深入，宗教神学受到了前所未有的质疑，人们不再那么确信“上帝”的存在。人类开始关注自然世界以及人类本身。16世纪，在《宇宙和谐论》一书中，德国天文学家开普勒向我们阐述了天体运动的状态，描绘出整个宇宙在总体上呈现和谐的图像。随着人道主义思潮的蓬勃兴起，人们把和谐问题融入具体的事物中。“彼岸世界的真理消逝以后，历史的任务就是确立此岸世界的真理。”17世纪，大哲学家莱布尼茨也开始关注和谐问题，并作了大量的系统的阐述，他的观点是“前定和谐”观，主张只有整体的才具有和谐性。他对实体论进行了批判，指出个体是独立自主的；对物质论进行批判，阐明独立自主的个体也是普遍和谐的。莱布尼茨还宣称，同一性原则和充足理由原则既是个体独立自主的逻辑依据，也是宇宙普遍和谐的逻辑依据，基于上帝存在理论、前定和谐和可能世界等假设，个体独立自主和宇宙普遍和谐才会找到终极根据。与此同时，自然和谐理论诞生，亚当·斯密的观点是：在人类遵从自然秩序的情况下，市场这只“看不见的手”必然发挥作用，无须国家过度干预，社会必然会呈现和谐状态。18世纪，社会和谐思想诞生，启蒙思想家卢梭认为和谐社会是表征人民公意的社会。黑格尔的辩证和谐观是在批判抽象空泛的和谐观的基础上提出的，他指出：和谐不是绝对的，而是相对的；和谐代表矛盾的对立面的统一，体现矛盾的同一性。和谐是事物存在和发展的一种状态，代表事物本质中差异面的统一，反映了矛盾统一体的辩证法范畴，和谐离不开矛盾的对立性与统一性，和谐的实质是矛盾对立与统一的相互作用。

(3) 空想社会主义和谐观

文艺复兴后，16世纪，莫尔在其1516年的著作《乌托邦》中抨击现实社会的残酷，表达了追求和谐社会的理想。莫尔书中描绘的乌托邦是南半球的一个岛屿，同柏拉图的理想国一样，乌托邦里不存在私有制，是那种虽然每个人都一无所有，而又每个人什么都有的状态。乌托邦中不划分阶级，人们可以自由选择信仰。康帕内拉在其著作《太阳城》（1623年）中既鞭笞了剥削制度，又倡导世界和谐和平，“如果我们把‘我的’和‘你的’从我们的事物中铲除，那么战争就会停止，和平将占优势，不会再发生纠纷”。安德里亚在其著作《基督城》（1619年）中描绘了海外仙岛上人们无忧无虑的快乐生活，在岛上生产资料公有，人们可以自主支配。这些早期的空想社会主义学者痛恨社会现实，反对社会的不和谐因素，试图从政治、经济、社会、文化等多个方面提出构建和谐社会的方案。

18世纪，空想社会主义摆脱了对理想和谐社会的虚幻描绘，逐步发展到唯理论阶段，不仅从理论上阐述和谐理想社会的基本原则，还探讨构建和谐社会的具体途径等重大问题。法国的摩莱里在《自然法典》这部著作中批判生产资料私有制，分析了为什么生产资料私有制必然被生产资料公有制所取代，制定了未来理想社会法典草案，指出：公有制、保障公民的劳动和生存的权利与各尽所能为社会服务是所追求理想社会的最基本的三个原则，可见，《自然法典》中的观点是提倡公有制，宣扬公民权利和义务的统一。另外一个法国学者马布利在其著作《论法治或法律的原则》一书中阐明：从私有制到理想和谐社会要经过很长的时间过渡，因此，马布利的观点是不取消私有制，但是要限制和分散富人财产，逐渐实现人们财产平均和地位平等的目的。

19世纪，包括傅立叶、欧文、圣西门等在内的空想社会主义者把构建和谐社会的蓝图作为共同的追求目标。1803年，傅立叶在《全世界和谐》中宣称，资本主义制度因其无法体现公正是不合理的，终究会被既公正又合理的“和谐制度”所取代。1824年欧文把美国的印第安纳州作为研究试验点，并把这些实验点取名为“新和谐公社”，对“和谐制度”的公正性和合理性进行了长期试验。德国哲学家魏特林于1842年发表了《和谐与自由的保证》一书，指出资本主义社会是“病态社会”，只有社会主义社会才是“和谐与自由”的社会，这种“和谐与自由”体现的是“人类欲望和能力的最美妙的平衡”。马克思认为没有任何一部书能与《和谐与自由的保证》媲美，称赞这部书是“史无前例光辉灿烂的处女作”。这部书中的“和谐”思想马克思极其认同，并在《共产党宣言》中借鉴了该书的“和谐”思想。

（4）马克思和谐观

透视马克思主义的发展历程可知，马克思和恩格斯在创建共产主义学说时继承和借鉴了空想社会主义学者的思想成果。马克思在17岁时写的《青年在选择职业时的考虑》一文反映出他对冲突的厌恶以及对和谐的向往。青年时代的马克思就崇尚“和谐”思想，因此他在很多诗歌中经常会使用“和谐”一词，此时他的和谐思想的雏形已经形成。例如，早期马克思作过一首叫《和谐》的小诗。1841年，马克思在博士论文中表达了对人的问题的关注，马克思认为：逃避现实是无法追求“绝对自由”的，强调人与环境之间存在相互作用的关系。1843年春夏，马克思在《黑格尔法哲学批判》（手稿）中挣脱了黑格尔哲学思想的束缚，开始研究“人的社会特质”，从此，马克思开始建构自己的哲学体系。马克思在《1844年哲学—经济学手稿》这部传世力作中指出造成异化的根源就是私有制，以及由私有制而引起的不和谐。这些著述说明：生态和谐和社会和谐问题已受到马克思的重视，并进入他的理论研究视域，因为《1844年哲学—经济学手稿》蕴含了大量的和谐思想，因此可以断定，《1844年哲学—经济学手稿》的诞生就标志着马克思主义和谐观的创立。1845年，马克思的又一部力作《关于费尔巴哈的提纲》完成，这部著作蕴含着丰富的和谐观因子，表明马克思和谐观日趋成熟。1845—1846年，在研究德国哲学时，马克思对黑格尔的辩证法进行了批判的吸收，在此基础上提出了和谐辩证法。马克思强调整个社会历史的基础是物质关系，因此不能脱离社会现实而空谈和谐，这些思想在《德意志意识形态》这部著作中可以得到体现。1848年，马克思发表《共产党宣言》，震惊寰宇。这部不朽著作是马克思主义和谐观趋于成熟的标志。《共产党宣言》批判了阶级社会中的不和谐因素，指明人类社会的发展只能是追求和谐。从19世纪50年代起，马克思的和谐观进一步发展完善，和谐思想渗透到政治、经济领域。在《1857—1858年经济学手稿》中，马克思深刻批判了巴斯夏和凯里和谐观的虚伪本性。《资本论》是马克思毕生的心血之作。这部大作深刻地揭露了以亨·凯里和边沁为代表的资产阶级学者所提倡的和谐观的虚伪性，并全面批判了资本主义制度背离和谐性，强调建立和谐的共产主义社会是人类的最终目标。马克思和谐观的全部精髓在《资本论》中清晰地被体现：一是提倡生态和谐，要实现人与自然的和谐共存，要合理地调节人类和自然界之间的物质变换关系；二是提倡社会和谐，必须重新建立所有制关系，实现人与人之间关系的和谐；三是提倡自我和谐，要实现人的身心自由地发展，寻找自我和谐发展的规律。

2.1.2.2 马克思和谐思想的内涵

马克思指出：人类为什么要追求和谐？是因为人类在通过实践改造客观世界和主观世界的过程中，人、自然、人类社会三者之间出现了问题，妨碍了人的自由而全面的发展。因此，人必须通过实践来统摄自然、社会和自我三重维度，这种三重维度的统摄能够现实而真切地、全面而系统地把握人与自然环境之间、人与社会组织之间、人与其他人之间的既共生又互利的可持续发展关系。

第一，生态和谐是马克思和谐理论的重要组成部分，生态和谐是人与自然关系的一种理想状态。马克思认为，自然是“一个整体、一个生命系统”。马克思把自然看成人类实践的要素，认为自然和人的实践活动是紧密关联的。马克思明确指出人是“自然界的产物”，又同时断定自然界是“人的无机的身体”。因此，马克思认为人与自然是彼此依存的一种共生互利关系，二者之间是既彼此影响而又相互制约的，当这种影响、制约的关系演进到一种平衡状态时，人与自然才能实现双向的和谐发展。在《资本论》中，马克思这样论述："社会化的人，联合起来的生产者，将合理地调节他们和自然之间的所谓物质变换，把它置于他们的共同控制下，而不让它作为盲目的力量来统治自己；靠消耗最小的力量，在最无愧于和最适合于他们人类本性的条件下来进行这种物质变换。"《资本论》中的这段阐述证明马克思的观点：虽然生态和谐主要涉及人与自然的关系，但生态和谐的最终实现离不开社会的变革。要实现生态和谐，不仅要提高人的生态认识，而且更要变革现有的生产方式，以及整个社会制度。只有在生态认识的引领下，打破旧观念、旧体制，通过建立新的制度来规范人的生产实践活动，使生产实践活动遵循理性的制度规范，生产活动才会不违背生态和谐的宗旨。

第二，社会和谐是马克思和谐理论的重要组成部分，社会和谐是指人与人、人与社会关系的一种理想状态。人与人之间的关系即人际关系，这种人际关系和谐的体现就是利益的和谐。马克思早有论断："人们奋斗所争取的一切，都表征他们的利益追求。"同时还强调指出："既然正确理解的利益是整个道德的基础，那就必须使个别人的利益符合于全人类的利益。"因此，和谐的最初宗旨是以满足个人的利益为基础的，当利益分配覆盖到广大人民群众的身上时，社会就达到了和谐。因此，广泛的和谐必然代表着广大人民群众的利益，也是人与人、人与社会关系的一种理想状态。马克思指出："无产阶级的解放斗争不是要争取阶级特权和垄断，而是要争取平等的权利和义务，并消灭任何阶级统治。"通过这段文字可以看出：平等的权利和义务是无产阶级的利益所在，只有实现各阶层的平等互利、和睦相处、共同发展，才会真正满足广大人民群众的利益，才会真正实现社会和谐。而要想满足广大人民群众的利益，它的前提是生产力的高度增长和迅速发展。马克思早有断言："社会的每次行动，都是从直接的物质动因产生的。"构建社会和谐体系，首先必须把物质财富的创造放在首位，要解放和发展生产力。这种观点恩格斯在《反杜林论》中阐述得更透彻："唯有借助于这些生产力，才有可能实现这样一种社会状态，在这里不再有任何阶级差别，不再有任何对个人生活资料的忧虑，并且第一次能够谈到真正的人的自由，谈到那种同已被认识的自然规律和谐一致的生活。”

第三，自我和谐是马克思和谐理论的重要组成部分，自我和谐讨论的是人自身的和谐问题。这种和谐是指个体的人如何才能达到那种身体与内心、灵魂与肉体、理智与情感彼此交融相通的状态，达到认知与行为的和谐统一，促进物质追求与精神享受同时得到满足的过程。促使人全面而和谐的发展是赋予人的职责和使命，而实现自我和谐是最终实现自由而全面发展的前提，即“以一种全面的方式，也就是说，作为一个完整的人，占有自己全面的本质”。首先，根据马克思的观点，劳动是人生存和发展的基础，更是实现自我和谐的前提，没有个体的劳动，就谈不上个人的全面发展，就无法实现人自身的和谐。因为“生产劳动给每一个人提供全面发展和表现自己全部的即体力和脑力的能力的机会，这样，生产劳动就不再是奴役人的手段，而成了解放人的手段”。其次，马克思指出，个人的发展取决于社会交往，社会交往是人自我和谐的基础，马克思强调：“人同自身的任何关系，只有通过他同他人的关系才能得到实现和表现。”这个论断指出，一个人的外在交往是保证其实现自我和谐的手段，通过社会交往互动，就会丰富自身知识，提升心智能力和情感能力等，这对促进自身的和谐有着极其重要的价值。马克思说：“人的本质并不是单个人所固有的抽象物，在其现实性上，它是一切社会关系的总和。”这说明，人具有社会性的特质，只有通过社会交往实践，人际关系顺畅才会产生人际和谐，人际交往是产生和谐的人际关系的实践之源。最后，马克思认为，个人的和谐发展离不开伦理道德的引领，道德实践体现着人的自律性及对自我和谐的追求。马克思指出：“道德的基础是人类精神的自律。”“拥有美德也可能阻碍我们获得外在利益，但却是获得内在利益的必要条件。”那么，道德实践与人的精神自由密切相关，道德体现人的内在超越性和自由意志，是人实现自我和谐的前提和基础。

2.1.2.3 马克思和谐思想的指导价值

马克思、恩格斯在专注于探寻人类解放道路的过程中，发现了人类社会和谐发展的正确途径，马克思、恩格斯提出的和谐社会理论是科学的、开放的体系，是在汲取人类文明价值的基础上，进行了科学的扬弃，为后人构建和谐社会提供了宝贵的思想资源。

第一，马克思和谐思想明确指出了和谐的本质特征，和谐的基础就是以矛盾差异性为前提，和谐是矛盾同一性的特殊表现。

黑格尔指出："差别是属于和谐的；它必须在本质上、绝对意义上是一种差别。"马克思抛弃了黑格尔的唯心主义糟粕，提出了辩证唯物主义和谐观，承认和谐是以矛盾差异性为前提的。马克思认为：和谐以差异、对立为先决条件。指出"和谐是矛盾的一种特殊表现形式，体现着矛盾双方的相互依存、相互促进、共同发展"。可见，马克思认为，和谐并不是否定和消除矛盾，而是必须承认矛盾的差异性，和谐正是表征矛盾双方那种特殊状态，即和谐是矛盾同一性的特殊表现。强调事物内在矛盾的共存与斗争，矛盾的共存与斗争是事物发展的手段，达到矛盾差异性的融合则体现事物发展的目的，和谐的实质就是矛盾差异性的共存与融合。

第二，马克思和谐思想强调和谐的主体是人，认为和谐不能早于人类的现实生活而先验地存在，因为有人的存在，和谐才具有意义。

马克思强调："人类历史发展的前提必然是有生命的个人存在。"正因为如此，在人类出现之前的史前时期，是不存在真正意义的和谐的。因为马克思指出："历史就是展现着追求自己个人目的的人的活动而已。"在人出现之后，没有人的存在，也就不存在人与自然、与他人、与内心打交道的活动，因此，也就不存在因为人类的欲望而产生的各种冲突，就不存在矛盾的调和与控制。所以说，和谐不会先于人的存在而存在，和谐问题必然是因人而生、因人而解的。基于此种观点可知：生态和谐、社会和谐和自我和谐都必然和人有关，因此，要实现和谐就必须靠人自己，即进一步印证马克思的观点："不是神也不是自然界，是人自身才有资格成为统治的力量。"马克思认为：人始终是和谐的主体。

第三，马克思和谐思想认为和谐是人类的理想追求，是人超越性的生命活动的目标。

马克思指出："有意识的生命活动直接把人跟动物的生命活动区别开来。"这说明动物依靠本能，生存是被动地适应环境的过程，而人的实践活动具有创造性，不像动物那样仅仅是适应环境，凭借创造性的实践活动人既可以满足自己的生存需要，又可以追求精神的目标。由于人的需要不能够自动地被满足，所以，人不会像动物一样看天吃饭，在物竞天择法则下艰难地生存，人的行为是在自己的目的和好恶的指引下协调各种冲突，力争做到人与自然环境、人与社会关系乃至人与自身的关系达到和谐，这样，人才会真正实现生存、发展和享受的生活理想，人才会自我实现、自我解放，完成自我塑造和自我发展的过程，所以说，追求和谐是人类的终极理想。

第四，马克思和谐思想强调实践性特征，指出实践是实现和谐的基本途径。

马克思和谐观是以实践为基础的和谐观。马克思强调指出："整个所谓世界历史不外是人通过人的劳动而诞生的过程，是自然界对人来说的生成过程。"和谐反映实践的问题，实践是认识的来源，也是和谐的来源。同时，马克思指出：和谐与否是以实践来表现和表征的。"在实践的、现实的世界中，自我异化只有通过对他人的实践、现实的关系才能表现出来。"所以说，马克思认为和谐产生于实践、服务于实践、随实践的发展而发展。人类的实践活动遍布整个人类社会，在人的实践过程中必然存在各种矛盾。所有的矛盾，包括人与自然之间、人与社会之间、人与自身之间的矛盾必然是源自实践，而又势必会通过实践得以解决的，所以说，生态和谐、社会和谐、自我和谐的实现路径必然是实践。

第五，马克思和谐思想认为和谐是利益协调的体现，和谐蕴含着利益、表征着利益、调节着利益。

唯物史观认为，历史的发展永远是受人的支配和主宰的，而追求利益则是人追求的根本价值，因此利益追求必然是推动历史发展的内在动因。马克思指出，追求利益是人类实践活动的目的，利益是人们生存、发展和享受各种需要的总和。"任何人如果不同时为了自己的某种需要和为了这种需要的器官而做事，他就什么也不能做。"所以说，利益是实践的根本动力，因为马克思和谐观是以实践为基础的和谐观。利益也是和谐的最重要动因。没有利益的和谐，就像是没有营养的食物，是无法促使人开展实践活动的。因此，和谐代表利益的协调状态，表征利益的需求得到满足、利益的分配均衡合理，各种利益之间通过竞争博弈，逐渐实现关系协调、利益格局趋向合理，和谐的目标才会最终实现。

第六，马克思和谐思想强调和谐是最高的伦理诉求，体现至善的伦理境界。

有人的存在，就必然有伦理规范的存在。伦理规范随人类的产生而出现，始终约束着人的行为，调整着人与人、人与社会以及人与自然之间的关系，因此，有人的地方必然有伦理诉求。马克思指出：人要与自然共生共存，人是“自然界的产物”，自然界是“人的无机的身体”。因此，人要与自然共生共存，既相互影响，又相互制约而达到一种平衡，是必然的伦理诉求。由于人是社会关系的总和，社会是各种社会关系交织起来的整体，人与人之间的关系即人际关系，人际和谐便是利益和谐。因此，协调人与人之间的利益关系，也是必然的伦理诉求。马克思指出：“任何一种解放必须要让人来主宰世界和人的关系。”所以，解放人，使人成为真正意义上自由而全面发展的人体现马克思的最高伦理诉求。人要想成为自由而全面发展的人，就必须回归生态、社会、自我三位一体的和谐，这种和谐是至善的伦理境界，体现最高的伦理诉求。

第七，马克思和谐思想认为和谐是审美的最高追求，和谐是人类对美的追求的结晶。

马克思说过：“动物只是按照它所属的那个物种的尺度和需要来进行塑造，而人则懂得按照任何物种的尺度来进行生产，并且懂得处处都把内在的尺度运用于对象；因此，人也按照美的规律来构造。”动物无法判定美与丑，只是按照本来的样子存在于自然界，然而人却有审美的追求，会按照美的标准来发展和完善自身。青年时代的马克思就指出：“如果女神倒下，如果烈火燃尽，和谐便消失得无影无踪，美的形态就会破损凋零。”这句话充分证明马克思的观点：和谐与美同在，达不到和谐，美自然就会荡然无存。“和谐即美”是古今中外先哲们共同的论断，追求和谐是由于人对美的渴望与追求，和谐表征了人最高的审美标准，和谐是人对美追求的结晶。追求美是人类的天性，人类对美的追求推动了社会的进步。

2.2 信息生态环境释义

“信息”“生态”“环境”三个词是独立的，产生的学术来源不同，1928年“信息”一词最早出现在哈特莱（Hartley）的《信息传输》一文中。自信息论的奠基人香农（Shannon）于20世纪40年代给出信息的明确定义后，许多研究者从各自的研究领域出发，给出了不同的定义；“生态”一词源于古希腊语，原指生物的生存状态，以及不同生物之间、生物与环境之间的关系。目前生态一词被移植到许多学科，所涉及的范畴非常广泛；“环境”一词最早出现在我国的《新唐书》中，意思是周围的地方。目前，环境一词是指相对于某项中心事物的周围事物。

2.2.1 生态与环境

生态主要是指生物与其生存环境相互依存、相互影响的关系。虽然“生态”一词产生的目的是研究生物与环境的关系，但是目前“生态”一词所指的范畴越来越广，人们常常用“生态”一词来指代美好的事物，健康的、发展前景好的事物都可以用“生态”来修饰，例如，“生态产业”“生态食物”。

“环境”是一个相对的概念，“环境”总是相对于某一中心事物而言的。“环境”是指围绕某一中心事物——主体的所有外界事物——客体的统称，环境是指相对并相关于某项中心事物的周围事物，这些周围事物会对中心事物造成影响。例如，人类是以自身为中心的，那么，围绕人类的外部空间、条件和状况就构成了人类赖以生存和发展的外部事物的综合体，实际上是人类的环境。

2.2.2 生态环境

1935年，英国生态学家亚瑟·乔治·坦斯利爵士（Sir Arthur George Tansley）提出生态系统的概念。生态系统是指一个生态学的功能单位，是生物与环境构成的互相影响、彼此依存的统一整体。汉语“生态环境”一词是1982年黄秉维首次使用的，黄秉维院士指出平衡是动态的，旧的平衡总是被打破，需要重新建立新的平衡，所以以前提倡的“保护生态平衡”是不正确的，应该提倡“保护生态环境”代替“保护生态平衡”。总之，生态环境为生态系统中的各物种提供栖息地，人类与其他生物依托生态环境来进行能量的存续与交换，生态环境是一个综合体，它提供人类生存和发展的物质条件。生物的存续及发展既受生态环境的影响，反过来又反作用于生态环境，生态环境的状态优良对生物和谐有序的发展将产生促进作用，发展壮大生物链；反之，生态环境的状态恶劣将制约各种生物种群的发展，使其减少甚至灭绝。

2.2.3 信息生态环境

“信息生态环境”是一个通过类比得到的概念，它是用信息系统模拟生态系统，用生态学的观点和理论来研究信息科学中的问题。因为信息生态环境是一个集合概念，它代表的是多个信息生态系统的集合体，若干个信息生态系统共同构成一个信息生态环境，所以信息生态环境必然是由多个信息生态系统中的信息人、信息、信息环境和其他信息生态因子构成。在信息生态系统中，信息资源、信息人、信息环境构成具有自我调节能力的人工信息生态循环圈。信息生态环境隶属于宏观的生态环境，是整个生态环境的一部分，是指对信息人的生存、生活和发展有直接或间接影响的所有信息因素的总和。信息生态环境是指对信息人的生存、生活和发展有直接影响的其他信息人、信息内容、信息技术、信息时空、信息制度等。在信息生态系统中，信息作为一种纽带联结着不同信息人，信息人之间要进行信息的有效流转必须依赖信息生态环境的基础。“信息生态环境”是一个相对的概念，“信息生态环境”总是相对于中心——信息人而言的。正如马克思、恩格斯所说：“全部人类历史的第一个前提无疑是有生命的个人的存在”，并且“这是一些现实的个人，是他们的活动和他们的物质生活条件，包括他们已有的和由他们自己的活动创造出来的物质生活条件”。正如“任何历史记载都应当从这些自然基础以及它们在历史进程中由于人们的活动而发生的变更出发”。可见，马克思、恩格斯生态观既立足于人，“信息生态环境”也必须以信息人为中心。信息资源、信息人、信息环境、外部宏观环境组成一个相互联系、相互作用的动态系统，在这个系统内，信息人、信息资源和信息环境、外部宏观环境不是孤立静止的，而是相互影响、相互促进的，它们不是静止不变的，而是处于不断的运动变化之中，在运动变化中物质和能量得到交换，促进信息生态系统稳定持续地发展，信息生态环境向着越来越优良的方向演化。

2.3 和谐信息生态环境释义

“和谐信息生态环境”是一个交叉概念，它既包含生态学思想，又包含哲学思想，同时还包含信息科学思想，“和谐信息生态环境”是“和谐”“生态”“信息生态”“环境”“信息生态环境”等多个概念的交叉概念。

2.3.1 古今中外和谐思想的启示

古今中外的“和谐”思想将为“和谐信息生态环境”提供精神营养，赋予其新的内涵和特征。“和谐信息生态环境”是信息人追求的信息社会的理想状态，见表2–1。

表2–1 相关概念列表

概念名称	概念内涵
生态	源于古希腊语οικos，意思是“住所”或“栖息地”。生物（人）在一定的自然环境下生存和发展的状态
环境	最早出现在我国的《新唐书》中，意思是周围的地方。目前，环境一词是指相对于某项中心事物的周围事物
生态环境	生态环境作为生态系统各物种的栖息地，是为人类及其他生物提供存续与交换能量的、供人类生存和发展的物质条件的综合体
信息生态	信息生态是综合信息科学与生态学的理论与知识，研究信息—人类—环境的相互作用和相互影响关系
信息生态环境	是生态环境的一部分，是指对信息人的生存、生活和发展有直接或间接影响的信息因素的总和。信息生态环境是指对信息人的生存、生活和发展有直接影响的其他信息人、信息内容、信息技术、信息时空、信息制度等

2.3.1.1 中国传统和谐思想的启示

中国传统和谐思想博大精深，中国传统和谐思想对构建和谐信息生态环境具有启示作用，我们可以充分借鉴其精神精髓。

首先，“和而不同”是中国传统和谐思想的核心，“和”是不同事物多样性的统一，“同”是单一事物在数量上的累积。“和实生物，同则不继”，中国传统“和谐”思想认为，新事物、新生命的产生，都必须是事物多样性的相互冲突、相互作用、相互影响、相互规定产生的，即“和”才会产生新事物，营造新天地，达致新境界。“同”就无法产生新事物，无法营造新天地，无法达致新境界。“和”即“不同”，“和”代表差别，即矛盾，事物发展的这种矛盾性是永恒的。“和而不同”的和谐理念为我们正确地看待差别与矛盾、处理各种关系提供了思想指导。在“和而不同”思想的指导下，我们在构建和谐信息生态环境时，就必须承认事物发展的多样性、互补性和兼容性等特点，承认信息生态系统要素的差异性和多样性，倡导信息人与信息人之间的相互尊重、相互信任、相互帮助，反对信息人相互敌视、相互欺诈、相互对抗。“和谐”思想倡导的“和而不同”，就是要求信息人之间求同存异，消除彼此的疑虑和隔阂，最终实现信息福利的均衡普惠，信息人共同发展。

其次，中国传统和谐思想指出了“和谐”目标和路径。一是“以德和民”，实现政治和谐。“以德和民”的和谐思想是实现小康、大同的富民足君、君民同乐的良序社会的基础。二是“以礼和求”，实现制度和谐。需要礼的规约来约束人的欲求。此时“礼”作为一种分配制度，以“礼”求“和”，从而实现社会和谐。三是“义分则和”，实现分配和谐。即要采用“公平正义”的制度来安排、分配社会资源，“义分则和”是“和谐”社会应当确立的基本理念。四是“以乐和心”，实现精神和谐。古人运用“乐”的手段，进行思想的教育和道德情操的陶冶，进而实现自我完善。中国传统和谐思想指出了构建和谐信息生态环境的目标——政治和谐、制度和谐、分配和谐与精神和谐。同时指出实现信息生态环境和谐发展需要诸多条件，比如政治思想的指导、制度的约束、公平的分配原则、道德的自律等。

最后，中国传统“和”即“和谐”思想被广泛地应用在处理人与人之间、人与社会、人与自然、人与自己、民族之间、国家之间的关系上，因此，要达到“和谐”状态，就要处理好政治关系、经济关系、社会关系、生态关系等，最终才能真正实现生态和谐、家国和谐、人际和谐以及身心和谐。中国传统和谐思想表达了天人合一的宇宙观和人生追求，承认和而不同、合二为一的辩证法，倡导以和为贵、求同存异的价值观和方法论，信奉厚德载物、仁爱天下的处世哲学，追求天下大同、天下为公的社会理想。但是，正如恩格斯所言，任何一个时代的理论思维，都是一种历史的产物。中国传统和谐思想也不例外，必然有其时代的烙印，所以，我们在构建和谐信息生态环境时，绝不能全盘吸收中国的传统和谐思想，必须去其糟粕，而取其精华。例如，中国传统和谐思想忽视人的主体能动性，不提倡主体与客体并重的关系。在中国传统和谐思想中，不论是儒家的以天合人，道家的以人合天，还是阴阳五行家的天人感应，都忽视人类主体的能动性，否认主体与客体并重的关系。这种天道和谐是抽象和意想的，缺乏客观性和可操作性。

2.3.1.2 马克思和谐思想的启示

马克思、恩格斯提出的和谐社会理论是科学的、开放的体系，是在汲取人类文明价值的基础上进行了科学的扬弃，为我们构建和谐信息生态环境提供了宝贵的思想资源。

第一，马克思和谐思想明确指出和谐的本质特征，使我们清楚和谐信息生态环境是以矛盾差异性为基础，但同时又表征矛盾的同一性。马克思认为：和谐以差异、对立为先决条件。指出“和谐是矛盾的一种特殊表现形式，体现着矛盾双方的相互依存、相互促进、共同发展”。可见，和谐信息生态环境并不是否定和消除矛盾，而是承认矛盾的差异性，和谐状态就是矛盾双方彼此互不损害，同时又互相促进的一种特殊状态，承认矛盾的同一性也是和谐的特殊表现。

第二，马克思和谐思想强调和谐的主体是人，使我们了解和谐信息生态环境不能早于信息人的现实生活而先验地存在，因为有信息人的存在，和谐信息生态环境才具有意义。马克思强调：“有生命的个人存在是任何人类历史的第一个前提。”“历史代表的就是人的有目的的活动而已。”没有信息人，也就不存在信息人与信息环境、信息人与其他信息人、信息人与内心打交道的活动，因此，也就不存在因为信息人的欲望而产生的各种冲突，就不存在矛盾的调和与控制。所以说，和谐信息生态环境不会先于信息人的存在而存在，和谐信息生态环境问题必然是因信息人而生、因信息人而解的。正如马克思所说：“神和自然界都不是统治世界的力量，人才是真正统治世界的力量。”这就告诉我们，信息人始终是构建和谐信息生态环境的主体。

第三，马克思和谐思想强调和谐的实践性特征，指出实践是实现和谐的基本途径，使我们了解和谐信息生态环境必须以信息人的实践为基础。马克思指出：和谐反映的不是认识的问题而是实践的问题，因此，马克思提倡的和谐观是以实践为基础的和谐观。“整个所谓世界历史不外是人通过人的劳动而诞生的过程，是自然界对人来说的生成过程。”因此，和谐信息生态环境必须以信息人的实践为基础，和谐信息生态环境产生于信息人的实践，服务于信息人的实践，随信息人的实践的发展而发展。信息人彼此之间的矛盾、信息人与信息环境的矛盾、信息人与自身的矛盾既是因实践而产生，又必须由实践来解决，所以说和谐信息生态环境的实现路径必然是实践。

第四，马克思和谐思想认为和谐是利益协调的体现，和谐信息生态环境蕴含着利益、表征着利益、调节着利益。唯物史观认为，历史的主宰者是人，而人的根本价值取向是利益，因此，利益是历史发展的根本的内在动力。马克思指出，追求利益是人类实践活动的目的，利益是人们生存、发展和享受的各种需要的总和。“任何人如果不同时为了自己的某种需要和为了这种需要的器官而做事，他就什么也不能做。”所以说利益是信息人实践的根本动力，利益也是信息生态环境和谐的最重要动因。没有利益的和谐，就像是没有营养的食物，是无法促使信息人开展实践活动的。因此，信息人通过利益的博弈，利益关系逐渐得到协调，利益格局趋于合理，最终将无限趋近信息生态环境和谐的目标。

第五，马克思和谐思想强调和谐是最高的伦理诉求，和谐信息生态环境体现至善的伦理境界。有人的存在，就必然有伦理规范的存在。人是“自然界的产物”，而自然界是“人的无机的身体”。这是马克思一贯坚持的主张，因此，人要与自然共生共存，既相互影响，又相互制约而达到一种平衡，是必然的伦理诉求。马克思指出：“任何一种解放都要做到把人的世界和人的关系还给人自己。”那么，不过分约束人，使人自由而全面地发展是马克思所追求的最高伦理诉求。信息人要想成为自由而全面发展的人，就必须回归生态、社会、自我的三位一体的和谐，这种和谐是至善的伦理境界，体现信息人最高的伦理诉求。

第六，马克思和谐思想认为和谐是审美的最高追求，和谐信息生态环境体现的是信息人对美不懈追求的结果。人类秉承追求美的天性，通过对美的追求推动了社会的进步。马克思有言：“动物只是按照它所属的那个物种的尺度和需要来进行塑造，而人则懂得按照任何物种的尺度来进行生产，并且懂得处处都把内在的尺度运用于对象；因此，人也按照美的规律来构造。”动物不懂美与丑，只是按照本来的样子存在于自然界，然而人却有审美的追求，会按照美的标准来发展和完善自身。“如果女神倒下，如果烈火燃尽，和谐便消失得无影无踪，美的形态就会破损凋零。”即马克思认为，和谐与美必然是同在的，破坏和谐就等于破坏美。“和谐即美”是古今中外先哲们共同的论断，追求和谐信息生态环境是由于信息人对美的渴望与追求，信息生态环境和谐表征了信息人最高的审美标准，信息生态环境和谐体现了信息人对美追求的结晶。

2.3.2　信息生态环境和谐的内涵

信息生态环境是生态环境的一部分，是指对信息人的生存、生活和发展有直接或间接影响的信息因素的总和。遵照辩证唯物主义和谐观的基本观点，信息生态环境和谐是指对信息人的生存、生活和发展有直接影响的其他信息人、信息内容、信息技术、信息时空、信息制度等，在一定的条件约束下，达到那种既相同相成、相辅相成，又体现相反相成、互助合作，最终实现互利互惠、互促互补、共同发展的状态。

2.3.2.1　尊重信息人的主体地位

信息生态环境是指对信息人的生存、生活和发展有直接或间接影响的信息因素的集合。信息生态环境包括所有对信息人的生存、生活和发展有直接影响的其他信息人、信息内容、信息技术、信息时空、信息制度等。马克思指出：“有生命的个人存在是历史发展的第一个前提。”“历史呈现的是追求着自身目的的人的活动而已。”如果没有信息人，当然就不存在对信息人有直接影响的其他信息人、信息内容、信息技术、信息时空、信息制度等，因此，也就不存在因为信息人的欲望而产生的各种冲突，就不存在矛盾的调和与控制。所以说，和谐信息生态环境不会先于信息人的存在而存在，和谐信息生态环境问题必然是因信息人而生、因信息人而解的。正如马克思指出的：“神和自然界都不能成为统治的力量，只有人自身才会是统治的力量。”因此，信息人始终是和谐信息生态环境的主体。

首先，从价值论的角度看，在信息生态环境的各种要素中，信息人具有不同于信息内容、信息技术、信息时空、信息制度等的特殊属性，具有信息内容、信息技术、信息时空、信息制度等所不具备的自主和创造性。一方面，信息人源于自然；另一方面，信息人又超越于自然，信息人可以把信息人以外的信息内容、信息技术、信息时空、信息制度等作为认识、利用和改造的对象，使信息内容、信息技术、信息时空、信息制度等为信息人所用，这些因素必然服务于信息人。由于信息人拥有认识和改造自身的自觉性和能力，势必体现在信息人有目的的活动中，在改造信息内容、信息技术、信息时空、信息制度等的同时使信息人自身得到改造。“自觉地”改造信息人自身与“积极地”改造信息内容、信息技术、信息时空、信息制度等两者之间相互作用，既互为因果而又相辅相成，最终实现信息人与其他信息生态环境要素的协调与共生，互惠与互利。总之，信息人与其他信息生态环境要素的关系中，信息人的主体地位是不容置疑的。

其次，从存在论的视角看，信息人的活动呈现出某种程度的主体性，“由于人类在地球上的活动非常广泛，不断地改变或影响地球的自然环境，已经成为生物生态系统中的主导性生态因子”。第一，依据自身生存和发展的要求，信息人会积极适应信息生态环境，努力改造信息生态环境，目的是达到自身主体的客体化；第二，在信息实践过程中，信息人要将外在的其他信息生态环境要素进行“内在化”，实现充实、完善和发展信息人自身，达到客体的主体化；第三，信息人的目的性是信息人的主体地位的实质表现，从信息人与信息生态环境的关系来看，信息人具有目的价值，信息生态环境的其他要素具有手段价值，信息人改造信息生态环境时，必然依据信息人生存与发展的客观需要作为最终的价值取向和评判标准。这样做并不否定信息生态环境中其他要素在信息人活动面前的客观性和独立性，它们具有不取决于信息人的意志而发生变化的客观特点。但是，信息生态环境中其他要素的存在及其规律的“价值”是信息人的存在及其需要所赋予的，信息生态环境中其他要素的存在及其规律的价值性就体现在它能够为信息人的生存及发展提供必要的条件，能够服务于信息人的信息实践活动，这也从另一个方面说明了信息人的主体地位。

2.3.2.2 强调“和而不同”的实质

“和而不同”是中国传统和谐思想的核心，“和实生物，同则不继”，“和”即“不同”，“和”代表差别，即矛盾。事物发展的这种矛盾性是永恒的，正如马克思的观点：和谐以差异、对立为先决条件。“和谐是矛盾的一种特殊表现形式，体现着矛盾双方的相互依存、相互促进、共同发展。”因此，和谐信息生态环境中信息人、信息内容、信息技术、信息时空、信息制度等存在多样性、互补性和兼容性的特征，和谐信息生态环境中每一种要素内部或者要素之间体现着矛盾双方的相互依存、相互促进、共同发展的状态。和谐的主体是人，使我们了解和谐信息生态环境不能早于信息人的现实生活而先验地存在，因为有信息人的存在，和谐信息生态环境才具有意义。因此，“和而不同”就是要求信息人之间求同存异，消除彼此的疑虑和隔阂，最终实现信息福利的均衡普惠，信息人共同发展。和谐信息生态环境中除信息人之外的其他要素内部或者要素之间也存在着矛盾与冲突，是不同信息人群体在具体利益上分歧的表现，针对其他信息因素的差异性，应尽可能使信息人群体的各种矛盾和冲突达到平衡与协调。首先，必须在保障绝大部分信息人利益的前提下，形成与少部分信息人思想的求同存异、相互包容、共同发展的生动格局。其次，在充分尊重绝大部分信息人诉求的前提下，合理地吸收少部分信息人诉求中的一切积极因素，充分尊重信息人诉求多样性需要和合理性的特质，既不能激化矛盾，也不能扩大矛盾，更不能无视或回避各种矛盾的客观存在。再次，对于信息人多样化诉求中的消极有害的因素，必须旗帜鲜明地予以抵制、坚决驳斥和批判。最后，满足信息人合理诉求要讲究实际，通过制度安排有效的方式，利用信息教育、信息沟通等方式引导，利用信息法律法规、信息政策等手段来约束，使得信息人之间的各种矛盾和冲突达到平衡与协调，信息人之间矛盾差异性的共存和融合即是和谐信息生态环境的实质。

2.3.2.3 强调实践的基础作用

强调和谐的实践性特征指出实践是实现和谐的基本途径，是马克思和谐思想一再重申的观点，这使我们了解和谐信息生态环境必须以信息人的实践为基础。和谐反映的是实践而不是认识的问题，“整个所谓世界历史不外是人通过人的劳动而诞生的过程，是自然界对人来说的生成过程”。因此可知，和谐信息生态环境必须以信息人的实践为基础，和谐信息生态环境产生于信息人的实践，服务于信息人的实践，随信息人的实践的发展而发展。

首先，实践是信息世界的创造者，没有实践就没有信息世界的所有要素，就不存在实践创造的信息内容、信息技术、信息时空、信息制度等，就没有在实践中得到生存和发展的信息人主体，实践不仅创造出新的信息内容、信息技术、信息时空、信息制度等客体，而且创造出新的信息人主体。

其次，信息人的实践活动具有社会性，信息人的实践是社会的实践，是新的信息生态环境的创造者。信息人能动地改造和探索信息世界的一切信息活动，是信息社会发展的普遍基础和动力，信息生态环境是由信息人的实践活动缔造的，在实践的基础上促使认识的产生和发展。

最后，辩证唯物主义主张实践是检验真理的唯一标准。在信息人的主观认识范围内不可能找到真理的标准，信息人实践除具有普遍性的优点外，同时还体现直接现实性的优点。“直接现实性”的含义是指实践具有把正确的认识变成直接的现实的能力。这样，信息人实践就起到沟通主观和客观关系的作用，可以成为检验信息活动和认识是否正确的标准。

2.3.2.4 倡导信息人利益的协调

马克思强调：“人们奋斗所争取的一切，都为了实现他们的利益。”“既然正确理解的利益是整个道德的基础，那就必须使个别人的利益符合于全人类的利益。”所以，满足信息人个人的利益，是与信息生态和谐的最初宗旨相一致的，信息社会和谐要求利益分配覆盖广大信息人的利益，因此，和谐的信息生态环境必然代表着各种信息人群体的利益，也是信息人与信息人、信息人与各种信息社会关系和谐的一种理想状态。和谐信息生态环境是指对信息人的生存、生活和发展有直接影响的其他信息人、信息内容、信息技术、信息时空、信息制度等，在一定的条件约束下，达到那种既相同相成、相辅相成，又体现相反相成、互助合作，最终实现互利互惠、互促互补、共同发展的状态。和谐信息生态环境中，信息人是主体，信息人可以把信息人以外的信息内容、信息技术、信息时空、信息制度等作为认识、利用和改造的对象，使信息内容、信息技术、信息时空、信息制度等为信息人所用、为信息人服务。利益是信息人实践的根本动力，利益也是信息生态环境和谐的最重要动因。在信息实践活动中，不同信息人群体的利益诉求不同，因此，和谐的信息生态环境必须倡导各方信息人的利益的协调。

信息生态环境中的信息人群体一般表现为三种类型：同质性信息人群体、差异性信息人群体和对抗性信息人群体。同质性信息人群体一般表现为信息人在利益诉求上没有对抗性差别；差异性信息人群体表现为信息人在利益诉求上呈现差别性，但这种差别能够在价值和信仰以及伦理等方面谋求共识和理解，不具备对抗性；对抗性信息人群体主要体现在信息人在利益诉求上具有对抗性，不管在价值、自由，还是在信仰等方面都很难获得共识性的统一和认同。在和谐的信息生态环境中，必须将信息人群体内部的斗争转变为非对抗的合作；促进差异性信息人群体在价值、信仰和伦理等方面谋求共识和理解；由于对抗性信息人群体在价值、自由、信仰等方面很难获得共识性的统一和认同，所以要尊重对抗性信息人群体利益诉求的多元化特征，使得由利益诉求对抗性所产生的各种矛盾趋向于和谐和协调的状态。这种状态才能为信息生态环境提供生机和活力，使得信息生态环境达到和谐状态。

2.3.2.5 表征最高的伦理诉求

有人的存在，就必然有伦理规范的存在。马克思强调："对人的解放就是让人主宰世界和人的关系。"信息人要想成为自由而全面发展的人，就必须回归生态、社会、自我三位一体的和谐，这种和谐是至善的伦理境界，体现信息人最高的伦理诉求。

首先，信息生态环境的各组成要素的内部或相互之间，在演化过程中，通过相互制约、相互转化、相互补偿而建立起动态平衡关系。但是，保持这种动态平衡状态的能力是有条件的，一旦信息人对信息生态环境的干扰超过一定的限度，就会破坏这种动态平衡状态。构建和谐的信息生态环境的目标要求信息人与信息生态环境实现和谐统一，如果没有和谐的信息生态环境，信息人需要的信息内容、信息技术、信息时空、信息制度就不能永续发展，和谐的信息人之间的关系也就不复存在。信息人是信息生态环境中的主体要素，信息人必须与信息生态环境共生共存，信息人与信息生态环境既相互影响，又相互制约而达到一种平衡，是必然的伦理诉求。

其次，人是社会关系的总和，社会是各种社会关系交织起来的整体。信息人与信息人之间的关系即信息人人际关系，信息人人际和谐其实就是利益诉求的和谐，表现为：信息人个体能够在信息人集体允许的前提下，有限度地发挥自己的个性，能够在信息规范的制约下，适度地满足信息人个人的基本需求。在信息活动中，信息人本身是一种个体意义上的生命存在，有着自身独特的利益需求，具有实现自我利益的自然本性，但是，信息人在信息活动中又不是孤立存在的，信息人与信息人之间必须结成一定的社会关系，才能去从事相关的信息活动，信息人个人的信息行为必须以其他信息人的信息行为为平台，在一定的信息环境中，信息人个体的信息行为必然受到种种限制，这些必要的限制会促使整个信息生态环境的和谐，当信息人个人的利益诉求和信息人群体的利益诉求之间存在着对抗性矛盾时，信息人个人要服从信息人群体，此时，维护信息人群体利益作为最高的道德要求。因此，协调信息人与信息人之间、信息人与信息人群体之间的利益关系也是必然的伦理诉求。

最后，马克思强调："任何一种解放都是让人来主宰世界和人的关系。"在和谐的信息生态环境中，必须解放信息人，把信息人的世界和信息人的关系还给信息人自己。使得信息人在信息活动中能够妥善处理各种冲突，避免对自身的心理造成不良的影响；使得信息人对自己的信息行为有充分的安全感，能够体验到自己信息行为的价值，并能恰当地评价自己的信息能力，能够发展自身的潜能；使得在信息活动中，信息人愿意接受他人，善与他人相处，能认可其他信息人存在的重要性和作用，只有在此时，才是真正做到了把信息人的世界和信息人的关系还给了信息人自己。可见，解放信息人，使信息人成为自由而全面发展的人体现和谐信息生态环境最高的伦理诉求。

2.3.2.6 标示审美的最高境界

"和谐即美"是古今中外先哲们共同的论断，"美在和谐"或者"和谐即美"是中外思想家提出的共同命题，例如，汉代董仲舒有言："天地之美恶，在两和之中。"即董仲舒认为美存在于和谐之中，和谐是美的本质。苏格拉底也明确指出："什么是最美——和谐。"可见，追求和谐表达的是人对美的渴望与追求，和谐体现了人最高的审美标准，和谐状态是人对美追求的结晶。

首先，信息生态环境是在信息人实践活动基础上形成的复杂系统，信息生态环境作为一种复杂系统，其中既存在信息人与信息人、信息人与信息人群体的关系，也存在信息人与信息环境的关系。它的多样性既体现在信息人的不同群体、不同时空的差别上，也体现在信息人的政治、经济、文化和思想信仰等的不同上。这些差异造成了信息人利益诉求的多样性，它体现了信息人信息行为方式的多样性和多层次性。而和谐的信息生态环境就是一个对信息人信息行为方式、利益诉求的多样性的不间断的协调状态，因此，和谐信息生态环境本身就表达了一种多样性统一的和谐美。

其次，追求美是信息人的天性，信息人对美的追求促进了和谐信息生态环境的构建，而和谐信息生态环境又体现了信息人对美的多方位追求：和谐的信息生态环境体现了民主与善治统一的信息制度美；体现了效率与公平兼顾，利益分配公平的信息社会发展美；体现了信息人多元的信息行为方式与价值观协调的信息人精神美；体现了信息人个体、群体、阶层之间，地域、时空之间关系融洽协调的信息生态结构美。

最后，信息人追求审美的趣味促进了信息生态环境和谐。审美的基点是信息人个人的兴趣和爱好，信息人个人的兴趣和爱好与信息人个人的自由，特别是精神的自由息息相关，在不损害国家的利益、社会的利益、他人的利益的基础上，可以利用信息人的审美理想来引导信息人的行为，因为只要是健康的审美理想，必然是美与善的统一，信息人在审美理想引导下的信息行为必然会促进信息生态环境和谐，因为和谐信息生态环境必然是既美且善的。

2.3.3　信息生态环境和谐的本质

遵照辩证唯物主义和谐观，和谐信息生态环境是以信息生态环境的各种要素内部及要素之间矛盾差异性为前提的，和谐信息生态环境并不否定和消除信息生态环境的各种要素内部及要素之间的矛盾，而是承认矛盾的差异性，指出和谐信息生态环境是信息生态环境的各种要素内部及要素之间矛盾双方互不损害、互相促进的一种特殊状态，即和谐信息生态环境是信息生态环境的各种要素内部及要素之间矛盾同一性的特殊表现。信息生态环境的各种要素内部及要素之间矛盾的共存与斗争是信息生态环境发展的手段，信息生态环境的各种要素内部及要素之间矛盾差异性的融合则是信息生态环境发展的目的，信息生态环境的各种要素内部及要素之间矛盾差异性的共存和融合即和谐信息生态环境的实质。

2.3.3.1 以矛盾差异性为前提

黑格尔指出："差别是属于和谐的；它必须在本质上、绝对的意义上是一种差别。"所以，构建和谐信息生态环境，首先必须肯定信息生态环境的各种要素内部及要素之间存在差异，和谐信息生态环境是以信息生态环境的各种要素内部及要素之间矛盾差异性为前提的，正如中国古代先哲所指出的那样："声一无听，物一无文，味一无果，物一不讲"，"以他平他之谓和"，不同的"他"是和谐的前提。

首先，明确事物都包含着本身特殊的矛盾，这是事物区别于其他事物的本质，也是作为理论基础来阐释不同事物之间矛盾的差异性。毛泽东指出："任何运动形式，其内部都包含着本身特殊的矛盾。这种特殊的矛盾就构成一事物区别于他事物的特殊的本质。这就是世界上诸种事物所以有千差万别的内在原因，或者叫作根据。"因此，只要承认信息生态环境中的各种要素不同，就必然要承认信息生态环境的各种要素之间存在矛盾的差异性。

其次，不否认矛盾双方的差异性，承认矛盾双方的差异性是和谐产生的基础。构建和谐信息生态环境绝不能否定信息生态环境的各种要素内部及要素之间的差异性，绝不能回避各种要素内部及要素之间的矛盾，否认矛盾，抹杀矛盾双方的竞争、竞赛、斗争。追求信息生态环境和谐，必须以承认各种要素内部及要素之间的矛盾和差异为前提，承认正是由于矛盾双方的竞争、竞赛和斗争，才会导致和谐的产生。正如古希腊哲学家赫拉克利特指出的那样："自然也追求对立的东西，它是用对立的东西制造和谐，而不是相同的东西。"

最后，不回避矛盾双方的差异性，不幻想矛盾双方差异性的自然消亡。构建和谐信息生态环境，绝不是要否认、回避信息生态环境各种要素内部及要素之间的差异和矛盾，幻想和谐信息生态环境是"无矛盾的生态环境"，恰恰相反，正是信息生态环境的信息人、信息内容、信息制度、信息时空等各种要素内部及要素之间存在差异和对立，才为和谐信息生态环境提供了客观的现实基础，才使和谐信息生态环境从低级向高级的演进成为必然。

2.3.3.2 以矛盾同一性为表现形式

马克思指出："和谐是矛盾的一种特殊表现形式，体现着矛盾双方的相互依存、相互促进、共同发展。"根据马克思的观点可知：和谐信息生态环境既是以各种要素内部及要素之间的矛盾差异性为前提的，同时又体现着各种要素内部及要素之间的相互依存、相互促进、共同发展的状态。

首先，把握矛盾对立面本质的差异时，同时肯定矛盾对立面之间的相同性、相通性。构建和谐信息生态环境必须强调各种要素内部及要素之间互补互动，以逐步缩小各种要素内部及要素之间的矛盾、缓和矛盾、化解矛盾，促使各种要素内部及要素之间相互依存、相互促进、共同发展。正如董仲舒所指出的那样，"同者相益，异者相损"，要注意发挥各种要素之间"相益"的同，削减"相损"的异，即"百物去其所与异，而从其所与同"，强调矛盾双方或多方的相辅相成、相反相成、互补互动，不断缩小和融解，最终达到信息生态环境的和谐发展。

其次，明确矛盾双方的差异性的和合关系，要强调差异和对立的矛盾双方的相克相生关系，重视双方的互补互济，而不是把矛盾双方的差异性进行无原则的"混合"，当然也不是强制性的"专同"。信息生态环境的各种要素内部及要素之间的对立与调和作为促使信息生态环境从低级向高级演进的两种基本力量，其相克相生、互补互济的关系都必须为信息生态环境从低级向高级演进的和谐发展服务。因此，信息生态环境的各种要素要主动接纳与己相异乃至对立的要素，摒弃独断式思维，运用正确的方法化解矛盾、整合力量，明确矛盾的解决不是信息生态环境的各种要素你盛我衰、你胜我败，而是信息生态环境的各种要素互助合作、共生共荣、互利共赢，这样，信息生态环境的发展才不会是爆炸式、断裂式，而是"生生不已"持续发展的，从而推动信息生态环境从低级向高级演进。

2.3.3.3 追求矛盾差异性的共存和融合

和谐是一切事物存在的根据和发展的动力，它是"无条件的、绝对的"。信息生态环境的和谐发展是一种必然，它是以信息生态环境的各种要素内部及要素之间的共存和融合为基础的。

首先，信息生态环境的各种要素内部及要素之间的矛盾差异性的共存和融合是一种必然。黑格尔认为："世界内彼此分离外在的事物将永恒地从统一中发展出来并回复到统一，遵循着统一。"这说明信息生态环境的各种要素内部及要素之间的矛盾差异性最终要回复到统一，遵循着统一，即达到共存和融合。

其次，信息生态环境的各种要素内部及要素之间的矛盾差异性的共存和融合是创生新的信息生态环境的基础。当信息生态环境的各种要素呈现出内在关联的差分异质特征，并以一定的方式结合起来后，只要对信息生态环境中各种要素之间的矛盾进行合理的疏导和化解，并且进行优化和整合，这些能动的要素就会"突现"新的性质，聚合新的力量，跃升为一种新的状态，这些能动的要素相互作用就会创生新的信息生态环境状态。

最后，矛盾差异性的共存和融合是促使信息生态环境从低级和谐向高级和谐演进的必由之路。信息生态环境从低级和谐向高级和谐演进的过程中，通过缩小信息生态环境的各种要素之间的矛盾，化解矛盾，追求矛盾各方运动过程中结构的最优化，防止各要素功能的内耗，避免零和效应，就会使信息生态环境达到和谐，然后，信息生态环境就会由初步的和谐到新的更高的和谐的持续发展。

2.4 确定信息生态环境和谐的目标

马克思指出："有意识的生命活动直接把人跟动物的生命活动区别开来。"这说明，动物的生存是一种被动地适应环境的状态，创造性实践活动是人类特有的，只有人不听天由命，而是通过创造性的实践活动来满足自己的需要，追求生活的目标。由于人的需要不能自动地被满足，所以，人不会像动物一样看天吃饭，在物竞天择法则下艰难地生存，而是根据自己的目的和好恶，处理各种冲突，协调好人与自然、人与社会以及人与自身的关系，这样，人才会真正实现生存、发展和享受的生活理想，人才会自我实现、自我解放、自我塑造和自我发展，所以说，追求人与自然、人与社会以及人与自身关系的和谐是人类的理想追求。

2.4.1 明确信息生态环境和谐的目标定位

和谐状态不稳定，和谐具有动态变化的特征，正如生命体会生病一样，信息生态环境和谐状态也常常会被打破，出现种类繁多的信息异化现象，但由于信息人是信息生态环境中的主体和核心因素，发挥信息人的主观能动性，将对信息生态环境的演进方向和演进速度产生影响。伴随信息生态环境的不断演化，信息人群体通过模仿、相互学习等方式对自己的行为不断修正，优化自己的策略选择，这同时会促进信息生态环境状态从信息异化状态向信息生态环境和谐的状态方向演化。和谐状态的信息生态环境是信息人群体的种类和规模相对匹配和均衡的状态，信息人群体种类多样、规模适当，各群体在相应的信息生态位上和谐共处、良性竞争；是信息人群体与信息生态环境相互适应、协同发展的状态，信息人在改变自身的同时也影响着信息生态环境的变化；是信息生态环境中各种生态因子间既相互支持又相互抑制，通过竞争与协同达到共生共荣、互利共赢的状态。

2.4.1.1 信息人之间的和谐

信息人的存在是和谐信息生态环境存在的先决条件，和谐信息生态环境问题必然是因信息人而生、因信息人而解的。当然，这并不否定信息生态环境中其他要素在信息人活动面前的客观性和独立性，即信息生态环境中其他要素可以独立于信息人而存在，它具有不依信息人的意志而转移的客观规律和本质。但是，信息生态环境中其他要素的存在及其规律的“价值”是信息人的存在及其需要所赋予的，信息生态环境中其他要素的存在及其规律之所以有价值，就在于它为信息人的生存及其发展提供了条件，为信息人的信息实践活动服务，这也从另一个方面说明了信息人的主体地位。信息生态环境是由无数个信息生态系统构成的，而每个信息生态系统的主体和核心因素都是信息人。在每一个信息生态系统中，信息人包括信息生产者、信息分解者、信息传播者、信息消费者等，信息人既发挥维护信息生态系统和谐发展的作用，但同时也会在自觉或不自觉状态下起到对信息生态系统和谐发展的破坏作用。信息人之间的关系是既对立又统一，既竞争又协同，正是在这种竞争与协同关系的推动下，信息生态系统才会从信息异化向信息生态和谐的方向演化。从宏观的视角看，自组织的规律约束着信息生态系统的演化过程，但信息人的主观能动性能够让信息人具备分析信息生态系统的演化机制和机理的能力，信息人采取积极有效的措施促进信息生态系统向良性的方向演化。如图2-1所示，信息生态链是“信息人之间通过信息流转而建立的链式依存关系”。信息生态链作为基础单位参与信息生态系统演化，信息生态链条中的信息人分为信息监督者、信息生产者、信息传递者、信息利用者这四类。

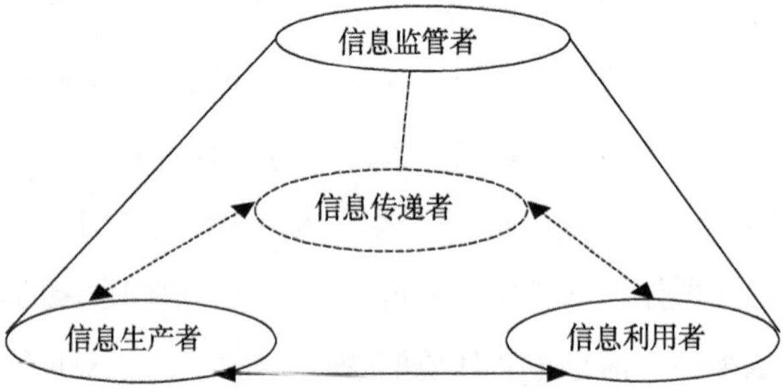

图2-1　信息生态链基本结构图

信息人协同演化的结果决定信息人在信息生态链中的各自位置，而信息交流的方式和结果决定信息人的协同演化。在信息生态链的初创阶段，信息人种群之间的界限和分工并不明显，在对信息的原发性需要和信息循环的反馈作用机制下，信息人会自觉地约束自己的信息行为，遵守最初建立的秩序。随着信息交流活动内容深度和范围的逐渐扩大，信息人的种群划分越来越明显，不同种群在信息活动中作用不同，占据了信息生态链的不同功能环节。信息人种群的分化不仅是信息人信息交流活动协同演化的结果，同时也意味着信息生态循环的累进。信息的快速流转既满足了信息使用者的需求，同时信息流转的反馈作用也会使信息生产者和传递者能够及时了解信息利用者的需要，从而使信息人之间的关系越来越和谐，即达到相辅相成、相反相成、互助合作、互利互惠、互促互补、共同发展的状态，而信息人之间的和谐关系又会进一步促进其作用的发挥。

2.4.1.2　信息人与其他生态要素的和谐

类似自然界的生态链相互之间的关系，各个信息生态链不是孤立地存在，而是彼此之间存在交织和互动关系，各个信息生态链之间有着千丝万缕的联系。作为主体的信息人占据不同信息生态链条的结点，信息人之间的交流与互动使各个信息生态链彼此交错，形成了一张复杂的超循环信息生态网。信息人在这张复杂的超循环信息生态网中必然与其他信息生态要素产生各种竞争与协同的关系，依据矛盾论的思想，信息人与其他信息生态要素之间存在矛盾的差异性，信息人与其他信息生态要素之间的和谐是矛盾双方互不损害、互相促进的一种竞争与协同的特殊状态，即信息人与其他信息生态要素之间的和谐是矛盾同一性的特殊表现，强调信息人与其他信息生态要素之间内在矛盾的共存与斗争，是信息生态环境和谐发展的手段，信息人与其他信息生态要素之间矛盾差异性的融合则是信息生态环境和谐发展的目的，信息人与其他信息生态要素之间矛盾差异性的共存和融合即表达信息人与其他信息生态要素实现和谐关系的精髓。第一，信息人和信息资源本体间必然存在矛盾的共存与斗争关系。信息人和信息资源本体的竞争与协同演化会集中体现在信息资源的“质”和“量”的不断扩张，也就是说信息人与信息资源本体之间矛盾差异性的共存和融合将促进信息生态环境的和谐演进。第二，信息技术作为一种工具，信息人利用信息技术可以对信息资源本体加工、传播、交流、存储等，必将直接影响信息人的生产、生活行为。双方矛盾差异性的共存和融合的竞争与协同关系是一个循环往复的过程，矛盾双方的竞争与协同关系累积到一定程度时，必将促进信息人种群的进化和信息技术的进步。第三，信息人与信息生态环境的伦理关系贯穿于信息人文明发展的全过程，信息社会的道德标准和道德规范是多数信息人道德诉求的表达，这种道德规范以自省和自律的方式约束着信息人的信息行为，促使信息人的信息行为与信息生态环境的和谐发展更加相互适应，呈现信息人与信息伦理关系的矛盾差异性的共存和融合的协同演化的状态。第四，信息生态环境的管理政策和法律与信息人的利益息息相关，在遵循有效性、公平性、可接受性、可行性以及提升效率等原则的基础上来选择制定信息政策和法律，必将在信息社会可持续发展的基础上提升信息人的信息福利水平，并且实现信息福利提升与信息生态环境保护的双赢。第五，信息生态环境是由多个信息生态系统构成的整体，而信息生态系统是包括各种信息生态因子的集合体，信息人与作为整体的信息生态环境之间的竞争与协同演化关系极其复杂，其复杂程度远远高于信息人和单个信息生态因子之间的竞争与协同演化关系。因此，绝不能轻视信息人与作为整体的信息生态环境之间的竞争与协同关系，不能把这种关系简单地理解为从数学角度简单累加每一个信息生态因子和信息人的竞争与协同结果，而必须从整体角度探究信息生态环境各要素与信息人之间矛盾差异性的共存和融合的竞争与协同演化过程。第六，信息生态环境的演化发展不能摆脱外部宏观环境的约束，信息人和信息生态环境内部各种信息生态因子会对信息生态环境的演化产生影响，外部宏观环境因素也会产生影响。由于信息生态环境从属于社会生态大环境，因此，要探讨信息生态环境的演化过程，就必须要考查信息生态环境的主体——信息人与外部宏观环境之间的竞争与协同演化模式。社会生态大系统中的子系统之间的复杂的、非线性协同演化关系表征着社会生态大系统内在演化机制，也证明信息生态系统与其外部宏观社会生态大系统中其他子系统的竞争与协同演化过程，这种演化过程必然是社会生态系统整体演化图景的一部分。

2.4.1.3 信息人自我和谐

自我和谐讨论的是人自身的和谐问题，人与自身的和谐是指信息人的身体与心灵关系、理智与情感关系、认知与行为关系、物质索取与精神享受等都达到彼此促进、相济相成的一种状态。首先，信息人只有实现自我和谐才可能最终使自己自由而全面地发展，才能“以一种全面的方式，也就是说，作为一个完整的人，占有自己全面的本质”。劳动作为信息人生存和发展的基础，更是实现自我和谐的前提，没有个体的劳动，就谈不上个人的全面发展，就无法实现人自身的和谐。因此要实现信息人的自我和谐，就必须在信息劳动这个语境背景下探讨，因为“生产劳动会提供给每一个人体现自己全部的体力和脑力能力的机会，使人全面发展和表现，此时的生产劳动就不再是奴役人的手段，而成了解放人的手段”。其次，个人的发展取决于社会交往，社会交往是人自我和谐的基础，马克思指出：“人同自身的任何关系，只有借助其与他人的关系才能得到实现和表达。”信息人要想实现自我和谐，就必须借助与其他信息人的外在交往，只有加强信息人之间的社会交往，才会增强信息人自身知识体系、心智能力、情感能力等，这对信息人自身的和谐有着非常重要的意义。马克思说：“人的本质并不是单个人所固有的抽象物，在其现实性上，它是一切社会关系的总和。”这说明，信息人之间的人际和谐是人际关系的产物，人际交往是产生信息人之间和谐的人际关系的实践之源。最后，道德是与信息人的个人的和谐发展紧密相关的，道德实践体现着信息人的自律性及对自我和谐的追求。马克思指出：“道德的基础是人类精神的自律。”“拥有美德也可能阻碍我们获得外在利益，但却是获得内在利益的必要条件。”信息人道德实践与信息人的精神自由密切相关，道德体现的是信息人的内在超越性和自由意志，是人实现信息人自我和谐的前提和基础。

2.4.2　确定信息生态环境和谐的路径

主体是信息实践活动和信息认识活动的承担者，客体是主体信息实践活动和信息认识活动指向的对象。在和谐的信息生态环境中，主体和客体的相互作用建立在信息活动的社会实践的基础上，因此，要构建和谐的信息生态环境就必须围绕信息活动的主体、客体及其相互关系的层面展开研究。信息活动的主体和客体不仅相互联系而且相互制约，并且在一定的条件下会相互转化。信息人会把自己的目的、计划、愿望施加到信息客体上；同样，作为客体的信息会移入信息人的大脑，通过一系列生化过程改变信息人的思想和价值观，或者在信息人主体反映客体的过程中，使其他信息生态因子成为信息人的工具，延长信息人的自然器官功能，直接从属于信息活动的主体。

2.4.2.1　发挥信息人的主体作用

作为信息实践和认识活动的承担者和执行者，信息人居于主导地位并具有自主性和创造性，信息人在信息实践活动和认识活动中居于主体地位，信息人从信息生态环境中分化出来，但仍然属于信息生态环境的一部分。信息人作为信息实践活动和认识活动的主体的存在是一种社会存在，信息人主体的本质规定必须从信息人的社会属性和社会关系中获得。信息人的各种信息处理能力是在社会性的信息劳动中形成和发展的，信息人改造信息环境的力量和能力只能来自社会实践中信息人之间的社会合作。因此，信息人只有首先成为信息实践的主体，才能成为具有能动反应能力的认识主体。此外，认识主体还是具有情感意志，能够为自己的行为制定目标、计划，并能动地进行选择的人，即具有主观能动性。最后，作为主体的信息人总是处于特定信息生态环境的人，其身心、能力等方面带有特定的信息生态环境特征，并随着信息生态环境的演化而改变。信息人主体包括信息人个体、信息人群体和信息人类主体三种基本形式。信息人个体是从事信息活动的个人，个人是信息活动主体的基础和细胞，一切信息活动归根到底都是以个人为主体来进行的。但是，作为信息活动主体的个人不同于生物学意义上的个体，他们总是在一定的社会关系中进行活动的，由于各种主客观条件的限制，信息活动主体的个人的认识能力是非常有限的。信息人群体是指按照一定的信仰、目的、利益、规范等组织起来的社会共同体，如一个信息机构、一个社会信息组织、某种信息产品的信息生产者集合等。信息人群体是由信息人个体构成的，但并不是信息人个体的机械拼凑，由于信息人群体内部有组织的联系和活动方式的变化，信息人群体会创造一种新的信息活动能力，这种能力可以远远大于信息人个体能力的简单叠加，但是信息人群体的能力也仍然要受到信息生态环境条件的限制。信息人类主体是指全部信息人，它是无数的信息人个体和群体的总和，就其本性和可能来说，信息人类主体的认识能力是无限的，对于信息人类主体而言，信息生态环境中只有尚未被认识的方面，而不存在不可能认识的方面。因此，只要有效发挥信息人的主体作用，"自觉地"改造信息人自身与"积极地"改造信息内容、信息技术、信息时空、信息制度等信息生态因子中不合理的部分，促使信息人与其他信息生态因子之间形成相互作用、互为因果、相辅相成的关系，进而实现信息人与其他信息生态环境要素的协调、共生与互利，必将能够构建出和谐的信息生态环境。

2.4.2.2 重视信息实践活动的客体

客体是信息实践活动中处于被动地位的一方，是信息人主体信息活动所指向的对象。信息实践活动中信息生态因子是无限多样的，但只有在信息人的认识发展到某一历史阶段上，由于信息人的注意具有选择性，只有部分信息生态因子能够被信息人所认识，成为信息实践活动所指向的对象。随着信息人认识的日益进步，各种信息生态因子越来越多地成为信息实践活动的对象。首先，信息实践活动的客体具有客观实在性，这是由客观的信息生态环境具有不以信息人的意志为转移的物质性所决定的。其次，信息实践活动的客体具有对象性，这是因为信息实践活动的客体首先是实践客体，已进入信息人的实践活动范围，被信息人的实践所捕捉，成为信息人的实践和认识的对象。因此，信息实践活动的客体的广度和深度依赖于信息人主体的发展程度和水平。最后，信息实践活动的客体具有社会历史性，因为信息实践活动的客体的广度和深度在不同的信息生态环境条件下是不一样的，被打上了时代的烙印。同信息实践活动的主体一样，信息实践活动的客体也具有多种形式。概括地说，主要包括自然属性的信息客体、社会属性的信息客体和思维属性的信息客体。自然属性的信息客体是信息人所能够收集到的各种自然信息，从信息人认识发展的历史过程看，周围自然界的事物向外发布的各种自然信息最早成为信息人信息实践活动的对象。社会信息客体是指人类社会中产生的各种信息。因为每一个信息人都处于一定的社会关系之中，都会自觉不自觉地接收来自社会的各种信息，而来自社会的各种信息也必然成为信息实践活动的对象。思维信息客体则是信息人所进行的一种精神活动产生的信息，而这种精神活动产生的信息也会反过来与自然信息客体、社会信息客体相互作用，指导信息人对自然信息客体、社会信息客体的信息实践活动。

2.4.2.3 重视信息实践的桥梁作用

社会信息生产实践是信息人社会存在、发展的基础。正是通过信息实践这一桥梁，信息人主体能够有目的地改造信息客体，只有在信息实践的基础上，客体才会形成关于主体的映象。信息实践的手段则是指信息活动实践主体和客体现实地连接起来的各种信息工具、信息技术系统及其操作、控制的程序和方法。信息实践活动的过程中充满了信息人的目的、计划、选择、情感、意志等主观因素，因而又具有必然的自觉能动性。并且，任何信息实践活动都是在一定的信息生态环境条件下进行的，信息实践活动的手段、内容、深度和广度必然受特定信息生态环境因素的制约，被打上相关信息生态环境的烙印。信息实践活动还具有直接现实性的特点，也就是说，每一次信息实践活动都是具体的、个别的，与其他任何一次都不尽相同。历史必然性在人类的实践中总是一种具体的必然性，而信息人的信息实践活动可以超越这种具体的必然性，当信息人的社会存在状态与信息人的认识状态实现统一时，就具备了超越的基础。所以，只有当信息活动的生产力提高才会为信息人的解放和信息人的自由提供经济前提，信息人在信息生态环境中的存在状态才能得到提升，随着信息生产力的快速发展，信息人的主观能动性必然增强，信息人必然摆脱被自身的产物——信息所左右的历史，这就是信息异化的扬弃的过程，为实现信息生态环境的和谐发展提供了经济前提。

本章参考文献

[1] 张福学.信息生态学的初步研究[J].情报科学,2002(1):31-34.

[2] 薛纪珊.信息生态与信息开发[J].学会,2001(12):53-54.

[3] 方克立.关于和谐文化研究的几点看法[J].高校理论战线,2007(5):4-5,7.

[4] 林存光.中国古典"和谐"理念及其政治含义论析[J].学术前沿,2012(7):60-69.

[5] 阮元校刻.十三经注疏·尚书正义[M].北京:中华书局,1980:131.

[6] 顾颉刚.春秋三传及国语之综合研究[M].成都:巴蜀书社,1988:98.

[7] 杨伯峻.孟子译注[M].北京:中华书局,1960.

[8] 杨明.中国传统和谐观的内容特质与时代价值[J].伦理学研究,2008(2).

[9] 陈广中.中国道家新论[M].安徽:黄山书社,2001.

[10] 王范之.吕氏春秋[M].北京:中华书局,1981.

[11] 陈淳.北溪字义[M].北京:中华书局,1983.

[12] (宋)朱熹.四书章句集注[M].北京:中华书局, 2012.

[13] 张双棣.淮南子校释(增订本)[M].北京:北京大学出版社, 2013.

[14] 刘起.尚书学史[M].北京:中华书局, 1989.

[15] 韩星.儒家核心价值体系——"仁"的构建[J].哲学研究, 2016(10):31-38,128.

[16] 王弼.周易注(附周易略例)[M].楼宇烈校.北京:中华书局, 2011.

[17] 陆卫明,李红,赵述颖.和谐思想的传统蕴涵及其现代诠释[J].西安交通大学学报(社会科学版),2013(1):95-99,105.

[18] 刘惠惠,赵金元.近年来关于中国传统和谐思想的研究综述[J].云南社会主义学院学报,2014(1):432-433.

[19] 宋健.中国传统文化和谐思想及其现实意义[J].吉林省教育学院学报(学科版),2010(11):154-157.

[20] 张智超.中国传统和谐观及其当代价值[D].哈尔滨:哈尔滨工业大学,2011.

[21] 金景芳,等.周易全解[M].长春:吉林大学出版社,1989.

[22] 丹明子.道德经的智慧[M].北京:华夏出版社,2012.

[23] 朱熹.四书集注[M].北京:中华书局,1983.

[24] 张觉.韩非子校疏[M].上海:上海古籍出版社,2010.

[25] 饶宗颐.墨子[M].北京:中信出版社, 2015.

[26] 亚里士多德.形学上学(M).北京:商务印书馆,1959:12-13.

[27] 北京大学哲学系外国哲学史教研室.古希腊罗马哲学[M].北京:商务印书馆,1982:18-21.

[28] 陈云霞.柏拉图的和谐思想及其现代启示[J].长春工业大学学报:社科版,2009(1):25-26.

[29] H·波赛尔,燕宏远.莱布尼茨的和谐概念[J].世界哲学,2002(4):59.

[30] 黑格尔.美学(第1卷)[M].北京:商务印书馆,1986:76.

[31] 魏特林.和谐与自由的保证[M].北京:商务印书馆,1979:161.

[32] 马克思,恩格斯.马克思恩格斯全集(第1卷)[M].北京:人民出版社,1995:15-620.

[33] 马克思,恩格斯.马克思恩格斯全集(第30卷)[M].北京:人民出版社,1995:10-36.

[34] [德]阿尔弗雷德·施密特.马克思的自然概念[M].北京:商务印书馆,1988:43-56.

[35] 陈学明、张志孚.国外马克思主义研究名著提要[M].重庆:重庆出版社,1996:236.

[36] 马克思,恩格斯.马克思恩格斯全集(第42卷)[M].北京:人民出版社,2002:120-169.

[37] 马克思.资本论(第1卷)[M]. 北京:人民出版社,2004:901-926.

[38] 马克思,恩格斯.马克思恩格斯全集(第3卷)[M].北京:人民出版社,1995:118-465.

[39] 马克思.1844年经济学—哲学手稿[M].北京:人民出版社,2000:73-85.

[40] 马克思,恩格斯.马克思恩格斯全集(第20卷)[M].北京:人民出版社,1971:318.

[41] 马克思,恩格斯.马克思恩格斯全集(第2卷)[M].北京:人民出版社,1995:4-167.

[42] [美]R·麦金太尔.追寻美德[M].宋继杰译.南京:译林出版社,2003:221-248.

[43] 黑格尔.哲学史讲演录(第1卷)[M].北京:商务印书馆,1983:287-302.

[44] 马克思.马克思主义基本原理概论[M].北京:高等教育出版社,2008:24-39.

[45] 马克思,恩格斯.马克思恩格斯全集(第4卷)[M].北京:人民出版社,1995:17-23.

[46] 丁守遐.论马克思主义生态环境保护思想及其现实意义[D].天津:天津师范大学,2009.

[47] 赵永红.马克思恩格斯生态观的历史演进及当代价值[D].石家庄:河北师范大学,2013:5-7.

[48] 张宏达.生态环境与科学技术的变迁 ——论工业革命后科学技术发展对生态环境的影响[D].哈尔滨:黑龙江大学,2013:1-4.

[49] Davenport TH. Information ecology: mastering the information and knowledge environment [M]. New York: Oxford University Press, 1997.

[50] NardiB A, O, DayV L. Information ecology: using technology with heart [M]. [S. .l]: MIT Press, 1999.

[51] 卢剑波.信息生态学[M].北京:化学工业出版社,2005:3-5.

[52] 陈曙.信息生态研究[J].图书与情报,1996,(2):12-19.

[53] 娄策群,周承聪.信息生态链:概念、本质和类型[J].图书情报工作,2007,(9):29-32.

[54] 张新时.现代生态学的几个热点[J].植物学通报,1990,7(4):1.

[55] 娄策群,赵桂琴.信息生态平衡及其在构建和谐社会中的作用[J].情报科学,2006,24(11):1606-1610.

[56] 曲哲.浅议信息环境研究对信息管理实践的影响[J].情报探索,2006(2):100-102.

[57] 马克思,恩格斯.马克思恩格斯文集(第1卷)[M].北京:人民出版社,2009:487-519.

[58] 郑金帆.信息生态环境与信息生态链[J].农业图书情报学刊,2011(11):149-159.

[59] 刘惠惠,赵金元.近年来关于中国传统和谐思想的研究综述[J].云南社会主义学院学报,2014(1):432-433.

[60] 宋健.中国传统文化和谐思想及其现实意义[J].吉林省教育学院学报(学科版),2010(11):154-157.

[61] 傅先庆.略论"生态文明的理论内涵与实践方向"[J].新华文摘,1998,(3):43.

[62] 施建业.和谐——最高的审美理想[J].北京联合大学学报,2001(9):36-39.

[63] 谭清华.和谐社会与审美[J].经济与社会发展,2007(11):25-27.

[64] 北京大学哲学系美学教研室.西方美学家论美和美感[M].北京:商务印书馆,1985.

[65] 周来祥.辩证思维·矛盾思维·和谐思维[J].学术月刊,2007(12):5-7.

[66] 毛泽东.毛泽东选集(第1卷)[M].北京:人民出版社,1991:308-309.

[67] 冒从虎.欧洲哲学通史[M].天津:南开大学出版社,1985:23.

[68] 苏舆.春秋繁露义证[M].北京:中华书局,2010:358,468.

[69] 黑格尔.小逻辑[M].北京:商务印书馆,1962:401.

[70] 周秀云,娄策群.信息生态群落演替的概念、过程与特征[J].情报理论与实践,2011,(6):12-14.

[71] 余少瑛.信息生态系统的自动演替与环境调控机制的耦合研究[J].情报资料工作2012.4:33-36.

3 从信息异化到信息生态环境和谐发展的演化趋势

在目前的泛在信息时代，作为重要资源的信息，既是财富增长的助推器，又可以使生活丰富多彩并极其便利，在重视信息的积极作用的同时，也不能忽视信息给自然、社会和人类自身带来的负面影响，致使泛在信息社会产生一系列的严重问题——信息异化问题。信息异化问题减慢了信息生态系统的和谐发展速度，信息异化的本质是信息人的异化，要探讨从信息异化到信息生态环境和谐发展的自动演化趋势，当然要以信息人为研究中心。这种主张完全遵循了马克思、恩格斯的观点："有生命的个人的存在是全部人类历史的第一个前提"，所以，信息生态环境和谐发展必须以信息人的活动以及由于信息人的活动而发生的信息环境的变更出发，来研究信息人群体的策略选择行为，分析信息人与信息生态因子之间的竞争与协同，以及信息人自身的身心和谐问题。

3.1 从信息异化向信息生态环境和谐演化的必然性

3.1.1 信息异化的必然存在

哲学意义上的"异化"是指客体虽然是主体创造的，但却不受主体控制的一种现象。虽然"异化"一词起源于哲学，但却被广泛地嫁接到其他各个学科、领域，其中就包括信息科学技术领域。

3.1.1.1 信息异化

"信息异化"一词起源于哲学意义上的"异化"一词，对"信息异化"概念的阐述，国内外许多专家、学者都试图给出自己的解释，正如学者们对"信息生态系统”的概念辨析一样，尽管大家的措辞或者表达方式不尽相同，但总体的意义内涵并不十分矛盾。笔者认为：“信息异化是指信息人创造了信息，但由于受到各种因素干扰，信息反客为主变成了外在的异己力量”，对于本人的这一观点，目前，国内的其他学者是认同的。

众所周知，人的力量是有一定限度的，世界也并不是完美的，人类在无限扩大自身收益而改变世界的同时，世界也会报复性地“回馈”人类一些他们并不希望看到的结果，这就是各种异化现象产生的原因。信息生态环境是由信息人和各种信息生态因子构成的，正如自然生态环境是由各种动、植物、阳光、空气、水等构成的一样，在自然生态环境中，在自然选择规律的约束下，优质的基因会一代一代地进化，从而繁殖出更加优质的后代，但是与此同时，生物的变异也时有发生，特别是当外部环境发生突变的时候，生物的变异会更加严重。在信息生态环境中也是如此，鉴于信息人的种类多样性和行为复杂性以及其他信息生态因子的不可控性，出现信息异化问题也就不足为奇。信息异化问题分为“质”和“量”两个方面，例如信息污染就是信息的“质”的异化问题，无序信息的大量堆积而致使信息人产生信息焦虑、信息恐慌的现象就可以归结为“量”的异化问题。“量”的异化问题既包括信息过剩也包括信息短缺，某些地区信息量冗余，而另外一些地区的信息量贫乏，即“数字化泡沫”和“信息荒漠化”都是信息异化问题。

3.1.1.2 信息异化的利弊共存性

是否出现信息异化是不以人的意志为转移的，信息异化是信息实践活动的伴随物，是一种信息人所不期望产生的结果。信息实践的结果在给人类带来信息福利的同时也给人类带来信息灾难，所以说，人的信息实践活动具有“福祸相依”的矛盾对立性。马克思主义在强调矛盾对立性的同时，还指出矛盾具有统一性。依据矛盾统一性的观点，“异化”与“和谐”相互依存而又相互转化，彼此是一种互为补充的条件关系，各有彰显自身的价值，不能够相互取代。依据客观规律，信息异化对信息生态系统的运动和变化起到推动作用，但是信息异化和信息生态和谐之间并不是彼此对立的，信息异化作为一个内在要素促进信息生态环境和谐发展。只有充分认识到信息生态和谐发展与信息异化是矛盾对立统一的关系，而不仅仅是简单的对立关系，才能正确认识信息生态环境的系统性、多样性和统一性。正是矛盾双方的对立统一的关系，才会促使信息生态环境的进化，诚如马克思的观点，矛盾双方必先共存，再进行斗争，最后将融合成一个新的范畴，这就是信息异化与信息生态和谐辩证运动的实质。

自然辩证法告诉我们：任何事物都是利弊共存的整体，全部是好的或全部是坏的事物是不存在的，作为人类的创造物的信息也必然如此。作为一把双刃剑，信息异化是利弊共存的整体，我们不能仅仅看到其危害，也必须审视其积极性的一面：如果没有信息异化，信息生态和谐也将是一潭死水。信息生态环境是一个复杂的统一体，各种状态之间是相互依存的。事实上，正是因为信息异化的矛盾和斗争的存在，才会促使信息生态环境向和谐的方向发展。从逻辑辩证的观点，异化是和谐得以生成与存在的条件，如果没有信息生态环境的异化问题，和谐的信息生态环境就会成为无源之水，无本之木。反过来，和谐信息生态环境本身也必将孕育出新的信息异化问题，从信息异化状态转向信息生态和谐状态，再从信息生态和谐状态转向信息异化状态，这是一个周而复始的无限循环的动态的过程。由此可知：信息异化状态是信息生态环境和谐发展状态的前提条件，信息生态环境和谐发展到一定程度就会转向信息异化状态，信息异化状态是无法被根除的，信息生态环境演化发展过程就是异化状态与和谐状态无限交替的循环过程。

3.1.1.3 信息异化的必然性

在信息生态环境中，由于信息的输入和输出失衡而导致的异化现象非常多见。信息生态环境是动态的人工环境，在信息生态环境的自动演替过程中，由于信息人智力、知识等水平的约束和限制，信息生态环境中出现信息异化问题，就像信息生态演替的主旋律中出现的小插曲一样，是信息生态演替到一定阶段的必然产物，是不会随着人的意志而转移的。所以，信息异化现象只能是阶段性的产物，信息生态环境必然呈现出沿着一定方向的顺序发展和变化，即信息生态环境总是由低级阶段向高级阶段、由简单向复杂的方向发展进化的。信息生态环境经过长期不断的演化，最后必将达到一种相对稳定的状态，即信息生态环境的和谐状态，也就是说，信息生态环境必然会从信息异化状态向信息生态环境和谐发展的方向演化。

3.1.2 生态演化的必然性

3.1.2.1 生态演化

范竹华等学者在大量研究生态植被的基础上，对“顶级群落假说”和“单元顶级假说”以及“镶嵌于格式假说”提出质疑，提出了“螺旋式上升”的生态演替理论。所谓生态演替是指随着时间的推移，生物群落中由于一些物种的侵入而导致另一些物种的消失，促使群落组成和生态环境向一定方向而产生有顺序的发展变化的过程，即促进了生态演化的过程。演化（Evolution）一词来源于拉丁文，词义为“展开”的意思。演化的过程是指从无序状态到有序状态、从同质发展到异质、从简单发展到复杂的有向的变化过程。但是依据达尔文的观点，生物进化是一种“有变化的传衍”过程，即演化过程。生态演化理论认为：随着时间的向前推移，一种生态阶段被另一种生态阶段替代，生态的发展阶段是动态的，从生命物质在地球上诞生到今天的几十亿年里，各类生态系统绝不是静止不变的，而是一直处于不断的发展、变化和演化中。

3.1.2.2 生态演化的特点

生态演化是指事物随时间而变化的形态，演化过程既可以是进化的，也可以是退化的，还可能不变，因此，生态演化具有更中性的特点。生态演化既包括“正向演化”过程又包括“逆向演化”过程，而且这两种过程是不断交替出现的，但这种不断交替的过程并不是简单的互换，从总体上看，生态演化是沿着“正向演化”的过程发展的，“正向演化”过程会增加生物的多样性及提升生物群落的生产力，从而使生物进化呈现上升的发展状态。但是，随着生物的不断进化可能会出现顶级生物群落，但顶级生物群落绝不是生态演化的最终状态，因为当生态演化到达顶级状态的时候，由于其内在生理机制的限制，顶级生物群落便会回落（逆向演化）到之前的某一演化阶段，开始新一轮的演化，所以就整个生态演化过程来看，“正向演化”过程和“逆向演化”过程不断交替出现，整个生态的进化呈螺旋上升的发展趋势。

3.1.2.3 生态演化的必然性

生态演化的过程是不以人的意志为转移的。首先，根据达尔文主义的自然选择理论可知：生态演化是自然选择推动的结果，生物变异是环境选择的结果，所有生物只能被动接受环境的检验，适者留下，不适者被淘汰，从而实现生态的演化。自然选择会使生物种群的基因频率发生定向的改变，以此决定生物进化的方向，推动生物朝着一定的方向不断演化，各种物种之间、生命物质与无机环境之间在相互影响的过程中不断演化，共同演化形成生态系统的多样性。其次，马克主义的研究视角也可以证明生态演化具有必然性，与达尔文主义者推崇的“自然选择”理论不同，马克思主义者更坚信“获得性遗传”的演化思想。马克思主义者认为生态演化取决于生物自身的适应能力，生物在个体生活过程中，受外界环境条件的影响，将会产生具有适应意义和某种方向的性状变化，并且能够把这种变化遗传给后代，马克思主义者更强调外界环境条件是生物发生变异的主要原因，并对生物的演化具有巨大的推动作用。

3.1.3 从信息异化到信息生态环境和谐演化的必然性

从信息异化到信息生态环境和谐演化的过程是受信息生态群落演替影响和制约的。信息生态群落是指在某种既定的信息生态环境中，具有直接关系或间接关系的信息人种群，通过一定规律所形成的彼此相互作用、形成一定结构并发挥各自特定功能的复合体。在信息生态环境演化的过程中，信息生态环境中各种生态因子随时间节律的变化会引起信息人种群在时间序列上相应的周期性变化，信息人种群在长期发展过程中，随着信息人种群内部某些信息人种的消失和新的信息人种的侵入，其组成结构必然会沿着一定方向的顺序发展和变化，这种变化称为信息人群落演替（Succession）。信息人群落演替一定是由低级向高级、由简单向复杂的方向发展的，经过长时间的不断演化，最后必然达到一种相对稳定的状态。最初出现的某种信息人数量比较稀少，信息人之间的相互关联也较少，随着信息人种群的发展，竞争压力会增大，信息人种群间的相互干扰、竞争和协同会使得那些竞争力弱的信息人种群不能发展扩大，并且由于信息人种群外在和内在的影响因子变得更加严峻，终将使一些信息人种群被消灭，而保存下来的信息人种群，则会彼此相互适应，信息人种群进行更替交换，在最后成熟阶段的信息人群落一定是一个与周围信息环境取得了相对平衡的稳定群落，称为信息人顶级群落（Climax Community）。信息人顶级群落的信息人种之间、信息人种与信息环境之间是相互协调统一的，具有高效的信息、能量和物质利用效率。

3.1.3.1 信息生态环境与其和谐发展释义

信息生态环境，概括地讲就是信息人生存状态的环境。信息生态环境是无数个信息生态系统的集合体，必然是由多个信息生态系统中的信息人、信息、信息环境和其他信息生态因子构成。信息生态环境总是相对于中心——信息人而言的。正如马克思、恩格斯所说：“有生命的个人的存在是全部人类历史的第一个前提”，虽然信息生态环境的概念来源于自然生态环境，但是信息生态环境不同于一般意义上的生态环境，自然生态环境主要关注的是生物的生存和发展与环境之间的关系，信息生态环境主要关注的是信息人的生存与发展和外部宏观的大环境以及内部的信息环境之间的关系。

信息生态环境是生态环境的一部分，是指对信息人的生存、生活和发展有直接或间接影响的所有信息因素的总和。遵照辩证唯物主义的观点研究和谐观，和谐信息生态环境是指对信息人的生存、生活和发展有直接影响的其他信息人、信息内容、信息技术、信息时空、信息制度等，在某种特定的条件制约下，呈现彼此间既相同相成、相辅相成，又体现相反相成、互助合作，更达到互利互惠、互促互补，最后实现共同发展的状态。第一，和谐信息生态环境不会先于信息人的存在而存在，和谐信息生态环境问题必然是因信息人而生、因信息人而解的。正如马克思所说：“不是神也不是自然界，只有人自身才能成为统治的力量。”也就是说，信息人始终是和谐信息生态环境的主体。第二，“和而不同”的哲学思想要求信息人之间求同存异，消除彼此的疑虑和隔阂，最终实现信息福利的均衡普惠，信息人共同发展。和谐信息生态环境中除信息人之外的其他要素内部或者要素之间也存在着矛盾与冲突，是不同信息人群体在具体利益上分歧的表现，针对其他信息因素的差异性，应尽可能使信息人群体的各种矛盾和冲突达到平衡与协调。第三，和谐信息生态环境必须以信息人的实践为基础，和谐信息生态环境产生于信息人的实践、服务于信息人的实践、随信息人的实践的发展而发展。第四，和谐的信息生态环境必然代表着各种信息人群体的利益，也是信息人与信息人、信息人与信息社会关系的一种理想状态。和谐信息生态环境中，信息人是主体，信息人可以把信息人以外的信息内容、信息技术、信息时空、信息制度等作为认识、利用和改造的对象，使信息内容、信息技术、信息时空、信息制度等为信息人所用、为信息人服务。利益是信息人实践的根本动力，利益也是信息生态环境和谐的最重要动因。在信息实践活动中，由于不同信息人群体的利益诉求不同，因此，和谐的信息生态环境必须倡导各方信息人的利益的协调。第五，有人的存在，就必然有伦理规范的存在。马克思指出："任何一种解放都是让人自己主宰世界和人的关系。"信息人要想成为自由而全面发展的人，就必须回归生态、社会、自我的三位一体的和谐，这种和谐是至善的伦理境界，体现信息人最高的伦理诉求。信息生态环境是在信息人实践活动的基础上形成的复杂系统，和谐的信息生态环境体现了多样性的统一的和谐美，信息生态环境作为一种复杂系统，其中既存在信息人与信息人、信息人与信息人群体的关系，也存在信息人与信息环境的关系。它的多样性既体现在信息人的不同群体、不同时空的差别上，也体现在信息人的政治、经济、文化和思想信仰等的不同上。这些差异造成了信息人利益诉求的多样性，它体现了信息人信息行为方式的多样性和多层次性。而和谐的信息生态环境就是一个对信息人信息行为方式、利益诉求的多样性的不间断的协调过程，因此，和谐信息生态环境体现了一种多样性统一的和谐美。

3.1.3.2 信息异化与信息生态和谐发展的矛盾分析

信息人及信息人种群的存在与发展必然会与信息生态环境进行信息交换。一方面，信息生态环境会向信息人提供其生存、发展所需的各种信息（如知识、技术等）；另一方面，信息人及信息人种群又通过各种途径不断地向信息生态环境中输出各种信息，影响和改造信息生态环境。信息人及信息人种群与信息生态环境的这种相互作用，必然导致信息生态和谐发展的"正向演化"过程和信息异化的“逆向演化”过程不断交替出现，使得整个信息生态环境的进化呈螺旋上升的发展趋势。

黑格尔认为：“在历史里面，人类行动除了取得他们直接知道欲望的那种结果之外，通常又产生一种附加的结果。虽然这种结果没有呈现在他们的意识中，而且也并不包括在他们的企图中，却也一起完成了。”信息异化是信息实践活动的一种附加的结果，超越信息人的意识控制范围，是否发生信息异化并不以信息人的意志为转移。正如马克思所指出的：社会无穷发展进程中的“每一个阶段都是必然的，因此，对它发生的时代和条件说来，都有它存在的理由”。客观的历史条件会限制信息人的信息实践能力，信息人的实践能力的发展必然经历由低级到高级的逐步发展的过程，因此，信息人的信息实践活动不可能完全尽如人意，当信息人的信息实践产物成为异己的对立物，并且反过来控制和支配信息人自身时，就出现了信息实践活动中的信息异化现象。信息的开发、传播和利用作为一种因信息人而起、由信息人主导的实践活动，其本身必然是集正效应和负效应于一体。信息异化现象是信息人的实践活动不可缺少的伴随物。但是，信息生态环境的演化是一个动态的过程，从总的趋势看，整体上是呈现出一种螺旋上升的轨迹的，是由信息异化状态与和谐发展状态两者不断交替出现的螺旋上升发展、进化过程，是不以信息人的意志为转移的。信息生态环境中存在多个信息人群落，它们的子目标并不完全一致，因而导致不同子群落中信息人对同一事件所提取的信息并不相同甚至相互冲突，各个子群落的不同信息之间相互补充时，产生内部信息协作，完善信息资源，信息生态环境和谐发展。相互冲突时，导致信息异化现象，此时，信息生态群落本身受到外部信息环境的影响和制约，内外部信息之间也会产生信息协作，例如，外部政策发生变化时，信息人群落内部需要对内部信息与外部政策信息的适应性进行分析，当两者相互适应时，内外部信息产生合作，导致信息生态和谐，信息生态环境实现螺旋上升演化。

自然辩证法认为矛盾双方是既对立又统一的。依据矛盾的统一性：信息异化状态与生态和谐状态是彼此依存而又相互转化的，两者各有各的价值，无法用一方完全代替另一方。从客观的角度看，信息异化是导致信息生态环境的运动和变化的促进因素。因此，信息异化并不只代表生态和谐的对立面，它是生态和谐的一个内在要素。只有充分认识到和谐与异化是对立统一的关系，而不是简单的对立关系，才能正确认识信息生态环境的系统性、多样性和统一性。这也决定了在信息生态环境中必然存在价值观的多样性，多样性才是信息生态环境进化的重要标志。诚如马克思指出："两个相互矛盾方面的共存、斗争以及融合成一个新范畴，就是辩证运动的实质。"

生态和谐与信息异化相伴而生，相对而言，二者相反相成：信息生态和谐是信息生态环境存在的依据，是信息异化合理存在的根由；信息异化是信息生态环境发展的动力，是新的更高层次的信息生态和谐状态得以实现的基础；信息生态环境和谐发展是各种和谐要素与各种异化要素此消彼长的过程；信息生态和谐发展是确定性和不确定性的统一——信息生态和谐发展的确定性来自和谐，不确定性则来自信息异化。信息生态和谐是信息异化的承载体，而信息异化是信息生态和谐的表达式。缺失了信息生态和谐，信息生态环境就会失去稳定性，离开信息异化则信息生态环境就会缺乏灵动性。信息生态和谐，是信息生态环境发展的方向；信息异化，则是信息生态环境演化的动力。不包括信息异化状态的信息生态环境和谐与离开生态和谐状态的信息异化同样是难以想象的。所以，和谐发展视野下的和谐是包容异化的和谐，信息异化是指向和谐的异化。因此，信息人的使命是监测信息生态环境，使其在信息生态和谐发展状态与信息异化状态之间保持必要的张力，使信息生态环境处于和谐发展与信息异化的最佳结合点，才会促进信息生态环境实现螺旋上升演化。

3.1.3.3 从信息异化到信息生态环境和谐演化的必然性

从"系统观"的视角、从"信息人"的主观能动性视角或者从环境自组织的视角都可以证明从信息异化到信息生态环境和谐演化的必然性。从"系统观"的角度看：信息生态环境是指无数个信息生态系统的总和，而每一个信息生态系统的演化都遵从"初创—发展—成熟—衰败—再创"的过程；从"信息人"的角度看：信息人的主观能动性会促使信息人改变信息异化现状，使得信息人群体的种类和规模与信息环境的发展相对匹配，促进信息生态环境和谐演化；从环境的自组织视角看：信息生态环境是一个复杂巨系统，它具有信息人群落多样性、系统开放性、非平衡性、自我调节性、复杂性等复杂系统的耗散结构特征，其必然遵循自组织规律，促使信息生态环境从异化状态向和谐状态演化。

从系统观视角来看，任何系统的演化都遵循生命周期规律，遵循“发生、发展、成熟、衰退”的过程。既然信息生态环境是一个复杂巨系统，信息生态环境的演化也必然会经历一个发生、发展、成熟、衰退的过程，在这个过程中，信息人群体会吸取经验和教训，选择更优的行为策略，促使信息生态环境建立新的平衡，达到信息生态环境和谐发展。但是，必须注意的是，新的信息生态环境并不是绝对完美的环境状态，完美的环境状态是不存在的，所以信息生态环境必将从新的平衡走向下一轮信息异化状态。例如，人体是一个复杂的生命系统，人总是会生病的，任何人都不可能一生没有病痛。但是人经过休养、治疗之后一般可以康复，此时生命体建立了新的、免疫力更强的平衡，但人的疾病康复之后并不说明不会再生病，一段时间之后就又会重复生病—休养—治疗—康复的过程。随着这种生病、治疗等过程的不断反复，人的机体的免疫力也会不断加强。

在某种信息生态环境的初期状态，因为有些信息人群体自觉或不自觉地不遵守“游戏”规则，做出一系列危害信息生态环境安全的行为，因此，信息异化问题的出现是不可避免的。随着信息生态环境的不断演化，信息生态群落本身无法脱离外部信息环境，必然受环境因素的影响和制约，环境因素促使信息人之间产生信息协作，信息人和信息生态因子之间相互作用、子系统间的协同作用而紧密地连接在一起，将会导致信息生态和谐，使信息生态环境实现螺旋上升演化。

从信息人视角来看，信息生态环境和谐是一种动态的和谐，正如生命体会生病一样，信息生态环境和谐状态不是一成不变的，这种理想的状态会被打破，出现各种病态的信息异化现象。伴随信息生态系统不以人的意志为转变的不断演化发展过程，信息人群体通过不断的模仿和学习过程，不断修正原来的行为规则和策略选择，促进信息生态环境从病态的信息异化状态向理想的信息生态环境和谐的方向演化。信息生态环境是在异化—和谐—异化的不断演化过程中发展的。信息生态环境的演化方向、演化速度、演化程度都受到信息人主观意识的影响，但并不受信息人主观意识的控制。

信息生态环境对人的作用，正如自然生态环境对于人类的作用一样，一旦自然生态环境被污染，人类便可以在第一时间感知到，信息生态环境受到信息异化问题的影响，必然会对信息人的基本生活造成明显的影响，信息人自然会觉察到。由于人类会通过生产行为来改善自身的生存环境，所以，当信息异化问题使信息人感到“不舒服、不适应”的时候，信息人必然会建立起“做些什么”的本能反应，信息人会自觉采取行动抵制信息异化问题，这将成为促进信息生态环境和谐发展的动力。信息人的行为有时也会出现错误，但是信息人会在“试错”的过程中学习，同时模仿其他信息人“正确的行为”来纠正自身行为偏差。因此，信息人能够准确判断，也具备相应的能力来促进信息生态环境从信息异化向信息生态环境和谐发展的方向演化。

从环境的自组织视角来看，自组织理论是一种广义的演化论，这一理论可以用来研究自然领域和社会人文领域中复杂系统的创生和演化过程。能否应用自组织理论分析信息生态环境的演化过程，首先必须考察信息生态环境是否是一个自组织系统。

信息生态环境是指无数个信息生态系统的总和，多种信息生态系统共同构成一个信息生态环境。信息生态环境是社会生态环境中的一个子系统，是在宏观外部环境的影响下，在信息人和各种信息生态因子的相互作用下演变出复杂的结构和功能的。相对于社会生态环境，信息生态环境虽然因为信息人的能动作用而带有特殊性，但信息人本身并不具备直接操控信息生态环境的能力，从宏观上看，信息生态环境的形成、发展和演化也不会因为某些信息人的意志而改变，信息生态环境的演化是建立在复杂的非线性相互作用的基础上的，因此，信息人种群不能也无法跳出自身是信息生态环境中的组成要素的身分，必须履行其客观使命。信息生态环境的创生和演化过程不会受到组织者的控制和设计，信息生态环境必然是自行创生和发展演化的。信息生态环境是一个复杂巨系统，具有信息生态因子的种群多样性、系统开放性、非平衡性、自我调节性、复杂性等复杂系统的耗散结构特征。综合以上的观点，信息生态环境符合自组织理论对研究主体的要求，信息生态环境必将遵循自组织理论实现从信息异化到信息生态和谐发展的演化规律。

3.2　从信息异化向信息生态环境和谐发展演化的动因

信息生态环境是指无数个信息生态系统的总和，多种信息生态系统共同构成一个信息生态环境。而在每个信息生态系统中，由于信息的输入和输出而导致信息生态失衡的信息异化现象并不少见。信息生态系统是动态的人工系统，它以信息人为中心。在信息生态环境的演化过程中，由于信息人主观或者无意识的行为而导致各种信息异化现象，信息异化问题是信息生态环境演化到一定阶段的必然产物，是不以信息人的意志为转移的，所以，信息生态环境并不会完全如信息人所期望的那样总是由低级向高级正向和谐发展，必然会出现发展停滞或者倒退的曲折发展过程。但是，必须明确：信息异化问题也只是信息生态环境演化过程中阶段性的产物，从总体的发展趋势看，信息生态环境必然会从信息异化向信息生态环境和谐发展的方向演化。

引起信息生态环境演化的原因包括内因和外因两个部分：其中，外因包括自然因素和人为因素。时空变迁、雷击火烧、虫、鼠灾害等对信息生态环境中的信息资源、信息基础设施等的影响属于自然因素，国家乃至世界的政治、经济、文化、技术等的影响属于人为因素。这些外部因素单一作用或者是多个综合作用于信息生态环境，必将引起信息生态环境的演化。内因是指信息生态环境内部各生态因子之间的相互作用，它是信息生态环境演化的主要原因。信息生态环境是指无数个信息生态系统的总和，而信息生态系统又包含多个信息生态因子，任何一个信息生态因子无论是“质”还是“量”的变动都会对信息生态系统的发展产生或大或小的影响，这些影响不管是正向的，还是逆向的，都必然引起信息生态环境的演化。内因是信息生态环境演化的动因，称为内因演化。外因是外部宏观环境施加给信息生态环境的各种影响因素，信息生态环境以外因为动因的演化称为外因演化，外因演化虽然是由信息生态环境的外界因素引起的，但演化过程本身却是一个信息生态环境内部生态因子之间的生化反应过程，即外因只能通过使信息生态环境的各组成生态因子及其相互关系发生改变，进而使信息生态环境发生演化。

3.2.1 信息人

信息人是信息生态环境的主体，信息资源与信息环境都会受到信息人主观意志的制约，因此信息生态环境演化的基本动因源于信息人在主观能动性制约下的信息行为的策略选择。当信息人的信息行为与信息生态环境的演化规律相符合时，信息人的行为就会产生积极的作用，促进信息生态环境向正确的方向和谐演化；当信息人的行为选择与信息生态环境的演化规律背道而驰时，信息人的行为就会导致信息异化现象加剧，引起信息生态环境演化过程的震荡，甚至导致信息生态环境的倒退发展，阻碍信息生态环境由低级向高级方向的和谐演化。

3.2.2 信息环境

信息环境是由信息人创造的，但信息环境同时也必然对信息人产生影响，换句话说，信息人的信息行为受不同的信息环境因素的影响必然产生不同的结果，与此同时，信息人在不同的信息环境状态下也会做出相应的策略选择行为，因此，各种信息环境因子的改变也会直接或者间接地影响甚至改变信息生态环境的演化路径。

3.2.3 信息资源

信息资源既是信息人的创造物，又是信息人信息行为的直接对象，可以说信息资源是信息人信息行为的出发点和归宿。从“质量”和“数量”两个角度来看，信息资源都会对信息人产生影响，因而必将影响信息生态环境的演化方向。当信息资源的“质”与“量”均与信息人的信息需求相匹配时，信息人之间的协同效应明显，恶意竞争的概率将会大大降低，因此，必将推进信息生态环境由低级向高级的正向演化；而当信息人需要的信息资源稀缺或者信息资源数量相对于信息人的需求过剩、信息资源的配置不均衡的时候，信息人为了自身信息效用的最大化，必将本能地选择竞争行为，如果竞争行为过度或者出现恶意竞争的情况，就必将导致信息生态环境的逆向演化。

3.2.4 外部宏观因素

信息生态环境的演化过程和路径受到各种内部的信息环境因子的制约和影响，同时也会受到国内或者世界范围的政治因素、经济因素、社会文化因素、技术因素等外部宏观环境因子的影响。例如，政治稳定、经济发达、社会文化环境适宜、技术发展程度高等外部宏观环境因素都会促进信息人对信息资源的合理开发利用，那么信息生态环境由低级向高级朝正向演化的可能性就很高。相反，如果经济发展水平滞后、信息基础设施不完善、信息伦理意识较低、信息法律法规制度不完善、国家政治动荡、社会文化不适宜、技术落后，那么信息异化现象就会加剧，这样的信息生态环境的演化过程就会出现震荡，甚至出现由高级向低级方向的负向演化过程。

3.3 促进信息异化向信息生态环境和谐演化的思考视角

和谐信息生态环境不会先于信息人的存在而存在，和谐信息生态环境问题必然是因信息人而生、因信息人而解的。当然，这并不否定信息生态环境中其他要素在信息人活动面前的客观性和独立性，即信息生态环境中其他要素可以独立于信息人而存在，它具有不以信息人的意志而转移的客观规律和本质，但是，信息生态环境中其他要素的存在及其规律的“价值”是信息人的存在及其需要所赋予的，信息生态环境中其他要素的存在及其规律之所以有价值，就在于它为信息人的生存及其发展提供了条件，为信息人的信息实践活动服务，这也从另一个方面说明了信息人的主体地位。信息生态环境和谐状态体现在三个方面：第一，信息生态环境和谐的状态是信息人种群多样、规模适当，各信息人种群在相应的信息生态位上和谐共处、良性竞争的状态。第二，信息生态环境是不断演化的，信息人也在信息生态环境演化中不断地改变自身以适应信息生态环境的演化规律，当演化呈现和谐的状态时，信息人与信息环境的发展、变化保持着动态的平衡。第三，任何系统的动态平衡都是各因素之间相辅相成、相互制约的结果，由无数信息生态系统构成的信息生态环境的失衡与平衡之间的交替演化也是各生态因子之间相辅相成、相互制约的结果。在信息生态环境和谐的状态下，信息生态环境各因子之间相互制约，保持着动态的平衡。基于信息人在信息生态环境中的主体地位，笔者认为：要促进信息生态环境的正向演化进程，加速从信息异化状态转向和谐发展的状态，必须从信息生态环境的主体因素——信息人的视角展开研究，处理好信息人之间的竞争与协同关系，协调好信息人与其他信息生态因子的关系，梳理好信息人自身身心之间的关系。

3.3.1 信息人之间的竞争与协同

研究信息人之间的竞争与协同，必须明确正是因为信息人之间的竞争才会导致他们之间的协同，而这种协同又会引领他们之间的竞争。在竞争中他们的策略选择行为会影响信息生态环境的动态演化过程，信息人种群在信息生态环境演化过程中起着主导的地位与作用。

3.3.1.1 演化博弈论的适用性分析

演化博弈论强调有限理性的观点，指出信息生态环境中信息人种群的行为是一个不断试错的动态调整过程，信息人通过模仿其他信息人，学习优化的策略等方式，在下一次选择时会修正自己的行为规则和策略。借助演化博弈论，一方面可以解释信息人如何进行策略选择行为，另一方面也能阐述信息人的策略选择对信息生态环境的动态演化过程的影响。由于信息生态环境是指无数个信息生态系统的总和，多种信息生态系统共同构成一个信息生态环境，所以本书为了方便讨论，把信息生态系统作为研究对象，通过分析信息人的策略选择行为对信息生态系统的演化影响，来进一步阐明信息人之间的竞争与协同关系对整个信息生态环境的演化过程的影响。

系统论认为系统的发展遵循特定的规律，信息生态系统也不例外，都经历一个发生、发展、成熟、衰退的过程。在信息生态系统的初创阶段，各种信息异化问题都是由于信息人不遵守各种协同的规则，恶意竞争所导致的，在信息生态系统的先锋期和发展期也无法避免出现信息异化问题。然而，当信息人种群不断地模仿、认知、修正、完善、优化行为规则与战略选择时，在信息人行为推动下，信息生态系统的成熟期也将随之到来，信息生态环境就会从简单杂乱向繁杂精细的方向演化，实现信息生态环境演化的目标。

由信息人、信息环境、信息资源构成的信息生态系统，即生态的人工自动演化系统。在此系统中，信息人创造了信息（资源）和缔造了信息环境，作为主体的信息人的核心地位是其他生态因子无法替代的。

信息伦理道德基于信息人的意志，表达信息人的思想；信息法律及政策作为一种他律的手段也表征着信息人意志；在反馈机制作用下，信息人的决策对信息资源进行挖掘与利用；信息技术、设施等的研发与创建无不凝结着信息人的智慧。因此，在信息人的推动下信息生态系统才会使信息异化走向信息生态和谐，具有自觉能动性的信息人的策略选择成为信息生态系统迅速演化的动力。

演化博弈论为演化生物学与传统博弈论相结合的交叉学科，它的分析方法结合了系统动态演化过程与博弈的双重特性，它放弃了传统博弈论纯理性假设，不再把信息人假设成绝对理性的参与人，认为信息人是按惯例、创新和模仿等形式进行策略选择的，信息人是通过不断试错的方法达到博弈均衡的。在信息生态系统的演化过程中，信息人无法达到完全理性，相反，在经过反复试验后，持续修正、完善自己的行为，即信息人依靠模仿他人的高收益行为，不断调整自身的策略选择，而正是在信息人不断修正和优化自身的策略选择时，才会促进信息生态系统整体由低级向高级演化。

3.3.1.2 演化的博弈分析

在信息生态系统中，信息人为主体，在该人工系统中处于主导作用，是信息生态系统的核心元素。在信息生态系统中，生产者、传播者、消费者、分解者担任着促使信息流转畅通的重要角色，促进了信息生态系统的和谐发展，但有时他们也以自觉或不自觉的方式损害信息生态系统的和谐发展。信息人之间存在对立统一关系，在竞争中合作，在合作中竞争，正是因为这种关系的作用，信息生态系统才由信息异化状态慢慢演进成信息生态和谐状态。

（1）变量界定

在信息生态系统中，由于信息是一种战略资源，势必引起信息人之间的争夺，所以，信息人种群之间要进行博弈竞争无法避免。信息人作为博弈竞局中的局中人可以采取两种策略：一种是强硬进攻其他信息人的策略，即恶意的竞争策略，这种恶意的竞争策略将产生反向阻力，加速信息异化，破坏信息生态系统和谐发展，在此称这种策略为“鹰策略”，用H表示；另一种策略是善意的、主动性的，这种主张协作的策略具有正向拉动力，能够防止信息异化，会促进信息生态系统向和谐状态演化，在此称这种策略为“鸽策略”，用字母D表示。

博弈双方信息人的策略集均为（恶意竞争策略，协作策略）即（H，D）。当协作策略成为双方的选择时，就会产生协同及杠杆效应，双方均可获得创新价值，同时二者也会付出成本，以达到协作；当两方都选择恶意竞争策略时，各自都收到不协作时的收益；当一方恶意竞争而另一方协作时，则协作方要付出协作成本，而不协作方反而收获部分额外收益，此被称为背叛收益。为便于分析，假设在信息人集合中随机选取A、B两个信息人，经过对A与B的博弈分析，可类推至整个信息人群体的博弈。符号及变量设定如下：λ_A和λ_B分别表示信息人A、B在选择恶意竞争策略时的正常收益；λ'表示信息人A与B均选择协作策略时的超额收益；γ代表信息人A在双方均选择协作策略时在超额收益中的分配因子；C_A代表信息人A采取协作策略所付成本；C_B代表信息人B采取协作策略所付成本；E代表双方中的一方协作而另一方竞争时，竞争一方所获得的背叛收益。

（2）博弈模型构建

根据以上变量设定，可画出信息人A、B在信息生态演化中的博弈支付矩阵，如图3-1所示。

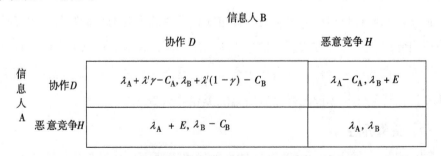

		信息人B	
		协作D	恶意竞争H
信息人A	协作D	$\lambda_A+\lambda'\gamma-C_A, \lambda_B+\lambda'(1-\gamma)-C_B$	$\lambda_A-C_A, \lambda_B+E$
	恶意竞争H	$\lambda_A+E, \lambda_B-C_B$	λ_A, λ_B

图3-1 信息人的博弈支付矩阵

如果信息人A采用协作策略的比例为μ，那么采用恶意竞争策略的比例就为$1-\mu$；同理，设信息人B采用协作策略的比例为ν，那么其采用恶意竞争策略的比例为$1-\nu$，因此，信息人A采用协作与恶意竞争策略时的适应度分别为U_D、U_H，信息人A的平均适应度$\bar{U}_A$为

$$U_D=\nu(\lambda_A+\lambda'\gamma-C_A)+(1-\nu)(\lambda_A-C_A) \tag{3-1}$$

$$U_H=\nu(\lambda_A+E)+(1-\nu)\lambda_A \tag{3-2}$$

$$\bar{U}_A=\mu U_D+(1-\mu)U_H \tag{3-3}$$

因此，可得信息人A选择协作策略的复制动态方程为

$$\frac{d\mu}{dt}=\mu(U_D-\bar{U}_A)=\mu(1-\mu)[\nu(\lambda'\gamma-E)-C_A] \tag{3-4}$$

同理，可得信息人B选择协作策略的复制动态方程为

$$\frac{d\nu}{dt}=\nu(U_D-\bar{U}_B)=\nu(1-\nu)\{\mu[\lambda'(1-\gamma)-E]-C_B\} \tag{3-5}$$

微分方程式（3-4）、式（3-5）阐明了信息生态系统演化过程中的信息人群体动态。

令$\frac{d\mu}{dt}=0$，可得$\mu=0$，$\mu=1$或者$\nu=\frac{C_A}{\lambda'\gamma-E}$。

同理，令$\frac{d\nu}{dt}=0$，可得$\nu=0,\nu=1$或者$\mu=\frac{C_B}{\lambda'(1-\gamma)-E}$。

因此，在平面$S=\{([\mu,\nu);0\leqslant\mu,\nu\leqslant 1\}$上，可得到信息生态系统的5个均衡点：$O(0,0)$、$L(1,0)$、$M(0,1)$、$N(1,1)$、$P\left(\frac{C_B}{\lambda'(1-\gamma)-E},\frac{C_A}{\lambda'(1-\gamma)-E}\right)$。

（3）信息人策略选择行为的动态演化规律。

信息生态系统的均衡点的演化稳定性通过其雅可比矩阵的局部稳定分析来确定。

由式（3-4）、（3-5）可得系统的雅可比矩阵为

$$J=\begin{pmatrix}(1-2\mu)[\nu(\lambda'\gamma-E)-C_A & \mu(1-\mu)(\lambda'\gamma-E)\\ \nu(1-\nu)[\lambda'(1-\gamma)-E] & (1-2\nu)\{\mu[\lambda'(1-\gamma)-E]-C_B\}\end{pmatrix}$$

在均衡点 $O(0, 0)$，$J=\begin{pmatrix}-C_A & 0\\ 0 & -C_B\end{pmatrix}$，$\det J=(-C_A)(-C_B)>0$，$\mathrm{tr}J=(-C_A)+(-C_B)<0$，所以均衡点$O(0, 0)$是演化稳定状态。同理，对其他几个均衡点做局部稳定性分析得到的结果如表3-1所示。

表3-1　信息生态系统演化的局部稳定性分析

均衡点	det$J$	tr$J$	结果
$O(0, 0)$	大于零	小于零	演化稳定状态
$L(1, 0)$	大于零	大于零	不稳定
$M(0, 1)$	大于零	大于零	不稳定
$N(1, 1)$	大于零	小于零	演化稳定状态
$P\left(\frac{C_B}{\lambda'(1-\gamma)-E}, \frac{C_A}{\lambda'\gamma-E}\right)$	小于零	等于零	鞍点

观察表3-1即可获得以下信息：在所有5个均衡点中，只有$O(0, 0)$点和$N(1, 1)$点为演化稳定点，点$L(1, 0)$、$M(0, 1)$是不稳定均衡点，这里P点则为鞍点。

根据信息生态系统演化的局部稳定性分析可知信息人选择协作策略时的动态演化相位，如图3-2所示。

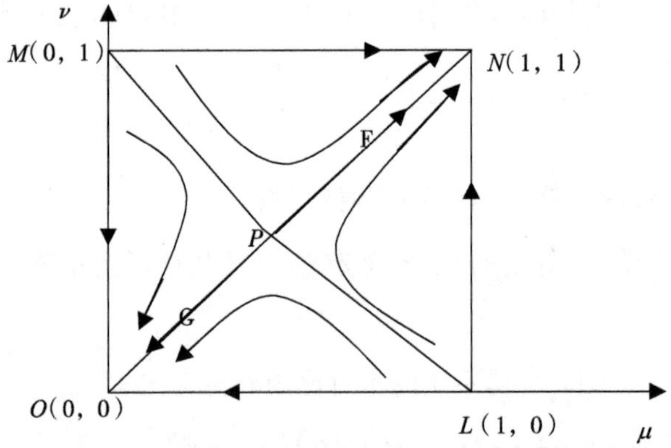

图3-2　信息人选择协作策略的动态演化相位图

诠释图3-2可知，两个不稳定点$M(0, 1)$、$L(1, 0)$与鞍点P所连成的折线形成显示信息生态系统演化收敛状态的分界线。当演化初始位置落在G所在区域（四边形*OMPL*）中时，系统的演化将向*O*（0，0）点收敛，代表的意思是信息人都采取恶意竞争的策略；当初始状态节点落在F所在区域（四边形*LPMN*）中时，系统的演化将向*N*(1，1)点收敛，表示的意思是信息人都采取协作的策略。

3.3.1.3 信息人策略选择的演化博弈启示

由图3-2可知，当初始状态节点落在G所在区域（四边形*OMPL*）中时，系统演化将向*O*(0，0)点收敛，代表信息生态系统演化显示出退化趋势；当初始状态节点落在鞍点*P*，就代表信息生态系统演化出现停滞；当初始状态节点落在F所在区域（四边形*LPMN*）中时，系统演化将向*N*(1，1)点收敛，此时表明信息生态系统的演化向生态和谐状态方向前进，因此，信息人策略的差异将影响信息生态系统的演化路径，即产生退化、进化和停滞等多种不同的发展轨迹。

信息生态系统的演化轨迹并非如图3-3中虚线*OA*所示的单线式发展模式，其演化轨迹是沿着曲线*OB*的路径轨迹，展现螺旋上升模式，这说明信息生态系统的自动演替趋势是受信息人策略选择机制所影响，一定由异化状态走向和谐状态、从低级状态走向高级状态，在这个过程中，信息生态系统的协调性逐渐提高，适应度不断提升，但在信息生态系统自动演替的整个螺旋上升方式中（如图3-3中的*OB*曲线所示），也会存在短暂的停滞状态（如图3-3中的向上、向下箭头所示）和退化状态（如图3-3中的向左箭头所示），停滞状态与退化状态都属于信息异化状态。

（1）信息异化的历史必然性

图3-3的信息生态系统的曲折演化过程模型阐明：信息生态系统演化轨迹呈现曲线*OB*式螺旋上升模式，在上升中，也有短暂停滞及退化状态，即出现信息异化状态演化轨迹。马克思称：“社会无穷发展进程中的每一个阶段都是必然的，对它发生的时代和条件说来，都有它存在的理由。”所以，信息生态系统在螺旋上升的演化过程中出现信息异化状态是一种历史发展的必然。

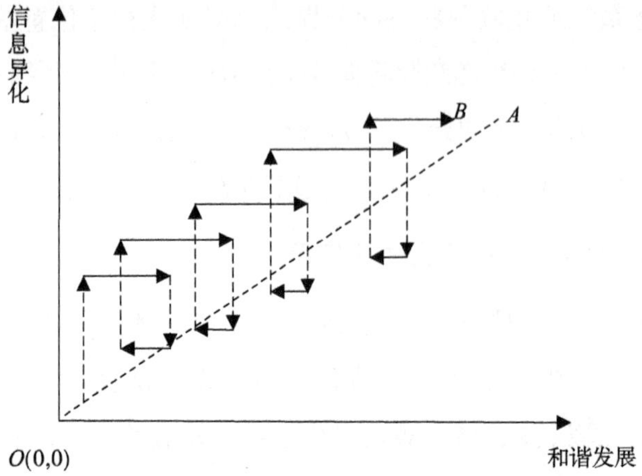

图3-3 信息生态系统演化过程图

由于社会历史条件制约信息人的信息实践能力，信息实践能力也是呈现由低到高逐步发展提升的，因此信息人的信息实践活动有时会不尽如人意。当信息人都恶意竞争时，信息人信息实践产物极易违背信息人的主观思想，作为异己对立物，反而约束和支配信息人的思想和行为，此时信息生态系统会向图3-2中$O(0, 0)$点收敛，信息生态环境则表露信息生态失衡，即凸显信息异化问题。信息异化现象伴随信息人的实践活动而产生，正如黑格尔所言："在历史里面，人类行动除了取得他们直接知道欲望的那种结果之外，通常又产生一种附加的结果。虽然这种结果没有呈现在他们的意识中，而且也并不包括在他们的企图中，却也一起完成了。"信息异化问题是信息人实践的附加结果，尽管这种结果信息人并没有意识到，而且信息人主观上也无此企图，但却随着信息实践活动一并完成了，这一点并不以信息人的主观意志为转移。图3-3同样表明：信息生态系统的演化整体上呈现螺旋上升趋势，但在不同的演化阶段，信息异化与和谐的状态反复交替呈现，这一点是不以信息人的意志为转移的。

(2) 信息异化与信息生态和谐的辩证关系

辩证法主张矛盾的对立统一。诚如马克思指出："两个相互矛盾方面的共存、相互斗争以及彼此融合成一个新范畴，体现辩证运动的实质特征。"矛盾的统一性表明，信息异化与信息生态和谐是彼此依存、相互转化的。双方相对立而存在，各自体现自身的价值，任何一方绝不能完全取代另一方。实际上，因为信息异化，才促使信息生态系统不断运动和无穷变化。因此，信息异化并不只是作为信息生态和谐的对立面而存在，它更是信息生态和谐发展必不可少的内在要素。自然辩证法认为，任何事物本身都是利弊共存的一个整体，事物既有利也有弊，绝对意义上的好事物、坏事物是不存在的，信息生态系统的演化发展也必将遵循自然辩证的规律。信息异化问题也是一把双刃剑，信息异化状态本身是利弊共存的整体，虽然会给信息人带来危害，但也不能忽略其积极性的一面。因为如果没有信息异化导致的信息生态失衡，信息生态和谐只能是无差别的一潭死水。实际上，信息生态系统存在着诸多信息异化的矛盾和斗争正是信息生态系统发展的根本原因。从逻辑辩证的角度看，异化的失衡是和谐得以生成与存在的条件。如果没有信息生态系统的异化问题，和谐的信息生态系统就会成为无源之水，无本之木。反过来，和谐信息生态系统本身也孕育着新的信息异化问题，它是一个动态的过程。因此，信息异化是信息生态和谐的前提和条件，信息生态和谐并不消灭信息异化，信息生态系统的演化发展过程是一个从异化状态到和谐状态的无限交替的循环过程，如图3-3所示。

(3) 从信息异化到信息生态和谐的演化路径

微分方程式（3-4）：$\frac{\mathrm{d}\mu}{\mathrm{d}t}=\mu\ (U_D-\bar{U}_A)\ =\mu(1-\mu)\left[\nu(\lambda'\gamma-E)-C_A\right]$，微分方程式（3-5）：$\frac{\mathrm{d}\nu}{\mathrm{d}t}=\ (U_D-\bar{U}_B)\ =\nu(1-\nu)\{\mu\left[\lambda'(1-\gamma)-E\right]-C_B\}$描述了信息生态系统演化的信息人群体复制动态，复制动态的含义是指当信息人第一时间选择策略的收益大于整个信息人群体的平均收益时，那么他在第二次还会选择复制这一动态。从微分方程式（3-4）、式（3-5）推知：信息人选择某种纯策略的个体数量的变化率，与在初始状态时选择该种策略的人数所占信息人整个群体人数的比例呈正比，同时与选择该策略所获得的支付与群体的平均支付之差呈正比。用通俗的表述来说，微分方程式（3-4）、式（3-5）说明在初始状态时采用协作策略的信息人越多，那么选择协作策略的成本支付就越低，反之亦然。由于信息人群体博弈是一种动态的过程，其结果总是随着选择某种策略的信息人的数量的变化而变化，其变化过程如图3-4所示。

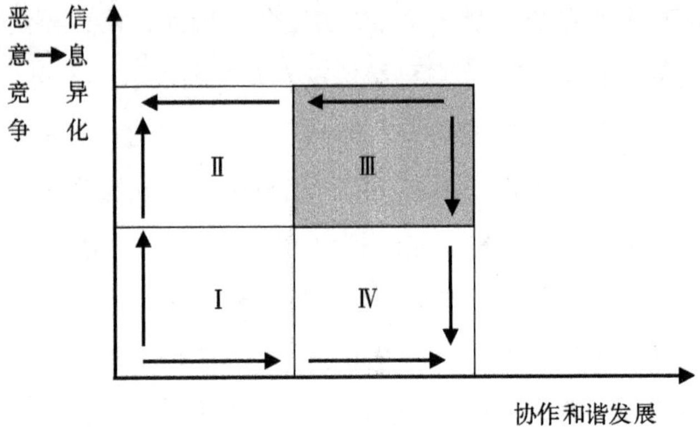

图3-4　信息人博弈选择过程

在图3-4中，四个区域Ⅰ、Ⅱ、Ⅲ、Ⅳ表示信息人博弈选择的动态过程的分布情况，Ⅱ区域代表绝大部分信息人选择恶意竞争的策略，此时信息生态系统的演化过程处于信息异化状态；Ⅳ区域代表绝大部分信息人选择协作策略，这一阶段信息生态系统演化过程处于和谐发展状态；而Ⅰ和Ⅱ区域代表信息生态系统的演化过程处于动态演变中，根据信息人采用协作策略数量的变化以及信息人采取恶意竞争策略数量的变化情况不同将分别转向Ⅳ或Ⅱ区域。同时，由图3-2可知：当初始状态落在四边形*OMPL*区域（G区域）中时，系统演化就向$O(0, 0)$点收敛，这时绝大部分信息人选择恶意竞争的策略；但是当初始状态落在四边形*LPMN*区域（F区域）中时，系统演化就向$N(1, 1)$点收敛，此时信息人均选择协作的策略。可见，因为信息人选择的初始策略不同，博弈均衡结果也将不同(呈现信息异化状态或信息生态和谐状态)，这就说明信息生态系统的演化过程的轨迹存在着明显的路径依赖。泛在信息时代，拥有信息资源不仅使人们生活便利而且会增加他们的财富，所以，对信息资源争夺的情况日趋剧烈，信息人会自觉或不自觉地选择恶意竞争策略，那么可推知信息生态系统演化的初始状态节点应该会落在图3-4的Ⅱ和Ⅲ区域，但是信息实践则受到信息伦理、信息政策、信息法律等信息环境因素的影响和制约，信息人又不可能完全选择恶意竞争的策略，事实上，信息人真正的选择出发点位于图3-4中的Ⅲ区域内。那么因信息人策略选择不同而导致的博弈的动态发展方向势必取决于博弈双方调整的速度，也就是信息人群体中选择某一种策略的人数所占比例的增长率。

如果我们期望信息生态系统演化最终的收敛结果是和谐发展状态，依据对微分方程式（3-4）：$\frac{d\mu}{dt}=\mu\ (U_D-\bar{U}_A)\ =\mu\left(1-\mu\right)\left[\nu\left(\lambda'\gamma-E\right)-C_A\right]$，微分方程（3-5）：$\frac{d\nu}{dt}=\nu\ (U_D-\bar{U}_B)\ =\nu\left(1-\nu\right)\left\{\mu\left[\lambda'(1-\gamma)-E\right]-C_B\right\}$的推导可知，当信息人采取协作策略的收益更大，而信息人采取恶意竞争策略的收益更小时，博弈的均衡结果越偏向信息生态系统的和谐状态。促使信息生态系统向和谐状态演化的最佳的措施就是必须加大对信息人恶意竞争行为的打击力度，这就是加强控制信息异化问题的主要原因。信息生态系统的演化处于信息异化状态或者和谐发展状态是受信息人最初是否选择协作策略影响的，而信息人的策略选择又受信息生态环境因素的制约，因此，信息生态系统的演替轨迹既受信息人的策略选择的影响，又受信息生态环境因素的制约，是双方共同综合作用的结果。要促使信息生态系统从信息异化状态向信息生态和谐状态演化，就要加强信息环境要素的调控力度。信息环境包括信息基础设施、信息管理方法、信息技术、信息伦理、信息法律、信息政策等。因此，加强信息环境的调控力度要做到以下三个方面。一是信息伦理建设至关重要，运用伦理道德的力量使得信息人能够自觉约束自身行为，增加信息人彼此的信任度，使采取协作而不是恶意竞争策略成为信息人群体的自发的选择。二是必须在填补信息法律空白的基础上，修改和完善现存法律，同时要加大惩罚力度，增加信息人选择恶意竞争策略的违法成本；维护信息生态系统演化的正常秩序和氛围，鼓励信息人采取协作策略，增加信息人选择恶意竞争策略的风险程度。三是加大对社会信息基础设施建设的投入，加强管理，加大技术的研发力度，改善信息环境，提高信息人选择协作策略的积极性。

3.3.1.4　信息人协同演化方式

通过信息人策略选择的动态演化模型的分析可知，信息人必须遵循被认同的行为规范与标准，信息人个人的信息行为不能违背整个社会所认同的行为标准，信息生产、传播和利用行为等必须先遵循既利他也利已的法则，应该与其他信息人协同协作，只有这样才能促进信息生态系统从信息异化状态向信息生态和谐状态发展演化，提高信息人整体的信息福利水平，此时信息人向往的利已法则才可能自动实现。从宏观的视角看，信息生态系统是依据自组织的规律进行演化的，但作为信息生态系统主体的信息人，可以通过分析信息生态系统演化机制和机理，能动地采用多种方式影响信息生态系统向信息人期盼的方向良性演化。

信息生态系统中的信息人之间是以某种链式关系存在的，形成彼此交错的各种信息生态链，如图3-5所示。信息生态链是指不同种类的“信息人之间通过信息流转而建立的链式依存关系”。信息生态链中信息的有效流转是信息生态系统演化的基础，不同信息人在链条中承担的角色和发挥的作用不同，据此可以把信息人分为四类，即信息监督者、信息生产者、信息传递者、信息利用者。

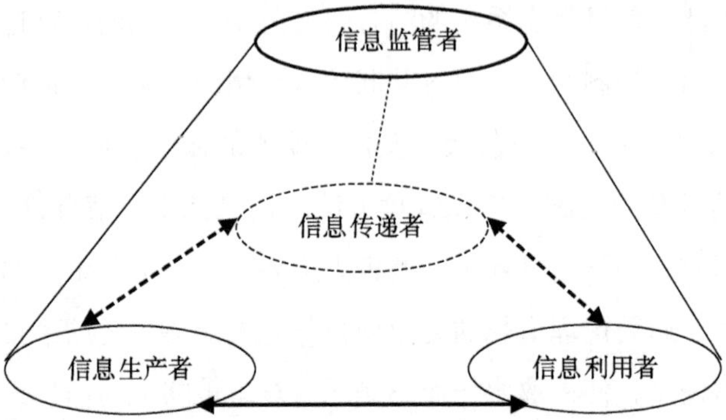

图3-5　信息生态链的基本结构

（1）信息流的循环演化

信息生态链的存在是以信息有效流转为基础的，信息从信息生产者的生产开始，通过信息传递者的相应加工和有效传递后到达信息利用者，信息从生产者到传递者，再到信息利用者，信息的这种流动方式是主导信息流，构成信息生态链的主导链条。从信息利用者流向信息生产者或者信息传递者的信息流以及从信息传递者流向信息生产者的信息流，被称作反馈信息流，反馈信息流构成信息生态链的辅助链条。主导信息流和反馈信息流共同构成了一个完整的信息循环流。作为监管主体的信息监督者只负责监管信息的有效流转，并不参与具体的信息循环，信息监督者包括政府的信息监管部门、某个行业或企业的信息监察机构，信息流在不断的循环流动中会根据信息人的需求变化，被不断地改造并适应信息人的要求，同时大量的新信息会根据信息人的需求被提炼、加工和创造出来，无用的信息会被淘汰和删除，这种因信息的循环流动而导致有用信息的集聚和再创造会提升人类的认识水平，增加信息生态环境的有序性。

（2）信息人之间的协同演化

信息人之间的协同演化决定了信息人在信息生态链中所处的不同位置，信息人之间协同演化的过程是以有效的信息交流作为基础的。在链条初创时期，信息人间的界限和分工并不明显，基于信息人对信息的原发性需要，开始时信息人会自觉地遵守已经建立的秩序，在信息循环的反馈机制作用下，这种原有秩序在信息交流中逐渐被强化，信息人也被逐渐分离出不同的种群，在信息实践活动中体现各自的作用，具有各自的功能，导致信息人产生分化，这种分化正是体现信息人协同演化的结果，信息人分化又加剧了信息人种群的分化，信息人的作用和功能更加多样性，表征着信息生态循环的累进。在信息的快速流转过程中，信息人之间越来越协同，此时信息利用者的需求得到进一步的满足，而信息流反馈作用也会使信息生产者和传递者更好地了解信息利用者的需要，从而加强彼此的协作，使他们的作用得到更好的发挥。

（3）信息生态链之间的协同演化

类似自然界的生态链，信息生态链之间不是彼此孤立的，信息生态链条之间有着数不清的交织和互动。由于信息生态链是由信息人组成的，信息人必然成为各种信息生态链条的节点，占据着不同的环节，类属于不同种群的无数个信息人将各种信息生态链条交错在一起，最后织成了一张极其复杂的超循环信息生态网。由于各种信息生态链中流转的信息内容、信息流转的循环模式、生态链条组成结构上都会有所不同，因此，各种链条中信息生产者和信息传递者以及信息利用者之间的相互作用也会有所不同。在这张超循环信息生态网中，信息生态链之间也是彼此制约和相互协同的，共同对信息生态环境的演化过程和轨迹施加影响。信息生态链之间的有效信息交流能促进信息资源共享，推动了信息在信息生态环境中的有效流动，信息的有效流动使信息人能够获得其所需的大量信息，信息被有效利用后，反馈信息流又会进一步巩固信息生态链条之间的联系。信息生态链条之间的协同演化将会促进信息生态系统的结构和功能优化，推动信息生态环境向好的方向演化。

3.3.2 信息人与其他信息生态因子的竞争与协同

就像自然界的生态链一样，每个信息生态链之间不是孤立的，信息生态链条之间有着数不清的交织和互动。由于信息生态链是由信息人组成的，无数的信息人将各种信息生态链条织成一张无比复杂的超循环信息生态网，在这张复杂的超循环信息生态网中，信息人会与其他信息生态因子产生各种竞争与协同的关系。

3.3.2.1 信息人与信息资源本体的协同演化

在信息生态链中，信息人是主体，信息资源是主体加工的对象，信息人主体和信息资源客体间必然存在着无法避免的协同关系。首先，信息人的信息实践行为不能脱离对信息资源的处理和加工，信息人通过触觉、视觉等感觉器官感知、接收和接受信息，信息资源是信息人感受世界的工具和媒介。在感知信息资源的前提下，信息人会与存在的信息资源产生协同作用，信息人通过思维过程对感知到的各种信息资源进行分析、理解、判断、综合等，会促使信息人知识更加丰富，认识水平进一步提升，思想和价值观得到进一步的升华。信息人头脑中的知识和思想等又成为信息人认识世界和改造世界的动力，会生产出更多新的信息资源。其次，信息人会根据特定的需要，对大量零散的、无序的信息进行加工整理，重新对这些杂乱信息进行序化归类，使之在物理形态、存储方式、存储空间等方面发生质的变化，进一步彰显已有信息的价值，即信息人能够把杂乱信息转化为信息资源，既促进了信息资源多样化的发展，也提升了信息资源的品质和对信息人的效用价值。所以，信息人和信息资源本体的协同演化会集中体现在信息资源的“质”和“量”的不断扩张，也就是说信息人与信息生态环境中的信息资源本体之间存在相互促进的协同演化关系。

3.3.2.2 信息人与信息技术的协同演化

信息技术作为一种工具，会影响信息人对信息资源本体进行加工、传播、交流、存储的效率，必将直接影响信息人的生产、生活行为。从古到今，信息技术的发展经历了五次重大的变革：一是语言的产生；二是文字的出现；三是造纸术与印刷术的发明；四是电报与电话的创造；五是现代通信技术与计算机技术的研发。信息技术的每一次变革都会大大提高信息人加工、处理、生产信息的能力，会促使信息人对物质世界和精神世界的认识产生巨大飞跃。在信息生态系统中，信息人认识水平的提升，会影响信息生态环境演化的路径和过程。与此同时，信息人的信息实践会不断检验信息技术的作用，不断改进原有技术，创新出新技术。作为信息技术的缔造者和直接利用者，信息人能够促使信息技术更加智能和便捷。信息技术的变革又会增强信息人对信息资源本体的处理能力和创造能力，从而会再一次推动信息技术的改造和提升。因此，信息人和信息技术的变革无法分割，二者之间的协同演化是一个无限循环往复的过程，当双方的协同作用累积到一定程度时，信息人种群就会进化，信息技术就会发生变革。

3.3.2.3 信息人与信息伦理的协同演化

信息人之间的伦理关系贯穿于信息人文明发展的全过程，信息人经历了信息技术的发展的五次重大的变革之后，目前正在努力进入更加文明的信息生态环境时代。伴随着信息技术的进步，信息人与信息生态环境的伦理关系也必将不断地演进和发展，必将出现敬畏信息生态环境、依从信息生态环境而改变信息人种群本位、利己主义的状况，形成促使信息生态环境可持续发展伦理意识。信息人的文明程度与信息环境伦理二者之间是一种协同发展的关系，信息人文明的进化史实际上就是一部信息人与信息生态环境相互作用的变迁史。信息伦理是一种自律的行为规范，约束信息人的各种信息实践行为，要求信息人对信息本体的创造、组织、传播和使用，必须符合反映多数信息人道德诉求的道德标准和道德规范。信息伦理是借助信息人自省和自律的作用来调节信息人信息行为的，这使得信息人的信息行为与信息生态环境的和谐发展更加相互适应，呈现协同演化的状态。

3.3.2.4 信息人与信息政策法律的协同演化

在信息社会的发展过程中，必然会出现可持续发展的信息生态环境问题。为保障信息社会的可持续发展，必然需要各种信息政策和法律的约束。信息生态环境的管理政策和法律与信息人的利益息息相关，信息生态环境政策法律具有两种最基本的功能——信息行为的激励和资金配置。信息政策和法律是保障信息生态环境、信息资源、信息经济和信息人和谐、可持续发展的关键要素，在控制信息污染等信息异化问题时必须将信息政策法律与信息技术、信息伦理控制相结合，泛在信息社会中，信息政策法律将发挥越来越重要的作用。在遵循有效性、公平性、可接受性、可行性以及提升效率等原则的基础上来选择制定信息政策和法律，必将在信息社会可持续发展的基础上实现信息人信息福利提升与信息生态环境保护的双赢。

3.3.2.5 信息人与信息生态环境整体的复杂协同演化

信息生态环境是一个复杂的域场，是由无数个信息生态系统构成的整体，而信息生态系统是一切信息生态因子的集合体，因此，信息人和信息生态环境整体的协同演化比信息人和单个信息生态因子的协同演化要复杂得多。信息生态环境不是信息生态因子简单的聚合，而是在各种信息生态因子的相互作用下形成的统一整体。各种信息生态因子在信息生态环境内相互之间会产生生化反应，信息生态系统内部的某种信息生态因子既是反应物，又能充当催化酶来推动其他信息生态因子之间的生化反应，因此，信息人和不同信息生态因子间存在直接和间接的协同作用。这种协同表现为时间长短和力量强弱，因此，不能想当然地将信息人与信息生态环境整体之间的彼此协同关系，简单地理解为每种信息生态因子与信息人之间协同作用的简单累加之和，而应该从整体的思路，从信息生态环境的整体角度来探究和不同信息人之间的协同演化过程。

3.3.2.6 信息人与外部宏观环境的协同演化

信息生态环境的演化发展受内外部相关因素的影响。它不仅受内部的信息人和其他各种信息生态因子的影响，而且还必然会受到外部宏观环境中政治因素、经济因素、文化因素、科技因素等的影响。由于信息生态环境从属于社会生态大环境，因此，要探讨信息生态环境的演化过程，就必须要考查信息生态环境的主体——信息人与外部宏观环境之间的协同演化模式。

社会学理论认为："人类行为与社会环境存在交互关系"，社会大环境即社会生态大系统是一个复杂的聚合体，其中聚集了生物的、物理的、化学的和社会的、心理的等各种因素，社会大环境是弹性的且可持续演化的自组织系统，社会生态大系统具有动态、复杂和连续的适应性。由于社会生态大系统是包括人类社会在内的自组织系统，其必然包括信息生态系统，而在这个社会生态大系统中，信息生态子系统必然与其他各种子系统相互影响、彼此协作，它们之间彼此协同的关系如图3-6所示，社会生态大系统就是一个自组织发展的“四面体”，这个“四面体”内部的子系统间存在协同演化关系。

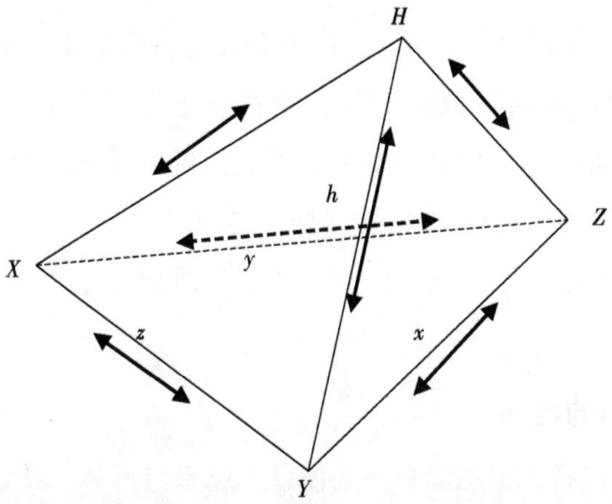

图3-6　社会自组织“四面体”模型

图3-6中的四面体代表的是社会生态大系统，其中*X*、*Y*、*Z*三处代表社会生态大系统中最重要的三个子系统，*X*代表信息生态系统，*Y*代表经济生态系统，*Z*代表政治生态系统，*H*代表环境。在这个复杂的四面体整体结构中，*X*、*Y*、*Z*三个子系统分别占据底面三角形的一角，这种结构布局表示各个子系统彼此间具有相对的独立性，图中的双向箭头标示着各个子系统彼此间的相互作用关系，而*H*代表的是环境制约因素与三个子系统之间的相互作用关系，*X*、*Y*、*Z*、*H*形成的闭合空间代表完整生态空间。在图中X即信息生态系统的演化发展，会对其他子系统（经济生态系统、政治生态系统）及环境制约因素产生推力，这对整个四面体生态空间的体积的扩张具有影响和助力作用，这充分说明信息生态系统的演化不是孤立的，它的演化会与其他子系统以及环境制约因素产生协同作用，在多个子系统之间的协同的持续作用下，整个社会生态大系统会不断向前演化发展。

3.3.3 信息人自身的身心的竞争与协同

“和谐”是中华传统文化瑰宝，中华传统文化的核心思想就是“和谐”，古希腊先哲们也倡导社会的理想状态和人生的目标都是促使人身心和谐，这一点是智者们思索的永恒主题。

3.3.3.1 身心和谐的内涵、前提和体现

“身”是指人的物理形体，由“身”的存在才会派生出人的情感、欲望、利益等满足人物理形体需求的要素；“心”是指人思想、灵魂等的头脑思维空间，由此派生出“理”和“义”的精神追求等要素。要实现身心和谐统一，就必须克制“身”的欲望而追求“心”的精神寄托，实现出“形”入“神”，崇“理”灭“欲”，必须通过“心”之满足去弥补“身”之匾乏，使“身”“心”统一于“心”。

（1）身心和谐的内涵

所谓身心和谐包括三个层面：一是信息人思想与行为二者之间的和谐，二是信息人心理与生理双方之间的和谐，三是信息人灵魂与肉体彼此之间的和谐。信息人的身心和谐状态是表征身体、思想、行为三方之间达到的健康协调的状态，它们是密切联系、互相影响的。信息人身心和谐代表生命存在与精神存在的统一，正是生命存在与精神存在的对立与统一推动着人生不断地发展，人生也必将在“生命精神化”和“精神生命化”相并存的基础上存在与展开。正如舍勒的观点：“生命冲动和精神是人不可分离的两个方面。缺乏精神的人不是现实的个人，他无法把自己同地位区分开。”

（2）身心和谐的前提

由于信息人的身心和谐状态是表征身体、思想、行为三方之间达到的健康协调的状态，而信息人的身体、思想、行为这三个方面又是密切联系、互相影响的，因此，要想实现信息人身心和谐，就必须满足以下三个条件。第一，身体方面，要求信息人的身体是处于健康无病状态，各种生理机能能够发挥良好的功能。健康的身体依赖于自身原有的身体素质、目前所处的生活环境、所能拥有的

物质生活条件以及平时养成的生活规律性等。第二，思想方面，要求信息人的主观思想能够正确地认识客观事物的存在状态和存在方式，以及客观事物对主观思想的影响，避免主观思想和客观存在之间产生差异，造成主观思想意识对客观存在的错误认识或者不理解。信息人的主观思想应该能够理解客观存在的合理性，能够分析和洞察客观存在的发展规律，并且能够在此基础上主动对自己的意识进行调整，实现对客观存在的正确认识，从而达到主观思想和客观存在的和谐。第三，行为方面，由于信息人的行为是受思想支配的，行为是思想的体现，错误的思想必然产生错误的行为，而正确的思想用适当的方式表达出来，必然是心平德行的。

（3）身心和谐的体现

身心和谐不仅能够体现信息人灵魂与肉体、生理与心理、体力与智力、身体健康与心理健康的和谐统一，而且体现信息人的物质追求与精神追求，主观思想与客观存在，感性认识和理性认识，自然属性、社会属性和精神属性的统一；身心和谐既是信息人追求的真、善、美的统一，又是信息人本性、感性、理性的统一，即信息人自我、本我、超我的统一；同时，身心和谐必然体现信息人在信息实践活动中和知、情、意、行等心理要素的协调统一。作为个体的信息人不仅要有健全的人格、健康的情感，还必须受正确的世界观、人生观和价值观的支配，从而使信息人能够处理好与自然、与其他信息人、与信息社会之间的关系，最终实现信息人自身的自由而全面的身心和谐发展。

3.3.3.2 身心竞争的内涵、必然和体现

身心竞争是身心和谐的对立面，身心竞争状态就是“身”的欲望追求与“心”的精神寄托之间出现了矛盾，即“形”和“神”之间，“理”和“欲”之间出现不可调和的问题，“身”与“心”之间无法协调统一。

（1）身心竞争的内涵

所谓身心竞争，既表示信息人思想与行为之间出现矛盾，也表示信息人心理与生理之间、灵魂与肉体之间的背离，总之，身心竞争代表的是信息人的身体、思想、行为处于矛盾的对立状态。信息人身心竞争表明信息人生命存在与精神存

在的对立，生命存在与精神存在的对立阻碍了信息人的生存与发展，信息人的人生也必将出现“生命”追求与“精神”追求的矛盾，信息人的生命冲动和精神追求背离，信息人因缺乏“精神”追求而陷于盲目的生命冲动状态。

（2）身心竞争的必然性

必然性代表一种确定不变的发展趋势。信息人是社会性的人，从根本上说，信息人的身心和谐，必须要求信息人的自由全面发展，也就是说，信息人要具备健全的人格、健康的心理，而且要在正确的世界观、人生观和价值观的支配下才能够正确地处理个人与自然、个人与社会的关系，达到身心和谐的状态。由于信息人身心和谐的前提条件过于苛刻，因此信息人身心和谐状态不会总是自动实现，在一定的条件下，信息人身心的竞争不可避免。信息人身心竞争的必然性是由信息人自身的本性和信息社会的本质决定的，承认信息人身心竞争的必然性是以尊重信息人的本性和信息社会发展的本质为前提的。第一，信息人不会在自然的状态下达到身体与灵魂的统一；第二，信息人的身体健康也不会自动实现；第三，信息人的精神修养不会本能地达到一定的程度；第四，信息人的心理或意识问题，必然导致信息人的身体局部或全部的器官肢体出现功能失调或者完全崩溃。总之，信息人精神与肉体方面的疾病，必然导致信息人身体与灵魂的对立，也必然导致信息人身心的竞争。

（3）身心竞争的体现

在社会进步，文明程度提升的同时，文化、技术发展中一些不良的因素也强烈地冲击着信息人，影响着信息人，造成信息人的道德滑坡、精神消极甚至颓废，各种非理性主义、个人主义、享乐主义、实用主义思想充斥着信息人的大脑，造成信息人不同程度地存在着政治信仰迷茫、价值取向扭曲、理想信念模糊、诚信意识缺乏、社会责任感淡薄等问题。而这些问题的出现必将导致信息人的内在条件和外在表现无法同时代要求和社会发展相适应，信息人的思想不能与时俱进，信息人的心理处于消极的状态，信息人的能力无法得到充分的展示，信息人的身体与精神间的动态平衡关系必然被打破，出现信息人的身心竞争。第一，信息人过于追求人外在的效用，将自身工具化，忽视了自己内心的真实感受与需要，变得更加物质、麻木、孤独和脆弱，从而出现信息人身心的分裂和斗争。第二，由于信息人忽略和谐的基础与前提是承认差别和多样性，信息人在信息实践活动中和知、情、意、行等心理要素无法协调统一，信息人本性、感性、理性相背离，从而出现信息人身心的分裂和斗争。第三，信息人受到客观条件的限制，不注意发挥自身的主观能动性，导致信息人主观需要与客观条件分裂和斗争，从而使信息人无法处理好与自然、与其他信息人、与信息社会之间的关系，导致信息人理想与现实的分裂和斗争。

3.3.3.3　身心竞争的原因

从精神层面来讲，信仰是身心和谐的前提，由于信息人无法建立起积极、健康的信仰观，从正面来肯定信仰的作用，所以会导致身心竞争；从身体的物理层面来讲，信息人无法了解自身的认知过程规律，过度追求身体的暂时满足而忽略认知过程的动态平衡，也会导致身心竞争；信息人处理不好自己的行为方式与社会环境之间的关系，也必然导致身心竞争。

（1）哲学视角

从研究信息人和外部世界的关系的哲学视角看，身心竞争的原因主要有以下几个方面。首先，信息人理想与现实的冲突会导致身心竞争。信息人的自由意志追求个体存在的理想状态，但是信息人的自由意志会受到自身条件和社会环境的制约，使信息人必须在一定的限度内发挥自由意志，这必将造成理想与现实的冲突，导致身心竞争。其次，信息人情感缺失也会导致身心竞争。由于信息人的自由意志受限，信息人为实现内心的平衡，必然寻求外在的解决途径，信息人饥不择食地通过另一种欲望的满足来填补内心的空缺与失衡，这种不当的行为会让信息人自身的生存状态变得更糟，失衡的状态反而会更加严重。信息人之间变得更加冷漠，甚至互相伤害，导致身心竞争加剧。最后，信息人渴望永恒寄托，也是导致身心竞争的原因。信息人理想与现实的冲突以及情感的缺失，都会让信息人的心灵滋生虚无感，信息人找不到一个感觉恒久的信念，在烦嚣世界中找不到心灵的宁静与和谐，就会对自身存在本身产生怀疑，导致身心竞争加剧。

（2）心理学视角

首先，个体认知因素的不协调导致身心竞争。信息人的认知因素包括注意、感觉、知觉、记忆、想象、思维、语言等。这些认知因素各自的发展和不同认知因素之间的关系呈现协调或不协调的状态。一旦某一个认知因素自身发展不正常或某几种认知因素之间呈现不协调的关系，就会产生认知的矛盾和冲突，引发信息人心理紧张、烦躁等不良的情绪，导致信息人的身心竞争。其次，信息人掌握知识的数量、结构对信息人的身心和谐是有影响的，知识的数量、结构不均衡时，也会导致身心竞争。信息人有了正确、合理的认知，才能以乐观、平和的心态去面对、解释和评价所遇到的问题，才能正确地认识自己和看待、评价他人；反之，不合理的认知则会使信息人的认知失真，极容易形成不正确的人生观和价值观，导致不良的心理倾向，进而导致不良行为的发生，信息人的身心竞争加剧。最后，信息人的身心竞争与其思维方式有关。思维方式是按一定的结构、方法和程序把各种思维要素连接起来的相对稳定的思维运行模式。信息人的思维方式以实践活动为基础，还会受民族传统、文化特征等因素的影响。信息人之所以会出现身心竞争，其主要原因应该归咎于思考问题的方式、方法不对。因此，错误的思维方式也会加剧身心竞争。

（3）社会学视角

首先，从社会学角度看，现代性的社会弊病是造成信息人身心竞争的首要原因。吉登斯曾承认："现代性的一个丑恶的特色就是道德沦丧。"泛在信息社会，人们在追求物质丰富的同时，却损毁了精神家园，信息人心灵的空虚与物质的丰富呈正比，信息人的心灵无所依托，确定感与归属感的逐步削弱，使现代人的生存焦虑越来越严重。当信息人把生存的手段和过程与生存终极目的相混淆，把对物质价值的贪婪追求上升为生命的意义时，信息人与信息社会之间的尖锐对立在所难免，最终必然是人性的物化和道德的沦丧，信息人将迷失价值根基和意义归属，陷入精神虚无迷惘和意义价值危机，身心必然出现竞争。其次，经济体制不健全是信息人身心竞争的社会诱因，经济的发展不仅会提高信息人物质生活的水平，同时经济发展的趋利性本质也会使信息人崇尚拜金主义和享乐主义而导致重财轻德、见利忘义的行为，信息人的这种倾向，既破坏了社会自然生态的平衡，也会导致信息人身心竞争。最后，道德信仰体系的坍塌是造成信息人身心竞争的主要内因。信息人身心竞争会导致信息人精神萎靡，陷入信仰危机，不追求生命的真谛，传统的价值体系逐步瓦解，思想趋于僵化，不愿意承担社会责任，新的价值体系却无法确立。心理的不健全会导致心理疾病和物理疾病接踵而来，信息人无法摆脱各种感官欲望的滋生，最终导致自我的身心竞争。

3.3.3.4 促进身心和谐协同演化的思路

在竞争激烈的现代社会里，信息人在巨大的生活压力下，“拜物教”潮流盛行，生命沦为由物欲驱使而运转的机器，生命尊严不仅受到严重的挑战，而且身体健康也遭到无情的戕害，信息人陷于身心竞争的状态。

（1）信仰的确立

身心和谐状态是指信息人通过内心的理性来感知信息生态环境的规律和智慧并将其传播，从而指导自身的信息行为，达到信息人身体的行为方式与内心感受相和谐的一种状态。身心和谐的核心是信仰的确立，因为信息人智慧的力量只有在信仰的理性指导下发展，才不会被信息人“恶”的本性所埋没，信息人身心和谐思想要求信息人敢于承认自己的“恶”，并在去“恶”扬“善”的途中，通过信仰的确立，找到心灵的寄托。在信息生态环境中，只靠法律等强制力的规范来约束信息人的行为是行不通的，信息人的心灵需要净化，信息人必须要自觉遵守道德规范，从他律走向自律。因为信仰是道德实践的基础和根基，所以，确立信仰是信息人身心和谐的内在要求，信仰建立是信息人身心和谐的前提和基础。信息人应该在信仰的感召下，用自我意志战胜肉体欲望，并且在意志的引领下，改变信息人不经意的小习惯，进而控制信息人不良欲望的滋生，从而更加坚定信息人的意志，形成良性循环，并冲破自我意志的束缚去追求真理之光，当信息人能够把坚定自己的意志变为常态，有足够力量去克服自己“恶”欲的时候，信仰也必将在行动中产生，有信仰的信息行为会使信息人感到快乐，促进信息人身心和谐发展。

（2）优化记忆的信息传递功能

记忆是信息人肉体和心灵之间传递的介质，是能够主动存储和传播“善”的工具，记忆是大脑进行加工的门户，也是信息人完成信息存储功能的主要步骤。现代心理学认为：记忆是信息人肉体和心灵之间信息传递中最活跃的系统，从事信息接收、存储、组织、改变和恢复信息的工作。没有记忆的信息人只能是个生命体，不会拥有高级的智慧。信息人通过记忆功能在肉体和心灵之间进行有效的信息传递，其过程如下：第一步，感官感知，信息人通过身体的感知系统分别感知外部世界的各种信息，然后分门别类地存储在记忆中，由记忆统一管理。第二步，记忆存储，记忆存储所感知的信息，是把信息作为一种影像来存储的，每个影像都是通过身体感官获取，然后通过信息人的内心加工而成。也就是说，不同感官获取的信息，会与信息人已有记忆的影像作对比，不断地更新信息人记忆中原有的信息，“我们的许多记忆都是以这种内部表象的形式存储的”。第三步，思想形成，信息人在记忆的过程中，会通过注意、思考和加强的过程，形成对记忆信息的思想，思想的形成过程就好比把硬盘的数据调入缓存，运行完毕后再自动释放。第四步，融入情感，情感是存储在记忆中的被心灵调用的特殊影像，情感不通过信息人身体的感官来获取，“而是心灵通过自身激情的体验意识到的，将它们委托给记忆”。情感是信息人的一种体验，与信息人的心灵相沟通，是作为心灵的信号固化在信息人的记忆中的，当受到一定的刺激时就会被触发。第五步，内化理解，理解力源于信息人的理性本身，信息人通过理性来认知外界事物的时候，由于身体感官的局限性，身体感官只能感知一部分信息，而且会发生扭曲，所以必须通过内感官感知整个理性。第六步，指导行动，信息人和动物的区别在于动物将记忆趋于外物，信息人将记忆转化成智慧，并且能够指导自身的行动。

综上所述，信息人通过感官去感知外部世界，然后通过记忆的存储、理解等过程形成智慧去指导信息行为。“智慧是关于对永恒之物的理智认知的，知识是关于尘世之物的理性认知的。”信息人的智慧不受空间和时间的限制存储在信息人的大脑中，是可以被信息人的心灵感知的，心灵对智慧的探索最终将走向信仰，督促信息人常常反省自己，善待自己，善待他人，才能做到对人对己的真正的尊重，正确地认知自己在世界万物中的地位，并正确地认知自己发展的目的和方向，最终走向身心的和谐。

（3）追求社会信息活动的精神自由

精神是信息人在信息活动中，通过艰苦卓绝的知性的努力而创造出来的。信息人在信息活动中要提倡三种精神：信仰精神、求知精神和仁爱精神。信仰精神追求的核心是真，求知精神追求的核心是善，仁爱精神追求的核心是美。目前，信息人的精神处境具有两个方面的显著特点：一方面，虚无主义盛行，信息人普遍存在信仰的失落；另一方面，奉行物质至上，信息人在商业化潮流的席卷下，在生活中、人际交往中过于强调物质享受。信息人在以上两种精神处境下，必然感受到精神追求与生存竞争之间的矛盾与冲突，导致身心不和谐状态。因此，信息人在社会信息活动中必须追求内在的精神自由，对世俗主义的成败有一种比较超然的态度，在社会竞争中为自己保留一片心灵净土，让信息人的心灵在身体里安居，像古希腊哲学家苏格拉底所说的“认识你自己”，善待自己，善待他人，远离失落的身心疲乏状态，追寻回遗忘的爱、遗忘的健康和快乐，重新回到身心和谐的状态。

信息生态环境，概括地讲就是信息人生存状态的环境。因为信息生态环境是指无数个信息生态系统的总和，所以可以把信息生态系统作为研究的对象，来研究信息生态环境的演化问题。信息人作为信息活动的主要参与者，是信息生态环境运行的基础和核心要素，信息人的素质不仅决定其自身在信息生态环境中的地位和作用，而且还会影响信息生态环境演化的方向和速度。信息人的信息素养包括信息意识和信息能力，其中信息意识是信息人产生信息需求，形成信息获取动机，进而自觉寻求信息、利用信息的动力和源泉。信息能力主要包括识别、组织、评价和有效地使用信息的能力，以及判断、思考、理解和接受信息的能力。提升信息人的信息素质的主要方式是信息教育。首先，要促使信息人树立信息意识，提升其对信息敏锐的感受力、判断力和洞察力。帮助信息人思考信息资源在信息生态环境中的组织形式和访问途径，将信息资源置于动态的信息环境中加以思考并且重构其概念；培养信息人对研发信息技术的责任感和利用信息的快乐意识。其次，对信息人的信息利用能力进行训练：提升信息人借助网络、计算机平台获取信息资源的能力，培养信息人对信息的筛选能力和理解能力，提升其对信息资源的综合利用能力，促进信息人之间进行有效的信息沟通。最后，增强信息人的道德责任感：用伦理道德规范信息创造、组织、传播等信息实践活动，使信息人在网络虚拟空间能够自律。信息人能够自发地尊重别人的隐私，尊重知识产权，自觉遵守相关的法律、法规。所以，只有信息人的信息素质得到提升，信息生态环境中的信息才会有效流转，信息生态循环演化才会和谐，信息病态、数字鸿沟、信息污染、信息霸权等严重危害信息生态环境良性运行的问题才有可能解决，信息生态环境才会从信息异化走向和谐。

本章参考文献

[1] 马克思,恩格斯.马克思恩格斯文集(第1卷)[M].北京:人民出版社,2009:519.

[2] 李冰华,黄刊迪.泛在信息环境下我国信息异化现象研究综述[J].医学信息学杂志,2013(2):40-41.

[3] 孙瑞英.信息异化问题的理性思考[J].情报科学,2007(3):340-344.

[4] 王东艳,侯延香.信息生态失衡的根源及其对策分析[J].情报科学,2003(6):572-575.

[5] 范竹华,法永乐,李梅,解瑞清,郑泽玉.生态演替理论探析[J].农业与技术,2005(1):99-100.

[6] Barnett, William P. The red queen in organizational evolution[J]. Strategic Management Journal, Vol.17, 1996, 139-157.

[7] 周秀云,娄策群.信息生态群落演替的概念、过程与特征[J].情报理论与实践,2011,34(6):12-14.

[8] 娄策群,赵桂琴.信息生态平衡及其在构建和谐社会中的作用[J].情报科学,2006,24(11):1606-1610.

[9] 娄策群,周承聪.信息生态链:概念、本质和类型[J].图书情报工作,2007(9):29-32.

[10] 马克思恩格斯选集(第1卷)[M].北京:人民出版社,1995:49.

[11] 马克思恩格斯全集(第1卷)[M].北京:人民出版社,1956:443.

[12] 黑格尔.历史哲学[M].北京:三联书店,1956.

[13] 马克思,恩格斯.马克思恩格斯选集(4卷)[M].北京:人民出版社,2009:213.

[14] 马克思,恩格斯.马克思恩格斯选集(4卷)[M].北京:人民出版社,2009:361.

[15] 孙瑞英,蒋永福,刘丹丹.基于生态学视角的信息异化问题研究[J].情报理论与实践,2011(4):5-9.

[16] 张琳.探讨信息异化的成因及应对策略[J].图书馆界,2013(3):4-5.

[17] 杜洪涛.生态理性:决策环境对决策者信息加工和决策策略的影响[D].陕西:陕西师范大学,2012:1-84.

[18] 姜晨,刘汉民,谢富纪.技术变迁路径依赖的演化博弈分析[J].上海交通大学学报,2007(12):2012-2016.

[19] Nardi B A, O′Day V L. Information Ecologies: Using Technology with heart[M].Cambridge: MIT Press, 2002.

[20] 乔根.W.威布尔.演化博弈论[M].王永钦,译.上海:上海人民出版社,2006.

[21] 余少瑛.信息生态系统的自动演替与环境调控机制的耦合研究[J].情报资料工作,2012.(4):33-36.

[22] 刘奇龙,贺军州,杨燕.具资源效应的非对称“鹰鸽博弈”进化稳定分析[J].动物学研究,2012(4):373-380.

[23] 宗胜亮.网络环境下合作R孕D项目的知识共享机理及促进对策研究[D].兰州:兰州大学硕士学位论文,2010.5.

[24] 马国顺,冯华.环境保护政策选择的演化博弈分析[J].生态经济(学术版),2012(2):2-5,13.

[25] Friedman D. Evolutionary Games In Economics[J]. Econometrician,1991(59):637-639.

[26] Edward J M. Hard and soft networks for urban competitiveness [J].Urban Studies,2002(39):5-6,929-945.

[27] 程贵孙,郭朝晖.集群中企业协作与竞争行为的演化博弈分析[J].沈阳工业大学学报,2006(6):335-338,343.

[28] 朱永海.信息系统演进述评及其发展趋势——兼论信息生态论的内涵演变[J].情报理论与实践,2008(4):631-636.

[29] 黑格尔.历史哲学[M].北京:三联书店,1956:76.

[30] 马克思恩格斯选集(第1卷)[M].北京:人民出版社,1972:111.

[31] 傅荣贤.信息生态学研究的两个基本路径及其反思[J].图书与情报,2010(4):35-38.

[32] 吕宇翔,石冉.互联网版权制度的演化博弈分析[J].出版发行研究,2010(8):53-55.

[33] 师海玲,范燕宁.社会生态系统理论阐释下的人类行为与社会环境—2004年查尔斯·扎斯特罗关于人类行为与社会环境的新探讨[J].首都师范大学学报(社会科学版),2005(4):165.

[34] 刘正伟.关于人类社会自组织系统发展的“四面体”假说[J].系统辩证学学报,1997(01):42-47.

[35] 吴威威.爱好和平:中华民族精神的重要体现[J].中共济南市委党校学报,2003(8):7-9.

[36] 刘放桐.新编现代西方哲学[M].人民出版社,2000:390.

[37] 鄢本凤.现代人身心和谐即路径优化[J].重庆社会科学,2008(1):36-39 .

[38] 秦首艳.论身心和谐发展的必要性[J].科教文汇,2010(6):201-202.

[39] 必 然 性 . 百 度 百 科 .(2015-7-23) http://baike. baidu. com / link? url=GlYSjGNjHCzjWk-zlkGT2Rmzk5_JgvVnolc8vc7-Plx0UqfVHbIntwOp-OciX7VYpmM7J9lBZaIyjgJqbhlTUb_.

[40] 李程.老子的思想对大学生身心和谐的教育作用[J].韩山师范学院学报,2014(2):84-88.

[41] 宦吉娥.高校青年教师达致身心和谐的必要性与对策[J].中国校外教育,2012(6):17-18.

[42] 奥古斯丁.忏悔录[M].徐蕾,译.北京:中国社会科学出版社,2007:673-707.

[43] 靳翠梅.当前我国民众身心和谐内部环境之构建[J].重庆科技学院学报(社会科学版),2011(9):68-70.

[44] 安东尼·吉登斯.民族——国家与暴力[M].赵力涛,胡宗泽,译.北京:三联书店,1998:370.

[45] 刘长明.和谐发展研究[M].北京:社会科学文献出版社,2007:89.

[46] 刘金成.性命双修身心和谐——浅谈道教的生命智慧及其现代意义[J].中国道教,2012(1):18-21.

[47] 刘泊辰.奥古斯丁个体身心和谐思想研究[D].河南科技大学,2013:1.

[48] 库恩.心理学导论:思想与行为的认识之路[M].郑钢,译.北京:中国轻工业出版社,2007:326.

[49] 奥古斯丁.忏悔录[M].徐蕾,译,北京:中国社会科学出版社,2007:445.

[50] 库恩.心理学导论:思想与行为的认识之路[M].郑钢,译.北京:中国轻工业出版社,2007:340.

[51] 库恩.心理学导论:思想与行为的认识之路[M].郑钢,译.北京:中国轻工业出版社,2007:449.

4 信息生态环境自组织演化特点与演化机理

信息生态环境是由多个信息生态系统构成的，信息生态环境本身就是一个复杂的大系统，它包括对信息人的生存、生活和发展起到直接或间接影响的所有信息生态因子的总和，即信息生态环境主要是由信息资源本体、信息制度、信息技术、信息时空等信息生态因子组成。在特定的信息生态环境中，不同的信息人种群的组合就是一个信息生态群落，而信息生态群落的演替会对信息生态环境的演化方向和演化过程起到影响和制约作用。

4.1 信息生态群落演替与信息生态环境演化的关系

信息生态群落是指具有直接或间接关系的信息人种群的集合，信息生态群落对信息生态环境既有适应也有改造，但更多的是改造。当信息生态环境中的各种信息生态因子与信息人种群的生存和发展相协调时，信息人种群就会主动调节信息实践活动，以增强自身适应信息生态环境的能力。当信息生态环境中的各种信息生态因子与信息人种群的生存与发展不协调时，信息人种群便会主动建设各种信息基础设施、制定相关的信息政策与法规、生产开发大量的信息资源、研发应用各种信息技术等来改造信息生态环境。

4.1.1 生态群落的运行演替机理

生态群落是指生活在一定的自然环境区域内，相互之间具有直接关系或间接关系的各种生物的总和。生态群落必然是在一定的生态环境中生存和发展的，生态群落中生物有自身的基础生态位，而生态环境决定其实际生态位，其实际生态位和自身对环境的适应度都对生物的生存和发展产生影响，生物个体的发展对种群的发展产生影响，而种群的发展又对整个群落的发展产生影响，同时，生物群落的发展反作用于生态环境。如图4-1所示，营养链和食物链是生态群落可持续发展的基础，依赖于营养链和食物链，生物与自身所处的生态环境顺利地进行物质与能量的交换，并保持某种动态平衡。

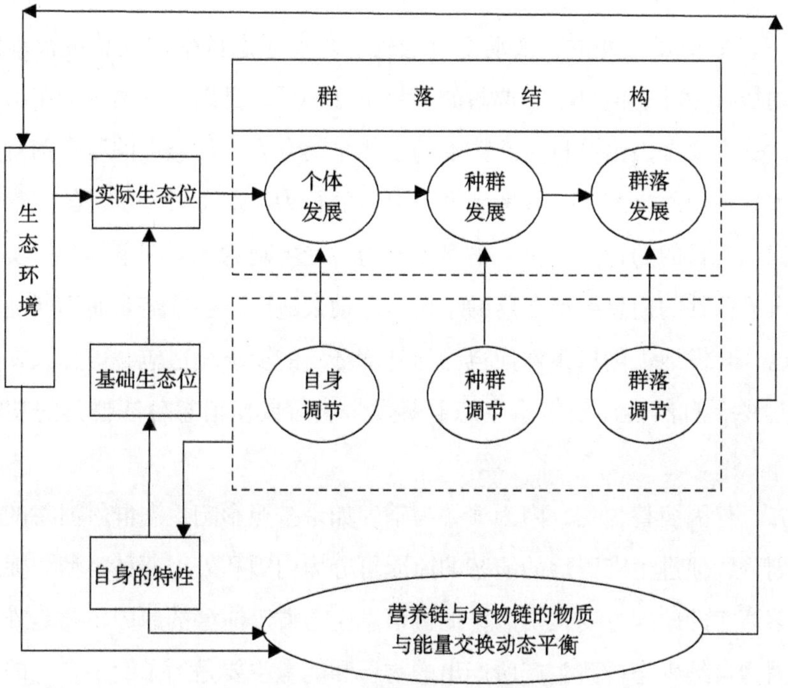

图4-1 生态群落的运行机理图

如图4-1所示，生态群落在发展的过程中，随着生态环境的变化会导致生态群落中各种物种随时间周期性变化，群落的组成结构将呈现出沿着一定方向的顺序发展和变化，可以使群落内部某些物种消失或者出现新的外来物种侵入的情况，称为生态群落的演替。随着生态群落的演替，物种间出现更替交换，演进到成熟阶段的群落此时与周围生态环境之间实现相对平衡，这时的成熟阶段的群落是稳定群落，称为顶级群落。

4.1.2 信息生态群落的演替规律

信息生态群落是指具有直接或间接关系的信息人种群的集合，与自然生态群落的演替不同，信息生态群落的演替是主动演替为主，被动演替为辅；外因演替为主，内因演替为辅；突变式演替为主，渐变式演替为辅；无顶级稳定群落的特征。

第一，主动演替为主，被动演替为辅。自然生态群落的演替以被动演替为主，主动演替为辅；信息生态群落的演替正好相反，是以主动演替为主，被动演替为辅。这主要是因为信息生态群落的主体是信息人，信息人的所有信息活动都是在其主观意识的支配下，思考和学习之后的行为，信息人所从事的生产活动都是有意识、有目的的行为结果，信息人能通过受主观意识支配下的社会实践活动来改变自己所处的信息生态群落的结构，主动去适应社会的需求而不断地提升和完善自己，自发地去创造条件使自己与外部环境的要求相适应，信息人在创造条件的过程中，自然会促使信息生态群落发生演替或使信息生态群落的功能更加完善。

第二，外因演替为主，内因演替为辅。如果按照影响生态群落演替的相关因素来源划分，促进生态群落的演替的原因可分为内因和外因两种类型。促进自然生态群落演替的原因主要是内因，促进信息生态群落演替的原因主要是外因。这主要是因为自然生态群落生产所产出的物质和能量主要是为了满足自身的生存和发展，因此自身的生存和发展这一内因是促进自然生态群落演替的主要原因；信息生态群落所创造的物质和能量不仅仅是要满足自身生存和发展的需求，更重要的是要满足外界环境因子的需求，信息生态环境决定信息生态群落拥有的实际生态位，因而信息生态群落外部环境因子的变化，必然会促使信息生态群落的功能发生改变，促使信息生态群落发生演替。

第三，突变式演替为主，渐变式演替为辅。根据演替过程所经历时间的不同，生态群落的演替方式分为渐进式演替和突变式演替。如果自然环境中的生态关系不受人为因素的影响，自然生态群落的演替是经历漫长时间的渐进式演替。与自然生态群落的演替不同，作为信息生态群落的主体，信息人必然影响和支配信息生态群落的演替，受国家信息制度、政策法律、信息人的信息需求、信息环境等人为因素的动态影响，一个信息生态群落可以在较短的时间内演替成另一个信息生态群落，因此，信息生态群落的演替以突变式演替为主。

第四，无顶级稳定群落的特征。一旦群落中出现顶级群落，就代表群落的演替到达了最后的稳定状态，即此时的群落是一个与外部环境之间形成相对平衡的自我维持系统。自然生态群落的演替最终会出现顶级稳定的群落，而信息生态群落的演替永远不会出现顶级稳定群落状态，这主要是因为自然生态群落的演替是高级种群代替低级种群；而信息生态群落演替过程中，被取代的不是群落中所有的信息生态种群，而只是其优势种，信息生态群落的主体是信息人，不可能出现高级信息人种群代替低级信息人种群的情况，因此，信息生态群落的演替永远不会出现顶级稳定群落状态。

4.1.3 信息生态群落演替对信息生态环境演化的促进

“演化”（Evolution）这个词起源于拉丁文，原意为“展开”，有时也翻译为“进化”。达尔文在《物种起源》中用“有变化的传衍”来解释“演化”概念。“演化”既可以是进化的过程，也存在退化的过程，“演化”的起终点可以是不变的，所以，“演化”不同于“进化”，具有更中性的特点。信息生态环境的演化过程如图4-2所示。信息生态环境的演化绝不只是呈现沿虚线OA的直线式“进化”模式，客观上讲，必然呈现沿曲线OB的螺旋式上升的“演化”模式，即信息生态环境的演化轨迹势必受信息人种群不同策略选择机制的驱动，随着信息人种群及群落的演变，从异化状态走向和谐状态、从低级状态向高级状态发展，在演化的过程中，信息生态环境整体的协调性和适应度会逐渐提高，但信息生态环境的演化轨迹总体呈螺旋上升模式（如图4-2中的OB曲线），演化过程中短暂的停滞状态（如图4-2中的向上、向下箭头所示）和退化状态（如图4-2中的向左箭头所示）也必然会出现，停滞状态与退化状态就代表信息异化状态，信息异化状态也是信息生态环境演化过程中的正常状态。

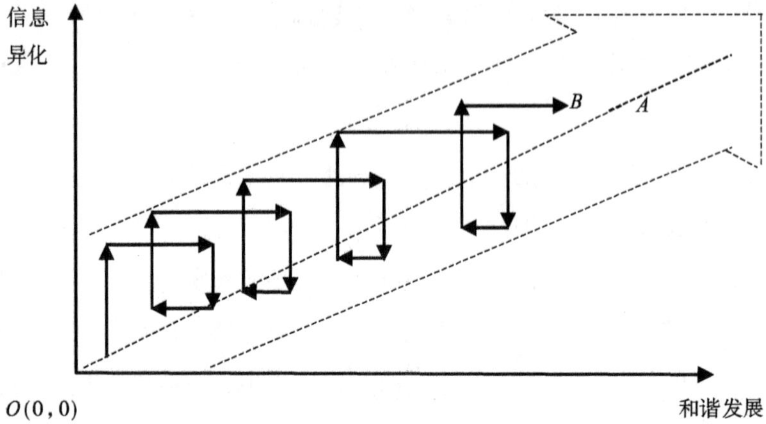

图4-2　信息生态环境演化过程

如图4-3所示，在没有人类活动干扰的自然环境中的自然生态群落的演替要经历漫长的时间，这种演替以渐进式演替为主。与自然生态群落的演替相反，信息生态群落的演替过程是突变式的，这主要归咎于信息生态群落的演替受国家的信息制度、政策法律、信息技术、信息需求等人为因素的动态影响，因此，信息生态群落可以在较短的时间内演替成另一个信息生态群落。信息生态群落必然是在一定的信息生态环境的制约下生存和发展的，信息生态群落中每种信息人的自身特性决定其基础生态位，而其所处的信息生态环境决定信息人所处的实际生态位。实际生态位和自身对生态环境的适应度影响信息人个体发展，信息人个体的发展影响信息人种群的发展，种群的进化势必影响信息人整个群落的发展，同时，信息人群落的发展也将对群落所处的信息生态环境起到一定的反作用。信息生态群落演替后，信息生态种群对信息生态环境的作用既有适应也有改造，但更多的是改造，二者之间相互作用，这必然会既促进信息生态群落演替又加速信息生态环境的演化过程。根据马克思主义者的“获得性遗传”的演化思想可知：信息生态环境的演化与信息生态群落的演替息息相关，信息人种群的自适应能力很强，因为信息人会有意识地改变自己以适应信息生态环境的变化，因此信息生态群落的演替轨迹一定不是无方向和随机的，信息人的能动作用会制约信息生态群落的演替，当信息生态群落主动变异后，新的功能就可以“获得性遗传”下

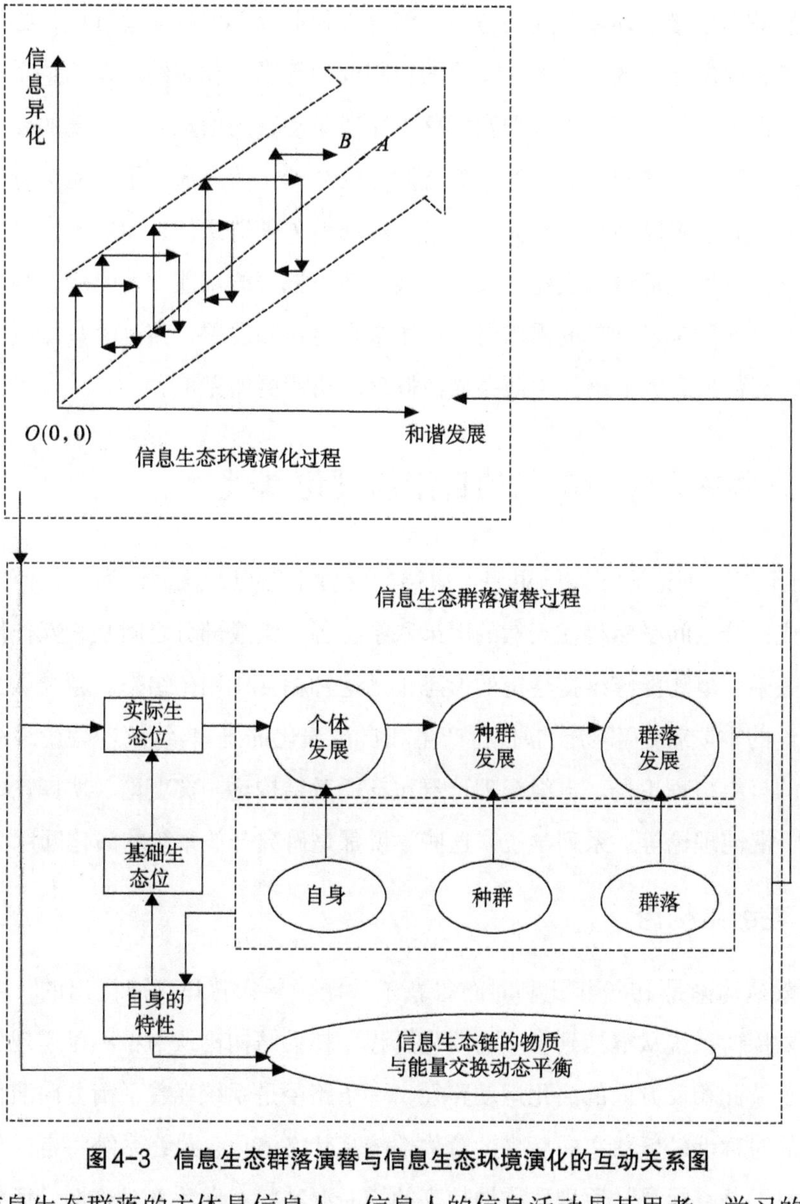

图4-3 信息生态群落演替与信息生态环境演化的互动关系图

来。信息生态群落的主体是信息人，信息人的信息活动是其思考、学习的结果，信息人所从事的生产活动是在大脑支配下有意识、有目的地进行的，因此，信息人能通过社会信息实践活动来改变自身所处的信息生态群落的结构，形成信息人种群间互惠、互利的关系，信息生态群落再通过信息生态链的物质与能量交换的动态平衡实现与信息生态环境相互依存的动态平衡关系。Campbell认为，组织的演替只能被动地接受环境变迁的考验。信息人种群及群落的演替过程，必然会受到来自信息生态环境的社会的、文化的、制度的等影响和制约。在信息生态环境制约的前提下，如果信息人种群及群落不能适应动态的信息生态环境的要求，就必然会动摇其生存的根基。在竞争日益激烈的今天，信息人为了适应信息生态环境的要求就必须不断地提升和完善自己，能动地去创造条件，而处于信息生态群落外部的信息生态环境的变化，又必然会促使该群落的功能发生改变，当某一信息生态群落不能满足外界的需求时，为了求得生存和发展，该群落只能改变自身的性质，促使信息人群落发生演替或使群落的功能更加完善。

4.2 信息生态环境演化的自组织理论基础

"自组织"理论源于德国思想家康德的的哲学思想，康德认为：任何事物的各个组成部分之间必然存在天然的因果联系，各个组成部分之间是相互作用与反作用的关系，事物能够维持稳定的形态正是这种相互作用的结果。康德认为：自组织理论的本质就是事物能够自行产生和自行演化的。"自组织"理论最终形成了现代的自组织理论群。自组织理论群包括耗散结构论、突变论、协同论、超循环理论、混沌理论等一系列学说，这些学说都是研究开放系统的演化问题。

4.2.1 耗散结构论

耗散结构论是1969年比利时布鲁塞尔学派领导人普里高津提出的，耗散结构论主要探讨系统从混沌到有序的演化过程。耗散结构论认为：不可逆现象中存在着两个彼此相反方向的演化运动路径，一条路径是系统朝着平衡方向演化，即从原来的对称性较低状态向后来的对称性较高状态演化，最终系统将走向灭亡的退化；另一条路径是从原来对称性较高的均一混乱状态向后来对称性较低的有序状态方向演化，最终系统将形成有序结构的过程，其所形成的稳定结构就是耗散结构。耗散结构是指在远离平衡态的条件下，通过能量的耗散、随机涨落机制而形成和维持的非线性相干关系的宏观时空有序结构。耗散结构的特点包括以下几个方面：其一，耗散结构是开放系统。耗散结构与环境不断进行物质、能量和信息交换，其负熵流的不断注入将抵消系统内部熵的增量，只有在开放系统中这种不可逆过程而导致的有序结构才会出现，系统便进入一个相对有序的状态。其二，远离平衡态。耗散结构只能在非平衡系统中孕育生成，因此，保持系统远离平衡态是耗散结构形成的必要条件，正如普利高津指出的“非平衡是有序之源”。其三，非线性关系。当系统远离平衡态时，决不能用线形方程组加以刻画，因为非线性关系的存在表明开放系统内部的各要素或子系统之间能够产生协同作用和相干效应。其四，随机涨落机制。当系统内某个变量或某种行为相对平衡值发生背离时，系统必将偏离原来的运行状态或发展轨迹，当系统达到稳定状态时，随机涨落就会导致无序，无序会产生消极的干扰作用；而当系统达到不稳定临界状态时，随机涨落必将自我放大形成“巨涨落”，促使系统跃迁到新的稳定有序状态。

运用耗散结构理论应遵循以下原则：其一，联系与发展原则。联系是系统形成耗散结构的必要条件；发展是系统的一种性质，耗散结构理论就是用来研究复杂系统联系与发展规律的理论。其二，协同整合原则。协同整合原则依据系统内部要素间的非线性相互作用关系，系统内各要素之间的非线性的竞争与协同作用才会导致系统的演化。其三，突变原则。突变是系统从一种稳定状态跃迁到另一种稳定状态的过程，是系统实现质变飞跃的方式。当系统演化形成耗散结构时，突变普遍存在，突变是系统自组织过程必经的“门槛”。其四，定向原则。在系统的发生发展中，系统各要素的协同作用将产生相关的目的性，目的性使得系统的内部要素和外部环境的相互作用趋向于某种预先确定状态的特性。其五，未来形态开放原则。系统在向有序方向的演化过程中，由于系统失稳而处于临界状态时，系统的发展方向将有多种可能性，于是系统演化会出现分形或分叉，分形现象说明系统发展的未来形态是开放的，此时开放具有两层含义：一是系统未来发展形态呈现多种可能性，二是系统未来发展呈现某种不确定性。

把耗散结构理论运用在信息生态环境的演化研究中，是一个方兴未艾的新领域，可以借鉴其开放系统分析法，把信息生态环境当作开放系统加以研究，一是考察信息生态群落与信息生态环境之间的相互影响关系；二是借鉴非平衡分析法，如强调信息生态群落与信息生态环境均要保持系统远离平衡态；三是借鉴局域平衡分析法，即利用局域平衡假设，把非线性非平衡的信息生态系统加以简化，同时用一般的线性方程描述局部运行状况，如对信息生态大系统的某个子系统建立局部的投入产出模型，然后再用非线性方程建立信息生态各子系统模型间的联系，就可以简化分析过程。

4.2.2 协同论

继耗散结构论之后，20世纪70年代后期由德国理论物理学家赫尔曼·哈肯（Hermann Haken）提出另一门自组织系统理论——协同论，协同论又称协同学或协和学，协同论主要研究各种类型的开放系统在远离平衡态时，逐渐由无序向有序平稳状态、从低级向高级有序状态，以及从有序状态演化为混沌状态的共同机理。协同论指出，一个系统从无序状态向有序状态转化的关键在于其子系统间的非线性相互作用的结果，伴随随机涨落产生的协同效应和相干效应，促使整个系统在宏观上产生时间结构、空间结构和时空结构，进而形成新功能的自组织结构，即呈现新的有序结构。复杂系统内部诸多子系统的联合作用，会在宏观尺度上产生新的结构和功能，这些子系统的自组织方式就是协同。协同是协同论的核心概念，表征了复杂的开放系统中大量子系统之间相互作用、协调一致的整体效应。协同状态就是指系统内部各组成要素之间的和谐状态，即在远离平衡态的条件下，复杂的开放系统中各个子系统之间的相互作用，使复杂系统形成具有自组织功能的结构，并促使复杂系统由无序混乱状态向宏观有序状态演化的过程，即结构的组织化和有序化。协同论指出复杂系统内部存在两种基本运动形式：一种是各个子系统的独立运动方式，另一种是不同子系统之间关联引起的协同运动方式。当关联能量小于独立运动的能量时，子系统的独立运动就必然占据主导地位，复杂系统处于无序状态；反之，当关联能量大于子系统独立运动的能量时，子系统的独立运动将会受到抑制，复杂系统形成一种整体的运动特性，复杂系统将呈现出有序特征。应用协同论来研究信息生态环境的演化轨迹，分析其演化过程和演化机理，应该把设计和管理微观信息生态系统作为研究的出发点，即面对既定资源约束，将信息生态链中各项职能子系统有机地结合起来，再将相对独立的各种信息生态链的节点有机地组织起来，开展分工、协作与联合，引导信息生态链的节点的独立运动纳入信息生态链集群协同运动的轨迹，朝着一体化的有序结构方向演进。因此，协同论在研究信息生态环境的演化过程和演化机理中的目的性，就是要达成信息生态环境系统内部各子系统目标的一致性，最后促成信息生态子系统自身发展与信息生态环境演化之间的协同性。

4.2.3 突变论

法国数学家雷内·托姆提出突变论，1972年雷内·托姆（Rene Thom）所著的《结构稳定性和形态发生学》出版是突变论形成的标志。突变论描述了系统在临界点附近的突变行为。研究突变必须与研究渐变相对应，渐变与突变的最本质区别在于变化率在变化点附近有无“不连续”，渐变属于连续性范畴，突变属于间断性范畴。突变论的理论思想对研究信息生态环境演化具有借鉴意义，可以从分析已知的信息生态系统的运动规律出发，归纳出系统的突变模型，据此研究信息生态系统的临界状况；也可以从相关的实验资料出发，根据各种突变特征观察事实的资料，通过假设某一信息生态系统适用于一种突变理论，然后尝试建立信息生态系统的运动方程。可以把信息生态环境随时间动态突变问题，进行必要的分析转化，把动态突变问题转换为突变行为集合所构成的一个“静态”的结构问题，就类似于用同一空间中不同恒星的状态，来分析不同阶段的恒星演化一样，就信息生态环境而言，要分析的对象不是信息生态环境的运动函数，而是反映信息生态环境结构性的势函数。

4.2.4 超循环理论

1971年，德国科学家曼弗雷德·艾根（M.Migen）创立超循环理论，超循环理论是从生物演化机理中研究得出的具有一定普遍适应性的演化理论。恩格斯指出：“自然界的一切事物都处于永恒的流动和循环中。”超循环理论认为物质之间的相互作用、因果转化会构成几种循环模式：反应循环、催化循环和超循环。在超循环组织中，每个组织单元能够自我催化和复制，同级、不同级的其他组织单元间能够进行交叉催化，这使组织间的联系更加紧密，并且通过这种循环的方式逐步积累能量，当能量累积到一定程度时，系统就会发生突变，进入向更高层级跃迁的演化轨迹。如图4-4所示，若干个反应循环汇聚跃升为催化循环，催化循环结构彼此间又相互联系耦合促成超循环。随着循环等级的跃升，循环的自主性不断提高，超循环状态能够实现自我再生、自我复制和自行选择。应用超循环理论研究信息生态环境的循环演化必须清楚，信息生态环境的超循环具有以下特点：第一，信息生态环境的超循环具有自复制、自适应和自进化的新陈代谢性功能；第二，信息生态环境的超循环系统受混沌机制的作用，会发生突变而产生不稳定的且暂时虚拟性的突变体——“拟种”；第三，信息生态环境的超循环系统演化的动力来自系统内外部的竞争和协同作用，各个子系统之间形成共生的结合体而具有整合功能；第四，在信息生态环境的超循环组织内部存在着非线性的作用，组织间达到彼此稳定共存、协同进化的理想效果。

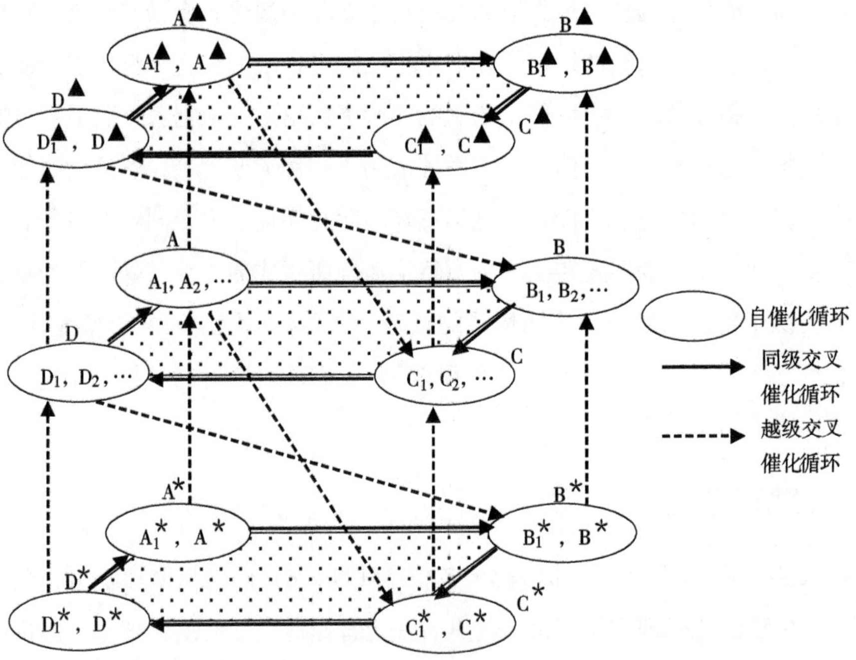

图4-4　超循环模式图

4.2.5 混沌理论

“混沌”（Chaos）源于希腊语，本意为某种深奥而不可探测的、支离破碎的东西以及某种空间的虚空。在汉语中“混沌”代指茫茫宇宙呈现的自然状态，汉代班固用过“混沌”一词，他在《白虎通·天地》中写道：“混沌相连，视之不见，听之不闻。”1903年，以动力学和拓扑学为基础，庞加莱认为混沌具有存在的可能性。随着20世纪后半叶量子力学的兴起，海森堡提出“测不准原理”，打破了人们精确预测的梦想。现代“混沌”理论具有多种新的含义：洛伦兹认为“混沌”依赖初始条件的敏感性，R. 梅也指出“混沌”系统中确定性成分存在，郝柏林指出“混沌”呈现无周期的有序，钱学森指出“混沌”既指宏观无序又指微观有序的现象。总而言之，“混沌”是充满动态、开放性的复杂世界，“混沌”不代表混乱而无序，而是指代那种看似无序而又有序的状态。应用“混沌”理论研究信息生态环境的演化，首先，必须明确信息生态环境这一“混沌”系统对初始条件的敏感依赖性。其次，必须明确信息生态环境的演化过程是确定性与随机性的统一。最后，必须明确“混沌”的信息生态环境是从有序开始，经历无序后再回归有序的过程，最终形成“混沌序”。正如著名混沌管理学专家基尔所说，“无序的工作过程和组织的产出有时能创造出新的结构和秩序”。

4.3 信息生态环境演化的特点

4.3.1 演化过程的自组织特性

信息生态环境由无数个小的信息生态系统构成，信息生态环境本身可以被看做一个复杂的大系统，而信息生态环境同时是社会生态大系统的一个子系统，受制于外部宏观环境的影响，通过信息人与其他各种信息生态因子的相互作用而演变出无限复杂的结构和功能。虽然信息生态环境中信息人具有能动作用，但信息人这种特殊的信息生态因子不能完全操控信息生态环境的演化轨迹。从宏观的视角看，信息生态环境的创生、发展和演化也不会因为某些信息人的意志改变而改变，信息生态环境的演化过程总体上遵循自组织原理，信息生态环境的创生、发展和演化是建立在复杂的非线性相互作用的基础上，信息人无法完全控制和设计信息生态环境的演化过程和轨迹，因为信息人无法使自己跳出信息生态环境之外，无法摆脱作为信息生态环境内部要素的身份和使命。信息生态环境中信息人和其他信息生态因子都具有多样性和结构功能的复杂性，同时信息生态环境这个复杂系统因为信息人和其他信息生态因子相互作用、子系统间的协同作用而紧密地连接在一起，而信息生态环境的演化从某种角度来说就是复杂性增长的过程，只有依据复杂系统的自组织特点才能从根本上揭示信息生态环境演化过程和规律。

4.3.2 竞争与合作的演化协同动力

信息生态环境本身是一个复杂的大系统，信息人与其他各种信息生态因子的相互作用使得信息生态环境演变出复杂的结构和功能。信息人是信息生态环境中特殊的信息生态因子，是信息生态环境中具有主体地位的信息生态因子。信息人的差异性导致其信息需求的差异性，信息需求的差异性又会导致信息人之间的竞争与合作的协同效应，而这种竞争与合作的协同效应为信息生态环境的演化带来不竭的动力。协同演化是推动信息生态环境从无序状态向有序发展的动力学机制。协同机制主要分为竞争机制和合作机制这两个相互矛盾又相互补充的方面，一方面，竞争使信息人和其他信息生态因子的差异性不断扩大，为信息生态环境的自组织演化创造条件；另一方面，合作使信息人和其他信息生态因子连接在一起，产生运动趋势并放大其作用范围，这两种机制使信息生态环境产生了向前演化的合动力，推动系统的持续发展。但合作机制同样是信息生态环境这个复杂的大系统演化的重要动力，信息生态环境这个复杂的大系统内某种运动趋势会在合作机制的作用下被不断循环、放大，从而对信息生态环境这个复杂的大系统的演化产生役使作用。

4.3.3 稳定与非稳定交替可持续演化状态

信息生态环境中信息生态因子的内涵极其广泛，除了信息人之外，还包括信息资源本体、信息技术、信息制度等制约和规范信息人信息行为的所有因素。信息人以及其他信息生态因子的复杂多样性是创造、传递、交流和利用信息资源的沃土，又对信息生态环境的演化“起到了推波助澜的作用”，信息生态因子的多样性是信息生态环境这个复杂大系统形成、演化、发展的源泉。在信息生态环境演化的过程中，信息生态环境处于稳定性与非稳定性两种状态的博弈，而涨落机制的非稳定性是促使信息生态环境演化的作用机制。涨落导致的偏差导致系统的波动，使系统在不同区域内呈现有序程度的高低起伏。复杂系统运行中的平衡状态具有相对性，涨落无时无刻不在影响系统的稳定性，平衡只是某些特殊时刻，从这个角度看，盲目追求信息生态环境保持长期的平衡是不现实的，也不符合其演化规律。信息生态环境这个复杂的大系统内外部的信息源源不断地供应，而在一定空间内信息资源本体往往是十分有限的，且具有分布的不均性。这就使得信息生态环境这个复杂的大系统在演化过程中为了适应不断提高的资源利用效率的要求而演变出信息的超循环利用模式，超循环机制因而在信息生态环境这个复杂的大系统内发挥着重要的作用。以保持信息生态环境这个复杂的大系统的可持续发展为目的而不断争取信息资源，而信息生态环境这个复杂的大系统超循环的建立要求信息在子系统间的流动量超过信息在各子系统中的自反流动量，以形成信息资源量相对平衡的信息循环渠道，使得信息生态环境这个复杂的大系统有足够的信息供应并不断地运作下去。超循环机制促使信息生态环境这个复杂的大系统可持续发展。

4.3.4 演化方向的不确定性

信息生态环境的演化受信息人认知水平的影响，具有不确定性和前瞻的局限性，信息人无法根据经验主义准确预测信息生态环境的演化轨迹，预测的时间距离现在越远，信息生态环境这个复杂的大系统演化的不确定性就越高。第一，信息生态环境这个复杂的大系统的内部要素间的关联性较强，某个要素的改变都会导致系统整体的变化，当信息生态环境这个复杂的大系统演变的关键生态位——系统层次跃升到临界点时，涨落机制会放大微小变化，甚至会推动信息生态环境这个复杂的大系统结构的重组和功能的更新，这种变化本身就是随机性的，因此给信息生态环境这个复杂的大系统的演化方向带来更大的不确定性；第二，信息生态环境依存于社会生态大系统，一旦外部宏观环境发生剧变，就会使得信息生态环境这个复杂的大系统的演化轨迹变得难以预测；第三，信息生态环境这个复杂的大系统是具有结构性和层次性的有机整体，其内部各要素彼此间的相互适应性使得自我调节能力较强，信息生态环境的演化大部分时间是比较和缓的渐变形态，呈现宏观的动态平衡和相对稳定。从信息生态环境这个复杂的大系统演化的方式看，信息生态环境这个复杂的大系统的演化是纵向组织层次的跃升和横向复杂程度的折返增强的交叠螺旋模式，只有当信息生态环境这个复杂的大系统突然遭受外部环境的猛烈冲击或内部因子的剧烈变化，而且超过可承受的阈值，旧的系统结构才会崩溃。这里的阈值指信息生态环境这个复杂的大系统有限空间内无序状态量的承载能力，也指信息生态环境这个复杂的大系统演化出组织结构所需的最小变量，在最小阈值规律的作用下信息生态环境这个复杂的大系统自发地形成新结构，在这一过程中一部分无序量转化成有序量。在信息生态环境这个复杂的大系统的突变演化中，不同演化阶段信息生态环境这个复杂的大系统的最小阈值都是不同的，这与信息生态环境这个复杂的大系统当时的组织程度和所处的水平复杂性程度有关。信息生态环境这个复杂的大系统的演化越向前进行，临界点的最小阈值就不断跟着增长。

4.3.5 演化过程的不可逆性

信息生态环境这个复杂的大系统的复杂程度和组织程度不断提升，随机性和功能的耦合使其演化具有不可逆转性，就算信息生态环境这个复杂的大系统的结构消解，信息人和其他各种信息生态因子也具有不可逆性。首先，信息生态环境这个复杂的大系统演化的不可逆性规律体现在信息人身上。信息人随着信息生态环境这个复杂的大系统的演化，逐渐占据信息生态链上的不同位置，因此信息人信息实践能力不断加强，不会无缘无故出现逆转性的退化。其次，信息生态环境这个复杂的大系统演化的不可逆性规律同样体现在其他各类信息生态因子身上。对信息资源本体来说，信息生态环境这个复杂的大系统的演化离不开信息资源本体的创造、流转、整序、加工和分解等过程。信息资源和信息技术必然朝着更高效、更便捷的方向发展，也具有不可逆性；信息政策和信息伦理的演化与信息人和信息环境的改变有着极强的对应性，与信息生态环境这个复杂的大系统演化中不断提升的信息要求密切相关，例如，知识产权制度的提出和变迁，都与特定历史阶段的情况相匹配，也带有不可逆性的特点。

4.4 信息生态环境的演化机理

牛顿力学描述的是一幅静止不变的图景，只要给定一个状态，就可以追溯它的历史与预知它的未来。热力学研究对称破缺问题，指出不可逆现象的演化运动路径可以遵循两个相反的方向：既可以从较低对称性向较高对称性演化，也可以从对称性较高的均一混乱状态向对称性较低的有序状态演化，这一过程也称为系统的自组织过程，自组织过程所形成的稳定结构称为耗散结构。自组织理论体系源于20世纪60年代末，其中耗散结构论提出后引发了有关系统演化“过程观”的理论革命。20世纪70年代，德国著名物理学家赫尔曼·哈肯将竞争和协同作用看做自组织系统演化的主要动力，并提出协同论。与此同时，法国数学家雷内·托姆提出突变论，突变论可以作为耗散结构论和协同学的数学工具和基础。1971年，德国化学家弗雷德·艾根提出超循环论来解释和分析人类社会纷繁复杂的多种演化现象。1973年，曼德布罗特（B.B.Mandelbrot）建立了分形学，加深了人们对系统演化和复杂性的认识。20世纪80年代以后，美国著名气象学家洛伦兹指出混沌是万物演化的活力源泉，具有随机性和不可预测性，混沌推动事物向着非周期性的运动方向演化。

4.4.1 耗散结构的自组织机制

自组织理论体系的创立和发展为研究信息生态环境的演化机理提供了一种崭新的思路，指导我们以信息生态环境自组织的视角来研究其演化机理。

4.4.1.1 耗散结构的内涵

一个开放系统如果与外界有着物质、能量、信息交换，不管开放系统是力学的、化学的，还是生物的或是社会的，在远离平衡态的非线性区域内时，系统可能在一定的非线性条件下变得不稳定，当由控制参量的相关值和外场相关因素的变化引起的微小扰动和微小涨落达到某一临界阈值时，这些微小扰动和微小涨落就会转变为大幅度扰动和巨大涨落，开放系统就将发生序度突变，即非平衡相变，使系统从原来的无序纷乱状态转变成一种新的有序结构，这个新的结构在时空或功能上必将有所不同，称为耗散结构，所以，耗散结构的同义概念就是非平衡有序结构，而与之相反的平衡有序结构是不需要耗散就能形成和维持的，耗散结构必须依赖远离平衡的条件，并且必须要通过连续的物质和能量的流动才能维持，它是基于热力学不稳定性基础的一种新型组织，呈现时间和空间上的相干特征。

4.4.1.2 耗散结构形成与维持的条件

一个系统要想形成和维持耗散结构必须满足以下三个条件：第一，系统必须是开放系统。依据系统与环境的相互关系，可以把系统划分为孤立系统、封闭系统和开放系统三种类型。孤立系统不与周围环境进行能量和物质的交换；封闭系统是指与外界环境无物质交换，但与外界环境存在能量交换的系统；而开放系统是与外界环境同时进行能量交换与物质交换的系统，例如，一个生物体就是一个开放系统。事实上，孤立系统发展的趋势是最终达到平衡无序状态，封闭系统在某种特定的条件下也可能形成稳定的有序平稳结构，但只有开放系统，具备远离平衡态和实现物质、能量与信息交换的条件时，才具备形成稳定有序的耗散结构的可能，因此，耗散结构形成的前提、维持和生存的基础就是系统必须是开放系统。第二，系统必须处于远离平衡的非线性区。如果想促使系统形成耗散结构，一个必要的条件就是设法驱动开放系统越出平衡态或近平衡态的线性区域，进入远离平衡态的非线性区域，可见："非平衡"是有序之源。第三，系统中必须存在某些非线性动力过程和正负反馈机制。要使开放系统形成耗散结构，就必须存在某些非线性动力过程，这种非线性相互作用，将促使系统内的各要素之间产生协同效应和相干作用，从而使系统从杂乱无章状态转变为井然有序状态。但是，如果系统中各要素之间产生的是线性相互作用，那么无论怎样组合，也只能是数量的增减，决不会有本质的改变，只有系统内部诸要素存在非线性相干、协同和耦合作用，才能推动系统向有序的方向演化。

4.4.1.3 耗散结构的自组织过程

耗散结构理论指出，耗散结构是指开放系统和远离平衡态的条件的一种宏观时空有序的系统结构。信息生态环境这个复杂的大系统要想形成和维持耗散结构，就必须满足以下几个条件：首先，要为信息生态环境这个复杂的大系统创造充分的开放条件，使其成为远离平衡状态的开放系统，并能够使外部宏观大环境保持物质、能量和信息的交换。从而使得有序结构的出现，其负熵流的不断注入足以抵消系统内部熵的增量，使得信息生态环境这个复杂的大系统进入一个相对有序的状态。其次，明确信息生态环境这个复杂的大系统要想形成和维持耗散结构，必须使信息生态环境这个复杂的大系统远离平衡态，因为远离平衡态是耗散结构出现的另一个必要条件，即普利高津所指的"非平衡是有序之源"。最后，当信息生态环境这个复杂的大系统远离平衡态时，绝不能用线性方程组加以刻画。要使信息生态环境这个复杂的大系统的耗散结构形成，系统内部各部分之间非线性相互关系将发挥重要作用，多个要素之间的相干作用及协同效应，从而使信息生态环境这个复杂的大系统从杂乱无章状态转变为井然有序状态。但是，如果信息生态环境这个复杂的大系统中各要素间线性相互作用，无论如何组合，在本质上无任何改变，仅是数量的增减。只有信息生态环境这个复杂的大系统内部诸要素存在非线性相干、协同和耦合作用，才能推动信息生态环境这个复杂的大系统向有序的方向演化。信息生态环境这个复杂的大系统的自组织演化过程是系统内部要素自发地从无序状态向有序性和协调性演化的过程。

4.4.2 演化的动力机制

信息生态环境作为一个整体，其内部信息人和其他信息生态因子彼此相互作用，信息生态环境呈现复杂关系网络状态，在这张网中，信息资源本体的创造和流转一刻不停息，推动信息生态环境的发展演化。

4.4.2.1 内力激化

信息生态环境内部存在多种系统内力，正是这些系统内力的相互作用会激发信息生态环境的演化。第一，自然力，是信息生态环境这个复杂的大系统演化的原始力，信息人和其他信息生态因子的相互作用而产生的自然力的竞争和协同作用是信息生态环境演化的原动力，是“有此未必然，无此必不然”的力；第二，社会力，主要由信息人种群和群落的各项基本社会活动产生，由于信息人是信息生态环境的主体，信息人彼此间的交流与互动是信息资源客体流转的基础和纽带，必然作为核心力量推动信息生态环境演化。第三，市场力，主要指信息产业的结构、信息产业与其他产业之间的关系，从产业经济学视角看，信息产业的聚集必然给信息人带来更多的就业机会，信息人种群的聚集、信息人群落的形成等，必然会带动信息经济的发展。第四，科技力，科技必然提高信息人的工作效率和效果，促进信息生态环境的演化；第五，政治力，信息产业发展目标的确定，各种信息政策、法律等的制定，信息社会伦理风尚的营造等都带有浓厚的政治色彩，各种信息制度、政策、伦理在信息生态环境的演化过程中起着非常重要的导向作用，所以政治力也是促进信息生态环境这个复杂的大系统演化的系统内力中的一种核心力。

4.4.2.2 外力触发

信息生态环境这个复杂的大系统的演化同样离不开系统外力的推动，信息生态环境的系统外力是指信息生态环境这个复杂的大系统以外的宏观社会生态大环境中的政治、经济、文化、技术因素等。信息生态环境是社会生态大系统的一个有机组成部分，是其子系统。信息生态环境要发展、演化，不但要依赖自身内部各要素的平衡互动而产生各种力的交互作用，而且还要依赖于与外部社会生态宏观大环境诸多要素的良性循环。社会生态宏观环境是信息生态环境展现的背景，信息生态环境依存于社会生态大环境，同时也意味着信息生态环境局限于社会生态大环境，因此，忽略社会生态大环境中各种力量对信息生态环境演化的推动是不科学的，信息生态环境的演化离开社会生态大环境中政治、经济、文化、技术等各种力量的作用，社会生态大环境变化给信息生态环境演化带来了外力，外力的干扰必然会扰动信息生态环境功能的平衡，促进信息生态环境由无序走向有序，由低级走向高级的自组织的演化过程。

4.4.2.3 内外协同

信息生态环境这个复杂的大系统的演化是内外力的有机组合，外部宏观大环境变化给信息生态环境这个复杂的大系统带来了外力，外力的干扰必然会扰动信息生态环境这个复杂的大系统的平衡，外力的干扰、内力的抗衡与调整，最终使信息生态环境这个复杂的大系统功能结构达到新的平衡。信息生态环境这个复杂的大系统演化的外源触发因子和内源激化因子共同发挥作用，外界宏观大环境的变化作为外部因素将影响系统发展演化的不同状态，涨落因子对系统内力产生的影响也在发生着变化，而且以支撑力、拉力、推力、压力等动力形式发挥涨落因子的协同作用，影响和制约着该系统的状态和演化方向。支撑力来自信息技术进步和信息基础设施的完善，拉力来自信息人的需求的增长，推力来自信息生产、信息传播、信息伦理、信息制度等的优化；压力来自各种信息异化状态：信息数量过载、信息传播炒作、信息内容失真、信息心理病态等，内外合力在信息生态环境演化不同的发展阶段，表现出不同的动力形式，信息生态环境这个复杂的大系统演化的内外动力协同机制如图4-5所示。

由图4-5可知：在外部宏观社会大环境外力的制约下，即在宏观社会大环境中的政治力量、经济力量、技术力量、文化力量的综合作用下，信息生态环境这个复杂的大系统的演化的初始阶段（曲线*OA*阶段），基于对信息资源价值的追逐，信息人快速聚集，以简陋的信息基础设施为基础来对信息资源进行初步开发，形成了各种信息人群落，在这个阶段，信息生态环境这个复杂的大系统演化的动力主要是信息生产的推力、信息传播的推力、信息伦理建设的推力、信息制度建设的推力等以及信息人需求的快速增长产生的拉力。经历了快速发展的阶段（曲线*AB*阶段），在信息生态环境这个复杂的大系统演化的繁荣阶段（曲线*BC*阶段），各种信息资源的数量和质量稳中有升，形成各种信息资源的聚合体，此时信息基础设施完善，信息技术优化，但此时信息资源的开采成本不断上升，信息生态环境开始恶化，各种信息异化问题开始出现，在这个阶段，信息生态环境这个复杂的大系统演化的动力主要是信息技术进步和信息基础设施完善给予的支撑

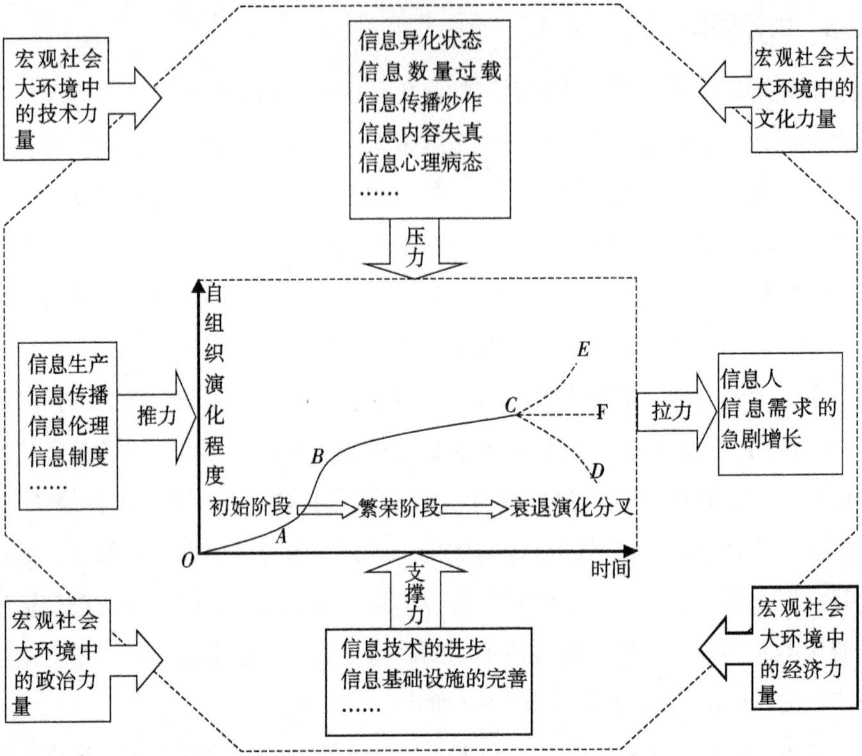

图4-5　信息生态环境演化的内外动力协同机制图

力。在信息生态环境这个复杂的大系统演化的衰退阶段（*C*点以后），信息微信用户真正需要的信息资源的可获得性不断下降，而其成本大幅上升，用户所处信息环境恶化，此时信息生态环境这个复杂的大系统演化的上述动力产生合力作用，在信息生态环境中各种涨落因子的复合作用下，通过信息生态环境这个复杂的大系统内部的非线性和反馈双重作用机制，并迅速成长、突变为巨涨落，导致原系统结构失稳并产生演化分叉，形成两种不同的演化态势：一种是在信息生态环境这个复杂的大系统的演化分叉点，当作用于系统的压力所产生的负效应的作用远远超过了支撑力、拉力和推力所产生的正效应的作用时，因此信息生态环境这个复杂的大系统将反向突变，使信息生态环境这个复杂的大系统瓦解，演化出现停滞状态（直线*CF*）甚至倒退状态（曲线*CD*）；另一种，演化繁荣期新的增长点逐渐产生，积累了新的比较优势，这时决定信息生态环境这个复杂的大系统演化方向上述力，其积极作用远远超过压力造成的消极作用，信息生态环境这个复杂的大系统形成了新的高级稳定有序的耗散结构（曲线CE），开始了另一轮的演化周期。

4.4.3 非线性超循环机制

依据自组织理论的观点，信息生态环境这个复杂的大系统中存在的“微涨落”之所以被放大而导致演化过程的发生，是因为信息生态环境这个复杂的大系统远离平衡状态，本身作为开放系统，借助于内部生态因子和外界环境间的非线性相互作用，促使系统内诸多要素丧失独立性，互为因果的催化循环关系逐渐形成，通过信息的双向传递机制，系统演化的“微涨落”被加速放大成“巨涨落”，系统内部各部分之间以及系统与外部环境的非线性相互作用，将导致系统的循环的产生，是促使其向有序方向演化的根本机制。

4.4.3.1 线性与非线性内涵

线性与非线性起源于数学上的概念，二者是相对而言的，两者之间既有本质的区别，又具备内在的关联。在直角坐标系中，线性关系可描述为一条直线，量与量之间呈正比关系。在线性关系中，描述线性关系的方程遵循叠加原理（整体等于部分之和），也就是说，方程的不同解相加起来仍然是方程的解；但是在非线性关系中，叠加原理不再发挥作用（整体不等于部分之和），与线性关系相反。系统内部几种要素是线性关系，在数学的表达上，线性方程或微分方程能够表示。线性关系具有相互作用的效果的对称性、线性作用效果总能以同一形式表现的均匀性及线性作用的各种要素间的独立性三大特点。非线性关系，在数学上只能用非线性方程组来描述，且系统内部各要素（子系统）之间存在彼此复杂的相互作用关系。非线性关系具有时空的非均匀性、多体间的非对称性及非独立的相干性三大特点。

4.4.3.2 非线性作用的特点

信息生态环境这个复杂的大系统是一个远离平衡的开放系统，其内部存在着多个子系统，子系统内部又有子系统，多级系统中的生态因子既相互联系又相互制约，共同决定着信息生态环境这个复杂的大系统的状态和演化的方向。信息生态环境这个复杂的大系统的系统要素之间的关系比较简单，多个子系统间及子系统包含各种生态因子呈线性关系，当信息生态环境这个复杂的大系统远离平衡态进入非线性区域后，多个子系统之间及子系统包含的各种生态因子之间将产生复杂的非线性作用，使得处于非平衡状态的信息生态环境这个复杂的大系统自身的组织及其与外界环境的作用都得到相互增强，这时信息生态环境这个复杂的大系统在一定的非线性条件下稳定性丧失，负熵流的作用促使形成突变，导致信息生态环境这个复杂的大系统在远离平衡的非线性区域内呈现出新的稳定有序的耗散结构。信息生态环境这个复杂的大系统是由信息人子系统、信息资源子系统、信息伦理子系统、信息制度子系统、信息技术子系统等组成的一个远离平衡态的开放系统，内部包含着多个变化着的生态因子，各个子系统以及各个生态因子之间存在着复杂的非线性关系，身居主导地位的信息人会使这种非线性关系更加复杂，该系统的内部要素之间彼此相生相克，既相互依存地存在和发展又会彼此遏制，甚至加速导致另一种或几种要素的衰亡，这正是信息生态环境这个复杂的大系统的诸多要素之间呈现非线性的、非对称性特点的体现，而且，信息生态环境这个复杂的大系统的各个子系统以及各个生态因子之间制约、适应、协调、影响、促进等关系使得彼此结合成一个整体，相互之间凝集的状态又会通过复合作用产生共振，这就会使单个子系统或子系统中的生态因子丧失了独立性，这也恰恰体现了各个子系统以及各个生态因子之间非线性的非独立相干性的特点，总之，通过非线性作用机制，使信息生态环境这个复杂的大系统的各个子系统以及各个生态因子之间有机地凝集在一起，共同产生整体的竞争协同行为，通过演化分叉过程，系统突变而产生有别于原系统的特性和优势，这种特性和优势又会反作用于各个子系统以及各个生态因子，产生协同效应。

4.4.3.3 超循环组织产生

超循环理论就如何描述和揭示信息生态环境这个复杂的大系统中存在的非线性作用及研究其演化，提供了一个重要理论工具。20世纪70年代，德国生物物理化学家艾根（M.Eigen）提出超循环理论，超循环理论蕴含和包括系统演化机理，循环模式从低级到高级依次分为反应循环、催化循环与超循环。反应循环是指其中任何一步的产物是先前某一步的反应物，反应循环是较低级的组织形式；催化循环是比反应循环更高级的组织形式，是二级循环网络，由多个反应循环相互联系而成；超循环是由催化循环在功能上耦合起来构成的第三等级的化学反应循环，是以循环作为亚单元，并通过功能连接起来所构成的再循环，通过循环过程的进行，使系统具有自组织所需的全部性质，系统能够稳定地、相干地、自我优化地演化。应用超循环理论可以诠释信息生态环境这个复杂的大系统的非线性作用的特点和表现形式，依据自组织理论可知：复杂系统中存在的微涨落被放大有其内在的原因，正是开放系统在远离平衡态时，其内部的要素之间的非线性相互作用，或系统与系统外界环境非线性相互作用的结果，这种作用必将使系统内部的诸多要素丧失独立性，诸多要素之间的信息传递是双向的，彼此之间形成互为因果的催化循环关系，从而导致微涨落逐渐被放大而形成巨涨落，系统内部要素之间或系统与系统外界环境之间的非线性相互作用必然会导致系统的循环的产生，而循环正是促进系统向有序方向演化的动力，而且系统的各个子系统之间的复杂相互关系就其整体而言表现为一定的循环形式，而且这些循环结构的稳定性正是由于子系统之间的功能耦合、循环互动而造成的非线性作用，因此，超循环组织集中体现了该系统的非线性作用的结合途径和表现形式深刻揭示了该系统演化内部动力的相互作用，以及竞争和协同关系与该系统循环演化形式之间的内在联系。而且该系统的各个子系统之间的复杂相互关系在整体上表现为一定的循环形式，这些循环结构的稳定性正是信息生态环境这个复杂的大系统的子系统之间的功能耦合、循环互动造成的“非线性”。

4.4.3.4　非线性超循环演化

通过超循环过程的进行，使该系统具有自组织所需的全部特性，并且能够稳定地、相干地、自我优化地进行循环演化。信息生态环境这个复杂的大系统是由各种子系统整合而成的，每一个子系统都相当于一个反应循环，例如，对于信息资源子系统，原始信息是杂乱无章的，通过输入信息采集技术和信息加工、整理技术等，通过信息人和机器设备的作用，就会使原始杂乱无章的信息变成能够满足信息人需求的各种信息资源。信息生态环境这个复杂的大系统中的每个子系统在时间轴上相互联系就会形成二级循环网络，此时，各个子系统之间相互联系，相互作用，具备反应循环特征的每一个子系统又为其他子系统提供催化支持，从而形成催化循环，例如，信息技术子系统会为信息资源子系统的发展创造直接的技术支持，并直接作用和影响信息资源集合的发展速度。子系统间的催化循环，达到功能上的相互耦合和彼此催化支持，最后信息生态环境这个复杂的大系统必将形成一个超循环系统。形成超循环的信息生态各子系统之间既竞争又协同，从而选择和进化，使该系统不断向有序方向演化。该系统的演化发展过程中的各种非线性作用，具体表现为各种超循环组织的形成、发展、解构和重组，超循环是该系统非线性作用的载体和表现形式，从本质上来说，超循环组织的形成，是正反馈和负反馈这两种基本形式耦合的结果，耦合才会而成的多重反馈结构。正反馈有利于该系统的涨落，负反馈有利于该系统自组织过程的稳定，而且这种稳定性是动态的稳定性，正负反馈作用在不同的条件下表现出不同的主导地位，负反馈抵消该系统的随机或偶然要素，抵御外部宏观大环境对信息生态环境的随机或偶然噪声，控制信息生态环境保持稳定性，而正反馈则把信息生态环境中的随机或偶然因素放大，可使信息生态环境越来越偏离稳定状态，甚至导致该系统崩溃。正负反馈的作用是相辅相成的，如果信息生态环境中仅仅存在负反馈，信息生态环境一味地稳定，那么信息生态环境不可能向高级有序结构演化；反之，假如信息生态环境仅仅存在正反馈，那么信息生态环境这个复杂的大系统就一直处在动荡状态，无法向高级有序结构的演化。

4.4.4 信息人理性制约机制

由于信息生态环境是指对信息人的生存、生活和发展有直接或间接影响的信息因素的总和。信息生态环境中的信息因素包括对信息人的生存、生活和发展有直接影响的其他信息人成分、信息内容成分、信息技术成分、信息时空成分、信息制度成分等。如果没有信息人，也就不存在信息内容成分、信息技术成分、信息时空成分、信息制度成分等，因此，也就不存在因为信息人的欲望而产生的各种冲突，就不存在信息人之间矛盾的调和与控制。所以说，信息人始终是信息生态环境的主体，信息人的理性因素与非理性因素是信息人认识活动结构中不可分离的两个部分，不仅理性因素在信息人的认识过程中发挥重要作用，非理性因素同样发挥着重要的作用，所以说，理性因素与非理性因素在信息人之间矛盾的调和与控制中均发挥着重要的作用。依据马克思主义哲学观点，信息人的概念、判断、推理，分析、综合等理性认识的因素和信息人的直觉、灵感、顿悟等非理性认识因素是互为前提、互相包含的、互相转化的。由于受到环境中不确定因素、问题的不明确因素、信息的不健全因素、信息人个人偏好经常变更、社会价值取向不稳定等的影响，信息人的理性程度会在不同的时空状态下发生变化，而信息人的理性程度也将直接制约信息人的决策行为模式。

4.4.4.1 完全理性的负熵引入机制

假定信息人在必要信息的收集、信息的综合分析、行为后果的推断和决策上是完全理性的，信息人要做到完全理性必须满足以下两个条件：首先，信息人具备目标理性（主观理性），即信息人能够追求自身利益的最大化（经济学理性的内涵）。其次，信息人具备过程理性（具有理性的能力），即给定信息人对外部环境的信念后能够最大化自己的报酬，能够“前后一致的”地做出选择。信息人的过程理性具体可以分为两个推理步骤：第一，信息人的认知理性（Cognitive），即信息人对相关环境可获得的信息与形成的信念之间的一致性，即信息人具有对相关环境形成信念的能力，也就是说信息人了解各种规则、以及具有理性的“共同知识”、对不确定性事物具有事前概率分布的判断，在动态过程中能够更新的相应的决策；第二，信息人的工具理性（Instrumental），即信息人对外部给定的机遇与固定的偏好之间的一致性，即信息人具有从既定的信念推导并采取相应策略的能力，也就是说信息人具有计算推理、预见、记忆、分析判断的能力，而且不会犯错误等。在假定信息人具备完全理性的基础上，那么信息人就可以依靠自身的演绎推理能力，就可以进行规则的分析，来人为设计能够实现自身收益最大化的机制。

（1）负熵的涵义

克劳修斯的热力学第二定律指出：系统内的熵一定会随着时间的推移逐渐增大，当熵值达到最大值时，系统则达到了最无序的平衡态，熵表现的就是系统内

无序态出现的程度，熵增过程就是系统愈来愈趋向于平衡而无序的过程。1956年布里渊在其负熵原理中定义："信息就是负熵，它描述系统有序度的状态量。"从热力学第二定律可知，系统的熵本来没有"正""负"之别，只有"高""低"之分，"熵"就是表征系统能量分布均匀度的状态量，"负熵"可以维持和提高系统本身的有序程度，降低因系统内部"熵"增加而带来的混乱程度。负熵量的大小，就代表进入系统的物质、能量和信息对系统的有序化的贡献的大小。因此，不能撇开具体系统谈论环境的负熵，更不能跳出环境与系统的关系来理解负熵的概念，如果把系统与环境交换得来的物质、能量和信息都认为是负熵更是错误的。普利高津提出了耗散结构理论，可以帮助我们科学地理解和把握负熵的概念。普利高津指出：一个远离平衡状态的系统，一方面系统内部的不可逆过程会产生熵变$d_i s$，并且$d_i s \geqslant 0$；而同时，系统不断地与环境产生物质、能量以及信息的交换关系，会促使系统从无序状态向有序状态转变，即系统发生熵变$d_e s$，并且$d_e s < 0$，即负熵流。根据耗散结构理论，系统的总熵变$ds = d_i s + d_e s$，此公式表明：系统通过交换关系和能量耗散，会从环境中吸纳负熵$d_e s$，当$d_e s$大于系统内部自发的熵增$d_i s$，即$|d_e s| > d_i s$，那么系统整体上必然可以达到熵的减少，即$ds = d_i s + d_e s < 0$，此时系统将进入新的非平衡状态，形成新的有序结构。

（2）负熵流促进系统进化

耗散结构理论指出：对于开放系统来说，系统的总熵变可以被分为如下两个部分。

$$\frac{ds}{dt} = \frac{d_i s}{dt} + \frac{d_e s}{dt} \tag{4-1}$$

$$\frac{d_e s}{dt} = \frac{d_\lambda s}{dt} - \frac{d_\beta s}{dt} \tag{4-2}$$

式（4-1）中：$\frac{ds}{dt}$代表系统内的净熵累计率，也就是系统熵变的总和，即系统的演化压；$\frac{d_i s}{dt}$表示系统内部自发的熵产生率，且$\frac{d_i s}{dt}>0$永远成立；$\frac{d_e s}{dt}$就是系统因与外部环境进行物质、能量、信息的交换而引起的熵的改变，此时$\frac{d_e s}{dt}$被称为为熵流，$\frac{d_e s}{dt}$既可以是正的，也可以是负的。

式（4-2）中：$\frac{d_e s}{dt}$的涵义与（1）中一致；$\frac{d_\lambda s}{dt}$代表系统的熵流出率；$\frac{d_\beta s}{dt}$代表系统的熵流入率。

根据式（4-1）可知：系统总熵变也就是系统的演化压$\frac{ds}{dt}$是系统内部源于自发的熵流$\frac{d_i s}{dt}$与系统因与外部环境进行诸如物质、能量、信息的交换而产生的熵流$\frac{d_e s}{dt}$之和。如果$\frac{ds}{dt}>0$，那么系统的混乱程度必然增加，系统的演化方向是走向退化，从有序走向无序；如果$\frac{ds}{dt}<0$，那么系统的混乱程度将逐渐减小，促使系统向进化的方向演化，跳出无序走向有序。

通过以上分析可知，要想使系统向有序的方向演化，必须使$\frac{ds}{dt}<0$。

根据式（4-1）和式（4-2）可知：

因为：

$$\frac{ds}{dt}<0$$

$$\frac{ds}{dt}=\frac{d_i s}{dt}+\frac{d_e s}{dt}$$

$$\frac{d_e s}{dt}=\frac{d_\lambda s}{dt}-\frac{d_\beta s}{dt}$$

所以：

$$\frac{ds}{dt}=\frac{d_i s}{dt}+\frac{d_e s}{dt}=\frac{d_i s}{dt}+\left(\frac{d_\lambda s}{dt}-\frac{d_\beta s}{dt}\right)<0 \tag{4-3}$$

根据式（4-3）和$\frac{d_i s}{dt}>0$可推知$\frac{d_e s}{dt}<0$，即$\frac{d_e s}{dt}=\frac{d_\lambda s}{dt}-\frac{d_\beta s}{dt}<0$，并且

$$\left|\frac{d_\lambda s}{dt}-\frac{d_\beta s}{dt}\right|>\frac{d_i s}{dt}$$

因为：

$$\left|\frac{d_\lambda s}{dt}-\frac{d_\beta s}{dt}\right|>\frac{d_i s}{dt}>0$$

所以：

$$\frac{d_\beta s}{dt}>\frac{d_\lambda s}{dt} \tag{4-4}$$

根据式（4–4）可知，要使系统向进化的方向演化，系统的总熵变要小于系统内部产生的熵增，也就是系统要引入负熵流。换句话说，负熵流的引进，才能使系统的总熵下降，系统总熵下降才能使系统向有序状态演化，而低熵有序状态的前提是确保系统处于开放状态，而且要从外界得到足够的负熵流。

（3）负熵引入机制

系统通过各种信息交换和能量耗散，大量吸纳环境中的负熵 d_es，当 d_es 高于系统自身产生的熵增 d_is，即 $d_e s > d_i s$，从整体上看，系统的总熵必然减少，即 $ds=d_is+d_es<0$，系统就会进入非平衡态，新的有序结构促使系统向有序状态演化。因此，为了使系统向有序方向演化，引进外界环境的负熵流，是系统维持和发展有序结构的外因条件和前提。系统总熵的控制要以与外界宏观大环境输入与输出为条件，必须不断地与外界宏观大环境进行物质、能量和信息的交流，抗拒该系统内部产生的熵增，使总熵减小，增加该系统的有序度。但是，必须注意负熵的引入的负面效应——弱逆效应。弱逆效应是指如果从外部宏观大环境交换得来的物质和能量不能得到有效的利用，就不会对信息生态环境这个复杂的大系统的有序化有所贡献，反而会加剧信息生态环境这个复杂的大系统内部的混乱，使信息生态环境这个复杂的大系统更加无序。例如，如果引入高新技术，本来是希望可以推动信息技术的进步，但可能会因为技术过难而引起数字鸿沟，反而伤害了信息人使用技术的积极性，结果信息生态环境这个复杂的大系统的信息资源数量和质量不升反降，因此，负熵引进机制在发挥作用时，一定要注意系统内部各要素的协调融合问题，使负熵的抗拒系统内熵增，凸显正面效应，促使信息生态环境这个复杂的大系统的有序度的提高，促进信息生态环境向进化的方向演化。

4.4.4.2　有限理性的自发学习机制

信息人的行为是理性的，但不可能是完全理性的，也就是说信息人的理性是有限的。首先，信息人所处的环境是复杂的，信息人在面对复杂的、不确定的外部环境时，信息活动越多，信息行为的不确定性就越大；其次，信息人对外部环境的计算能力和认识能力是有限的，信息人不可能无所不知；第三，信息人由于受到情境变化的影响，信息人总是要凭借“有限的智力资源”来面对“无限的情境变化”，此时，信息人的理性根本就无法全部发挥作用，信息人的理性必然是有限理性的。信息人的有限理性表现在以下两个方面：一方面，由于信息的有限性，信息人的决策的理念与客观实际的背离，这直接导致“决策理念的有限理性”；另一方面，由于智力的有限性，信息人受到知识、经验、阅历与世界观等方面因素的限制和影响，使理性在决策过程中根本无法全部发挥作用，这种情况导致“决策过程的有限理性”。

（1）有限理性与演化博弈分析

“有限理性”的概念最先是由西蒙提出，演化博弈的假设基础是“有限理性”。由于信息人大量非理性的主观心理行为：情绪、直觉、性格、感觉等和知识的未知状态、不可预测性和多样性等必然造成信息人不同层次的有限理性，导致信息人实际行为方式的无序化。如果应用经典博弈论模型分析信息人的行为，就必须假设信息人具有使自己支付最大化的主观意识和具备应对对手策略的最优反应能力，这在实际的信息活动中，这种完全理性假设是不现实的。演化博弈论与经典博弈论不同，放弃完全理性假设，演化博弈论是基于有限理性为假设前提。在信息生态环境中，信息人有限理性意味着信息人会通过一段时间的学习和效仿选择博弈策略，逐渐实现策略选择的均衡，这种策略选择的均衡必须是以不断学习调整为基础的，而不可能是一次性选择的必然结果，更应该强调这种策略均衡不是一成不变的而是极易再次偏离的，这表明演化博弈的均衡并不是长久的，会随着条件的变化而变化，随之达到新的均衡。演化博弈论的基本思想基础起源于达尔文的自然选择思想，应用演化博弈论来分析信息人的策略选择时必须谨记：信息人在选择的时候，特别是在做特别复杂的选择的时候，又或者在仿效前人策略的时候与达尔文所阐述的动物自然选择的行为极其相似，正是由于信息人的这种“复制动态”，即信息人是在有限理性的博弈中模拟学习和调整策略的，信息人的这种“复制动态”（Copy Dynamic）过程是促进信息生态环境演化的最主要的动态机制之一。

（2）个体的学习和模仿的动态过程

演化博弈论是传统博弈论和生物学的进化理论相融合产生的一种新型理论，

应用演化博弈理论来分析信息人的行为必须遵从这样的一种思想：具有有限理性的信息人个体或者群体是不可能准确地知晓自身所处一切环境状态和未来发展的方向的，而是会在众多策略中选择最对自己有利的策略，并通过不断地效仿和学习其他信息人个体或者群体，直到达到整个信息生态环境这个大系统的均衡状态；在选择策略的过程中，信息人可以从过去的经验和教训中汲取知识，也必然会受到其他因素的影响，这种影响既包括对其他信息人个体或者群体的学习和效仿，也包括社会交流等因素。总之，演化博弈中信息人个体的决策过程包含了信息人群体随时间的推移而不断走向演化均衡的过程，虽然这个均衡有可能是暂时的、不稳定的，但是这个稳定的信息人群体分布实际上是信息人对来自于博弈的历史经验的反应，也是信息人的策略学习过程。因此，从有限理性假设出发，以信息人种群为研究对象，认为信息人的行动是一个动态学习调整的过程，即信息人个体通过学习、模仿等动态调整过程做出决策并达到均衡的过程。这是基于信息人以观察为基础的归纳能力，信息人可以分析以惯例、习俗体现的规则，从而促进信息生态环境的自发演化过程。

由于存在社会分工，信息人群体必然是异质性群体（Heterogeneous Population），即信息人群体是由性格特点不同而又互相依赖的信息人构成的社会群体。在信息生态环境中，社会分工使信息人的职业呈现专业化的特点，因此，在社会化大生产中，信息人之间需要相互支持，团结协作。由于信息人群体是异质性群体，异质性群体的特性必然对信息人的决策所产生的积极影响，信息人群体的博弈必然是异质性博弈。1978年，Taylor and Jonker在考察生态演化现象时首次提出复制子动态（Replicator Dynamics）概念，依据复制子动态（Replicator Dynamics）概念，信息生态环境中所有信息人种群被看作一个大群体，每个信息人种群行为规律可以被视为一个策略，那么整个信息人种群就可以被视为一个选择不同策略的个体，在群体中随机抽取一对信息人进行两两博弈，同一群体的信息人个体之间的博弈是对称博弈，演化稳定策略的概念就来源于单种群对称博弈，后来经过不断的发展渐渐扩展到多种群非对称博弈。

4.4.4.3 非理性的混沌机制

“非理性”是相对于“理性”而言的。非理性因素主要包括信息人的情感、意志、欲望、信念、信仰、动机、习惯、本能等意识形式。非理性因素，本身并不属于信息人的认识能力，但对信息人的认识活动的发动和停止、对信息人认识能力的发挥与抑制起到非常重要的控制和调节作用。情感、意志、欲望、信念、信仰、动机、习惯、本能等非理性因素给信息人的认识活动、认识过程提供了动力、动因和调节控制的机制。信息生态环境的演化过程是信息人人为设计与信息生态环境自发演化互相交织在一起的，在信息生态环境演化的过程中，有些时候信息人的理性能力并不是理性的，有时是停留在信息人生物种群生存本能的"非理性"层次上，这就导致信息生态环境的演化过程是复杂多样、丰富多彩的，完全呈现出一种混沌机制。

根据信息人实践的现实表明：一方面，目前信息人的认识水平，还无法揭示出信息生态环境演化规律的整个面貌；另一方面，依据波普尔的证伪主义科学哲学理论可知："科学本身是人类对自然界和人类社会的认识过程，是不断地向前发展的，永远没有止境。"因此，目前信息人掌握的有关信息生态环境演化的现存的科学理论具有不完全性，现在我们掌握的信息生态环境演化的相关知识和理论的发展永远不可能达到顶点，也就是说信息人的理性无法洞悉信息生态环境演化的机理，信息人也无法理性地预测信息生态环境的演化方向和演化特点。基于以上两点，可以推知：信息生态环境演化的过程必然超越信息人的理性制约，出现不同于渐变的突变，即从有序态演化进入非平衡混沌演化。混沌是决定论信息生态环境这个复杂大系统的内在随机性，具有混沌特点的信息生态环境这个复杂大系统，它的短期演化路向和演化程式是能够被预测的，但随着演化过程的长期累进，无法预知最终的演化结果；混沌具有对初值的敏感依赖性。对混沌的信息生态环境这个复杂大系统，初始值的"失之毫厘"会导致演化结果的"差以千里"。但是需要指出：信息生态环境这个复杂大系统的混沌不是简单的无序，也不是通常意义下的有序。信息生态环境这个复杂大系统演化的混沌运动具有非周期性特征，而且呈现周期运动对称性的破缺，而信息生态环境这个复杂大系统演化的对称性破缺实质上意味着有序程度的提高，所以信息生态环境这个复杂大系统演化混沌运动是另一种类型的有序；其次，信息生态环境这个复杂大系统演化非平衡混沌遵循着某些共同的规律：混沌源自非线性动力系统，而动力系统又产生于多个方面的“决定性的非周期流”，系统初始条件的微小变化会引起系统演化结果“蝴蝶效应”的巨大变化。

信息生态环境这个复杂大系统演化的混沌态就是一种内部处于高度不稳定的状态。信息生态环境这个复杂大系统演化的混沌态使信息人领悟到信息生态环境这个复杂大系统的演化除有序和稳定以外，还有更多不为信息人理性所洞悉的东西。信息生态环境这个复杂大系统演化的混沌态让信息人正视自身的局限性，使得信息人明白：通常信息人对信息生态环境这个复杂大系统的感性认识受制于信息人自身理性的限制。混沌机制的理念将改变信息人的世界观，混沌机制的理念给信息人的启迪体现在以下三个方面：第一，混沌机制表征随机性，把外在的无序与内在的有序融为一体，这使信息人充分地认识到偶然性和必然性的辩证统一关系。首先，偶然性在信息生态环境这个复杂大系统演化过程中并非是无足轻重的东西。其次，混沌意味着信息人对信息生态环境这个复杂大系统演化的预测能力受到局限，由于初始条件的不确定性会传导并扩展到整个吸引因子上。信息生态环境这个复杂大系统演化的混沌机制将决定性和随机性集于一身，同时既是偶然性又是必然性的东西。信息生态环境这个复杂大系统演化的混沌机制体现出：表面的有序掩藏着内在奇异的无序，无序到极致又呈现出更奇妙的有序。第二，信息生态环境这个复杂大系统演化的无规无序的运动仅在有限测度的空间进行。混沌吸引因子的限制性特点，使得系统内部的相关因子存在吸引与排斥的对立统一关系。系统内相关因子会向吸引因子靠拢，使得信息生态环境这个复杂大系统的运动呈现“稳定性”，而相关因子一旦到达吸引子处，其运动方式又相互排斥，又会呈现“不稳定”的一面，信息生态环境这个复杂大系统“稳定”与“不稳定”形成了一个矛盾的统一体。第三，信息生态环境这个复杂大系统是统一的整体，既不能完全依靠牛顿比较推崇的确定论体系来研究，也不能完全依靠统计力学的概率来描述，完全的决定论体现的是抽象极限的情形，而纯粹的概率论同样表征抽象的极限，对信息生态环境这个复杂大系统的研究必须介于二者之间。应用混沌机制来研究信息生态环境这个复杂大系统将帮助信息人从更为实际的角度认识信息生态环境这个复杂大系统，使信息人从确定论和概率论的根深蒂固的人为对立中解脱出来。

本章参考文献

[1] 娄策群,赵桂芹.信息生态平衡及其在构建和谐社会中的作用[J].情报科学,2006,24(11):1606-1610.

[2] 周秀云,娄策群.信息生态群落演替的概念、过程与特征[J.情报理论与实践,2011,(6):12-14.

[3] Barnett, William P. The red Queen in Organizational Evolution[J]. Strategic Management Journal, Vol.17, 1996, 139-157.

[4] Lawrence, P. R. and J. W. Lorsch. Organization and Environment : Managing Differentiation and Integration[M]. Boston, 1967.

[5] Harman Michael T. & John Freeman. Structural Inertia and Organizational Change[J]. American Sociological Review, 1984, 49(2):149-164.

[6] Campbell D.T.A general. Selection Theory, as Implemented in Biological Evolution and in Social belief -Transmission-with-Modification [J].Science Biology and Philosophy 1988(3):171-177.

[7] 吴彤.自组织方法论研究[M].北京:清华大学出版社,2001:11.

[8] 刘艳梅,姜振寰.熵、耗散结构理论与企业管理[J].西安交通大学学报(社会科学版),2003,23(1):88-91.

[9] 徐大伟,王子彦,郭莉.工业生态系统演化的耗散结构理论分析[J].管理科学,2004,17(6):51-56.

[10] 屈耀辉,曾五一.公司治理演变之机理基于熵与耗散结构理论的诠释[J].现代财经,2004,24(7):36-40.

[11] 胡皓,楼慧心.自组织理论与社会发展研究[M].上海:上海科技教育出版社,2002:51-54.

[12] H.哈肯.协同学引论:物理学、化学和生物学中的非平衡相变和自组织[M].徐锡申,等译.北京:原子能出版社,1984:3.

[13] 彭新武.复杂性思维与社会发展[M].北京:中国人民大学出版社,2003:29-52.

[14] 艾根.超循环论[M].曾国屏,沈小峰,译.上海:上海译文出版社,1990: 10-43.

[15] 吴延涪.新自然史——自组织理论与自然系统的演化[M].北京:化学工业出版社,1993:37-40.

[16] 刘振.发展循环经济实现可持续发展——自组织超循环运行机理透视[J].节能与环保,2004(8):23-24.

[17] Lloyd, Tom. Giant with Feet of Clay Tom Lloyd Offers a Contrasting View of Business Process

Reengineering [J].Financial Times, 1994,12(5):8-10.

[18] E.N.洛伦兹.混沌的本质[M].刘式达,等译.北京:气象出版社,1997:3.

[19] 欧文·拉兹洛.进化:广义综合理论[M].北京:社会科学文献出版社,1988:2.

[20] Haken H. Information and Self-Organization: A Macroscopic Approach to Complex Systems[M]. Springer-Verlag,1988:11.

[21] 沈小峰,吴彤,曾国屏.自组织的哲学—— 一种新的自然观和科学观[M].北京:中共中央党校出版社,1993:25.

[22] 蒲汉昕.可持续发展与地球表层的进化[J].中国人口、资源与环境,1994(4):15.

[23] G. Nicolis and I. Prigogine, Self-Organization in Non-Equilibrium System, from Dissipative Structures to Order through Fluctuation [M]. New York: Wiley, 1977:60.

[24] 蔡绍洪,彭仕政,伍进,等.耗散结构与非平衡相变原理及应用[M].贵阳:贵州科技出版社,1998:14-26.

[25] 李红岩.论经济熵增的系统控制[J].山西财经大学学报,2000,22(2):11-12.

[26] 湛垦华,沈小峰.普里高津与耗散结构理论[M].西安:陕西科学技术出版社,1982:26-48.

[27] 谢识予.有限理性条件下的进化博弈理论[J].上海财经大学学报,2001,3(5):3-9.

[28] 黄凯南.演化博弈与演化经济学[J].经济研究,2009(2):132-145.

[29] Lewin A,Long C. The co-evolution of new organizational forms[J].Organization Science,1999,10(5):535-550.

[30] 吴宇晖,宋冬林,罗昌瀚.演化经济学述评[J].东岳论丛,2004,25(1):56-60.

[31] 黄昱方,秦明青.创业团队异质性研究综述[J].科技管理研究,2010(16):142-145.

[32] Elena Inarra, Annick Laruelle. Discriminating bu Tagging: Artificial Distinction, Real Discrimination, IKERLANAK, 2011, 50(11):1-2,4-6.

[33] 刘辉锋.演化经济学与经济变迁理论的新视野[J].天府新论,2004(3):25-27.

5 信息人对信息生态环境和谐演化的促进及模型构建

5.1 信息人主观能动性与信息生态环境演化之间的关系

信息生态环境演化的自组织规律是客观的，作为一种客观性规律，信息生态环境演化的自组织规律不仅不依赖于信息人的主观意识，反而会支配信息人的主观意识活动。正如我国战国时期的哲学家荀子所言："天行有常，不为尧存，不为桀亡。""常"代表规律，规律具有客观性，它是不以信息人的意志为转移的。信息生态环境演化的自组织规律的客观性昭示：信息生态环境演化的规律是不容忽视的，信息生态环境演化的规律是信息人无法主观创造和消灭的。正如恩格斯的观点：客观规律与人的主观能动性二者之间的关系是辩证的，"实际上，藐视辩证法是不能不受惩罚的"。因此，信息人在信息生态环境演化的客观规律面前绝不是完全处于消极被动的地位，在信息活动实践中，信息人能够探寻出信息生态环境演化的客观规律，并在信息实践活动中自觉遵循客观规律，进而达到改造信息生态环境，提高所有信息人福利的目的，并且，信息人可以改变信息生态环境演化规律的条件和表现形式，使信息生态环境演化朝着有利于提高信息人福利的方向发展。古人云"不废江河万古流"，必然性决定江河万古不变的向前流淌，但万古流淌的江河水是洪水滔天、危害生灵还是水流平稳、造福人类，这必然取决于人对江河的治理和疏导。因此，在信息生态环境演化的过程中可能会出现信息异化等对信息人不利的局面，例如信息污染、信息霸权、信息病态等，信息人可以采取有效的方法预防和控制这些信息异化现象对信息人的危害。实质上，信息生态环境的演化过程是自发演化与信息人人为设计互相交织在一起的，信息人可以对信息生态环境演化过程中出现的各种问题做出积极的、有选择的反应或回答，充分发挥信息人的主观能动性，通过信息人思维与实践的结合，主动地、自觉地、有目的地、有计划地反作用于信息生态环境。

5.1.1 信息生态环境演化的客观趋势

在信息生态环境演化的过程中，既有偶然和转瞬即逝的方面，也有必然而稳定的方面。信息生态环境演化的客观规律就是揭示演化过程中本质的、必然的、稳定的联系。信息生态环境必然由低级形态向高级形态发展演化，虽然会出现信息异化导致的暂时的曲折倒退，但不能改变信息生态环境演化前进的总趋势。

5.1.1.1 耗散结构的稳定性

信息生态环境由无数个信息生态系统构成，信息生态环境本身可以被看作是一个复杂的大系统，同时，信息生态环境是远离平衡的开放系统，其本身已经形成了耗散结构。信息生态环境这个复杂的大系统内部始终存在某种随机涨落，并且信息生态环境这个复杂的大系统的各子系统不存在绝对的孤立、均匀、对称关系，各子系统之间的差异以及由此产生的相互干扰，必然会导致信息生态环境这个复杂的大系统原有平衡态的微小偏差，这种微小的偏差，在物理学上被称为“涨落”。“涨落”分为两种类型：一类是由信息生态环境这个复杂系统自身产生的，称为“内涨落”，系统内的各子系统相互作用产生“内涨落”，“内涨落”的效应是局域的，其影响很小，这样的涨落所引起的信息生态环境这个复杂大系统的变化是非常缓慢的，而且不会改变系统的原有性质。另一类“涨落”是由于信息生态环境这个复杂的大系统外部扰动而引起的，这种外部扰动在一定条件下虽然会被放大而造成系统的内在行为上的较大改变，但在平衡区和近平衡区（线性非平衡区），系统的抗干扰能力会非常大，以致涨落造成的偏离会不断衰减直至消失，系统仍然保持定态而不失稳。因此，形成耗散结构的信息生态环境必然具有一定的抗干扰能力和稳定性，不会因为信息生态环境系统内部的微小涨落和信息生态环境系统外部弱小因素的扰动所破坏，一般性的涨落（波动）会被信息生态环境自身耗散结构本身所吸收，当外来的扰动与信息生态环境这个较大的耗散结构系统相遇并相互作用时，必将被信息生态环境这个较大的耗散结构所吞并，而不会影响信息生态环境这个较大的耗散结构的基本有序性。

5.1.1.2 巨涨落导致演化突变

在信息生态环境这个复杂的大系统演化形成耗散结构时，也必然存在着突变。突变是信息生态环境自组织演化过程所必经的“门槛”。从本质上讲，突变过程是信息生态环境这个复杂的大系统从一种稳定状态向另一种稳定状态的跃迁过程，是信息生态环境这个复杂的大系统实现质变的一种方式。因为在任何系统内部都必然存在着某种随机涨落过程，当信息生态环境这个复杂的大系统处于远离平衡的非线性区时，在外部噪声和内部涨落的共同作用下，系统中变量如果达到某一特定的临界值，就会放大各种微小扰动和内部涨落，形成“巨涨落”，促使系统突变形成一种新的、稳定的有序结构，此时新的、稳定的有序结构比原来的耗散结构更加谐调有序，即形成了更高一级的耗散结构。因此，在非平衡的信息生态环境这个复杂的大系统具备了形成耗散结构的条件后，随机的涨落通过非线性的相干作用和协同效应会被迅速放大，形成“巨涨落”，“巨涨落”必将导致系统失稳，从而使信息生态环境这个复杂的大系统发生相变，并形成新的稳定的、有序的耗散结构，即促使系统演化并跃迁到一个新的有序稳定态，此耗散结构比原耗散结构更协调、更高级。

5.1.1.3 重复演化分叉

信息生态环境这个复杂的大系统本身具有一定的稳定性，稳定性是信息生态环境发挥功能的条件，也是信息人认识、研究和控制信息生态环境这个复杂的大系统的出发点。但是，在信息生态环境这个复杂的大系统在向有序方向的演化过程中，外部或内部的突变危机作用到已形成耗散结构的信息生态环境这个复杂的大系统时，由于耗散结构所具备的回归力不足以抵制这种突变，所以“巨涨落”会使信息生态环境这个复杂大系统的原耗散结构解体或崩溃，推动系统向上或向下的运动，即出现演化分叉现象。如图5-1所示。

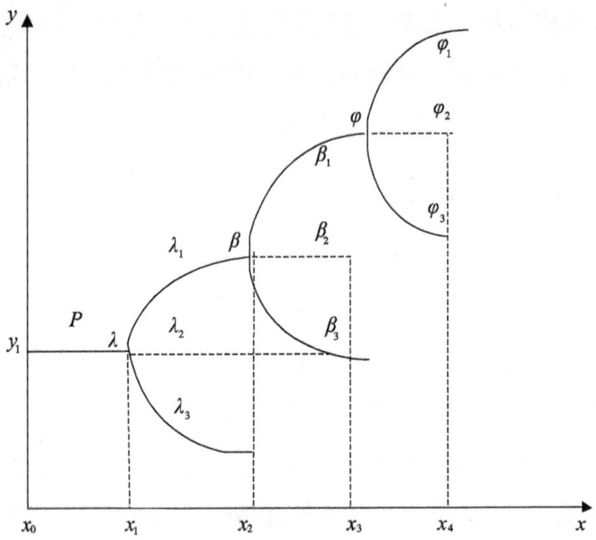

图5–1　信息生态环境演化分叉图

在图5–1中，纵坐标y代表信息生态环境这个复杂的大系统的状态变量，横坐标x代表信息人对信息生态环境的控制参数，即外加的约束条件对信息生态环境这个复杂的大系统的影响程度也是系统偏离平衡态的程度。每一个控制参数对应一种可能的状态，与x_0对应的y_1代表平衡状态。

当$x < x_1$时，影响系统控制参数较小，系统产生微涨落，但是无法打破信息生态环境这个复杂的大系统的稳定性，虽然微涨落不断地产生，但同时也会不断地被系统吞并和融合并使得微涨落衰减。此时由于没有达到和超过临界点x_1，系统会演化到非平衡的近平衡态P段，这是一种平衡态的延伸状态。

当$x > x_1$时，线段P延续到λ_2上的平衡状态就会失稳，原来信息生态环境这个复杂的大系统的的耗散结构状态就会崩溃、瓦解。此时，系统的微涨落不仅不会被原来的耗散结构吸收而衰减，反而会在非线性作用下，远离原来的平衡态，并在λ点发生非平衡相变，形成“巨涨落”，引起信息生态环境这个复杂的大系统的序度突变，此时，信息生态环境这个复杂的大系统跃变到稳定的分叉λ_1或者λ_3上，即此时信息生态环境这个复杂的大系统发生了演化分叉。由图5–1可知：两个新的稳定分叉λ_1和λ_3被不稳定的分叉λ_2所分隔开，信息生态环境这个复杂的大系统在λ点发生非平衡相变后，究竟向稳定分叉λ_1还是λ_3演化，将取决于大量微涨落中那些快速微涨落的类型。对于信息生态环境这个复杂的大系统来说，如果信息人能够优化信息生产、规范信息传播、加强信息伦理、信息制度建设，能够最大限度地满足信息人的需求时，信息生态环境这个复杂的大系统的自组织演化动力就会与信息人的有效影响发生积极的协同效应，那么，信息生态环境将向λ_1正向演化，信息生态环境这个复杂的大系统将形成新的、更高级的耗散结构；如果信息人不能够优化信息生产，信息传播混乱，信息伦理、信息制度建设滞后，无法正常满足信息人的需求时，信息异化问题就会突出，严重危害信息生态环境的和谐发展，那么，信息生态环境将向λ_3负向演化，信息生态环境这个复杂的大系统将衰退为较低级的耗散结构。

信息生态环境这个复杂的大系统的演化分叉过程会无限次重复，如图5-1所示，当信息生态环境这个复杂的大系统进入λ_1演化轨迹后，形成了新的、更高级的耗散结构，此时信息生态环境这个复杂的大系统具有一定的稳定性，虽然系统内外的微涨落不断地产生，但会不断地被系统吞并和融合，并使得微涨落衰减。此时由于没有达到和超过临界点x_2，系统会演化到非平衡的近平衡态，处于平衡态的延伸状态。当$x > x_2$时，延续到β_2上的平衡状态就会失稳，原来信息生态环境这个复杂的大系统的耗散结构状态就会崩溃、瓦解。此时，系统的微涨落不仅不会被原来的耗散结构吸收而衰减，反而会在非线性作用下，远离原来的平衡态，并在β点又一次发生非平衡相变，形成巨涨落，引起信息生态环境这个复杂的大系统的再一次序度突变，此时，信息生态环境这个复杂的大系统跃变到稳定的分叉β_1或者β_3上，即此时信息生态环境这个复杂的大系统又发生了新一轮演化分叉，同理，在φ点也会发生非平衡相变，形成“巨涨落”，引起信息生态环境这个复杂的大系统的新一轮序度突变，总之，信息生态环境这个复杂的大系统的演化分叉过程不断重复，实现了从低到高的渐进演化。

5.1.2 信息人的主观能动作用

恩格斯曾经说过：“人的主观意识是地球上最美丽的花朵。”在几千年的人类历史演化进程中，创造了令人叹为观止的世界文明，从茹毛饮血的荒蛮落后到凝聚着人类的智慧和创造精神的科技进步，无不与人类主观意识积极反映世界与改造世界的能力和活动息息相关。因此，遵照辩证唯物主义的观点，我们既要坚持信息生态环境的演化具有物质世界的客观性，也要了解信息人的主观意识依赖于信息生态环境的演化的客观趋势，同时，又必须承认信息人的主观意识对信息生态环境的演化具有能动作用，信息人具备改造信息生态环境的能力。

5.1.2.1 主观能动性

意识的主体是人的大脑，意识能动性的发挥，是指人脑通过思考来指挥人脑以外其他器官的活动。主观能动性的主体是人，除去人以外的其他一切事物相对于人自身来说都是客观的，人自身是主观的，因此人的主观能动性发挥，是既包括人的大脑的思想，也包括人脑以外其他器官的行为和动作。能动性是指主体对外界或内部的刺激或影响做出的积极的和有选择的反应，人的能动性被称为主观能动性。人的主观能动性能够通过思维与实践的结合，通过自觉、主动、有计划、有目的的方式反作用于外部世界，因此，人的主观能动性又被称为自觉能动性。发挥人的主观能动性包括以下两个方面的含义：一是人对客观世界的认识具有能动性；二是在认识的指导下人能够有目的地改造客观世界。发挥主观能动性就是指人的主观意识和实践活动对于客观世界的反作用或能动作用。人正是通过实践使认识客观世界和改造客观世界的活动二者统一起来，这一点正是人与动物的主观能动性的区别，因为动物是无法通过实践使认识客观世界和改造客观世界的活动统一起来的。

5.1.2.2 信息人主观能动性

信息生态环境是最复杂、最高级的有机系统，是一个包括信息人在内的多种要素之间相互联系、相互制约的有机统一整体。作为一个有机性极高的系统，信息生态环境作为活的机体，其结构不是由各种要素杂乱无章地堆砌而成，其机体的结构必然具有整体性、层次性和有机性等特点。信息人的主观能动性表现在以下四个方面：第一，信息人的生存和发展离不开信息生态环境为其提供的信息资源等所有客观的要素，而且信息人必须遵循信息生态环境演化的规律，于此同时，信息人也能够依靠自己的实践活动去创造自己所需要的信息资料，信息人对信息生态环境的演化过程能够施加有效的影响，并反作用于信息生态环境的演化过程。由此，信息人与信息生态环境之间构成了制约与被制约、改造与被改造的关系；第二，信息人在认识和改造信息生态环境的实践活动使信息人结合成一定的社会关系，由此信息人的实践活动又推动了信息人交往的普遍化和复杂化。在信息人之间的交往过程中，信息人不仅能够借助感觉、知觉、表象等认知的主观意识活动来感知、认识和理解信息生态环境中的各种现象，而且借助于概念、判断、推理等理性形式，信息人可以对获得的感性材料进行去粗取精的理性加工制作，通过认知系统的选择建构，从而突破感性认识的局限到达理性认识飞跃，把握和遵循信息生态环境演化的本质和规律；第三，信息人的主观意识的能动反应不只是一般的模仿，而是能动的创造，信息人在认识改造信息生态环境的实践活动中会按照一定的规则组合成的更加相互制约的稳定结构；第四，信息人不仅会认识和改造当前的信息生态环境，而且会对信息生态环境过去的演化过程和演化规律进行追溯，以及对信息生态环境未来的演化过程和演化规律进行预测，因此，信息人的主观能动作用可以超越特定时空的限制。

5.1.2.3 信息人主观能动性的作用

遵照辩证唯物主义的观点：信息生态环境的演化趋势具有物质的客观性，信息人对信息生态环境的演化趋势有能动作用。信息人的主观能动作用是信息人的意识所特有的积极反映信息生态环境与改造信息生态环境的能力和活动。主要表现在：

首先，信息人的主观意识具有目的性和计划性。信息人的信息实践活动不是盲从的，而是根据一定的目的和计划去确定反映信息生态环境中哪些问题，确定不反映哪些问题，确定如何去反映那些问题，表现出信息人主体的选择性。信息人活动的整个过程，始终会围绕着自身的目标和蓝图来进行，因此，在信息人的主观意识中，信息活动的目标必然被事先预设，而且会根据要实现的目标来先期规定信息活动的方式和步骤，即信息人的活动是在主观意识的支配的目的性和计划性的统一。

其次，信息人的主观意识活动具有创造性。信息人不仅能够借助感觉、知觉、表象等认知的主观意识活动来感知、认识和理解信息生态环境中的各种现象，而且借助于概念、判断、推理等理性形式，信息人可以对获得的感性材料进行去粗取精的理性加工制作，通过认知系统的选择建构，从而突破感性认识的局限到达理性认识的飞跃，把握和遵循信息生态环境演化的本质和规律；信息人主观意识反映信息生态环境中的对象不只是在头脑中简单地再现，而是会能动地创造。信息人的主观意识既能对信息生态环境当前的状态进行反映，而且会对信息生态环境的演化状态进行追溯和预测，超越特定时空的限制。

最后，信息人的主观意识还具有调节其生理活动的作用。基于医学的理论和实践：人的主观意识和心理活动对人体的生理和病理活动具有调节和控制作用。信息人主观意识活动属于心理因素，其会对信息人的健康状况有重要影响。信息人具有高度发达的神经中枢系统，信息人大脑皮层的高级神经活动受其主观意识活动的支配，而信息人大脑皮层的高级神经活动是其生理和病理活动的指挥棒，会引起各种生理、生化反应，必然会影响身体各器官的功能，干扰人体的新陈代谢，因此，信息人的主观意识必然会控制信息人的行为和调节其生理活动。

5.1.3 主观能动性与演化客观趋势的协同

依据主观意识活动的能动作用，信息人也可以对信息生态环境的演化进程和演化方向进行适当的控制，总之，必须用唯物的、辩证的观点去思考和把握信息人的主观能动性与信息生态环境演化二者之间的协同关系。主观能动性必须以客观性为前提。列宁认为："客观规律是实践活动的基础，认识和掌握客观规律是实现认识世界和改造世界的基础。"信息人在认识和改造信息环境时，必须要尊重信息生态环境演化的客观规律，信息人能够影响信息生态环境演化的进程和演化方向，但绝不是随心所欲地左右信息生态环境演化的进程和演化方向。正如信息人在信息实践活动中无法对生产力、生产关系以及社会形态进行自由选择一样，对信息生态环境演化的规律和进程，信息人只能遵循，但可以把握实践活动的脉搏和契机，来适时和适当地发挥信息人的主观能动性，才能真正实现并认识信息生态环境和改造信息生态环境的目的，而且信息人对信息生态环境演化的客观规律的洞悉越深刻、越正确，主观能动作用就越大。信息人在尊重信息生态环境演化的客观规律的基础上，要充分发挥主观能动性。因此，我们在强调信息生态环境演化规律的客观性，就是为了实现信息人主体的正确选择，于此同时，信息人主体的主观选择在信息生态环境演化发展中的作用是不容忽视的，信息人主体选择与信息生态环境演化发展的客观规律之间是辩证统一的关系。

5.2 信息人与信息生态环境演化的协同

20世纪70年代后期，德国理论物理学家赫尔曼·哈肯提出协同论，并于1977年发表《协同论导论》，协同论又称协同学或协和学。协同论认为：开放系统在远离平衡态时，必然由无序且混乱状态向有序且平稳状态、由较低级且有序状态向较高级且有序状态，或者从有序状态转向混沌状态。根据协同论的观点可知，信息生态环境这个复杂的大系统从无序向有序演化的关键是：信息生态环境这个复杂的大系统的子系统之间必须通过非线性的相互作用，随机涨落，各个子系统之间产生协同效应和相干效应，使得信息生态环境这个复杂的大系统在宏观上形成新功能的自组织结构，表现出新的有序结构。信息生态环境这个复杂的大系统中通常存在两种类型的运动：一种是信息生态环境这个复杂的大系统中子系统的独立运动；另一种是其子系统之间关联引起的协同运动。当子系统之间由于关联运动产生的能量小于各子系统因独立运动产生的能量时，子系统的独立运动就在信息生态环境演化过程中占主导地位，此时信息生态环境这个复杂的大系统处于无序状态；反之，子系统的独立运动必将受到束缚，信息生态环境这个复杂的大系统形成一种整体的运动特性，系统显示出有序演化的特征。由于信息人是这个复杂的大系统中的主体，在信息生态环境这个复杂的大系统中信息资源与信息环境都会受到信息人主观意志的制约，信息人在信息实践活动中不断地学习，并且通过学习与相互模仿行为，可以重复不断地进行调整和改进自身行为，进而制定和选择策略而实现逐渐壮大，成为信息生态环境的支配者，具有主导信息生态环境演化的能力。因此，在信息生态环境这个复杂的大系统演化过程中，信息资源、信息技术、信息制度等子系统内部的变化，以及各子系统之间的相互关联运动无不与信息人的行为有关，所以说信息人的行为是左右信息生态环境演化的根本动力。因此，要研究信息生态环境这个复杂的大系统各个子系统之间的协同演化，重点是研究信息人的主观选择行为之间的协同与竞争，而对研究信息人之间行为协同与竞争的工具的最优选择就是演化博弈论，演化博弈论可以作为研究信息生态环境的演化过程和演化机理的有效工具。

5.2.1 基于演化博弈的协同原理

演化博弈论是在传统博弈论的基础上发展起来的，由于传统博弈论强调参与者在每个决策阶段都必须是完全理性的，不允许犯错误，这一点不可能成立，人无法做到完全理性，更无法在决策的每个阶段都保持理性，因此，借鉴达尔文的生物进化论兼融合拉马克的遗传基因理论而产生的演化博弈论，首先摈弃了完全理性假设，其次更认同有限理性，应用演化博弈论能够解释系统演化过程中的现象和机理。演化博弈论强调动态的均衡：在博弈群体中，博弈参与者进行重复的博弈活动，因为博弈参与者是有限理性的，因此，博弈参与者需要反复试错，通过不断模仿与学习，不断调整和改进自己的行为策略，使自己越来越满意，最终达到一种稳定的均衡状态，并且此时任何一个博弈方都不愿意单方面改变其策略，此时的策略就被称为“进化稳定策略”（ESS）。ESS是通过不断调整和优化的结果，当少量干扰产生偏差之后能够自动恢复至稳定状态，具有稳定性。从演化博弈论视角看系统的演化，影响演化的要素是博弈主体和环境。依据演化博弈论的思想可知：信息人是参与博弈的主体，而且信息人主体既可以是个人也可以是组织，信息人之间适度的竞争与协同可以作为决定各种信息制度形式存在的动态选择机制。在这种动态选择机制的作用下，来自信息生态环境演化的压力促使每个信息人采取适合自身生存的行为，得到的各自的演化均衡为纳什均衡；而对于信息人种群来说，信息人的行为不需要满足预期一致性原则，只要求信息人明确什么是成功行为，什么是不成功行为，而不必清楚成功与不成功行为的原因，从而最大限度地降低了对信息人理性的要求。在信息生态环境演化过程中，演化过程是信息人首先通过选择机制选择博弈策略，然后经过互相博弈过程，占优策略通过扩散机制在信息人群体中扩散，让信息人个体的发展延伸为群体的发展，当信息生态环境的演化状态发展到靠近突变的临界点时，协同机制会促使各类信息人主体形成新的并且相对稳定关系结构，信息生态环境演化达到质的飞跃。

5.2.1.1 选择机制：演化稳定策略

选择机制是指信息人个体的选择行为的结果，选择机制包括学习行为和选择行为两个方面。在信息活动中，信息人的学习行为既包括有效利用现有知识也包括搜寻新知识的知识积累活动，博弈策略的选择是指信息人在博弈过程中按照某种标准筛选策略的行为，其中学习行为是选择行为的基础。选择机制具有动态性，由于信息人的不断学习，学习的结果导致信息人不断调整和修正博弈策略，正是因为选择机制具有动态性，信息人个体对策略的选择不仅会直接影响到自身，而且多个信息人动态选择效应的叠加，必将影响信息生态环境演化的方向。信息人的选择机制是信息生态环境演化中最根本的运行机制，是扩散机制、协同机制的运行的基础。当信息生态环境演化状态发展到某个临界点时，多数信息人选择机制的叠加效应将进一步强化，重组、淘汰的过程就会像雪崩一样迅猛发生，最后，在博弈中胜利的一个信息人或少数几个信息人取得主导地位，这种胜利者对博弈策略的选择在影响信息生态环境演化上尤为重要。

$$\psi_i(t)=\theta_i(t)\times\phi_i(\theta) \tag{5-1}$$

式（5-1）中：$\theta_i(t)$表示在t时刻选择策略i的信息人个体在群体中所占比例；函数$\phi_i(\theta)$表示某种具体选择过程，不同学习机制对应不同函数。选择动态的基本特征是：当初始状态下没有信息人采取某一纯策略i时，则永远不会被采用，参与者只能模仿那些已经存在的策略。

在选择机制的基础上，遵循信息人“试探学习”的行为逻辑，信息人“试探学习”行为是一种选择的突变行为。突变行为源于具有较高支付或较低支付的新策略，信息人选择新策略的过程是基于不断试错的尝试，通过学习与模仿的过程，信息人会不断修正和改进自己的行为，选择和模仿成功的策略，最后就会找到具有稳健性的博弈均衡解——演化稳定策略（Evolutionary Strategy Stable，ESS）。ESS是一种能够抵制微小扰动的博弈均衡，ESS的涵义是：当一个信息人群体处于Nash均衡状态（σ^*,σ^*）时，当少数变异者持有变异策略σ入侵时，少数变异者的侵略将被击退，原均衡状态（σ^*,σ^*）保持不变。ESS的涵义也可以做如下阐释。

若σ^*是ESS，则σ^*满足以下两个条件：

① 存在任意σ，有$U(\sigma^*,\sigma^*)\geqslant U(\sigma^*,\sigma)$；

② 若$\sigma^*\neq\sigma$，且$U(\sigma^*,\sigma^*)=U(\sigma^*,\sigma)$，则必有$U(\sigma^*,\sigma)>U(\sigma^*,\sigma^*)$

ESS的定义：对于非常小的正数γ，所有的$\sigma\neq\sigma^*$，都满足：

$$\mu[\sigma^*,(1-\gamma)\sigma^*+\gamma\sigma]>\mu[\sigma,(1-\gamma)\sigma^*+\gamma\sigma] \tag{5-2}$$

式（5-2）中，对于信息人群体中很小比例γ的突变策略σ，采取σ^*策略将获得更高的收益，σ^*策略即为演化稳定策略。突变策略是信息人群体的策略集合中不同于现有实施策略的一种策略。其中，策略集合包括所有的纯策略和相应的混合策略。当信息人群体通过选择机制的调整达到演化稳定状态时，此时信息人能够获得较高支付，此时的演化稳定策略将被更多的信息人采用，进而产生出一些一般的规则和制度作为信息人的行动标准。

5.2.1.2 扩散机制：复制动态

从信息人个体层次上看，基于基因遗传决定论，信息人一般会按照“惯例行为”（Inertia）从事信息活动，因为信息人变更策略需要成本付出，因此大多数信息人会按惯例采取行动，就会被锁定在已有策略中，这就导致信息人决策上的“近视眼”（Myopia），即当少部分信息人变更策略时，总是以现有策略状态作为已知条件进行分析，而不具有预测能力，这是因为信息人群体的人数较多，因此无法进行预测，也无法影响其他个体的决策。信息人的“惯例行为”（Inertia）导致由既定的信息制度、信息技术、信息资源等综合构成的信息生态环境内在结构的稳定性。

从信息人群体层次上看，信息人的行为不仅依赖于“惯例行为”，而且依赖于信息人群体中不同行为类型所占的比例。当信息人个体的某种信息行为效用高于群体加权平均效用水平时，那么这种行为就会不断地被其他信息人模仿，采用这种新策略的信息人的数量就会迅速增加，实现了高效用行为扩散的目的。信息人群体中行为扩散的具体过程如下：当信息人对"惯例"下的信息效用水平不满意时，少部分具有冒险精神的信息人就会通过信息生态环境"外部搜寻"或"内部搜寻"来改变"惯例"，不再局限于原有的最优策略，而是采用试错法的尝试行为（Trial and Experiments），采取其他各种策略，此时少部分信息人突然选择新策略，而其他大部分信息人发现新策略的收益高，就会学习和模仿，其中最有效率的信息人的行为会经选择过程而被大量复制。信息人之间通过互相学习与模仿，最有效率的信息人的行为策略会在信息生态环境中的信息人之间快速流转，引起其他信息人的模仿，最有效率的信息人的行为策略就会由信息人个体行为逐渐扩散成为信息人的群体行为，最后形成信息人群体性的策略复制行为。因此，扩散过程是最有效率的信息人的行为策略的一种传播过程，这种传播过程必须以博弈的占优策略为基础，并且随着时间的推移和空间的蔓延而实现不断复合的过程。

占优策略在信息人群体中的扩散过程是一种动态演化过程，可以用演化博弈论中的模仿者动态（Replicator Dynamics）来进行解释。

$$d\theta_i/dt = \theta_i(t)[\mu_t(s_i) - \bar{\mu}] \tag{5-3}$$

式（5-3）中，每一个信息人是特定的同类群体的代表，信息人长期坚持采用某种纯策略 s_i；采用某种策略 s_i 的群体比例 θ_i 的增长率 $d\theta_i/dt$ 是此策略效用 $\mu_t(s_i)$ 与群体平均效用差的严格增函数，即所有超出平均收益的纯策略都具有正的增长率，而所有低于平均收益的纯策略都具有负的增长率。

占优策略在信息人群体中的扩散过程是一种动态演化过程，演化均衡（evolutionary equilibrium，EE）是描述某特定策略在信息人群体中被采用的频数或频度的动态微分方程，不同于静态的ESS均衡概念，EE代表动态演化方程的均衡点，具有局部渐进稳定的特性。某一状态 s，如果满足在 s 的每一个开邻域 N 内，每一条初始路径都充分接近于 N 内部的一点 s，并渐进收敛到 s。

EE的分析方法：根据动态方程稳定性分析理论，分析雅克比Jacobian矩阵特征值，判断稳定性。针对信息人群体在信息生态环境演化过程中的互动现象，建立起具体的系统动态演化方程后，就可以分析其演化均衡的稳定性：首先，在要素博弈中找出所有的Nash均衡解；其次，判断这些Nash均衡解是否满足EE稳定性条件，即根据稳定性判据的特征根法，分析动力系统在平衡点处Jacobian特征方程式的根的正负，当所有的根小于零时，系统在平衡点处于稳定状态。

对于一维动力系统（同类群体2×2博弈）$\theta(t)=f(\theta)$，特征根为：

$\tau = \mathrm{d}f(\theta)/\mathrm{d}\theta$；

对于二维动力系统（同类群体3×3博弈，或不同类群体2×2博弈）$\theta_1 = F(\theta_1)$，$\theta_2 = G(\theta_2)$，

其雅可比矩阵为：$J = \begin{bmatrix} \partial F/\partial\theta_1 & \partial F/\partial\theta_2 \\ \partial G/\partial\theta_1 & \partial G/\partial\theta_2 \end{bmatrix}_{\substack{\theta_1 = \theta_{10} \\ \theta_2 = \theta_{20}}}$

其中，矩阵的迹为：$T = (\partial F/\partial\theta_1 + \partial G/\partial\theta_2)_{\substack{\theta_1 = \theta_{10} \\ \theta_2 = \theta_{20}}} = \tau_1 + \tau_2$，

行列式为：$D = (\partial F/\partial\theta_1 \times \partial G/\partial\theta_2 + \partial F/\partial\theta_2 \times \partial G/\partial\theta_1)_{\substack{\theta_1 = \theta_{10} \\ \theta_2 = \theta_{20}}} = \tau_1 \times \tau_2$

当$D > 0, T < 0$时，系统处于渐进稳定；

其中若$T^2 < 4D$，则为稳定焦点；若$T^2 > 4D$，则为稳定结点。

在群体层次上产生了种群演化的复制动力学演化博弈基本的选择动态（Selection Dynamics）表述为：信息人行为的扩散机制以个体为基础，因为当某个信息人的博弈策略成功时，其他的信息人必然模仿，信息人行为的扩散过程是由局部信息人个体的行为延伸成整个信息人群体的行为。基于扩散机制，让最初被几个信息人所选择的占优策略惠及更多的信息人，使其他信息人也选择占优策略，扩散机制使得信息生态环境中信息人的收益普遍增加，因信息生态环境中个体的发展升华转化为整个信息生态环境的演化。

5.2.1.3 协同机制：演化升华

从系统科学的观点看，协同机制依赖信息生态环境内部各要素的和谐相处，在远离平衡态的条件下，作为开放系统的信息生态环境的子系统之间相互作用，和谐相处，形成具有自组织功能的结构，促使息生态环境这个复杂的大系统由无序混乱状态变为宏观有序状态，实现结构的组织化和有序化。从横向上看，竞争与协同机制制约信息生态环境的演化过程，信息人或者信息人群体之间的协同作

用分为两种类型：基于信息人个体选择机制的自组织协同和基于信息人群体扩散机制的被组织协同。基于信息人个体选择机制的自组织协同是指，忽略外界的干预，信息人个体遵循相互默契的基本原则，在追求自身利益最大化的基础上，决定选择的策略会直接影响到其自身信息行为的发展方向与变化程度，信息人个体自发地为了谋求共同的利益，既各尽其责而又相互协调，通过信息人之间的协同合作，促使信息生态环境这个复杂的大系统完成演化和升华。基于信息人群体扩散机制的被组织协同是指，在外界的干预下，最有效率的信息人的行为策略会随着时间的推移和空间的延展开始在信息人群体中扩散，扩散机制导致同类或不同类信息人团结在一起，不管是主动的还是被动的，通过这种互相的协同就会抵抗外力的侵扰，促使信息生态环境这个复杂的大系统完成演化升华。

信息人为了自身利益的最大化，不可避免地发生竞争。于此同时，信息人之间以及信息人群体之间存在强大的相互联系和相互依赖性，信息生态环境在和谐演化过程中，信息人主体必将发挥各自的地位和作用，也就是说，信息生态环境的和谐演化是以信息人主体的协同关系为基础的，主体间互利共生的协同关系才会促进信息生态环境的和谐演化，只有各个信息人主体之间建立稳定的协作关系，各司其职，彼此之间相互联系相互依存，才会推动信息生态环境的演化。信息生态环境这个复杂的大系统在向有序方向的演化过程中，协同机制是指信息人个体通过选择机制，信息人群体通过扩散过程在巨涨落会使信息生态环境这个复杂大系统的原耗散结构解体或崩溃时，信息人博弈主体通过协同活动，会将信息生态环境这个复杂的大系统内部的无序变为有序，信息人之间的联合行为、合作行为、协调行为与同步行为至关重要。协同论认为，在信息生态环境这个复杂的大系统不断演化的进程中，特别是逼近演化的临界点时，作为博弈主体的信息人之间的关联作用会逐渐增强，此时系统的平衡状态就会失稳，原来信息生态环境这个复杂的大系统的耗散结构状态就会崩溃、瓦解。此时，由于信息人主体之间的关联协同行为起主导作用，在主体之间的协同作用的影响下，信息生态环境这个复杂的大系统的微涨落不仅不会被原来的耗散结构吸收而衰减，反而会在非线性作用下，远离原来的平衡态，并在临界点发生非平衡相变，形成巨大涨落，引起信息生态环境这个复杂的大系统的序度突变，此时，信息生态环境这个复杂的大系统将发生新的一轮演化分叉，因此，信息生态环境形成的新结构，建立的新秩序，源于协同机制，协同机制是信息生态环境这个复杂的大系统演化升华的主要动力。

5.2.2 协同演化过程

面对信息生态环境及其演化过程的复杂性，必须抛弃线性的、孤立的、静止的思考方法，运用关系思维和非线性思维，从根本上揭示信息生态环境演化过程和规律：既要揭示各种信息生态因子的竞争与协同的横向关系，又要揭示信息生态环境随着时间发展的螺旋式上升的纵向演化进程，也就是说要揭示信息生态环境纵向组织层次的跃升和横向复杂程度的折返增强的交叠螺旋上升的演化进程。协同演化是信息生态环境演化过程中最为常见的演化形式，可以说，信息生态环境这个复杂的大系统就是在协同演化的过程中形成并发展的，信息人的行为是左右信息生态环境演化的根本动力。因此，要研究信息生态环境这个复杂的大系统各个子系统之间的协同演化，重点是研究信息人的主观选择行为之间的协同与竞争，而对研究信息人之间行为协同与竞争的工具的最优选择就是演化博弈论，本节从分析微观的信息人之间协同与竞争的链式依存关系入手，应用演化博弈论以信息人的种群为研究对象，通过研究信息人群体行为的调整过程，特别是信息人种群结构的变迁来研究信息生态环境的演化过程，阐述其演化机理。

一定的信息空间内，由信息人个体、群体、群落同信息环境之间通过信息资源交换关系而形成的统一整体，即信息生态环境。在信息生态环境这个复杂的大系统中，信息生态链反映了不同种类信息人之间信息流转的链式依存关系，信息生态链由信息、信息人、传播路径共同构成，是信息生态环境这个复杂的大系统中的核心运转要素。如图 5-2 所示，依据数学、物理等学科中的多维空间概念，对信息生态链进行科学抽象，笔者认为信息生态链绝不是一条在二维平面上的线式链条，信息生态链中信息节点、信息内容和传播路径必然是由三维空间的三个坐标决定的，信息生态链客观存在的现实空间就是三维空间，具有三个维度的度量。根据当前的研究，可以把信息人划分为四种：信息生产者、信息消费者、信息传播者、信息监管者。其中信息监管者处于信息环境层，信息监管者负责实施宏观调控和信息实践活动的监管；信息生产者、传播者和消费者处于信息实践层，进行信息生产、信息传播、信息消费活动；信息生产者、信息消费者、信息传播者、信息监管者四种角色在信息流转时相互作用，构成三维空间的信息生态链，并成为信息生态链中的信息节点，如图5-2所示。

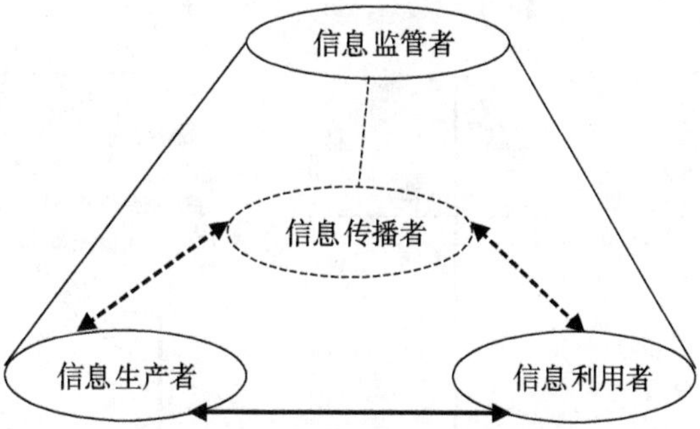

图5-2 简单信息生态链的基本结构图

对于多数的信息生态链来说都是复杂网络状结构，如图5-3所示。三维空间的信息生态链结构清晰显示了在信息生态环境这个复杂的大系统内各类信息人在信息流转中所扮演的角色和起到的作用。信息生产者、信息消费者、信息传播者三个子系统具有相对的独立性，分别代表三维空间的一个维度，每一个维度都代表一种信息人群体，信息生产者群体是由多个层级的信息生产者个体构成的，他的下游连接着的信息传播者群体也是由多个层级的信息传播者个体构成，同理，信息传播者群体下游是信息消费者群体，信息消费者群体也是多层级的，如此形成n种层级、结构复杂的多维度信息生态链结构。

信息生产者、信息消费者、信息传播者之间的相互作用关系使得形成不同的信息实践层面，而不同的信息实践层面又会受到信息环境层的信息监管者制约，信息生产者、信息消费者、信息传播者三个子系统之间的相互作用以及与信息环境层的相互制约关系，使整个信息生态环境形成了四面体的完整生态空间。一般来说，在同一信息实践层内，信息流动有纵向流动和横向流动两种形式：信息纵向流动是指信息在不同种类信息人主体之间的运动，代表信息资源的被转化和利

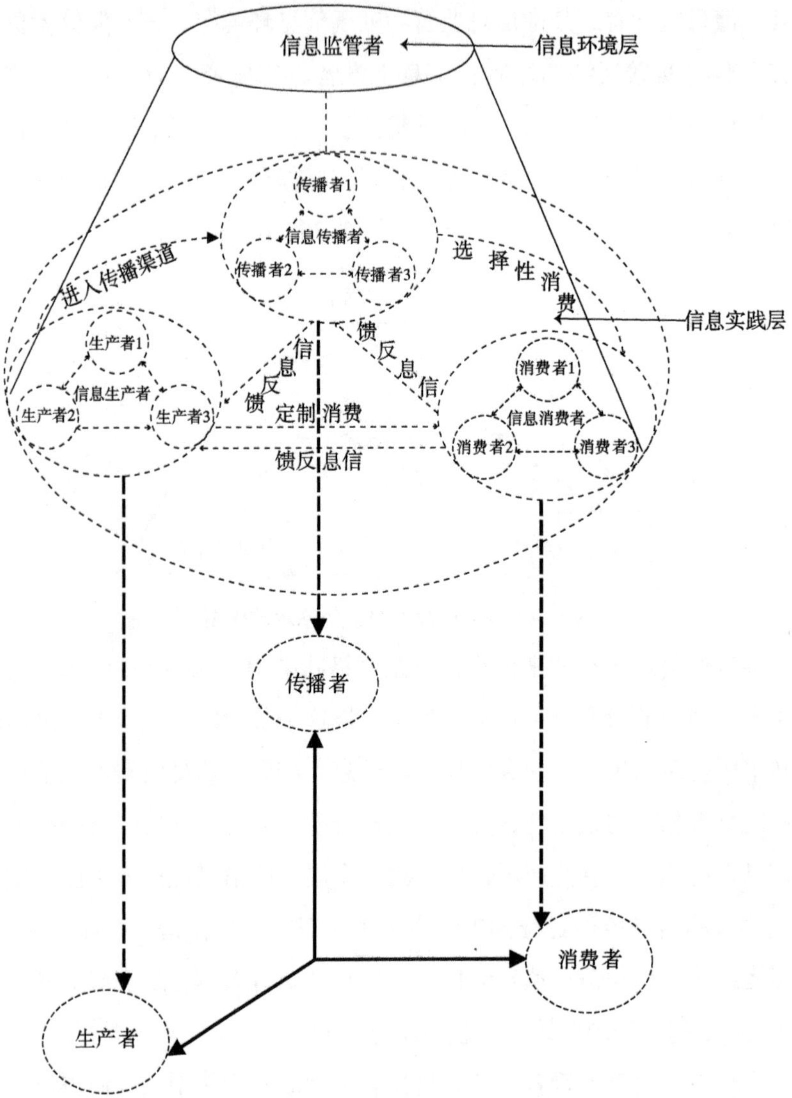

图5-3 三维空间的信息生态链结构图

用过程，即图5-3中信息实践层内，从信息生产者向信息传播者的信息流动、从信息传播者向信息消费者的信息流动；信息横向流动是指信息在同一类信息人主体内部的流动，即信息生产者内部的信息流动、信息传播者内部的信息流动、信息消费者内部的信息流动。造成信息横向流动的原因是由于同一主体可能既是信息消费者，又是信息传播者，甚至是信息生产者。在信息流转过程中，信息生产者是信息资源和信息生态链循环的创造者；信息消费者的需求是信息生态链和谐发展的不竭动力；信息传播者作为纽带促进信息的有效流转，信息消费需求的满足效果的好坏，信息传播环节的桥梁作用不可忽视，同时，除信息监管部门外，信息生产者和传播者也会承担一定的信息把关工作；信息监督者的作用是：使处于信息实践层的信息生产者、信息传播者、信息消费者之间的关系更规范，信息资源的质量与数量更加科学合理，为信息生态链的和谐演进奠定坚实基础。在信息生态环境这个复杂的大系统内各类信息人特别是处于信息实践层的信息生产者、信息消费者、信息传播者三种角色的信息人群体间是一种既竞争又合作的共生关系，各类信息人群体所掌握的信息不对称性及各自追求利益最大化的现状，使得这三类信息人群体间以及群体内部信息人之间进行着长期的持续性博弈。

5.2.2.1 横向同类信息人协同演化

信息横向流动是指信息在同一类信息人主体内部的流动，在图5-2的三维空间的信息生态链结构图中，信息生态链中处于同级节点的同类信息人之间的博弈普遍存在。

如图5-3中信息生产者集合中“生产者1”代表一类信息生产者种群，“生产者2”代表另一类信息生产者种群，以此类推，信息生产者节点实际上是由N类信息生产者种群构成的集合，在这个由N类信息生产者种群构成的节点中不同信息生产者种群之间时刻进行着竞争和冲突，但同时，同为信息生产者节点中的不同类信息生产者之间对共同利益的追求，会导致彼此间的合作与资源共享，即共生演进的协同博弈行为也会时时发生，进而信息生产者种群实现利益最大化的共同目标，达到演化稳定。同理，“生产者1”代表一类信息生产者种群，在“生产者1”这类信息生产者内部，也会存在同一物种中不同行为类型的个体间的竞争及对抗关系。在此借鉴梅纳德·史密斯（Maynard Smith）的鹰鸽博弈（Hawk-dove Game）模型（图5-4），以“信息生产者”为例，来讨论链内同级同类信息人之间的竞争与协同的演化稳定性，分析的过程和结果可以类推到“信息传播者”“信息消费者”节点中，横向协同演化是指在同一类信息人主体内部的竞争与协同，即在信息生产者内部的竞争与协同、信息传播者内部的竞争与协同、信息消费者内部的竞争与协同。

	鹰	鸽
鹰	$\frac{1}{2}(S-C)$，$\frac{1}{2}(S-C)$	S，0
鸽	0，S	$S/2$ ，$S/2$

图5-4 信息生产者节点的鹰鸽博弈模型

鹰鸽博弈模型并不是用来描述老鹰和鸽子这两种物种的个体之间对抗，而是用来描述同一物种中不同行为类型的个体间的竞争及协同关系。"生产者"节点作为一个种群，种群内部的个体必然具有鹰派好斗（Hawkish）和鸽派柔弱（Dovish）的两面性，如图5-4所示。"生产者"中的不同行为类型的个体间为争夺一种信息资源，其价值是S，如果争夺失败则会彼此付出一定的代价，付出成本为C。如果鹰进攻而鸽默许，前者得到信息资源，而后者一无所获$(S,0)$。如果双方都进攻或都被动，则各方获得资源的机会均等，概率是$\frac{1}{2}$。同时进攻，导致双方受伤，各自收益为：$\frac{1}{2}(S-C)$；同时默许，各自的收益为$\frac{1}{2}S$；上述即为"生产者"中的不同行为类型的个体间的策略式要素博弈。"生产者"中的不同行为类型的个体间的支付取决于选择鹰、鸽策略分别在群体中所占的比例。

如果$S>C$，则（鹰策略，鹰策略）是唯一严格的纳什均衡，也是唯一的演化稳定行动。如果$S=C$，则（鹰策略，鹰策略）虽然是唯一的纳什均衡，但此时的纳什均衡并不严格。分析图5-4可知，当一方采用鹰策略时，无论另一方采用鹰策略还是鸽策略，另一方获得的收益永远是0，由于$S>0$，采取鹰策略是双方的必然选择，（鹰策略，鹰策略）稳定存在。如果$S<C$，此时存在的纳什均衡不唯一，（鹰策略，鸽策略）、（鸽策略，鹰策略）都是纳什均衡，但不是稳定的纳什均衡。此时，完全采用鹰策略的信息生产者群体和完全采用鸽策略组成的信息生产者群体的演化都具有不稳定性。一般情况，采用鹰策略的竞争者当然愿意与采用鸽策略的合作者为邻，这样对竞争者来说是最有利，因为他们因竞争而获胜，但竞争者不能充满整个群体，否则整个群体的竞争就会极其残酷，采用鹰策略的竞争者也承受不了因为残酷竞争而付出的巨大成本。从生态长期演化的视角来看，信息生产者群体内部必然是一部分采用鹰策略，另一部分采用鸽策略，这

种鹰、鸽合作型的信息生产者群体才是稳定的，因此，可推知：$C>S$。

如果认定$C>S$，“生产者”节点单一群体的鹰鸽博弈ESS分析如下。

因为：$C>S$，所以，图5-4信息生产者节点的鹰鸽博弈模型的纳什均衡解为：$(S,0)$和$(0,S)$；

设“生产者”节点群体中采取鹰策略的比率为P，采取鸽策略的比率为$(1-P)$，则

采取鹰策略的种群收益为：$\mathrm{EH}=\frac{1}{2}P(S-C)+(1-P)S$；

采取鸽策略的种群收益为：$\mathrm{ED}=\frac{1}{2}S(1-P)$。

由于$C>S$，所以，当$\mathrm{EH}=\mathrm{ED}$时为混合均衡，及$P^*=\frac{S}{C}$。所以，该博弈有3个纳什均衡。

如图5-5所示，当$P>P^*$时，采取鸽策略收益更高，即$(1-P)$的比率必然增加；当$P<P^*$时，采取鹰策略收益更高，P比率必然增加。最终“生产者”节点群体比率的稳定均衡状态为$P=P^*$，即混合均衡为唯一的ESS。

“生产者”节点群体ESS均衡是一个静态的均衡概念，没有考虑到“生产者”节点群体的动态演化过程。“生产者”节点群体演化过程的稳定均衡概念应该与具体的演化过程有关。不同于静态的ESS均衡概念，演化均衡EE是具有局部渐进稳定的均衡点。演化均衡EE表示：某一状态t，如果满足在t的每一个开邻域M内，每一条初始路径都充分接近于M内部的一点t，并渐进收敛到t。

演化均衡EE分析过程如下。

针对“生产者”节点群体互动现象，在建立起具体的系统动态演化方程后，分析其均衡的稳定性：首先，在要素博弈中找出所有的纳什均衡解；其次，判断这些纳什均衡解是否满足EE稳定性条件。EE稳定性条件的判定要根据稳定性判据的特征根法，分析动力系统在平衡点处Jacobian特征方程式的根的正负，当所有的根小于零时，系统在平衡点处于稳定状态。由于“生产者”节点群体属于一维动力系统（同类群体2×2博弈），如图5-6所示，为了简化模型分析，先假设“生产者”节点群体是由甲和乙两类人组成。如果不标出收益的具体数值，就无

法阐明该博弈有哪些纳什均衡解。考虑该“生产者”群体博弈的有限理性问题，因为“生产者”是有限理性的，不管该策略是否为纳什均衡解，都可能有部分博弈方会采用。

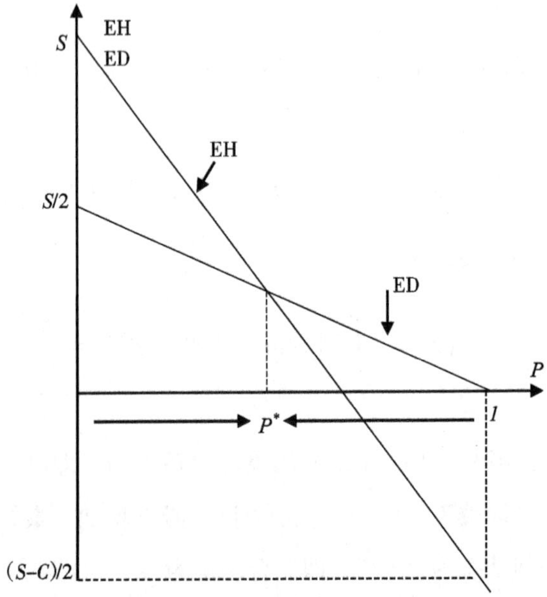

图5-5 “生产者”节点的鹰鸽博弈的混合均衡图示

		甲	
		鹰	鸽
乙	鹰	a，a	b，c
	鸽	c，b	d，d

图5-6 “生产者1”节点群体2×2博弈模型

在图5-6“生产者”节点群体中，有比例为x的信息人采用竞争性鹰策略，$(1-x)$的人采用合作性鸽策略，采用竞争性鹰策略、合作性鸽策略的博弈方的期望收益为U_1、U_2，群体平均收益为U_p。

$$U_1 = xa + (1-x)b \tag{5-4}$$

$$U_2 = xc + (1-x)d \tag{5-5}$$

$$U_P = xU_1 + (1-x)U_2 \tag{5-6}$$

根据上述收益公式得到复制动态方程即模仿者动态（Replicator Dynamics）为：每一个参与者是作为某一特定的同类群体的代表，坚持长期采用某种纯策略（鹰策略），采用鹰策略的群体比例x的增长率$\frac{dx}{dt}$是此策略效用U_1与群体平均效用U_p差的严格增函数：

$$\frac{dx}{dt}=x(U_1-U_p)=x(1-x)[(a-b-c+d)x+(b-d)] \tag{5-7}$$

令：$\frac{dx}{dt}=F(x)$，$F(x)$为x的单元函数。

因为$F(x)=x(1-x)[(a-b-c+d)x+(b-d)]$，可以推导出该复制动态的稳定状态最多为3个，分别为$x^*=0$，$x^*=1$，$x^*=\frac{(b-d)}{(a-b-c+d)}$。

一个稳定状态必须能够面对微小的扰动，保持稳健性才能被称为演化稳定策略。这相当于要求当干扰使x出现高于x^*时，$\frac{dx}{dt}=F(x)$必须小于0，即$F'(x)<0$，这就是微分方程的稳定性定理。

进一步证明可知，只有$x^*=\frac{(b-d)}{(a-b-c+d)}$才是ESS。因为$F'\frac{(b-d)}{(a-b-c+d)}<0$，而$F'(0)>0$，$F'(1)>0$。根据图5-7也可以看出，只有$x^*=\frac{(b-d)}{(a-b-c+d)}$才是演化稳定策略。

通过以上的分析可知：某一状态$x^*=\frac{(b-d)}{(a-b-c+d)}$，满足在$x^*=\frac{(b-d)}{(a-b-c+d)}$的每一个开邻域内，“生产者”节点群体一维动力系统的每一条初始路径都充分接近于$x^*=\frac{(b-d)}{(a-b-c+d)}$，并渐进收敛到$x^*=\frac{(b-d)}{(a-b-c+d)}$，所以，当$x^*=\frac{(b-d)}{(a-b-c+d)}$，即采用鹰策略的比例为$x^*=\frac{(b-d)}{(a-b-c+d)}$时，在这个由$N$个同类信息生产者构成的“生产者”节点中不同信息生产者之间共生演进的协同博弈达到演化均衡，进而“生产者”种群实现利益最大化的共同目标，信息生态环境达到演化稳定。

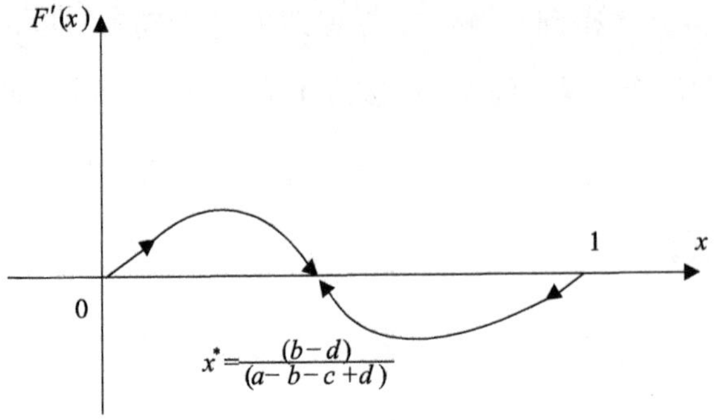

图5-7　演化均衡EE分析图

5.2.2.2　纵向两类信息人协同演化

信息纵向流动是指在同一信息实践平面内信息在两种不同种类信息人主体之间的运动，代表信息资源的被转化和利用过程，即图5-2中信息生产者与信息传播者之间的信息流动、信息传播者与信息消费者之间的信息流动，以及信息消费者与信息生产者之间的信息流动。不同种类信息人主体之间彼此之间都有相互关系，这里任选其中两对进行博弈分析。

在信息生态环境这个复杂的大系统中，信息纵向流动是指信息生产者向信息传播者的信息流动、信息传播者向信息消费者的信息流动、信息消费者与信息生产者之间的信息流动。鉴于信息生态环境的复杂性，信息人群体作为各种信息生态链中的不同节点，会形成各种上下级的链式依存关系。信息人群体上下游节点间的竞争与协同行为又分为以下三种情况：一是，同一信息生态链上下游节点间，包括信息生产者、信息传播者、信息消费者三个群体之中任意二者的竞争与协同行为。二是，处于不同信息生态链的不同信息人群体的同级节点之间，例如，信息服务平台之间的合作与竞争，某一省的省级图书馆和博物馆之间就存在这种关系。链间同级节点之间，双方处于同一级别，地位平等，彼此博弈时，一方无法强制另一方；三是，处于不同信息生态链链间不同信息人群体的不同级节点之间，例如，大型图书馆与小型档案馆之间的竞争与协同。此时由于实力相差悬殊，双方的博弈是不对称的，实力强的一方会在策略选择时施加影响，对弱势一方的最终选择施加影响，进而影响博弈结果。

在信息生态系统中，由于信息是一种战略资源，势必引起信息人之间的争夺，所以，信息人种群之间要进行博弈竞争无法避免，信息人作为博弈竞局中局中的人可以采取两种策略：一种是强硬进攻其他信息人的策略，即恶意的竞争策略，这种恶意的竞争策略将产生反向阻力，加速信息异化，破坏信息生态系统和谐发展，在此称这种策略为“鹰策略”，用字母H表示；另一种策略是善意的，主动与其他信息人进行协作的策略，这种善意的策略将会产生正向推力，抵制信息异化，会促进信息生态系统向和谐状态演化，称这种策略为“鸽策略”，用字母D表示。

博弈双方信息人的策略集均为（恶意竞争策略，协作策略）即（H，D）。当协作策略成为双方的选择时，就会产生协同及杠杆效应，双方都会获得新的创造的价值，此时双方也会为协作付出一定的成本；当恶意竞争策略成为双方的选择时，各自均会获得不协作时的收益；当一方恶意竞争而另一方协作时，则采取协作的一方要支付协作成本，而不协作方反而获得一部分额外的收益，这种收益被定义为背叛收益。为了博弈分析的方便，假设在信息人群体中随机抽取的两个人为信息人A与信息人B，通过分析信息人A与信息人B之间的博弈，可以类推出整个信息人群体的博弈。以下分析中的符号及变量界定如下：λ_A和λ_B分别代表信息人A与信息人B在选择恶意竞争策略时的正常收益；λ'代表信息人A与信息人B都采取协作策略时的超额收益；γ代表信息人A在双方都采取协作策略时在超额收益中的分配因子；C_A代表信息人A采取协作策略时所付出的成本；C_B代表信息人B采取协作策略时所支付的成本；E代表双方中的一方协作时而另一方采取竞争策略时，竞争一方所获得的背叛收益。

根据以上博弈变量的界定，可列出信息人A与信息人B在信息生态演化中的博弈支付矩阵，如图5-8所示。

		传播者 B	
		协作D	恶意竞争H
生产者A	协作D	$\lambda_A+\lambda'\cdot\gamma-C_A$，$\lambda_B+\lambda'(1-\gamma)-C_B$	λ_A-C_A，λ_B+E
	恶意竞争H	λ_A+E，λ_B-C_B	λ_A，λ_B

图5-8 不同种类群体博弈支付矩阵

如果信息人A采用协作策略的比例为μ，那么采用恶意竞争策略的比例为$1-\mu$；同理设信息人B采用协作策略的比例为ν，那么其采用恶意竞争策略的比例为$1-\nu$，因此，信息人A采用协作与恶意竞争策略时的适应度分别为U_D、U_H，信息人A的平均适应度$\bar{U}_A$分别为

$$U_D=\nu(\lambda_A+\lambda'\gamma-C_A)+(1-\nu)(\lambda_A-C_A) \tag{5-7}$$

$$U_H=\nu(\lambda_A+E)+(1-\nu)\lambda_A \tag{5-8}$$

$$\bar{U}_A=\mu U_D+(1-\mu)U_H \tag{5-9}$$

因此，可得信息人A选择协作策略的复制动态方程为

$$\frac{\mathrm{d}\mu}{\mathrm{d}t}=\mu(U_D-\bar{U}_A)=\mu(1-\mu)[\nu(\lambda'\gamma-E)-C_A] \tag{5-10}$$

同理，可得信息人B选择协作策略的复制动态方程为

$$\frac{\mathrm{d}\nu}{\mathrm{d}t}=\nu(U_D-\bar{U}_B)=\nu(1-\nu)\{\mu[\lambda'(1-\gamma)-E]-C_B\} \tag{5-11}$$

微分方程式（5-10）和式（5-11）描述了信息生态系统演化过程中的信息人群体动态。

令$\frac{\mathrm{d}\mu}{\mathrm{d}t}=0$，可得

$\mu=0$，$\mu=1$或者$\nu=\frac{C_A}{\lambda'\gamma-E}$。同理，令$\frac{\mathrm{d}\nu}{\mathrm{d}t}=0$，可得$\nu=0,\nu=1$或者$\mu=\frac{C_B}{\lambda'(1-\gamma)-E}$。

因此，在平面$S=\{(\mu,\nu);0\leqslant\mu,\nu\leqslant 1\}$上，可得到信息生态系统的5个均衡点：$O(0,0)$、$L(1,0)$、$M(0,1)$、$N(1,1)$、$P\left(\frac{C_B}{\lambda'(1-\gamma)-E},\frac{C_A}{\lambda'\gamma-E}\right)$。

信息生态系统的均衡点的演化稳定性可由此系统的雅可比矩阵的局部稳定分析来确定。由式（5-10）、式（5-11）可得系统的雅可比矩阵为

$$\boldsymbol{J}=\begin{pmatrix}(1-2\mu)[\nu(\lambda'\gamma-E)-C_A] & \mu(1-\mu)(\lambda'\gamma-E)\\ \nu(1-\nu)[\lambda'(1-\gamma)-E] & (1-2\nu)\{\mu[\lambda'(1-\gamma)-E]-C_B\}\end{pmatrix} \tag{5-12}$$

在均衡点$O(0,0)$，$\boldsymbol{J}=\begin{pmatrix}-C_A & 0\\ 0 & -C_B\end{pmatrix}$，$\det\boldsymbol{J}=(-C_A)\cdot(-C_B)>0$，$\mathrm{tr}\boldsymbol{J}=(-C_A)+(-C_B)<0$，所以均衡点$O(0,0)$是演化稳定状态。同理，对其他几个均衡点做局

部稳定性分析，可得到的结果如表5-1所示。

表5-1　信息生态系统演化的局部稳定性分析

均衡点	det$J$	tr$J$	结果
$O(0,0)$	大于零	小于零	演化稳定状态
$L(1,0)$	大于零	大于零	不稳定
$M(0,1)$	大于零	大于零	不稳定
$N(1,1)$	大于零	小于零	演化稳定状态
$P\left(\frac{C_B}{\lambda'(1-\gamma)-E},\frac{C_A}{\lambda'\gamma-E}\right)$	小于零	等于零	鞍点

观察表5-1即可获得以下信息：在所有5个均衡点中，只有$O(0,0)$点和$N(1,1)$点为演化稳定点，点$L(1,0)$、$M(0,1)$是不稳定均衡点，这里P点则为鞍点。

根据信息生态系统演化的局部稳定性分析推可知信息人选择协作策略时的动态演化相位图5-9所示。

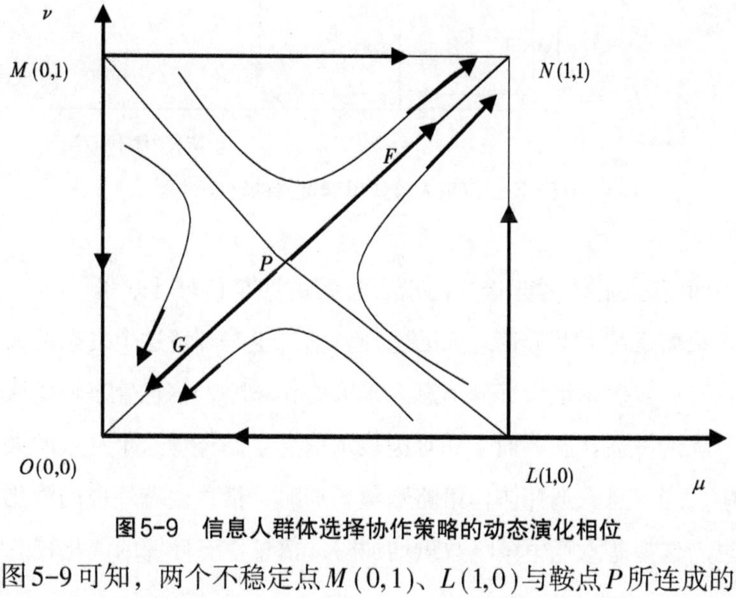

图5-9　信息人群体选择协作策略的动态演化相位

诠释图5-9可知，两个不稳定点$M(0,1)$、$L(1,0)$与鞍点P所连成的折线构成了显示信息生态系统演化收敛状态的分界线。当演化初始位置落在在G所在区域（四边形$OMPL$）中时，系统的演化将向$O(0,0)$点收敛，表示的意思是信息人都采取恶意竞争的策略；当初始状态节点落在F所在区域（四边形*LPMN*）中时，系统的演化将向$N(1,1)$点收敛，表示的意思是信息人都采取协作的策略。

由图5-9可知，当初始状态节点落在*G*所在区域（四边形*OMPL*）中时，系统演化将向$O(0,0)$点收敛，这表明信息生态系统演化呈退化趋势；当初始状态节点落在鞍点*P*，就表明信息生态系统演化出现停滞，当初始状态节点落在F所在区域（四边形*LPMN*）中时，系统演化将向$N(1,1)$点收敛，此时表明信息生态系统的演化向生态和谐状态方向前进，所以，因为信息人选择的策略不同，将导致信息生态系统的演化路径包括退化状态、进化状态和停滞状态等多种不同的发展轨迹。

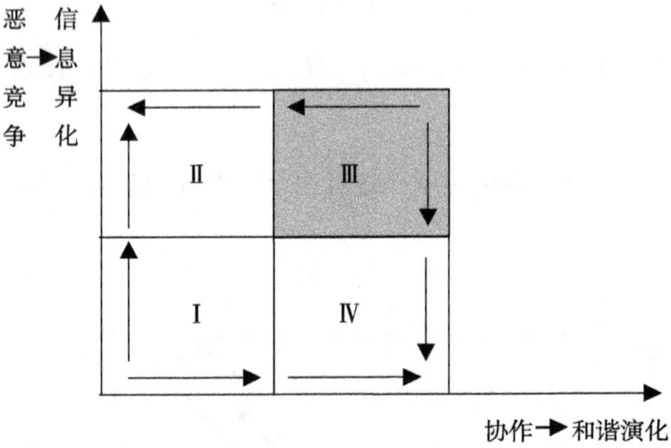

图5-10　信息人群体博弈选择的动态过程

图5-10信息人群体博弈选择的动态过程的四个区域Ⅰ、Ⅱ、Ⅲ、Ⅳ，Ⅱ表示恶意竞争策略是绝大部分信息人的选择，信息生态环境这个复杂的大系统处于信息异化状态；Ⅳ表示绝大部分信息人采取协作策略，信息生态环境这个复杂的大系统处于和谐发展状态；而Ⅰ和Ⅲ则表示信息生态环境这个复杂的大系统处于动态演变中，当信息人选择协作策略数量增加时，信息生态环境的演化转向Ⅳ区域，当信息人选择恶意竞争策略数量增加时，信息生态环境的演化转向Ⅱ区域。

5.2.2.3　多维三类信息人协同演化

信息生态链中三类信息人群体的竞争与合作关系是指信息生产者群体、信息传播者群体及信息消费者群体间的一种战略意义上的三方合作关系。各类信息人群体在信息资源流转的过程中必然伴随着价值流动，体现三方各自的价值，而在整个价值链上创造综合价值的最大化是所有信息人群体建立协作、共生关系的原动力，这势必导致各类信息人群体的合作，围绕信息的流转形成上游和下游的合作伙伴关系，实现互利共生；无一方面，由于经济人的本性，信息人群体在扩大自身利益的驱使下，各类信息人群体往往会采取一些自我保护和防范措施，这些措施会阻碍合作关系的形成，即形成相互竞争的态势。由于各类信息人群体所掌握的信息不对称性及各自追求利益最大化的目标，使得这三类信息人群体间存在长期、持续性的博弈。信息生态链中的信息生产者群体、信息传播者群体及信息消费者群体为三个博弈主体，在基于博弈主体有限理性和有限信息的前提假设下，应用演化博弈理论构建三方演化博弈模型。

把信息生态链中信息生产者群体（Producer Groups）、信息传播者群体（Disseminator Groups）及信息消费者群体（Consumer Groups）作为博弈主体，其策略集合均为（竞争，合作）。信息生态链中的三个博弈主体均为有限理性和有限信息，信息生态链中的博弈主体均追求经济效益和社会效益的最大化，为方便讨论，将获取的社会效益和经济效益作为一个整体来讨论，在下文中以两者之和的形式出现。在信息生态链中，每个博弈主体的竞争策略都会对已采取合作策略的博弈主体造成损失，当且仅当三个博弈主体均选择合作策略时，各自才会获得超额利润。基于以上的假设，可建立信息生态链的信息生产者群体、信息传播者群体及信息消费者群体间三维合作博弈关系，如图5-11所示。在图5-11所示信息生态链中信息人群体之间的关系中，依据PG、CG、DG的顺序可知图中各点的坐标如下：A（竞争，竞争，竞争）；B（竞争，竞争，合作）；C（竞争，合作，竞争）；D（合作，竞争，竞争）；E（合作，合作，竞争）；F（竞争，合作，合作）；G（合作，竞争，合作）；H（合作，合作，合作）。设：λ_{PG}、λ_{CG}、λ_{DG}分别代表PG、CG、DG群体都选择竞争策略时获得的收益，$\Delta\kappa_{PG}$、$\Delta\kappa_{CG}$、$\Delta\kappa_{DG}$分别代表博弈主体都选择合作策略时，PG、CG、DG群体得到的超额利润（为方便分析，假定$\Delta\kappa_{PG}$、$\Delta\kappa_{CG}$、$\Delta\kappa_{DG}$都为正值），$\Delta\kappa$为三方的超额利润总和，$\Delta\kappa=\nabla\kappa_{PG}+$

$\nabla\kappa_{CG}+\nabla\kappa_{DG}$。$\pi_{PG}$、$\pi_{CG}$、$\pi_{DG}$分别表示PG、CG、DG群体选择合作策略时，所投入的初始成本。在图5-11中，各点依据PG、CG、DG的顺序所代表的支付为：

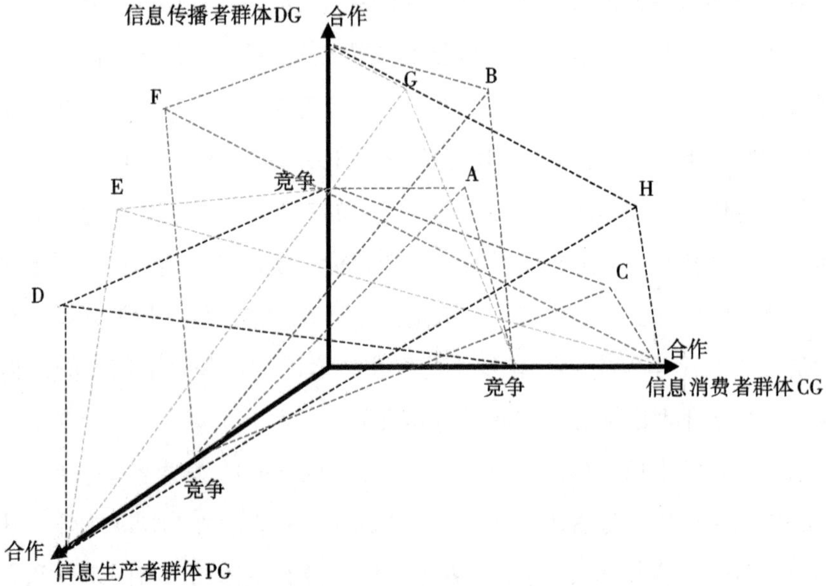

图5-11　信息生态链群体间的博弈关系

A（λ_{PG}，λ_{CG}，λ_{DG}）；

B（λ_{PG}，λ_{CG}，$\lambda_{DG}-\pi_{DG}$）；

C（λ_{PG}，$\lambda_{CG}-\pi_{CG}$，λ_{DG}）；

D（$\lambda_{PG}-\pi_{PG}$，λ_{CG}，λ_{DG}）；

E（$\lambda_{PG}-\pi_{PG}$，$\lambda_{CG}-\pi_{CG}$，λ_{DG}）；

F（λ_{PG}，$\lambda_{CG}-\pi_{CG}$，$\lambda_{DG}-\pi_{DG}$）；

G（$\lambda_{PG}-\pi_{PG}$，λ_{CG}，$\lambda_{DG}-\pi_{DG}$）；

H（$\lambda_{PG}+\Delta\kappa_{PG}$，$\lambda_{CG}+\Delta\kappa_{CG}$，$\lambda_{DG}+\Delta\kappa_{DG}$）。

假如选择合作策略的信息生产者群体、信息传播者群体及信息消费者群体的比例分别为：x、y、z，那么选择竞争策略的信息生产者群体、信息传播者群体及信息消费者群体的比例分别为：$(1-x)$、$(1-y)$、$(1-z)$，则信息生产者群体选择合作策略的适应度为：$U_{PG}=(1-x)(1-y)(\lambda_{PG}-\pi_{PG})+y(1-z)(\lambda_{PG}-\pi_{PG})+$

$z(1-y)(\lambda_{PG}-\pi_{PG})+yz(\lambda_{PG}+\Delta\kappa_{PG})$信息生产者群体选择竞争策略的适应度为：

$$U'_{PG}=(1-x)(1-y)\lambda_{PG}+z(1-y)\lambda_{PG}+y(1-z)\lambda_{PG}+yz\lambda_{PG} \quad (5\text{-}13)$$

那么，信息生产者群体的平均适应度为：

$$\bar{U}_{PG}=xU_{PG}+(1-x)U'_{PG} \quad (5\text{-}14)$$

复制动态的实质是描述某一特定策略在一个群体中被采用的频数或频度的动态微分方程。假设信息生态链中选择某个策略的群体在该类群体中所占比例的增长率等于该策略的相对适应性，则只要一个策略的适应度比群体的平均适应度高，该策略就会被越来越多的信息人选择。因此，信息生产者群体选择合作策略的复制动态方程可表示为

$$F(x)=\frac{\mathrm{d}x}{\mathrm{d}t}=x(U_{PG}-\bar{U}_{PG}) \quad (5\text{-}15)$$

因为：

$U_{PG}=(1-x)(1-y)(\lambda_{PG}-\pi_{PG})+y(1-z)(\lambda_{PG}-\pi_{PG})+z(1-y)(\lambda_{PG}-\pi_{PG})+yz(\lambda_{PG}+\Delta\kappa_{PG})$

$U'_{PG}=(1-x)(1-y)\lambda_{PG}+z(1-y)\lambda_{PG}+y(1-z)\lambda_{PG}+yz\lambda_{PG}$

$\bar{U}_{PG}=xU_{PG}+(1-x)U'_{PG}$

$F(x)=\frac{\mathrm{d}x}{\mathrm{d}t}=x(U_{PG}-\bar{U}_{PG})$

所以：

$$F(x)=\frac{\mathrm{d}x}{\mathrm{d}t}=(x^2-x+xyz-x^2yz)\pi_{PG}+(xyz-x^2yz)\Delta\kappa_{PG} \quad (5\text{-}16)$$

同理可得信息消费者群体选择合作策略的复制动态方程可表示为

$$F(y)=\frac{\mathrm{d}y}{\mathrm{d}t}=(x^2-x+xyz-x^2yz)\pi_{CG}+(xyz-x^2yz)\Delta\kappa_{CG} \quad (5\text{-}17)$$

信息传播者群体选择合作策略的复制动态方程可表示为

$$F(z)=\frac{\mathrm{d}z}{\mathrm{d}t}=(x^2-x+xyz-x^2yz)\pi_{DG}+(xyz-x^2yz)\Delta\kappa_{DG} \quad (5\text{-}18)$$

对于由微分方程描述的群体动态，将不同类群体的 2×2 博弈均衡点的雅克比矩阵分析原理应用于三方博弈，因为$F(x)=\frac{\mathrm{d}x}{\mathrm{d}t}=x(1-x)(U_{PG}-U'_{PG})$，所

以可知：$x=1$和$x=0$是两个平衡状态。依据演化博弈的基本原理可知，博弈主体的策略最终将收敛于演化稳定策略。演化稳定策略的要求满足$\frac{dF(x)}{dx}<0$，解得当$yz<\frac{\pi_{PG}}{\pi_{PG}+\Delta\kappa_{PG}}$时，在$x=0$时，$\frac{dF(x)}{dx}<0$；在$x=1$时，$\frac{dF(x)}{dx}>0$，因此可知：$x=0$是演化稳定策略在PG群体坐标轴上的投影。当$yz>\frac{\pi_{PG}}{\pi_{PG}+\Delta\kappa_{PG}}$时，在$x=0$时，$\frac{dF(x)}{dx}>0$；在$x=1$时，$\frac{dF(x)}{dx}<0$，因此可知：$x=1$是演化稳定策略在PG群体坐标轴上的投影。同理可求出：信息传播者群体及信息消费者群体选择合作策略的复制动态方程：

$$F(y)=\frac{dy}{dt}=(x^2-x+xyz-x^2yz)\pi_{CG}+(xyz-x^2yz)\Delta\kappa_{CG} \quad (5-19)$$

$$F(z)=\frac{dz}{dt}=(x^2-x+xyz-x^2yz)\pi_{DG}+(xyz-x^2yz)\Delta\kappa_{DG} \quad (5-20)$$

根据信息生产者群体（Producer Groups）求演化稳定策略的方法，同理可得

当$xz<\frac{\pi_{CG}}{\pi_{CG}+\Delta\kappa_{CG}}$时，在$y=0$时，$\frac{dF(y)}{dy}<0$；在$y=1$时，$\frac{dF(y)}{dy}>0$，因此可知：$y=0$是演化稳定策略在CG群体坐标轴上的投影。当$xz>\frac{\pi_{CG}}{\pi_{CG}+\Delta\kappa_{CG}}$时，在$y=0$时，$\frac{dF(y)}{dy}>0$；在$y=1$时，$\frac{dF(y)}{dy}<0$，因此可知：$y=1$是演化稳定策略在CG群体坐标轴上的投影。

当$xy<\frac{\pi_{DG}}{\pi_{DG}+\Delta\kappa_{DG}}$时，在$z=0$时，$\frac{dF(z)}{dz}<0$；在$z=1$时，$\frac{dF(z)}{dz}>0$，因此可知：$z=0$是演化稳定策略在DG群体坐标轴上的投影。当$xy>\frac{\pi_{DG}}{\pi_{DG}+\Delta\kappa_{DG}}$时，在$z=0$时，$\frac{dF(z)}{dz}>0$；在$z=1$时，$\frac{dF(z)}{dz}<0$，因此可知：$z=1$是演化稳定策略在DG群体坐标轴上的投影。

总之，根据雅克比矩阵的分析原理可知：(0，0，0)、(1，1，1)分别代表信息生产者群体、信息传播者群体及信息消费者群体的完全合作策略和完全竞争

策略。信息生态链中信息生产者群体、信息传播者群体及信息消费者群体的演化路径如图5-12所示。

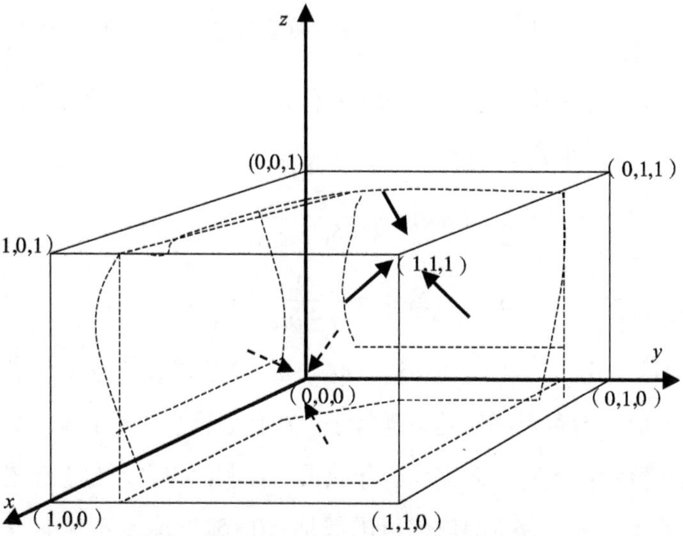

图5-12　PG、CG、DG群体演化路径

因为：$yz = \frac{\pi_{PG}}{\pi_{PG} + \Delta\kappa_{PG}}$，$xz = \frac{\pi_{CG}}{\pi_{CG} + \Delta\kappa_{CG}}$，$xy = \frac{\pi_{DG}}{\pi_{DG} + \Delta\kappa_{DG}}$，那么，三曲面相交构成的曲面为信息生产者群体、信息传播者群体及信息消费者群体收敛于两种不同状态的临界面，在临界面的内侧，信息生产者群体、信息传播者群体及信息消费者群体收敛于完全竞争状态，在临界面的外侧，信息生产者群体、信息传播者群体及信息消费者群体收敛于完全合作状态。由于信息生产者群体、信息传播者群体及信息消费者群体间的合作与竞争关系的演化是一个漫长的过程，因此，在很长的时间范围内，信息生产者群体、信息传播者群体及信息消费者群体之间是处于合作与竞争共存的态势。

信息生态链中信息生产者群体、信息传播者群体及信息消费者群体三者之间的博弈是一个长期的过程。演化均衡受博弈发生的初始状态和各博弈主体的支付的影响。除了系统初始状态选择完全合作或完全竞争策略以外，系统要经过一定的时间才能演化到稳定状态，到底演化到哪个状态与系统的初始状态有关。现对这三类信息人群体博弈的支付函数的参数初始值及其变化进行分析。

根据罗宾斯坦定理可知：在无限期轮流出价博弈中，唯一的子博弈精炼纳什均衡结果为

$x^* = \frac{1-\delta_2}{1-\delta_1\delta_2}$（$\delta_1=\delta_2=\delta, x^*=\frac{1}{1+\delta}$）；依据罗宾斯坦定理，现假定信息生产者群体首先出价，并把信息传播者群体和信息消费者群体看做一个整体，则三个群体之间超额利润分配的结果是：

$$\Delta\kappa_{PG} = \frac{1-\delta_{CG+DG}}{1-\delta_{PG}\delta_{CG+DG}}\Delta\kappa \tag{5-21}$$

$$\Delta\kappa_{CG} + \Delta\kappa_{DG} = \frac{1-\delta_{PG}}{1-\delta_{CG+DG}\delta_{PG}}\Delta\kappa \tag{5-22}$$

式（5-21）、式（5-22）中，δ_{PG}、δ_{CG}、δ_{DG}分别代表信息生产者群体、信息传播者群体和信息消费者群体的贴现因子，即代表信息生产者群体、信息传播者群体和信息消费者群体对未来完全合作获得超额利润以及对信息生态环境保护的重视程度。且δ_{PG}、δ_{CG}、δ_{DG}的取值范围都是：$0 \leqslant \delta_{PG}$、δ_{CG}、$\delta_{DG} \leqslant 1$，δ_{CG+DG}代表信息传播者群体和信息消费者群体整体对合作获得超额利润以及对信息生态环境保护的重视程度。

此时，我们可以再次假定信息消费者群体先于信息传播者群体出价，则超额利润（$\Delta k_{CG}+\nabla k_{DG}$）的分配结果为

$$\nabla\kappa_{CG} = \frac{1-\delta_{DG}}{1-\delta_{CG}\delta_{DG}}(\Delta\kappa_{CG}+\Delta\kappa_{DG})$$

$$\nabla\kappa_{DG} = \frac{1-\delta_{CG}}{1-\delta_{DG}\delta_{CG}}(\Delta\kappa_{CG}+\Delta\kappa_{DG})$$

因为：$yz = \frac{\pi_{PG}}{\pi_{PG}+\Delta\kappa_{PG}}$，$xz = \frac{\pi_{CG}}{\pi_{CG}+\Delta\kappa_{CG}}$，$xy = \frac{\pi_{DG}}{\pi_{DG}+\Delta\kappa_{DG}}$

根据以上推导出的公式，可得

$$yz = \frac{1}{1+\left(\frac{1-\delta_{CG+DG}}{1-\delta_{PG}\delta_{CG+DG}}\right)\frac{\Delta\kappa}{\pi_{PG}}}; \tag{5-23}$$

$$xz = \frac{1}{1+\left(\frac{1-\delta_{DG}}{1-\delta_{CG}\delta_{DG}}\right)\left(\frac{1-\delta_{PG}}{1-\delta_{CG+DG}\delta_{PG}}\right)\frac{\Delta\kappa}{\pi_{CG}}} \tag{5-24}$$

$$xy = \frac{1}{1 + \frac{1-\delta_{CG}}{1-\delta_{DG}\delta_{CG}}\frac{1-\delta_{PG}}{1-\delta_{CG+DG}\delta_{PG}}\frac{\Delta\kappa}{\pi_{DG}}} \quad (5-25)$$

根据推导出的由式（5-23）、式（5-24）、式（5-25）以及图5-12可知，影响信息生态链演化的因素包括：信息生产者群体、信息传播者群体和信息消费者群体的贴现因子δ_{PG}、δ_{CG}、δ_{DG}，还包括PG、CG、DG三个群体均采用合作策略时得到的超额利润之和$\Delta\kappa$，以及PG、CG、DG群体选择合作策略时所投入的初始成本π_{PG}、π_{CG}、π_{DG}。

首先，各类信息人群体的贴现因子δ_{PG}、δ_{CG}、δ_{DG}、δ_{CG+DG}表示作为信息生态链中的信息人群体，他们是采用竞争还是合作策略不仅要考虑其自身收益的大小，同时还要考虑自身策略的选择对未来完全合作获得超额利润以及对整个信息生态环境的影响。贴现因子越大，说明信息人群体对未来收益和对信息生态环境保护的重视程度越高，此时信息人群体可能会放弃一些短期收益而追求长期收益，从而可提高其对未来超额利润和对信息生态环境保护的重视程度，同时必将促进信息人群体间合作关系的发展。由式（5-23）、式（5-24）、式（5-25）式以及图5-12可知，当其他参数不变的前提下，贴现因子越大，图5-12中临界面外侧部分的体积越大，信息人群体越容易向（1，1，1）点收敛，即各类信息人群体越趋于采取完全合作策略。

其次，各类信息人群体合作产生的超额利润之和$\Delta\kappa$对各类信息人群体的演化也有影响。信息生态链中信息生产者群体、信息传播者群体和信息消费者群体间互相合作产生的超额利润既包括各类信息人群体间通过资金、技术、设备、人才等资源的交流产生的超过完全不合作时创造的利润，也包括各类信息人群体间通过合作降低的对信息生态环境的损害成本。若三类信息人群体合作时创造的超额利润总额越大，信息人群体采用合作策略的可能性也越大。由式（5-23）、式（5-24）、式（5-25）以及图5-12可知，当其他参数不变的情况下，超额利润总额的值越大，临界面外侧部分的体积也越大，信息人群体越容易向（1，1，1）点收敛，即各类信息人群体越趋于采取完全合作策略。

第三，PG、CG、DG群体选择合作策略时所投入的初始成本为π_{PG}、π_{CG}、

π_{DG}，初始成本主要包括信息人的评估成本、正常合作成本及风险成本。评估成本是指信息人群体为选择合作策略而对信息生态链中的其他信息人群体所要采取策略的评估。正常合作成本是指信息人群体为履行与其他信息人群体合作所实际付出的成本。风险成本是指信息人群体在当其他信息人群体未履行应付责任或与其期望不同时所付出的协调和沟通成本。由式（5–23）、式（5–24）、式（5–25）以及图5–12可知，当其他参数不变时，三类信息人群体的初始成本越低，临界面外侧部分的体积越大，信息人群体越容易向（1，1，1）点收敛，即各类信息人群体越趋于采取完全合作策略。为降低初始成本，需要信息生态链中的信息生产者群体、信息传播者群体和信息消费者群体都能自觉地遵守制度、法律和道德约束，共同创造良好的合作环境，在此良好的环境下信息人群体的评估成本和风险成本都会得到大幅降低。

5.2.3 协同演化结果

信息生态环境是一个复杂巨系统，其内部结构和功能具有复杂性，同时由于信息人和其他信息生态因子之间的相互作用、各个子系统间的协同作用，而使信息生态环境这个复杂巨系统的演化呈现横向复杂性增强和纵向层次的跃升同时并存的交叠螺旋式循环演化态势，如图5–13所示。信息生态环境整体也呈现从局部信息生态因子的演化发展，到每条信息生态链的演化发展，最后信息生态环境整体演化成新的结构及秩序。

第一，横向复杂性的增强。横向复杂性增强是指在信息生态环境这个复杂巨系统每一组织层次上进行的，如图5–13的第一过程、第二过程和第三过程内进行的。第一过程是信息生态环境这个复杂巨系统演化的起点，在第一过程中，用A_1、B_1、C_1和D_1代表信息生态环境中的各个子系统，此时信息生态环境刚刚建立新的结构和功能，处于其复杂性程度最低的状态。基于协同作用，产生无数个信息生态种群、信息生态群落，由于信息人之间新的信息关系和信息行为的建立而导致信息生态环境呈现新的结构和功能，而信息生态环境这个复杂巨系统内各个子系统之间的相互联接和复杂化一方面会加速信息在信息人之间的流转，促使信息人群落的功能逐渐分化，更增加了信息人群体对信息生态环境的其他生态因子的依存程度，各种信息生态因子间联系的紧密程度更是不断增强，促使信息生态环境这个复杂巨系统的稳定性增强，稳定性的增强又促进了信息生态环境这个复杂巨系统复杂性的连续增长。

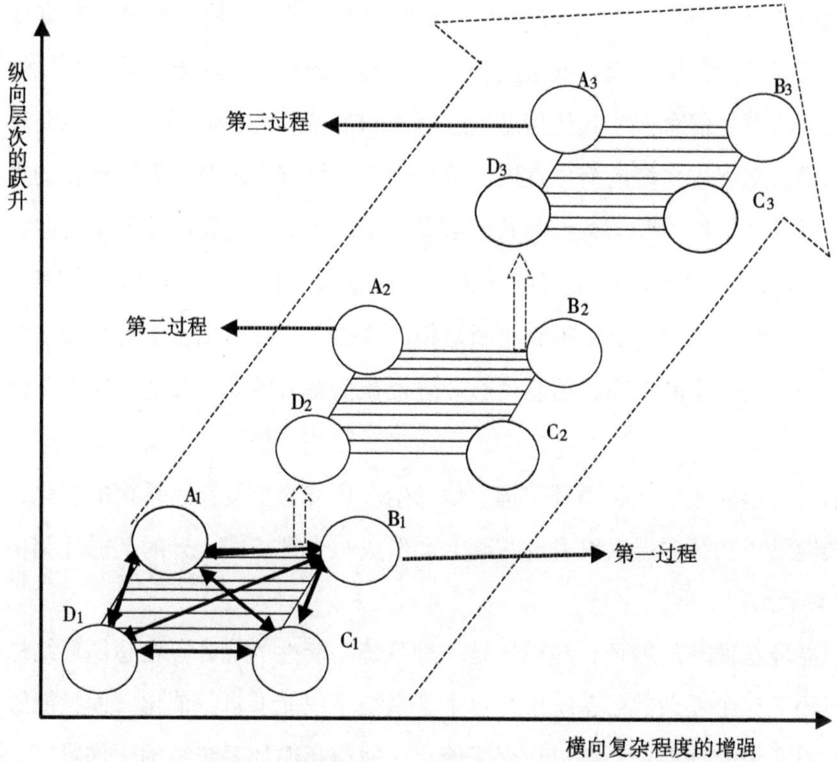

图5-13 信息生态环境复杂巨系统的交叠螺旋式循环演化趋势

第二，纵向层次的跃迁。信息生态环境这个复杂巨系统的演化从纵向来看，随着时间的发展必然是一个复杂的螺旋式上升进程，如图5-13所示，必然从第一过程跃升到第二过程，然后从第二过程又跃升到第三过程，依此循环往复，永无止境。从图5-13中可知，第二过程演化的起点源于第一过程（系统的水平复杂性不断增长）的终点，源于同样的道理，第三过程演化的起点也必然是第二过程的水平复杂性增长一定程度的结果。不同层次间的纵向层次跃升是以突变方式进行的，跃升后必然形成新的内在机构的变化，如图5-13中的信息生态环境这个复杂巨系统的第二过程比第一过程，第三过程比第二过程的内在结构更加复杂和稳定。信息生态环境这个复杂巨系统的纵向层次的进化过程不是连续而是间断发生的，当系统到达临界点时瞬间完成急速变化，此时系统的自组织程度迅速提升，系统新的结构和功能诞生。在信息生态环境这个复杂巨系统的演化过程中，演化突变往往是信息人群体和多种信息生态因子综合作用的结果，在突变节点上，系统的复杂程度突破了低层次演化过程的组织程度的阈值，系统复杂性水平增长已无法满足信息人和其他信息生态因子间的信息交流需要，迫切需要建立新的组织层次来促进系统的演化发展。信息生态环境这个复杂巨系统演化的纵向过程是不可逆的，这说明信息人和其他信息生态因子的向前发展是历史性的，信息人通过与其他信息生态因子的信息交流，信息人对信息生态环境的认识不断加深，信息人学习和模仿能力得到不断地拓展和强化，导致信息生态环境这个复杂巨系统的组织性不断提高，信息生态环境也在信息人的能动改造下发生了巨大的变化。

第三，形成螺旋式超循环结构。信息生态环境这个复杂巨系统的演化，在水平复杂性增长和纵向层次提升的基础上会形成一个螺旋式上升的超循环结构，如图5-14所示。

超循环是循环的循环，超循环是一种系统功能性的综合。在超循环结构的信息生态环境这个复杂的巨系统中，每个子系统不仅能够自我催化，而且能够与同级甚至不同级的其他子系统进行交叉催化，使得超循环系统结构更加紧密，并且这种超循环的系统结构会不断积累能量，由于超循环结构所能会聚的能量要比其他结构形式大得多，因此使得信息生态环境这个复杂巨系统的结构更加紧密合理，并且会呈现更大的丰富性和多样性，当达能量会聚到一定程度时，就会生成一个不稳定的、暂时虚拟性的、临时的新超循环结构。此时，如果外部环境不利，这种新的超循环结构就会很快解体，信息生态环境这个复杂巨系统就会恢复原状；如果外部环境有利，超循环结构内部所有联系起来的拟种就会稳定地、相互制约地共存、相互促进地生长和进化，超循环结构整体就会实现功能耦合和协同，促进信息生态环境的各个子系统之间形成更加紧密的联系，新的超循环结构就会很快巩固下来，信息生态环境就会发生演化突变，促使其系统结构向更高层级跃迁。

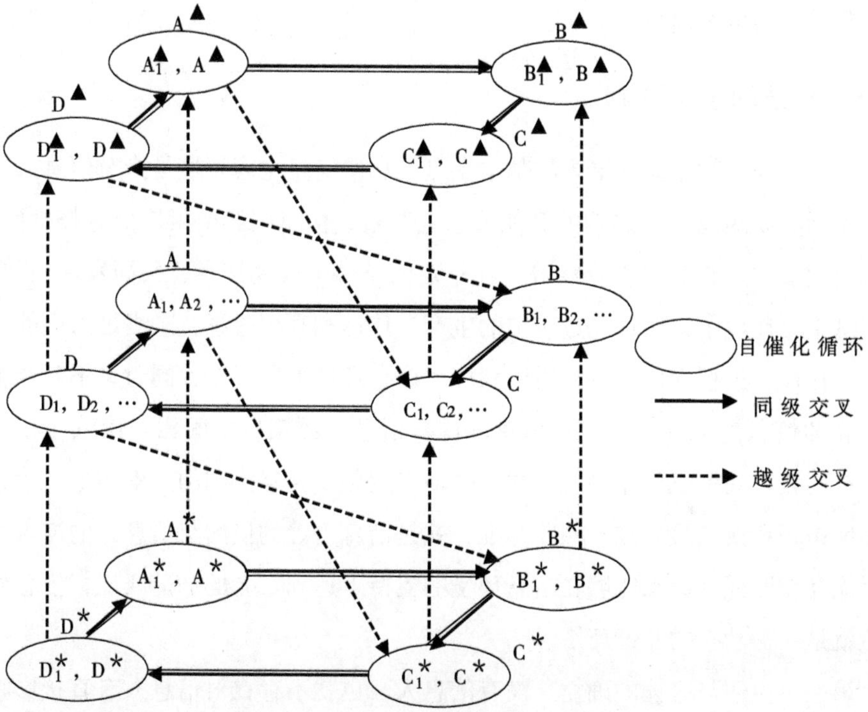

图5-14　信息生态环境超循环结构

5.3　促进信息生态环境协同演化的模型构建

信息生态环境的中心——信息人，信息生态环境也必须以信息人为中心。信息生态环境是信息人、由信息资源、信息环境、外部宏观环境组成一个相互联系，相互作用的动态系统，在这个系统内，信息人、信息资源和信息环境、外部宏观环境不是孤立静止的，而是相互影响、相互促进的，它们处于不断的运动变化之中。信息生态环境作为整个生态环境的一个组成部分，包括所有与信息人生存、生活和发展存在直接或间接影响的各种信息因素。和谐的信息生态环境是在一定时间内结构和功能相对稳定的状态，此时外来干扰的作用不大，和谐的信息生态环境可以通过自我调节（或人为控制）而恢复到原初的稳定状态。当外来干扰超越信息生态环境的自我控制能力，信息生态环境不能恢复到原初状态时，此时可以在信息人有益的影响下跃迁建立新的平衡，达到更合理的结构、更高效的功能和更好的生态效益。

5.3.1 和谐的思想基础

遵照辩证唯物主义和谐观的基本观点，和谐信息生态环境是指对信息人的生存、生活和发展有直接影响的其他信息人要素、信息内容要素、信息技术要素、信息时空要素、信息制度要素等，在一定的条件下彼此依存、共同发展的状态。在信息生态环境中，信息经过一定的生产、传递和利用过程，来满足人们的信息需求，在这一过程中信息资源得以利用，信息环境得以更新，同时又不断产生和反馈新的信息需求。信息人、信息环境、信息资源集合之间相互依赖，相互作用。三要素之间是既对立又统一的，既动态竞争又相互协同的。事实上，信息生态环境是否和谐的最后唯一判断标准，就是信息资源的供给与信息人的需求之间是否能互相匹配。如果能够在信息环境的支持下达到二者的和谐匹配，信息生态环境就是一种动态的和谐环境。

第一，主体与客体的确立。没有信息人，也就不存在对信息人有直接影响的其他信息人要素、信息内容要素、信息技术要素、信息时空要素、信息制度要素等，因此，也就不存在因为信息人的欲望而产生的各种冲突，就不存在矛盾的调和与控制。所以说，和谐信息生态环境不会先于信息人的存在而存在，和谐信息生态环境问题必然是因信息人而生、因信息人而解的。也就是说，信息人始终是和谐信息生态环境的主体。承认信息人的主体地位，并不否定信息生态环境中其他要素——信息内容、信息技术、信息时空、信息制度等在信息人活动面前的客观性和独立性，即信息生态环境中其他要素可以独立于信息人而存在，它具有不依信息人的意志而转移的客观规律和本质，但是，信息生态环境中其他要素的存在及其规律的“价值”是信息人的存在及其需要所赋予的，信息生态环境中其他要素的存在及其规律之所以有价值，就在于它为信息人的生存及其发展提供了条件，为信息人的信息实践活动服务，这也从另一个方面说明了信息人的主体地位，其他信息生态环境要素居于从属的客体地位。

第二，并存与融合的实质。和谐信息生态环境中的各种生态要素存在多样性、互补性和兼容性的特征，和谐信息生态环境中每一种要素内部或者要素之间体现着矛盾双方的相互依存、相互促进、共同发展的状态。首先，要求信息人之间求同存异，消除彼此的疑虑和隔阂，最终实现信息福利的均衡普惠。其次，其他要素内部或者要素之间也存在矛盾与冲突，这是不同信息人群体在具体利益上分歧的表现，必须在保障绝大部分信息人利益的前提下，形成与少部分信息人思想的求同存异、相互包容、共同发展的生动格局。对于信息人多样化诉求中的消极有害的因素，必须旗帜鲜明地予以抵制、坚决驳斥和批判。满足信息人合理诉求必须落到实处，必须通过制度安排的方式，信息人之间矛盾差异性的共存和融合即是和谐信息生态环境的实质。

第三，理性与感性的并存。在竞争激烈的现代社会里，信息人在巨大的生活压力下，“拜物教”潮流盛行，信息人身心和谐状态是指信息人通过内心的理性来感知信息生态环境的规律和智慧并将其传播，从而指导自身的信息行为，达到信息人身体的行为方式与内心感受相和谐的一种状态。信息人智慧的力量只有在信仰的理性指导下发展，才不会被信息人“恶”的本性所埋没，通过信仰的确立，找到心灵的寄托。信息人只有在信仰的感召下，用自我意志战胜肉体欲望，并且在意志的引领下，改变信息人不经意的小习惯，进而控制信息人不良欲望的滋生，从而更加坚定信息人的意志，形成良性循环，并冲破自我意志的束缚去追求真理之光。在信仰的指导下，信息人通过感官去感知外部世界，然后通过记忆的存储、理解等过程形成智慧去指导信息行为。信息人的智慧不受空间和时间的限制，存储在信息人的大脑中，是可以被信息人的心灵感知的，心灵对智慧的探索最终将走向信仰，督促信息人常常反省自己，善待自己，善待他人，才能做到对人对己的真正的尊重，正确的认知自己在世界万物中的地位，并正确的认知自己发展的目的和方向。

第四，竞争与协同的辩证。竞争是万物发展之源，信息生态环境这个复杂巨系统内部的各种信息生态因子只有通过竞争，才会突破有限的信息资源和环境制约的限制，充分发挥和释放自身的潜力，在竞争中彼此挤压与相互制约中共生共存。但是竞争过度，突破竞争要素彼此间的依存状态，梦想要素间完全独立，必然导致资源枯竭和信息环境恶化。信息生态环境这个复杂巨系统各部分间本身就是相互关联而彼此依存的，过度的竞争会导致系统内部的消减作用加倍增长，就会抑制系统的持续进化。可见，在强调竞争的同时，必然要强调合作，倡导信息生态各要素之间的协同机制。合作促进资源共享，促使信息人种群实现耦合联接，合作的分工协作加速对信息的利用效率和循环利用。总之，如果竞争作为原动力促使信息生态环境演化，那么合作则是信息生态环境这个复杂巨系统能够持续发展的生存智慧。

第五，技术与人文的并重。信息技术作为工具，必将直接影响信息人的生产、生活行为。信息技术的每一次变革都促使信息人实现飞跃，缔造物质世界和精神世界的神话。于此同时，作为缔造者和直接利用者的信息人，可以通过信息实践活动不断地检验信息技术，必将对信息技术不断地改进、创新，促使信息技术向更加智能、更加便捷的方向发展。在创造、革新信息技术的同时，信息人必须敬畏信息生态环境、依从信息生态环境而改变信息人种群本位、利己主义的状况，形成促使信息生态环境可持续发展人文伦理意识。信息人的信息行为必须符合信息社会的道德标准和道德规范，凭借自省和自律，信息人自觉地约束自身的信息行为，这使得信息人的信息行为与信息技术的发展更加相互适应，呈现协同演化的状态。

第六，伦理与法治的兼顾。社会和人类不断地向前发展，是无法阻挡的历史潮流。和谐的信息生态环境应该是由“自在”走向“自为”的复杂生态巨系统。可以预言，在和谐的信息生态环境中，伦理道德的力量将推动信息技术造福于人类。在和谐的信息生态环境中，信息是人的工具，信息技术是人的手段，信息本身没有价值目标，只有人能为信息确立价值目标。在信息生态环境中，信息人不可能离开人文价值的导引与法律、法规的规范。没有人文、法律、法规导引，信息人将唯利是图，为所欲为地制造、传播和利用信息。没有规矩不成方圆，要进一步完善法律体系，既包括填补法律的空白和缺失，同时也包括修改法律和完善法律，做到有法可依。要使信息人懂法、知法和守法，既懂得以法律为武器保护自身的合法权益不受侵犯，又自觉遵守法律，维护信息生态环境的正常秩序和氛围。

第七，效率与公平的统一。马克思和谐思想强调和谐的实践性特征，指出实践是实现和谐的基本途径，使我们了解和谐信息生态环境必须以信息人的实践为基础。和谐信息生态环境产生于信息人的实践、服务于信息人的实践、随信息人的实践的发展而发展，而在信息实践活动中必须兼顾信息行为的效率与收益的公平。效率仅代表经济价值含义，公平不仅表征经济意义，还倡导政治意义和伦理意义；效率与公平彼此相互依存和相互促进，如图5-15所示。

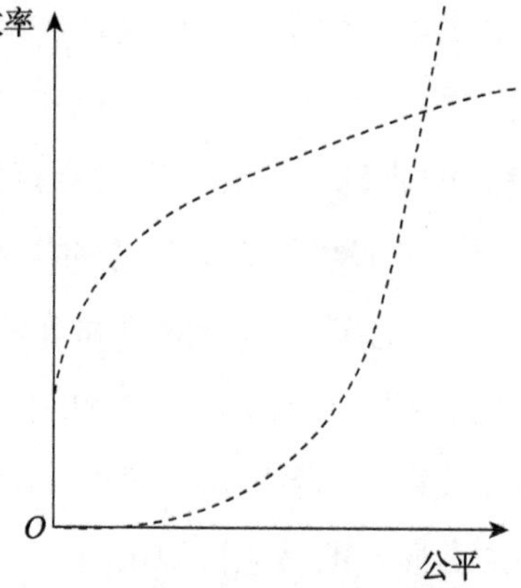

图5-15 两种效率与公平的均衡曲线

和谐信息生态环境要“以人为本”，构建和谐信息生态环境的最终目的是实现信息人的收益最大化，因此必须提高信息生产的效率。同时，为体现公平性，要做到监管标准和计量方法的统一，体现信息产品和信息服务分配的公平性，这样才能调动信息生态系统中各方的积极性。在构建和谐信息生态环境过程中，图5-15给我们的启示是：发展初期重视效率，遵循图中实线的发展模式；当发展到高水平时重视公平，遵循图中虚线的发展模式，虚线模式此时更符合经济、社会发展的规律。

5.3.2 实现和谐的目标

信息生态环境和谐是一种动态的和谐，和谐状态的信息生态环境是信息人群体的种类与规模相对匹配和均衡的状态；是信息生态环境中各种生态因子间既相互支持又相互抑制，通过竞争与协同达到共生共荣、互利共赢的状态。马克思和谐思想强调和谐的实践性特征，指出实践是实现和谐的基本途径，使我们了解和谐信息生态环境必须以信息人的实践为基础。信息人的实践始终是围绕信息生产、信息传播与信息消费而进行的链式循环，其中信息需求、信息供给成为循环链条上每一个节点都必须进行的信息实践活动，因为每一个信息人在信息生态环境中都既是信息的生产者，又是信息的传播者和消费者，因此满足信息需求和提供信息供给是沟通不同信息人各项信息实践活动的桥梁，可以成为检验信息实践活动效率与公平的标准。

第一，高效的信息产品供给。信息生态环境是否和谐与信息生产者与传播者所供给的信息的质量密切相关。信息生产是信息活动生态链上的初始和首要环节，信息生产环节产出信息的质量、种类、数量会直接影响信息生态环境的演化。优化信息生产，首先要放开眼界扩大对信息的收集范围，促使种类繁多的、质量上乘的信息产品产生。信息生产环节的效率和效果，取决于信息生产者种群的“信息实力”，这种信息实力取决于信息生产者的信息素养，与信息生产者的协作能力和适应能力有直接关系。随着对高质量的、深加工的信息产品的需求量的日益增加，迫切需要增加高质量的信息资源供给。信息传递关系着信息生态链的流转效率，优化信息传递功能，首先要保证传递的信息内容的真实性，避免由于信息传递渠道的多样性和复杂化而导致信息失真，这就要求信息传递者以谨慎的态度求证来源信息的真实性，还要避免在传播通道中加入过多的噪音。在做好信息生产和传递的基础上，才会产生高质量的信息产品供给。此时供给的信息产品才会具有准确性、时效性、完全性、一致性、可存取性等特征，这样高质量的信息资源自然倍受微信用户的青睐。

第二，优化的信息需求反馈满足。和谐信息生态环境应以满足信息用户需求作为出发点和目标。当信息利用者接收和使用信息后，会向信息生产者发出反馈信息，信息生产者会根据反馈信息调整其生产方向、规模和速度等。在目前的信息生态环境中，要特别重视受限程度较低的网络信息反馈渠道，关注网络上的各种反馈信息，这样才能最大程度地满足信息用户的需求，使信息用户都满意，才有可能达到社会信息福利的最大化。由于信息用户数量大，而受教育程度、个人偏好、上网水平等都不尽相同，因此个人需求的方式、方法、习惯、要求也各有不同。用户的不同个人需求会极大地影响信息生态环境的和谐程度，因此，从信息用户的社会信息需要出发，适应和满足其在社会经济和建设工作中的需要，是构建和谐信息生态环境模型时应遵循的最基本原则，产销对路，平衡供求是信息商品提高效益的关键。在知识经济时代，和普通商品一样，信息商品投入市场，其价值和使用价值的发挥是以满足信息用户的需求为前提的。

第三，实现需求、供给与信息环境监管的互动。构建和谐信息生态环境模型时应以信息用户对信息的需求和利用为依据的，其最终目的是要满足用户的信息需求。因此构建和谐信息生态环境的实质是：信息资源生产者与传播者如何以有效供给来满足社会不同层次信息用户需求的问题。信息生态链上的信息持续流转必须在信息监管者的有效监管下，信息生产者、信息传递者、信息利用者作为信息生态链条中的固定节点，彼此之间相互作用而连接成一个整体，信息监管者必须对链条中任何一个环节做好监管，缺少信息监管者的监管势必对信息生态链上的信息流转造成威胁。优化信息监管，必须对信息流转中的各种重复信息、虚假信息和有害信息的进行清理，特别要加强对信息生产者的监管，遏制有害信息的产生，从源头上保证信息流转的渠道的清洁和畅通。如图5-16所示，构建和谐信息生态系统模型的关键是要综合考虑信息需求、信息供给和信息环境监管的支持因素。信息需求、信息供给和信息环境监管三者之间彼此互动；信息环境监管制约供需关系的实现；信息需求和信息供给呈现超前和滞后关系；信息需求作为信息供给的前提，必然在信息环境监管的前提下进行。

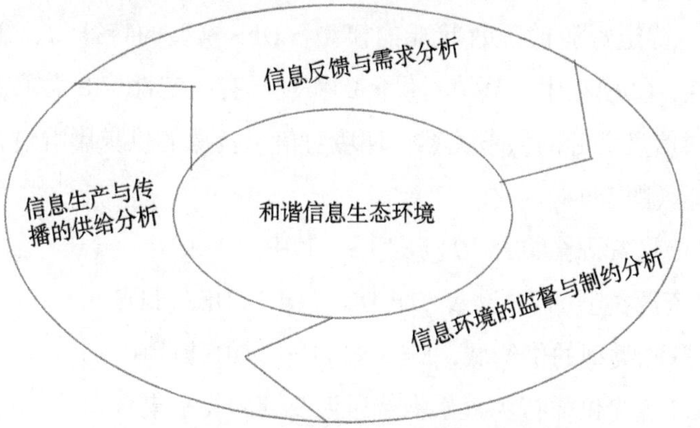

图5-16　和谐信息生态环境实践层的要素模型

5.3.3　和谐的信息生态环境演化模型构建

如图5-17所示，和谐的信息生态环境模型中包含思想层、实践层和信息环境支持层。信息生态环境中信息人和其他信息生态因子都具有多样性和结构与功能的复杂性。信息生态环境的演化模式遵循超循环机制，超循环机制是指信息生态环境这个复杂巨系统就像一台精密机器，其零件众多但结构复杂而且功能完美。它包括各种生态因子的自产生、自选择、自进化等，虽然信息生态因子之间竞争不可避免，但竞争并不以击败对手为目的，而是通过竞争达到创造和建设新生事物（优势互补的综合超循环系统）。当多个子系统在竞争中彼此促进，复杂系统便会形成彼此相互依赖而又不可分割的更大规模的超循环系统。第一，思想层。人类历史总是处于不断地运动变化过程中，人类摆脱动物无意识的感知越多，对自己发展历史主宰的成分越多。信息人的和谐的价值观体现信息生态系统的核心价值，它决定了信息环境支持层的发展方向的轨迹。第二，信息环境支持层。信息环境支持层是信息生态环境可持续演化的保障，能够使信息人之间的竞争与协同关系更规范，信息资源的质量与数量更加科学合理，信息内容更加丰富多彩。第三，实践层。实践层是信息生态环境演化模型的支柱，是信息生态环境得以进化的基础，也是信息生态环境不断发展的原动力，信息经过一定的生产、传递和利用过程，使信息人的信息需求得以满足，信息资源得以利用，信息环境得以更新，同时不断产生并通过一定的形式反馈新的信息需求。DES（Demand-Environment-Supply）模型，是指通过需求、环境、供给三个变量之间的互动关系来描述某一特定资源的配置状况的模型。DES模型的特征为：①模型变量之间具有互动性；②模型中，环境对供需的实现具有决定性；③需求的超前性和供给的滞后性。信息资源的供求关系，环境对信息资源的供求影响过程均可由DES模型加以阐释（图5-18）。

（1）定义信息资源全集$I = D \cup E \cup S$，其中：

D：信息资源类型的需求域，$D = \mathrm{DN} \cup \mathrm{DE} \cup \mathrm{DES} \cup \mathrm{DS}$

S：信息资源类型的供给域，$S = \mathrm{SN} \cup \mathrm{ES} \cup \mathrm{DES} \cup \mathrm{DS}$

E：信息环境为供需行为提供支持所涉及到的要素集合，

$$E = \mathrm{EN} \cup \mathrm{DE} \cup \mathrm{DES} \cup \mathrm{ES}$$

（2）各子域的含义。

DN：信息用户希望在获得，但信息生态环境中没有提供且信息环境也对该需求不予支持的信息资源类型。

SN：信息生态环境中提供的信息，但信息用户不需求且环境也对该类信息供给不予支持的资源类型。

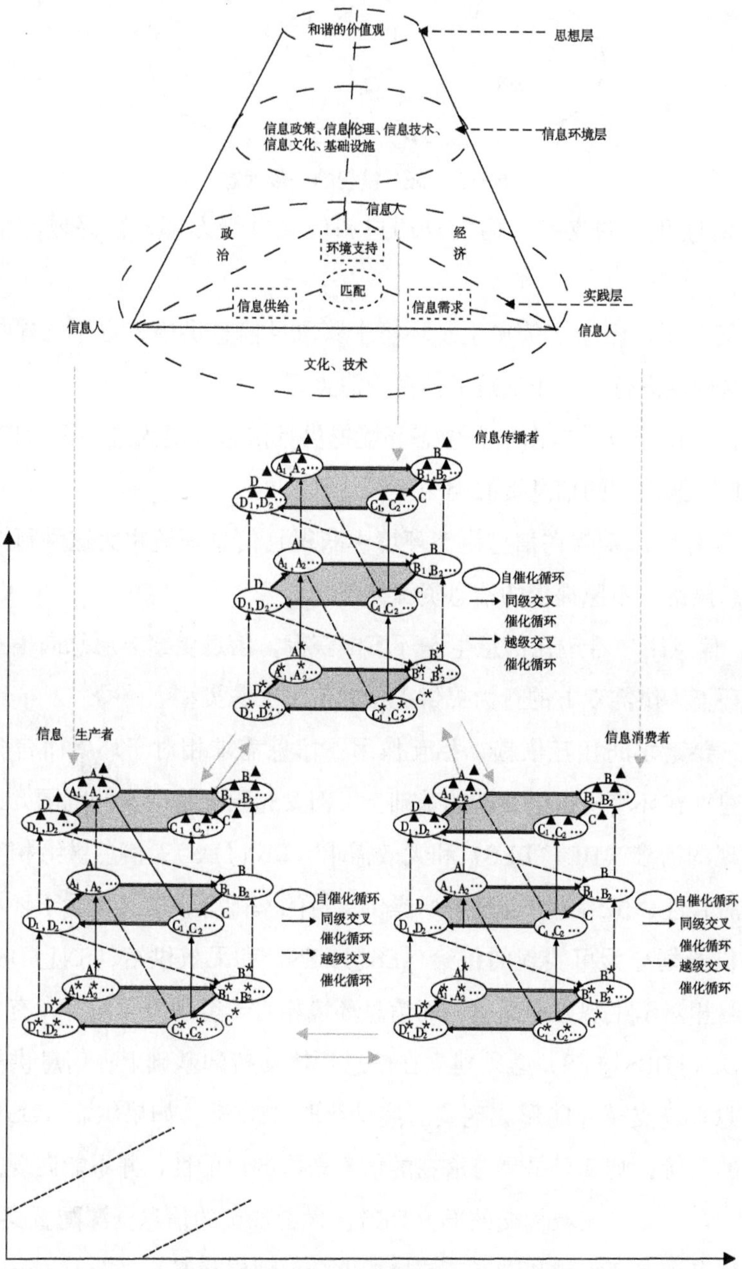

图5-17 和谐信息生态环境演化模型

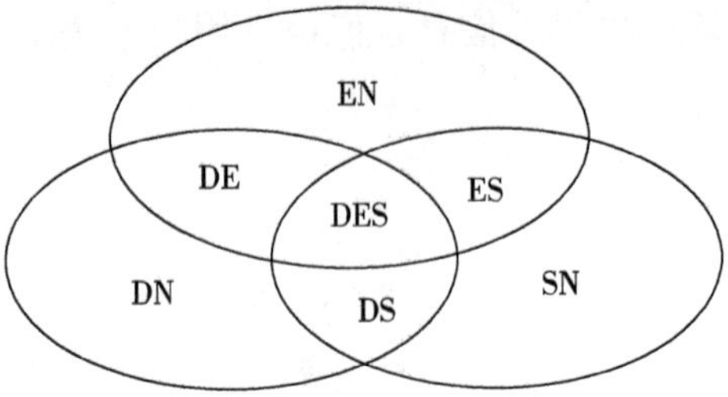

图5-18　DES模型的一般状态

EN：信息环境的支持，但信息用户和信息供给方都不感兴趣的信息资源类型。

DS：信息用户希望在信息生态环境中获取且信息供给方也愿意提供，但信息环境对这种供需行为不予支持的信息资源类型。

ES：信息供给方希望向信息生态环境提供且信息环境为这种行为提供支持，但信息用户不愿使用的信息资源类型。

DE：信息用户希望在信息生态环境中获得且信息环境也为这种行为提供支持，但信息供给方不愿提供的信息资源类型。

DES：信息用户希望在信息生态环境中获得，信息供给方愿意向信息生态环境提供且环境为供需双方的行为提供支持的信息资源类型。

DES三要素之间相互依赖，相互作用：信息需求相对于环境而言具有超前性，需求建立在环境所提供支持的基础上，但又超出环境的支持范围，即需求划分为可实现的需求（DE∪DES）和无效需求（DN∪DS）；信息供给相对于环境而言具有滞后性，供给建立在环境所提供支持的基础上，但又落后于环境的支持速度，即供给划分为可实现的供给（ES∪DES）和无效供给（SN∪DS）；信息需求与供给相对于主观方面而言，而信息环境相对于客观方面而言，有效的需求与供给（DE∪DES∪ES）必须建立在信息环境支持的基础上；信息供需双方都愿意且信息环境支持才能形成现实的信息获取（DES），如果供需（DS）得不到信息环境的支持，则其只是具有潜在的信息获取的可能性，并不能向现实的信息获取转化。*D*、*E*、*S*三域相交的部分DES包含了现实的信息资源配置类型，DES面积越大信息生态环境越和谐（三域接近重合为理想状态）。

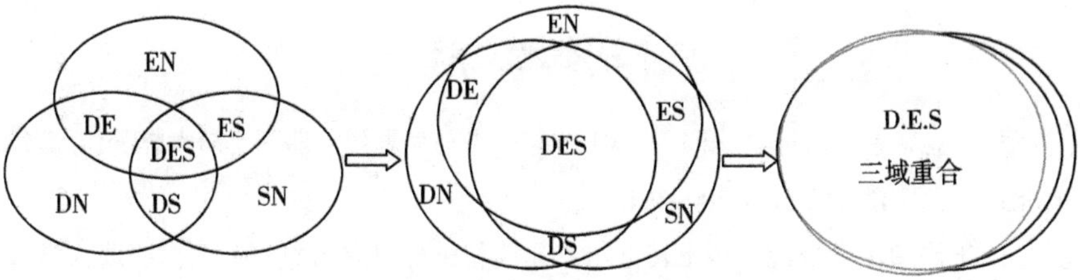

图5-19 DES模型（理想状态）

如图5-20所示，信息生产者找准有效的供需关系（DES和DS两个子域），依据DES和DS两个子域的特点供给信息资源，在信息环境监控的制约下，实现信息需求和信息供给的彼此互动，再通过易获得性分析和效用分析，信息生产者提供必要的信息导航和信息过滤辅助，必能把真正满足需求的信息传递给信息用户，实现信息需求与信息供给的有效匹配，促进信息生态环境的和谐演化发展。

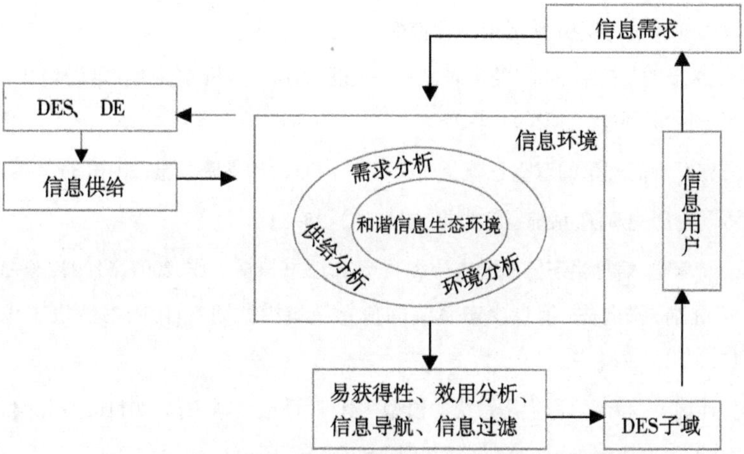

图5-20 信息供给、信息需求与信息环境的匹配模型

本章参考文献

[1] 马克思.马克思恩格斯选集(第4卷)[M].中共中央马克思恩格斯列宁斯大林著作编译局,编译.北京:人民出版社,1995:300-301.

[2] 徐君.基于熵理论的资源型城市转型与产业演替机理研究[D].成都:西南交通大学,2007:41.

[3] 吕超,熊坤新.试论《格萨尔》中的伦理思想与格萨尔的理想人格[J].西南民族大学学报(哲学社会科学版),2015(1):13-180.

[4] 袁艳红.生态结构:人类社会结构的重要维度[J].山东青年政治学院学报,2014(5):33-37.

[5] 马克思.马克思恩格斯全集(第44卷)[M].中共中央马克思恩格斯列宁斯大林著作编译局,编译.北京:人民出版社,2001:208.

[6] 列宁.列宁全集(第55卷)[M].译者北京:人民出版社,1990:183.

[7] 徐美云.心理因素与疾病[J].云南科技管理,2012(3):29.

[8] 孙正聿.列宁的"三者一致"的辩证法——《逻辑学》与《资本论》双重语境中的《哲学笔记》[J].中国社会科学,2012(9):4-27.

[9] 张琼.马克思价值理论的双重意蕴及其启示[J].南京政治学院学报,2013(3):4-8.

[10] 黄磊.协同论历史学[J].系统科学学报,2015(2):28-31.

[11] 娄策群,周承聪.信息生态链概念本质和类型[J].图书情报工作,2007,51(9):29-32.

[12] 马捷,靖继鹏,张向先.信息生态系统的信息组织模式研究[J].图书情报工作,2010,54(10):15.

[13] 孟凡生,孙瑞英.和谐信息生态系统的模型构建[J].情报资料工作,2011(3):42-45.

[14] 高洁,李琳.信息传播学[M].哈尔滨工程大学出版社,1997.8:27-31.

[15] 李京蔚,娄策群.微信信息生态链信息流转研究[J].图书馆学研究,2015(8):34-38,54.

[16] 张弓亮,张成科,曹铭,肖继辉.基于演化博弈的高速路收费通道选择研究[J].交通运输系统工程与信息,2015(4):29-35.

[17] 刘奇龙,贺军州,杨燕.资源效应的非对称"鹰鸽博弈"进化稳定分析[J].动物学研究,2012(4):373-380.

[18] 宗胜亮.网络环境下合作R孕D项目的知识共享机理及促进对策研究[D].兰州大学硕士学位论文,2010.

[19] 马国顺,冯华.环境保护政策选择的演化博弈分析[J].生态经济(学术版),2012(2):2-5,13.

[20] Friedman D. Evolutionary Games In Economics[J]. Econometrician,1991(59):637-639.

[21] Edward J M. Hard And Soft Networks Ffor Urban Competitiveness [J].Urban Studies, 2002,39: 5-6,929-945.

[22] 程贵孙,郭朝晖.集群中企业协作与竞争行为的演化博弈分析[J].沈阳工业大学学报,2006(6):335-338,343.

[23] 吕宇翔,石冉.互联网版权制度的演化博弈分析[J].出版发行研究,2010(8):53-55.

[24] 李春发,王治莹.生态工业链中企业间合作关系的演化博弈分析[J].大连理工大学学报(社会科学版),2012(9):12-17.

[25] 艾根.超循环论[M].上海:上海译文出版社,1990:10-43.

[26] 饶立新,李建新.效率与公平关系的深层次把握[N].人民日报,2005-7-22(7).

[27] 马费成,等.信息资源管理[M].武汉:武汉大学出版社,2000:56.

[28] C.G.荣格,史济才,等译.人及表象[M].石家庄:河北人民出版社,1989:23.

[29] 程鹏.信息生态循环圈——关于"信息人"生存的学问[J].科技创业,2007(9):9-10.

[30] Watts A. A Dynamic Model of Network Formation. Games and Economic Behavior,2001(34): 331-341.

[31] 孙瑞英,马海群.网络信息资源质量配置效率与DES模型研究[J].中国图书馆学报,2007(3):73-78.

6 促进信息生态和谐的举措

目前“三位一体”常用来比喻三个方面联成的一个紧密不可分的整体。构建和谐的信息生态环境信息人也应实现“三位一体”。首先，信息人必须与信息生态环境共生共存，信息人与信息生态环境必然达到一种平衡；其次，依据公正、民主、自由、仁爱的原则协调信息人与信息人之间、信息个人与信息人群体之间的利益关系，遵循的“义利并重”的价值观把公平与效率统一起来，协调信息人与信息人之间的关系即信息人人际关系；最后，解放信息人，提高信息人的直觉和自我认同，倡导信息人的慎独自律，构建和谐的信息生态环境，要求信息人必须成为自由而全面发展的人，即信息人必须回归生态、社会、自我的三位一体的和谐，这种和谐是至善的伦理境界，体现信息人最高的伦理诉求。促进信息生态环境和谐演化，必须从信息人的思想、信息人的实践和信息环境的监管等多个维度着手。由于信息人是信息生态环境这个复杂巨系统的主体，所以，必须从信息人的角度思考如何使信息生态环境这台精密机器的功能趋于完美。

6.1 信息人的身心和谐

“身”是指信息人的物理形体，“心”是指信息人思想、灵魂等头脑思维空间，“要实现信息人身心和谐统一，必须追求“理”和“义”的精神的统一。信息人的主观思想应该能够理解客观存在的合理性或它的发展规律，主动对自己的意识进行调整，实现对客观存在的正确认识，从而达到和谐。身心和谐体现信息人的物质追求与精神追求，主观思想与客观存在，感性认识和理性认识，自然属性、社会属性和精神属性的统一；作为个体的信息人不仅要有健全的人格、健康的情感，还必须受正确的世界观、人生观和价值观的支配，从而信息人能够处理好与自然、与其他信息人、与信息社会之间的关系，最终实现信息人自身的自由而全面的身心和谐发展。

6.1.1 消除信息实践倦怠情绪

倦怠（burnout）的本意是火烧尽了，后被转义为精疲力竭，美国临床心理学家费登伯格（Freudenberger）首次将其引入心理学领域，用来代表服务行业中人们因长期从事大量强度高而且单调的工作，同时无视和忽视自己的个人需求所引发的一种疲惫不堪的精神状态。信息人每天都在重复性地处理大量信息，这种重复性信息实践行为容易使信息人感到没有成就感，从而缺乏对信息实践的热情，无法正确评估信息活动的意义和价值，此时，信息人只是一味机械地重复信息实践活动，倦怠情绪不可避免地产生，倦怠情绪像蛀虫一样在慢慢地蚕食信息人的积极性和主动性，致使信息人的内在潜能无法充分发挥，信息实践的质量得不到保证。如果信息人对信息实践活动缺乏认同感和归属感，对自己所从事的信息实践活动抱有不现实的过高期望和无法缓解的巨大心理压力而导致的情绪、社会性和自我认知等方面出现不良状态，即表示倦怠情绪出现了。倦怠情绪主要表现在以下三个方面：第一，情绪衰竭（Emotional Exhaustion），信息人缺乏活力，对信息实践活动感到厌倦，产生压抑、苦闷、忧郁等各种消极因素；第二，低成就感（Diminished Personal Accomplishment），信息人的自我评价低，缺乏足够的自信，产生不胜任感，表现出对所从事的信息活动的意义的评价下降、自我效能感弱化、体会不到成就感、不再努力工作；第三，人格解体（Depersonalization or Dehumanization），表现为刻意在自我与信息活动对象之间保持距离，对人冷漠、忽视，信息行为无心投入，在信息实践中，敷衍了事，得过且过，行为无常等。信息实践倦怠情绪是信息人因长期从事重复性信息实践活动，对信息实践的期望、付出与所得感到不平衡，或者信息实践的要求或信息实践的资源不能满足信息人自身需要时产生的心理综合征。信息实践倦怠是信息环境的产物，信息人内在的要求和外在的环境等因素共同导致其产生。

要想消除信息人倦怠情绪必须从信息人个人和群体两方面着手解决。对于信息人个体来说，应该通过自我调节来达到内在要求和外在因素之间的平衡；对于信息人群体来说，必须要营造一个和谐的群体文化氛围、群体内的激励、奖惩制度等外部因素尤为重要。动机是信息人进行信息活动的推动力，它能引导、维持、强化、激励信息实践行动。当信息人对所从事的信息活动没有兴趣或缺乏动机却又不得不为之时，就会产生厌倦情绪，身心就会陷入疲惫状态，此时信息实践的绩效将会明显降低。动机是推动信息人个体信息实践活动，使其信息实践活动朝向某一目标的内部动力。引起动机的因素有两个方面：内因和诱因。内因（内部因素）包括需要、兴趣、信念、世界观等，是推动信息人信息行为的内在力量。诱因（外部因素）包括目标、压力、责任、义务等，是信息人为实现一个特定的目的而行动的原因。只有依托于自我调节的作用，才可消除信息人的倦怠情绪，协调自身的内在要求（如本能、需要、驱力等）和信息行为的外在诱因（目标、奖惩等），从而形成激发、维持信息实践行为的动力因素。需要是信息人感到某种缺乏而力求获得满足的心理倾向；兴趣指兴致，是信息人对事物喜好或关切的情绪；信念是信息人对某人或某事信任、有信心或信赖的一种思想状态；作为有思想、有人格，有独特的价值判断和行为标准的独立个体，信息人通过信息实践活动来满足需要，才会竭尽所能，主动做好信息实践活动。所谓诱因，就是指事件发生的直接诱发原因，诱因是指信息人试图得到或避免的目标（奖励与惩罚）。诱因具有激励和指导信息人的信息实践行动方向的作用。值得注意的是，诱因不能独立地起到激励作用，其本身是外在的，它只有在被信息人个体意识到时，才在信息人自我调节等一系列作用下转化为信息人个体的内在动力因素。所以诱因的作用和需要、驱力一样也是对信息人的信息实践行为起到推动作用的。动机自身的内在起因与外部的外在起因之间必然存在一种非常重要因素，它能够把内在起因与外在起因有机地结合起来，这种因素决定行为的目的性和方向性，并使行为动机的程度适宜，从而激发信息人个体去努力实现目标，这种重要的因素就是自我调节因素。信息人借助自我调节的作用，努力从事信息实践的动机，实现信息人个体上述的内在要求与行为的外在诱因协调统一，从而形成激发、维持信息实践行为的动力因素。信息人自我调节作用十分重要，它使信息人的内在要求与行为目标相协调，从而使这种内在要求获得动力和方向。

6.1.2　认知心理过程的调节

心理学家认为：信息人的认知过程是指信息人个体通过感觉、知觉、表象、想象、记忆、思维等形式来把握客观事物的性质和规律的认识活动过程，认知过程同时也是运用一定程序进行信息加工的系统过程。由于信息人的认知过程本身就是一个信息加工的过程，信息人对信息的吸收和利用是在其认知过程的制约下进行的。信息人信息实践的方式如果不能与其自身的认知过程相匹配，就会影响信息人对信息的吸收和利用效果。信息人对事物的认知过程是客观现实在大脑中的反映（图6-1）。信息人大脑的信息加工能力是有限的，注意的选择功能使大脑选择那些重要的信息进行加工。同时注意能够将心理活动维持在某一特定的对象上，并保持相应的强度。当信息人大脑的信息加工从一个对象向另一个对象转移时，注意会促使这种转移顺利完成。注意不是独立的心理过程，信息人在注意的基础上，凭借感觉和知觉的印象来认识客观世界，同时大脑会通过感觉器官接收由环境提供的信息，大脑的记忆系统会对接收的信息与大脑中原有的知识进行对比，然后进行某种形式的编码、储存和提取活动，通过思维系统对大脑就收的客观现实进行间接的和综合的概括，通过执行系统控制大脑中信息的输出，决定行为目标的先后顺序，监督当前行为目标的执行等。

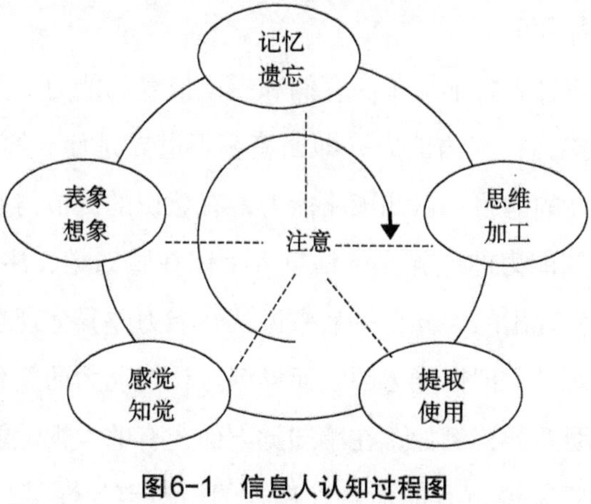

图6-1　信息人认知过程图

心理学家认为，信息人的认知差异主要表现在两个方面，一是认知风格的差异，二是认知能力的差异。认知风格是指信息人大脑对信息习惯化的加工方式。

认知风格是信息人在长期的认知活动中逐渐形成的，与其智力因素不相关或相关程度不大，且并不知自身存在认知偏爱。认知风格的差异有三种，第一种是场独立型与场依存型差异，所谓场，就是外部环境，心理学家把外部环境定义为一个场。场依存型信息人的认识是以认识对象所处的客观环境为参照体系，而场独立型信息人的认识是以其本人所储存的信息为参照体系。信息人对外部环境的依存度不同，例如，有些信息人不易受外来环境因素的影响和干扰，能够独立对事物做出判断，而有些信息人较多地依赖自己所处的周围环境的外在参照，以环境的刺激定义知识；第二种是冲动与沉思的差异，沉思型是指善于分析和逻辑推理，经常对自己的假设有效性进行反复审查之后再作选择，所以，认知速度较慢。冲动型是指思考问题欠周密，且只以一些外部线索为基础，依靠直觉来仓促地做出选择。例如，对同一任务，一些信息人的反应特别迅速，而另一些信息人则反应很慢，反应迅速的信息人属于冲动型风格，反映慢的信息人是沉思型风格；第三种差异是同时型与继时型差异，达斯等心理学家根据脑功能的研究认为，左脑具有优势的个体表现出继时型加工风格，而右脑具有优势的个体表现出同时型加工的风格。继时型认知风格的信息人能一步一步地分析问题，每一个步骤只提出一种假设或一种属性，提出的假设在时间上有明显的先后顺序；同时型认知风格的信息人在解决问题时，采取宽视野的方式，在同一时间考虑多种假设，并且能够兼顾到解决问题的各种可能。

认知能力是指信息人大脑加工、存储和提取信息的能力。美国心理学家加涅认为人有三种认知能力：言语能力，即回答客观世界是什么的能力；智慧能力，回答为什么和怎么办的能力；认知策略能力，有意识的调节与监控自己的认知加工过程的能力。认知能力的差异是指信息人个体在感知觉、注意、记忆、思维、想象等认知能力上表现出的差异，一般来说认知能力差异体现在感知能力因人而异、思维能力因人而异、记忆能力因人而异等。认知能力的差异主要体现在两个方面：一是认知类型差异，例如，在感知觉方面，有的人视觉能力强，而有的人听觉能力强，就视觉来说，有的信息人视觉的绝对感受性强，而有的信息人视觉的差别感受性较高；从听觉来看，有的信息人辨别听觉刺激的能力强，有的信息人这方面的能力则较弱；在注意力方面，不同信息人注意的自觉性、目的性等方面都存在差异；在记忆方面，不同的信息人的识记能力和记忆系统对信息的提取的速度、提取信息的准确性等方面都存在差异；在思维方面，有的信息人抽象思维能力较强，擅长思考抽象的概念、定理、法则等，有的信息人形象思维能力较强，依靠直观形象的支持来解决问题，还有些信息人抽象思维能力和形象思维能力都较强，抽象思考和动手操作结合得很好。二是认知水平差异，例如，同龄的儿童根据其智力发展水平不同可分为正常儿童、超常儿童、低常儿童。

认知风格是指信息人在信息的吸收和利用时的典型行为，信息人认知风格的差异是一种极重要的个体差异，它指信息人对信息的吸收和利用具有较大影响。针对认知风格的差异特点，信息人应做到及早辨别和记录，且采取不同的信息实践形式。认知风格存在差异的特点是客观的，不容忽视的。信息人要把握自己的认知风格特征，通过了解自身的认知风格特征来理解自己的信息吸收与利用行为。使自己能够选择恰当的信息内容，并对这些信息进行组织优化来与自身的认知风格产生协同效应，最终使信息人以其最愿意接受的方式获得其真正需要的信息。

场独立型认知风格的信息人一般对自然学科信息感兴趣，他们有自己的评判标准，不轻信权威，愿意通过自己对信息的独立思考来判断信息的价值，因此，为了是其自身内在动机与信息接收情境相统一，对于场独立型认知风格的信息人，要单独接受信息服务，接收未加工过的原始的自然学科信息内容；场依存型信息人依赖社会反馈，性格开朗，喜欢社交，对他人感兴趣并推崇社会性职业、人文科学等。由于场依存型的信息人容易人云亦云、受权威的暗示，很难提出自己独特的见解，场依存型信息人喜欢与别人一起接收信息，并且对含有社会内容的学科感兴趣，因此，场依存型认知风格的信息人应该采取小组式信息实践方式，重点要接受外部刺激，感知结构性信息接收情境，要与多位场依存型认知风格的信息人一同从事信息实践活动，信息内容的范围应该是社会科学的，信息人之间应经常进行讨论交流，同时多采纳专家们的观点，从而提高信息实践的效果。

在感知事物和解决问题的过程中，有些信息人是分析型的，他们比较容易对信息内容进行分解，特别重视细节信息。另外一些信息人则比较善于进行格型塔式思维，他们较重视对信息的整体组织，关注信息的整体，主张部分信息相加不等于信息整体的观点。因此，在信息实践活动中，就应恰当地提供信息内容整体和对信息内容进行分解的细节信息，让分析型和格式塔型信息人都能找到与自己认知风格相一致的信息内容，而获得成功吸收和利用信息的愉悦感。

认知能力是指信息人能够达到的最高认知行为，信息人不同的认知能力影响着他们提出问题，解决问题以及信息吸收和利用的能力。信息人自身的认知能力影响着信息人对信息源的选择、信息分析方法的采用和信息的利用等方面，同时，对信息人信息吸收和利用的效率和效果方面也有重要影响。首先，信息感知能力对信息吸收和利用的效率和效果产生决定性影响，因为信息的吸收和利用是从感知开始的，信息人的主观状态是影响他们感知质量的重要原因。信息人的知识经验越多，感知信息内容就越迅速，越完整，越深入，因此，在从事信息实践活动时，信息人要结合已有的知识、经验，学会迅速、完整的感知并理解信息内容。信息人感知的目的和任务越明确，信息人在感知信息时，感知效果就会越主动、越全面、越清晰，所以，信息人在信息实践活动中要了解自身并始终围绕自身的目的和任务进行。由于信息人对感知对象的主观态度不同，将直接影响其对该对象的信息吸收和利用的效果，因此，信息人应清楚个人态度，信息人的态度积极还是消极取决于感知的信息内容是否符合其自身的兴趣、需要、情绪状态等，信息人越感兴趣的信息，感知就越深入，反之就越肤浅。因此，信息人应根据自己的兴趣爱好，有针对的选择信息内容和信息实践方法。其次，信息人的信息思维能力越强，对信息吸收和利用的效率和效果就越好，信息人在吸收和利用信息的过程中，信息人的思维必须处于积极状态，没有积极思维活动，信息中蕴含的概念实质就不能很好的掌握，信息吸收和利用的质量也会受到很大的影响，因此，信息人积极的思维活动能够促进信息吸收和利用。由于思维总是从已知到未知，信息人总是在一定的知识、经验和技能的基础上去吸收和利用信息的，特别是掌握信息科学概念及其体系更加有助于信息人积极的思维活动，因此，在信息实践活动中信息人要先掌握信息科学领域的相关概念，积极倡导应用信息科学的相关知识，进行科学的思维。由于直观材料有助于提升感性认知能力，感性认知又是信息人思维活动的基础，因此，信息资料的排列应该从具体到抽象，有效促进积极思维，提高感性认知能力。最后，信息人的信息记忆能力会影响其对信息吸收和利用的效率和效果，任何信息实践活动要想发挥作用都离不开信息人的记忆。信息人的记忆力和认知能力、思维能力一样具有很大的潜力，在吸收、利用信息的影响下还可以达到迅速发展。信息人在接收和接受信息时要遵循记忆成功的有效条件，使自己明确了解哪些内容必须记住，以便自己能有目的的去识记；努力激发自己的注意力，调动信息人自身的激情，努力排除记忆的干扰因素，这样做将有助于信息人的记忆力。同时，信息人要学习科学有效记忆方法，例如，可采用趣味记忆法，把记忆的信息内容编成顺口溜，让自己读起来朗朗上口，这将使信息人的记忆效果“事半功倍”。

信息人在信息实践活动中，在围绕信息的提供、接收、理解、应用等过程不断循环往复、相对统一的运动过程，信息人对信息的接收、理解和利用过程始终是受其认知过程制约的（图6-2）。心理理论揭示：信息人的认知过程主要包括认知系统和内驱力系统两大类心理活动，认知系统和内驱力系统互相交织在一起不断发展，形成信息人的认知心理活动规律。信息人在从事信息实践活动时，必须充分发挥信息人自身主体意识的作用，利用信息人的认知心理活动规律来开展信息实践活动，会使信息人在对信息的感知、记忆、思维过程中与自身情感、态度、毅力等发生联系，促使内驱力系统的活跃，进而加速对信息内容的理解和吸收。

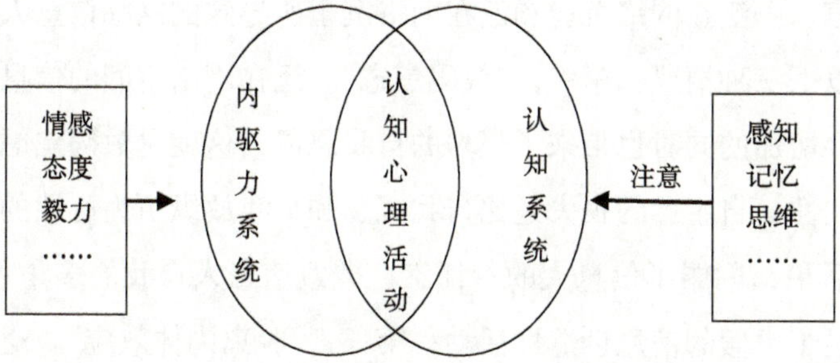

图6-2 信息人认知系统和内驱力系统互相交织的认知心理活动

6.1.3 泛在网际的自我调适

哲学家菲利普·诺瓦克指出："我们原来认为信息越丰富越好，但后来才逐渐明白，过于丰富的信息会夺走我们与生俱来的精神安宁。"构建和谐的信息生态环境必须寄希望于信息人的直觉和自我认同，也就是说信息人必须做到慎独自律。慎独是儒家的一种重要思想，慎独讲究个人道德水平的修养，看重个人品行的操守，是个人道德修养的最高境界，指一个人独处时，也能够严格用伦理规范要求自己。在和谐的信息生态环境中，必须解放信息人，把信息人的世界和信息人的关系还给信息人自己。"慎独"应该是信息人一种内在的要求，信息人只有把道德变成自己内心的一种要求，才能够真正实践"慎独"。坚持慎独自律，信息人必须提升个人道德修养，看重个人品行的操守，遵循慎始、慎隐、慎微、慎言、慎欲、慎辨、慎终等"慎独"的道德精神，做到诚己正心的"慎隐慎微"、自我约束的"慎言慎行"、理性自觉的"慎欲慎辨"、坚持不懈的"慎始慎终"等。

在泛在信息环境中，信息人极容易对泛在信息和泛在网络产生依赖感。泛在信息和泛在网络依赖主要表现为信息网络沉迷和信息网络沉溺。从功能主义的角度来讲，二者具有一定的自我心理治疗作用，然而网络沉迷的自我治疗功能的实现是没有保障的，在许多情况下，信息人的自我放纵比自制更容易发生，结果便可能导致一系列泛在网际信息人自我异化现象。网际信息人自我异化加剧了信息人的焦虑情绪，导致了信息人自我控制能力的丧失，致使信息人自我身心的不和谐。具体而言，由泛在网络沉迷和泛在网络沉溺所导致的网际信息人自我身心异化大致存在以下三种情况：第一，"数码焦虑"。泛在网络空间的信息爆炸使信息人的选择机会增加的同时也带来了强烈的自我恐惧，这就是数码焦虑的实质；第二，丧失自主性。自主性的丧失是比自我沉溺和自我放纵更为可怕的现象，会导致许多不良后果，削弱了信息人的责任感，摧毁信息人自我的多角色转换机制，使信息人满足于虚假的信息创造性活动；第三，"脱离肉体效应"。泛在网际自我异化的根源来自网络知识权力结构的控制。以信息权利作为联结虚实两界的伦理纽带，通过彰显信息权利来制约网络权力结构对现代生活的控制，这种伦理考量也有其局限性，因此，在权利论伦理和责任伦理之外，建构一种“好”的信息人自我伦理是泛在信息社会的社会生活之必需。信息人自我伦理应该遵循两个基本原则：一是自我伦理的目标原则——自我实现和自我幸福；二是自我伦理的实践原则——自我反思与自我管理。

6.2 信息人之间的和谐

6.2.1 反对信息霸权

在泛在信息空间，谁掌握了信息资源，谁就将控制整个世界。因此，泛在网络国际制度体系是在信息人群体利益博弈的伴随下不断向前发展的。例如，有国家机器运转“神经系统”之称的互联网，一旦网络战争失败可能直接导致整个国家的消亡。在泛在信息空间，可以将国家看作一大类信息人群体，此类信息人群体在争夺网络空间国际机制建构控制权和网络空间话语权的博弈过程中，逐渐形成了网络空间的信息霸权。信息霸权群体硬权力指“通过承诺回报或威胁制裁，迫使其他信息人群体去做违背其本愿的事的能力。”信息霸权问题可以运用微分对策理论来分析，并构建描述信息霸权群体与霸权受制群体博弈双方的动态博弈矩阵。第一，信息霸权群体与霸权受制群体作为博弈双方皆为理性行为主体；博弈双方的矛盾并不是无解的，而是可调和的；在冲突中占主导地位的是信息霸权群体，霸权受制群体则处于被动地位，双方因利益而产生对抗，若以投入等量的经济度量值计算，信息霸权群体会对霸权受制群体造成更大的损害，此时，信息霸权群体不会受到霸权受制群体的主动挑战。第二，博弈双方都以对本群体发展造成的影响为衡量标准；双方在没有冲突干扰背景下，一方的效用增长及其影响力的扩散路径是符合指数增长规律的。第三，霸权受制群体具有后发优势，信息效用增长及影响力增长率一般高于信息霸权群体；网络霸权群体家通过持续对网络信息资源的垄断控制，主导网络空间的话语权、掌控着网络空间机制规则制定的主动权，在降低对方信息网络效用水平的同时不断提升本群体信息网络效用水平，以此来遏制霸权受制群体。笔者首先给出霸权受制群体与网络霸权群体动态对策模型[式（6–1）]，之后对各个变量含义与不同参数限制条件做出了详细解释。

$$系统方程式为\begin{cases}\overset{0}{y}_1 = n_1y_1 - k_1wy_2 \\ \overset{0}{y}_2 = n_2y_2 - k_2my_1\end{cases} \tag{6–1}$$

$$方程式性能指标为J(m,w)=\int_0^T[(1-w)y_2-(1-m)y_1]dt \tag{6–2}$$

初始条件表示为$y_1(0)=y_{10}$，$y_2(0)=y_{20}$；其中$0< y_{10} <y_{20}$；

状态及控制变量约束条件为$y_1(t)>0$，$y_2(t)>0$，$0\leqslant m$，$w\leqslant 1$；

各参数约束条件如下：$k_1>k_2>>n_1>n_2$，$\frac{n_1}{k_1}\leqslant\frac{n_2}{k_2}$。

参数如表6–1所示。

根据博弈模型的意义和参数描述可知：首先，当博弈的对立方采取各种阻碍破坏行动时，比如发动网络信息争、电子商务贸易壁垒等，皆可能减缓原有网络信息效用的增长速率。体现在系统方程里，即$-k_1wy_2$和$-k_2my_1$两项；其次，$(1-w)y_2$和$(1-m)y_1$可以阐释为双方未用于对抗的那一部分国民收入，也可以理解为被本国网民所享用的商品和劳务。因国际经济利益的有限性，双方都希望在维持或降低对方的网络信息效用水平的同时，己方网络信息效用水平得到不断扩大。上述过程以$J(m,w)$描述，即霸权受制群体家选取控制策略m，希望最小化$J(m,w)$；而信息霸权群体家选取控制策略w，希望最大化$J(m,w)$，因此$J(\bar{m},w)\leqslant J(\bar{m},\bar{w})\leqslant J(m,\bar{w})$；最后，初始条件$y_{10}<y_{20}$表明，在开始时，霸权受制群体家的信息效用总值低于霸权群体。双方在没有冲突对抗时，即$m=0,w=0$状态约束条件$y_1(t)>0$，$y_2(t)>0$情况下，其状态方程为

$\overset{0}{y}_1=n_1y_1$，$\overset{0}{y}_2=n_2y_2$，解为$y_1(t)=e^{n_1t}y_{10}$，$y_2(t)=e^{n_2t}y_{20}$。一般说，$y_1(t)>0$，$y_2(t)>0$，但用于冲突对抗的比例较大时，理论上可使$\overset{0}{y}_1=n_1y_1-k_1wy_2<0$，$\overset{0}{y}_2=n_2y_2-k_2wy_1<0$，甚至$y_1<0$或$y_2<0$，即是对方的网络总效用为负值。但事实上，各国的政治活动是基于理性的，对方的网络完全瘫痪的可能性很小，任何一方不会采取这种同归于尽的决策，因此不会导致$y_1\leqslant 0$或$y_2\leqslant 0$。

表6-1 博弈模型的字母与变量的对照表

序号	模型分析中出现参数变量	用字母表示	注 解
1	霸权受制群体的网络信息效用值	y_1	$\overset{0}{y}_1 = n_1y_1 - k_1wy_2$为霸权受制群体状态方程
2	信息霸权群体的信息效用值	y_2	$\overset{0}{y}_2 = n_2y_2 - k_2my_1$为信息霸权群体状态方程
3	霸权受制群体的信息效用增长率	n_1	在没有干扰的情况下，参数约束中$n_1 > n_2$，表示霸权受制群体具有后发优势，信息效用增长率高于信息霸权群体
4	信息霸权群体的信息效用增长率	n_2	
5	霸权受制群体用于冲突对抗的国民收入比例	m	冲突对抗指各国开始大力招募黑客，筹建信息网络部队等，m和w不可能取1，在不影响结论的前提下，假定$0 \leqslant m,w \leqslant 1$，这样能够简化运算，避免可能出现的复杂性
6	信息霸权群体用于冲突对抗的国民收入比例	w	
7	信息霸权群体的遏制与挑战强度	k_1	k_1和k_2分别表示一方投入冲突对抗的单位经济度量值能给对方造成的损失，$k_1 > k_2$，即信息霸权群体给新崛起受制群体造成的损害会大得多。另外，k_1，k_2远大于n_1，n_2，即破坏的强度大于信息效用增长率
8	霸权受制群体的遏制与挑战强度	k_2	

基于微分对策理论中的极值原理分析，构造Hamilton函数：

$$H = \lambda_1(n_1y_1 - k_1wy_2) + \lambda_2(n_2y_2 - k_2my_1) - [(1-w)y_2 - (1-m)y_1] \tag{6-3}$$

其伴随方程为
$$\begin{cases} \overset{0}{\lambda}_1 = -\dfrac{\partial H}{\partial y_1} = -n_1\lambda_1 + (1 + k_2\lambda_2)m - 1 \\ \overset{0}{\lambda}_2 = -\dfrac{\partial H}{\partial y_2} = -n_2\lambda_2 + (k_1\lambda_1 - 1)w + 1 \end{cases} \tag{6-4}$$

可以得出横截条件为
$$\begin{cases} \lambda_1(T) = 0 \\ \lambda_2(T) = 0 \end{cases} \tag{6-5}$$

记作：$s_1 = 1 + k_2\lambda_2$，$s_2 = k_1\lambda_1 - 1$，则$H = -s_1my_1 - s_2wy_2 + \cdots$ (6-6)

由于：$y_1(t) > 0$，$y_2(t) > 0$，故$m = \begin{cases} 0, s_1 > 0 \\ 1, s_1 < 0 \end{cases}$，$w = \begin{cases} 1, s_2 > 0 \\ 0, s_2 < 0 \end{cases}$ (6-7)

可以通过逆向时间分析：

视$y_i = y_i(\tau)$，$s_i = s_i(\tau)$，$\lambda_i = \lambda_i(\tau)(i = 1,\ 2;\ \tau = T - t)$。依据横截条件，当时间$\tau = 0$时，将有$s_1 = 1 > 0$，$s_2 = -1 < 0$则$m = 0$，$w = 0$将持续一段时间，其伴随方程为

$$\begin{cases} \overset{0}{\lambda}_1 = -n_1\lambda_1 - 1 \\ \overset{0}{\lambda}_2 = -n_2\lambda_2 + 1 \end{cases} \tag{6-8}$$

可得倒向方程为$\begin{cases} \overset{0}{\lambda}_1 = n_1\lambda_1 + 1 \\ \overset{0}{\lambda}_2 = n_2\lambda_2 - 1 \end{cases}$，并且初始条件为$\begin{cases} \lambda_1(0)=0 \\ \lambda_2(0)=0 \end{cases}$

通过微分方程求解得

$$\begin{cases} \lambda_1 = \dfrac{1}{n_1}\left(\mathrm{e}^{n}1^{\tau} - 1\right) \\ \lambda_2 = \dfrac{1}{n_2}\left(-\mathrm{e}^{n}2^{\tau} + 1\right) \end{cases} \tag{6-9}$$

得到$\begin{cases} s_1(t) = 1 + k_2\lambda_2 = 1 + \dfrac{k_2}{n_2}\left(-\mathrm{e}^{n}2^{\tau} + 1\right) \\ s_2(t) = -1 + k_1\lambda_1 = -1 + \dfrac{k_1}{n_1}\left(\mathrm{e}^{n}1^{\tau} - 1\right) \end{cases}$ (6-10)

显然可知，$s_1(0)=1$，$s_1'(\tau)=-k_2\mathrm{e}^{n}2^{\tau}<0$故存在$\tau_1>0$使得$\tau>\tau_1$时$s_1(\tau)<0$;而$s_2'(\tau)=k_1\mathrm{e}^{n}1^{\tau}>0$，当存在$\tau_2>0$使得$\tau>\tau_2$时，$s_2(\tau)>0$，然后可以得到：

$$\begin{cases} \tau_1 = \dfrac{1}{n_2}\ln\left[1 + \dfrac{n_2}{k_2}\right] \\ \tau_2 = \dfrac{1}{n_1}\ln\left[1 + \dfrac{n_1}{k_1}\right] \end{cases} \tag{6-11}$$

因为参数条件$n_1>n_2$，$\dfrac{n_1}{k_1} \leqslant \dfrac{n_2}{k_2}$可知$\tau_2<\tau_1$。

如果令$\tau_0=\min\{\tau_1,\tau_2\}=\tau_2$则在$\tau_0$时形成的开关曲面后有一段时间$m=0, w=1$伴随方程变为$\begin{cases} \overset{0}{\lambda}_1 = -n_1\lambda_1 - 1 \\ \overset{0}{\lambda}_2 = k_1\lambda_1 - n_2\lambda_2 \end{cases}$ (6-12)

则倒向方程得$\begin{cases} \overset{0}{\lambda}_1 = n_1\lambda_1 + 1 \\ \overset{0}{\lambda}_2 = -k_1\lambda_1 + n_2\lambda_2 \end{cases}$ (6-13)

因此，初始条件变为$\begin{cases} \lambda_1(0) = \dfrac{1}{n_1}\left(e^{n}1^{\tau_0} - 1\right) \\ \lambda_2(0) = \dfrac{1}{n_2}\left(-e^{n}2^{\tau_0} + 1\right) \end{cases}$ (6-14)

$$\lambda_1(0)=\frac{1}{n_1}(e^{n_1\tau_0}-1)=\frac{1}{n_1}\left(e^{n_1\frac{1}{n_1}\ln\left(1+\frac{n_1}{k_1}\right)}-1\right)=\frac{1}{k_1} \quad (6\text{-}15)$$

通过求解上述伴随方程的倒向方程可得

$$\lambda_1(\tau)=\frac{1}{k_1}e^{n_1\tau}+\frac{1}{n_1}(e^{n_1\tau}-1) \quad (6\text{-}16)$$

$$\lambda_2(\tau)=e^{n_2\tau}\lambda_2(0)+e^{n_2\tau}\int_0^{\tau}e^{-n_2 s}[-k_1\lambda_1(s)]ds=\frac{1}{n_2}\left(-e^{\frac{n_2}{n_1}\ln\left(1+\frac{n_1}{k_1}\right)}+1\right)-\frac{1}{n_1-n_2}(e^{n_1\tau}-e^{n_2\tau})-\frac{k_1}{n_1(n_1-n_2)}(e^{n_1\tau}-e^{n_2\tau})-\frac{k}{n_1n_2}(1-e^{n_2\tau}) \quad (6\text{-}17)$$

当$\tau>0$时，$s_2(\tau)=-1+k_1\lambda_1=-1+e^{n_1\tau}+\frac{k_1}{n_1}(e^{n_1\tau}-1)>0$，

那么在此后的一段时间内将存在：$w=1$。

$$s_1(\tau)=1+\frac{k_2}{n_2}\left(1-e^{\frac{n_2}{n_1}\ln\left(1+\frac{n_1}{k_1}\right)}\right)-\frac{k_1k_2}{n_1n_2}(1-e^{n_2\tau})-\frac{k_1k_2}{n_1(n_1-n_2)}(e^{n_1\tau}-e^{n_2\tau})-\frac{k_2}{n_1-n_2}(e^{n_1\tau}-e^{n_2\tau}) \quad (6\text{-}18)$$

经过数学推导，式（6-18）中$s_1(\tau)$右端的第一、第二项之和为

$$s_1(0)=1+\frac{k_2}{n_2}\left(1-e^{\frac{n_2}{n_1}\ln\left(1+\frac{n_1}{k_1}\right)}\right)>1+\frac{k_2}{n_2}\left(1-e^{\frac{n_2}{k_1}}\right) \quad 6\text{-}19)$$

如果要使$1+\frac{k_2}{n_2}(1-e^{\frac{n_2}{k_1}})>0$，只要令$\frac{n_2}{k_1}<\ln\left(1+\frac{n_2}{k_2}\right)$。

同理因为：$\ln\left(1+\frac{n_2}{k_2}\right)>\frac{n_2}{k_2}-\frac{n_2^2}{2k_2^2}$，所以只需要：$\frac{n_2}{k_2}-\frac{n_2^2}{2k_2^2}>\frac{n_2}{k_1}$。

即$(2-n_2)k_1>2k_2$。由各个参数限制条件和所包含的意义可以推导出，这事实上属于微弱条件，一般状况下都可以满足，则

$$s_1(0)=1+\frac{k_2}{n_2}\left(1-e^{\frac{n_2}{n_1}\ln\left(1+\frac{n_1}{k_1}\right)}\right)>0 \quad (6\text{-}20)$$

通过继续分析：

$$s\left(1+\frac{n_2}{k_2}\right)'_1(\tau)=\left[-\frac{k_1k_2}{n_1n_2}-\frac{k_1k_2}{n_1(n_1-n_2)}\right]\left(\frac{1}{n_1}e^{n_1\tau}-\frac{1}{n_2}e^{n_2\tau}\right)+\frac{k_1k_2}{n_2(n_1-n_2)}e^{n_2\tau}$$

在$\tau>0$时的符号情况，可以推导出存在τ_1，使得$s_1'(\tau)>0$，即得$s_1(\tau)$在$0<\tau<\tau_1$的取值范围内严格单调递增。然而当$\tau>\tau_1$时，$s_1'(\tau)<0$，即得$s_1(\tau)$在$\tau>\tau_1$的取值范围内严格单调递减。当τ充分大时，存在$s_1(\tau)<0$，再结合$s_1(0)>0$，可以确定存在唯一的$\tau_2>\tau_1$，只有当$\tau>\tau_2$时$s_1(\tau)<0$，并且$s_1(\tau)$在$0<\tau<\tau_2$内保持其原有的符号，也就是$s_1(\tau)>0$。于是可知存在τ_2，在$\tau>\tau_2$时，得到$m=1$，$w=1$。其伴随方程转变为

$$\begin{cases} \overset{0}{\lambda}_1 = -n_1\lambda_1 + k_2\lambda_2 \\ \overset{0}{\lambda}_2 = k_1\lambda_1 - n_2\lambda_2 \end{cases} \tag{6-21}$$

可知倒向方程为

$$\begin{cases} \overset{0}{\lambda}_1 = n_1\lambda_1 - k_2\lambda_2 \\ \overset{0}{\lambda}_2 = n_2\lambda_2 - k_1\lambda_1 \end{cases} \tag{6-22}$$

初始条件$\lambda_1(0)$、$\lambda_2(0)$是前一阶段倒向伴随方程在τ_2时函数的取值，也就是$\lambda_1(\tau_2)$和$\lambda_2(\tau_2)$。完全可以证明，在τ_2形成开关曲面之后的$\lambda_1(\tau)$和$\lambda_2(\tau)$，会使得$s_1(\tau)$和$s_2(\tau)$不再变号，从而将会使得控制策略保持均衡，系统的各性能指标也会不再变化。

以上分析构建了具有战略利益冲突群体间的动态博弈模型，基于极值原理的最优控制策略包含以下主要蕴意：在不同的对策阶段，霸权受制群体和信息霸权群体选取的最优策略的是不同的。

（1）在区间$[0, T-\tau_0-\tau]$，即从博弈开始直到$T-\tau_0-\tau_2$时，最大程度破坏对方信息网络发展战略是博弈双方的最优策略，此时，霸权受制群体和信息霸权群体用于网络冲突对抗的投入比例趋于最大，即m和w无限接近于1。

（2）在区间$[T-\tau_0-\tau_2, T-\tau_0]$，$m=0, w=1$表示集中精力搞群体的信息网络建设是霸权受制群体的最优策略，此时尽量忽视信息霸权群体的挑衅遏制策略，而信息霸权群体仍应采取对霸权受制群体的持续遏制策略。

（3）在区间$[T-\tau_0, T]$，$m=0$，$w=0$表示都集中精力搞群体信息网络建设是霸权受制群体与信息霸权群体此时的最优策略，且不应采取相互对抗的遏制策略与反击策略。

从博弈结果可以看出，在存在利益冲突情况下，对霸权受制群体实施遏制策略是信息霸权群体在区间$[0,T-\tau_0]$的最优策略，在区间$[T-\tau_0,T]$实施不遏制策略，已知$\tau_0=\frac{1}{n_1}\ln\left[1+\frac{n_1}{k_1}\right]$在$k_1>>n_1$条件下$\tau_0\approx\frac{1}{k_1}$而$k_1$是信息霸权群体遏制霸权受制群体的强度，与霸权受制群体无关。所以，霸权受制群体企图单纯通过提高自身网络信息效用增长率来改变信息霸权群体遏制战略的企图是不可能的，改变信息霸权群体的价值取向、战略判断等因素是解决的唯一途径，改变k_1值，从而改变$\tau_0\approx\frac{1}{k_1}$。

首先，霸权受制群体要从核心战略的层面重视信息网络的建设工作，从战略层面注重网络发展，构建完善的信息网络空间保障机制，一是要逐步降低核心技术上对信息霸权群体的依赖程度，二是提升自身信息网络安全防范能力。

其次，努力消减霸权群体的误解，网络空间——这个用文字、图片、影像等形式展现思想的领域是社会意识形态和价值观纵横的领域，霸权受制群体与信息霸权群体的社会意识形态和价值观存在着较大差异，双方误解在所难免。因此，霸权受制群体在面临其他国家的关切、猜疑时要开诚布公，在允许的范围内适度提高互联网决策透明度，此举对减少信息霸权群体的猜疑和误解有着积极作用，同时也能增进与各个群体的合作互信，营造良好的信息生态环境。

最后，霸权受制群体要通过努力弘扬本群体的价值观念和社会心态，把信息网络打造成传播先进文化的重要基地，向受众展现文化的魅力，尽量消除因文化差异所产生的误解，努力让信息霸权群体理解霸权受制群体的行为与目的，消除彼此的猜忌，这是霸权受制群体在未来扭转被动局面的关键之所在。

信息霸权群体在区间$[T-\tau_0,T]$内实施不遏制态度，而在区间$[0,T-\tau_0]$则一直实施遏制战略。根据上文解析可知，τ_0不受霸权受制群体影响，如想免受和少受信息霸权群体的遏制，设法缩短对立时间T是唯一的解决办法。只有较小的

T，才有可能让信息霸权群体采取不遏制或低强度遏制战略。

通过继续积极参与信息网络空间规则的制定，宣扬“和谐网络世界”的主张，在网络空间争得主动权和话语权来设法缩短对立时间T，从而使霸权受制群体免受和少受信息霸权群体遏制。首先，霸权受制群体要赢得主动权，信息网络空间是属于全人类共有的，并非是信息霸权群体的私有领地。因此，对于互联网环境的规则制定，霸权受制群体应积极参与，同时也应加强同国际社会正常、合理的网络空间合作，共享网络技术创新成果，为维护合法的网络空间国家主权和国家政治稳定共同努力。其次，霸权受制群体要掌握舆论话语权，运用全新的舆论宣传形势，要在网络发展重大问题的讨论中不缺位，在是非论辩的关键时刻不失语，将群体的意志表达出来，影响网络社会的舆论走向。

6.2.2 提倡互利合作

当今科学界普遍认为信息与物质、能源为社会的三大基础资源。信息能够为接受者减少和消除不确定性，因而备受信息人的重视。信息人之间信息的共享与传播，是构建和谐信息生态环境的重要途径。然而，由于信息版权的独断性和专有性，信息人之间的合作空间受到排挤，信息资源的获取和利用陷入了“版权困境”。如何有效平衡版权人私有财产权和其他信息人信息共享自由间的关系，促进信息人之间的互利合作，尚需制度上的设计和法规上的重塑。

6.2.2.1 信息人之间的矛盾和冲突

版权法通过授予创作信息人以一定的专有权利、独占权利，促进知识和信息的网络传播，因此，版权具有一定的垄断性。相反，其他信息人要求的信息资源的共享却具有非垄断性，客观上要求知识的公开、共享。所以，二者之间不可避免地出现了矛盾和冲突。从本质上说，这是一种私权和公权的利益博弈，关乎信息人个体利益和信息人群体与群落公共利益的和谐发展。泛在网络环境开启了数字媒介高效传播的模式，版权作品一旦入网，便具有了超强的数据处理速度和文本压缩能力。信息人利用网络化工具可以实现对信息内容的获取、存储、复制、压缩、分类，其对数字作品内容和质量的改进以及高速复制传播，酿造了信息作品的数字版权难题，由此陷入了“版权困境”。首先，版权法带有地域性，为一国范围内的法律，而网络环境下的数字技术将作品的传播推向了世界，突破了地域的限制，影响了版权法律的地域性，即数字作品传播的无国界与版权在一国范围内的约束性产生了冲突。其次，网络载体多种多样，其对信息的传播具有无形化特点，减少了信息传播和分享的成本，免费试用在网络环境中变得越来越常见，进而衍生了网络盗版、在线侵权等现象，于是版权信息人开始加强自身知识产权的限制，防止版权受到侵害。再次，版权保护具有时效性，一旦保护期限届满，版权信息人便不再具有对作品的垄断。然而，由于泛在网络化技术的发展，信息的扩散速度和老化速度明显加快，使得信息在版权保护期内就已经贬值。所以，数字作品的高速传播与版权时效性之间形成了矛盾。最后，随着数字图书馆、MOOC远程教育等网络机构的兴起，传统的纸质图书版权授权方式已经无法顺应网络环境下的海量图书数字化的趋势，版权法的授权许可使用制度与数字时代海量授权需求形成冲突。例如，Google的数字图书项目让Google与出版商和其他权利信息人达成了合作伙伴关系，进而对其版权许可范围内的图书进行数字扫描，组织和整理后，展示给用户，拉动版权作品的销售。然而，当Google在未经版权信息人授权的情形下，与世界各大图书馆合作，并开展大规模数字化扫描工作时，版权信息人则表示出了强烈不满，双方矛盾的焦点主要体现在以下几个方面：一是对版权期内的图书内容数字化有无违反美国版权法；二是谷歌回应的“合理使用”的范围、使用比例和使用目的如何定义。版权信息人认为，版权作品上都有侵权警告的文字说明，在出版者还没有授权许可的情况下，禁止复制、存储或者传播作品的拷贝，Google的数字图书项目触犯了现有版权法的法律规定。对此，Google利用“合理使用”的说法执意推行该项目的商业化操作，认为其对版权资料的使用符合美国版权法“合理使用”的范畴，对于版权期内的资料，只截取目录、摘要和部分篇章，不会损害出版商信息人的版权利益。然而，“合理使用”是出于非盈利的教育应用还是为了大规模的商业牟利、使用图书样本的数量占总体数量的比例以及该比例能否影响著作价值的潜在市场等问题的争议，也是Google与出版商信息人的矛盾焦点。同时，版权信息人还担心版权作品的内容一旦被Google公开于网络，必将使商业公司打破未经授权和传播的大门，导致在线侵权和网络盗版，损害出版行业的长期利润。尽管Google仍以“合理使用”为说辞，但出版商信息人断定此项目完全突破了“合理”的界限，认为Google忽视版权法律，慷出版商之慨，私吞巨额利润。因此，对商业收益的不合理分割，也是双方之间的冲突。

6.2.2.2 信息人之间竞合关系

版权信息人创作了作品，渴望独占其智力作品的所有权，阻止其他信息人对其内容的免费使用，代表着版权所有者个人的私有利益；其他信息人是版权人作品的最终消费者，是信息资源产业发展的推动力，希望可以快速、高效、便捷地利用作品并传播信息作品，双方利益诉求的不同，导致了二者竞合关系的产生。英国经济学家科斯认为，权利之间并没有绝对清晰的界限，当一种权利受到法律的保护时，必定会有另一种权利遭受损害。如图6-3所示，*X*轴表示版权保护的强度，*Y*轴表示信息共享的程度。*D*点为版权保护的最大值，即版权人实现绝对保护，*C*点表示信息共享的最大值，即公众对信息资源的最大获取。由于*C*和*D*无法重合在一起，所以，双方各自利益最大化是无法实现的。*AC*线段表示信息共享程度超过版权保护限度，*AD*线段表示版权保护力度超过信息共享的程度，在*AC*和*AD*这两个线段上，都无法均衡版权信息人利益和社会公众其他信息人的利益，既无法保障作者的版权独有权，又无法实现公众对信息的广泛获取。由于版权的过度垄断将导致公众信息获取阻塞，违背版权法初衷，而信息的绝对共享和利用则侵犯版权人利益，也不利于版权制度的发展，所以，过度强调任何一方都是片面的，新的泛在网络数字环境下，需要版权制度的重塑。从图6-3中我们可以看出信息共享与版权保护只有在*OA*线段才能实现“均衡”，即处于*OA*上任何一点都可以保证两种利益的平衡，兼顾版权利益和信息自由使用。由此可见，线段*OA*表示信息资源共享与版权保护的合作关系，线段*AC*和*AD*表示信息共享与版权保护的竞争关系。

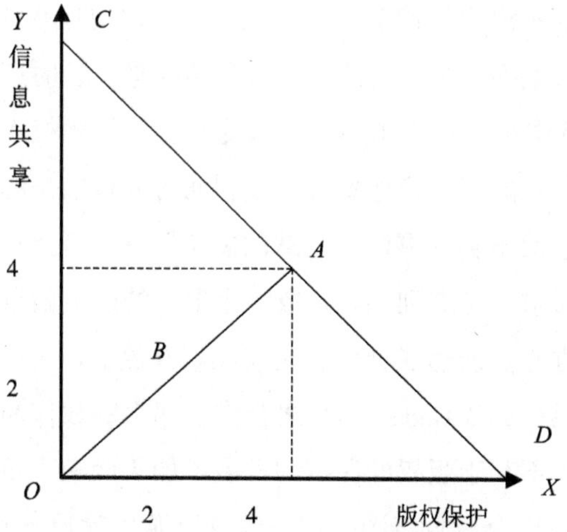

图6-3 信息资源共享与版权保护的竞争与合作

例如，Google与世界各大图书馆合作，将大量图书数字化扫描，编写索引，存放在服务器上，为网民打造一个检索、查阅、浏览、下载的平台，据此，出版商和广大作者则表现强烈不满，因为Google所扫描的图书并不只是非版权保护期内的图书，还包括版权保护期内的图书，这显然是违反了版权法，鉴于Google的擅自侵权行为和版权保护法律的规定，双方的博弈一开始将处于对立状态，二者没有合作的可能性。美国版权法律允许图书馆复制图书内容，制作电子文本，以实现保存目的。Google则据此声称其对版权人作品的数字化拷贝符合美国版权法律“合理使用”条款的规定。然而，对于“合理使用”涉及的范围和比例，法律至今并不完全明确，同时，Google是一家商业公司，存在打着“合理使用”的幌子，通过数字化拷贝牟取暴利，形成商业垄断的嫌疑。但是，该数字图书项目实质上为版权人带来了机遇，使其在网络环境下充分展示其创作，提高知名度，增加出版物的潜在购买者。出版商更大的担心则是，版权数字化将给未经授权的复制和传播者以可乘之机，读者如果直接从Google数字图书馆轻松获得数字图书，整个纸质图书出版业的长期收益也会随之受损。随着互联网技术、数据仓储和搜索引擎的发展，人们阅读的习惯正在改变，进入了无纸化阅读的数字时代，网络数据库、电子浏览器和数字图书馆等阅读平台对传统图书馆和纸质出版行业造成了巨大冲击。Google的数字图书馆是顺应时代发展潮流的新事物，一旦建成，就可以让广大用户在足不出户的情况下，实现方便、快捷地在线阅读。Google拥有大量的用户，意味着就拥有了大量的点击量和访问量，这时广告商就会找上门来投放广告，Google从中可以获得丰厚的广告受益。尽管版权人了解Google搜索引擎的赢利模式，但是只能眼睁睁地看着巨额利润落入Google的口袋，自己却分不得一杯羹，版权人恐怕不会甘愿做“沉默的羔羊”。Google与版权人联合的模式，迎合了时代发展的需求，考虑到Google数字化项目的巨大前景，在合理解决版权问题的前提下，双方必然能达成合作，实现互利共赢。Google与出版商之间既有竞争又有合作的关系，如果Google不与之合作，那么版权作品就不会有更高的传播度和销售收入，也不利于版权的保护和发展；如果版权人不参与Google数字项目，那么也就难以建设全球数字图书馆，信息资源也就得不到最大限度的共享。可见，Google和出版商既在版权保护中合作，又在图书资源共享中竞争，表现为博弈双方的竞争协同关系。

6.2.2.3 纳什均衡的“囚徒困境”

博弈论假设，经济主体具有经济理性。博弈双方始终试图以最低的成本谋取最大的利益，以实现个人利益的最大化。在版权信息人与作为信息用户的其他信息人博弈关系中，假设各个参与人都具有经济理性，都以成本收益衡量作为自己行动取舍的前提。为了研究方便，我们假设信息资源共享与版权保护仅发生在一个作为信息用户的信息人与一个版权信息人之间，分别用版权人甲和网络信息用户乙表示，但我们分析的结果可以类推到无数个网络信息用户与版权人之间的博弈中。图6-4为作为信息用户的信息人与一个版权信息人之间博弈的效用矩阵，在版权信息人与作为信息用户的其他信息人博弈过程中，双方均有合作（记作M）和不合作（记作N）两种策略空间，在策略组合（M，M）、（M，N）、（N，N）时双方总支付分别为P_{MM}，P_{MN}，P_{NN}。

根据版权保护的实践知识，我们设定满足下列不等式：

$$P_{MN}>P_{MM}/2>P_{NN}/2;$$

根据对图6-4版权人甲与信息用户乙的效用矩阵分析，可知，（N，N）为双方博弈唯一的纳什均衡，但它却并不是最优的帕累托状态，因为策略组合（M，

M）比（*N*，*N*）更具有明显的优势，于是，作为信息用户的信息人与版权信息人之间博弈即信息共享与版权保护间的博弈出现了“囚徒困境”。将上述情况赋予分值，如图6-5所示。一方合作、一方不合作：合作者得0分，不合作者得8分；双方都合作：各得6分；双方都不合作：各得3分。

信息用户乙 \ 版权人甲	*M*	*N*
M	*P*/2， *P*/2	0， *P*
N	*P*， 0	*P*/2， *P*/2

信息用户乙 \ 版权人甲	合作	不合作
合作	6， 6	0， 8
不合作	8， 0	3， 3

图6-4 信息共享与版权保护博弈的效用矩阵　图6-5 信息共享与版权保护博弈的囚徒困境

从图6-5中我们可以得知，（6，6）>（8，0）>（0，8）>（3，3）。所以，作为信息用户的信息人与版权信息人都选择合作策略时所产生的社会整体效益达到了最大化。当作为信息用户的信息人与版权信息人都选择（不合作，不合作）的策略组合时，对各自来说，均属于超优策略，任何一方单独改变策略都将减少自身效用，这种情况下对双方来说都是符合个体理性的纳什均衡的最优选择，双方都没有单独改变策略的激励。相反，策略组合（合作，合作）并不是纳什均衡，任何一方都有可能单独改变此种策略，增加自身效用，均有擅自毁约改变策略的激励。然而，经过双方理性选择后的博弈状态为（不合作，不合作），这使得双方陷入了信息资源共享与版权保护的“囚徒困境”。双方都采取不合作的行为组合是一种没有效率的均衡状态，因为作为信息用户的信息人与版权信息人单方利益的最大化，并不是社会整体利益的最优化。所以，我们有必要对这种（不合作，不合作）的纳什均衡进行帕累托改进。

例如，数字环境下Google信息资源共享与版权人版权保护之间出现了失衡，二者的博弈过程既有竞争也有合作。对于Google的数字图书项目，Google可以与版权人合作或不合作，版权人可以采用合作或不合作两种策略予以回应。为了方便表述，为矩阵赋予分值，双方都合作时，总支付为10，各自为5；一方合作，另一方不合作时，合作方为-1，不合作方为7；双方都不合作时，总支付为6，各得3，如图6-6所示。

谷歌 \ 版权人	合作	不合作
合作	5, 5	-1, 7
不合作	7, -1	3, 3

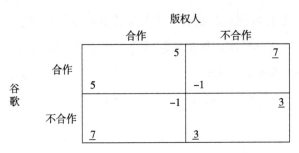

图6-6　谷歌与版权人竞合博弈的囚徒困境

通过相对优势策略划线法，我们得知，策略组合（不合作，不合作）为唯一的纳什均衡，但是，它却并不是帕累托最优状态，因为还有比（不合作，不合作）更好的策略组合，即（合作，合作）。所以，谷歌与版权人竞合博弈陷入了“囚徒困境”。

6.2.2.4　破解“囚徒困境”的博弈策略

第一，利用网络经济外部性原理，合理让渡版权价格。100多年前，著名经济学家马歇尔在《经济学原理》一书中提出了经济外部性理论，指的是一个经济人（个人或企业）的行为对其他经济人的外在影响，而这种影响并不从货币或市场交易中体现出来，其影响在外在的。为了破解作为信息用户的信息人与版权信息人的版权困境，我们可以利用数字图书产品正的经济外部性，增加信息共享程度，刺激数字产品消费，扩充用户规模，从而提高作品价值，有效地保护和利用版权。例如，在数字出版市场中，存在双理性的消费者，即既有消费能力强的信息用户，也存在消费能力弱的信息用户。随着版权作品价格的降低，信息用户的数量将会大大增加。如图6-7所示的坐标系中，纵坐标P表示版权作品的价格，横坐标Q表示信息用户的数量，D_1表示双理性需求曲线，D_2为D_1扩张后的双理性需求曲线，OL将需求曲线分成左、右两部分，分别代表对价格不敏感的高能力信息消费群和对价格敏感的低能力信息消费群。记矩形OP_1EQ_1、OP_2FQ_2、OP_3MQ_3、OP_4NQ_4的面积分别为S_1、S_2、S_3、S_4。从图3中可以看出，如果对版权价格进行微调（P_1降至P_3，P_2降至P_4），那么就有正的网络外部性使得两种信息用户群体的消费量增大，其消费收入为$(S_3+S_4)-(S_1+S_2)$。在与Google数字项目合作中，如果版权信息人能够合理让渡一部分版权价格，再针对对高能力信息消费用户提供优质、全面的信息服务，那么就可以扩大信息作品的传播度，增加图书的市场总消费，最大限度地利用消费者剩余，增加规模收益。同时也规避了一定的版权风险，提高数字出版经营的安全系数，赢得公众的好评。

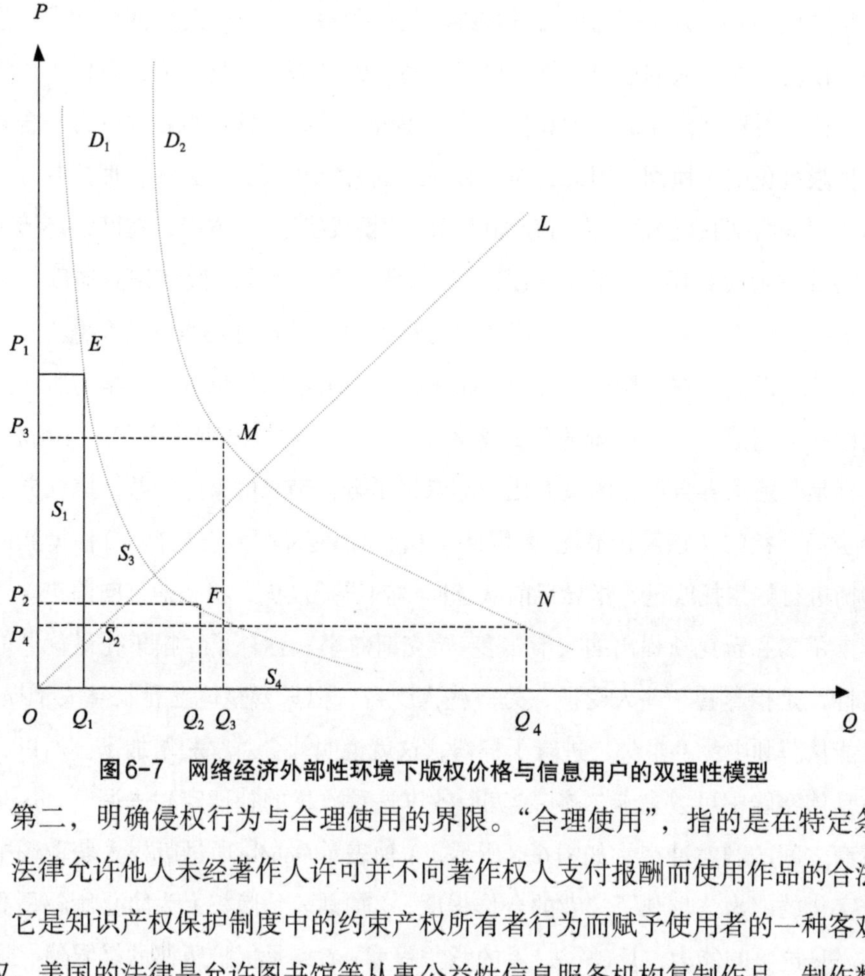

图6-7　网络经济外部性环境下版权价格与信息用户的双理性模型

第二，明确侵权行为与合理使用的界限。“合理使用”，指的是在特定条件下，法律允许他人未经著作人许可并不向著作权人支付报酬而使用作品的合法行为，它是知识产权保护制度中的约束产权所有者行为而赋予使用者的一种客观的特权。美国的法律是允许图书馆等从事公益性信息服务机构复制作品，制作数字图书，存放入数据库中，以实现保存目的，Google则以此认为其对版权图书的扫描和利用符合美国版权法“合理使用”的范畴，然而，Google声称的“合理使用”是否真正触犯美国版权法，至今仍没有明确下来。美国版权法律在判别“合理使用”行为时，给予了四个参考要素，即使用的目的及性质、版权作品性质、使用部分比例、使用部分价值。Google成立数字图书馆，对版权人作品数字化扫描，使之全球阅览和传播，能吸引大量用户，从而依靠数字化获利，形成了商业牟利的目的条件，同时，数字化过程中并未对作品事实虚化性辨别，对于合理使用的数量、范围等也未做出明确界定。围绕数字版权“合理使用”的纠纷难以平息，是造成Google数字图书项目举步维艰的深刻根源。随着现代网络技术和搜索引擎手段的飞跃，人们通过网络、电子设备等终端获取信息的方式取代了传统纸质化阅读，对数字作品的复制和传播将变得轻而易举，这使得侵权行为与合理使用的界限难免变得模糊。因此，对于Google的数字化项目，必须合理控制好版权使用的“度”，明确侵权行为与合理使用的“警戒线”，一方面，在网络环境下防止人为肆意地侵犯版权，保护知识产权，另一方面也要对数字作品加以权利限制，维护“合理使用”的权利，促进信息资源共享，方便人类知识传播。

第三，设立版权补偿金制度。Google数字图书馆的信息资源共享与版权人的权利维护，造成了“囚徒困境”的博弈结局，是一种“没有效率”的均衡状态。二者都是只追求各自利益的最大化，却忽视了合作带来的整体利益，因而并非是社会全局利益的“帕累托最优”。因此，我们有必要对目前这种非合作博弈的纳什均衡进行帕累托改进，指导目前状态向“帕累托最优”状态的方向前进。经济学家卡尔多和希克斯提出的“卡尔多-希克斯效率”弥补了“帕累托最优”的不稳定性，是指尽管一些人受损，另一些人受益，但只要整体上看收益大于损失，并且能从获利中弥补缺失，进行了补偿，这就说明社会总福利增加了。所以，我们在具体实践中可以拿卡尔多-希克斯效率这种次优的补偿定理去调节Google与出版商之间的利益冲突。如图6-8所示，X轴表示Google通过版权人获取图书进行数字化的能力，反映了二者的合作程度；Y轴则表示版权人为防止版权侵犯而与Google抗争的能力，反映了二者的竞争程度；C点是保护版权的极限值，说明版权人封闭版权，实行绝对保护；D点是图书资源获取的极限值，即信息资源最大程度地共享。C点和D点无法重合，因此，二者各自利益最大化无法实现。处于线段AC上任何一点，二者竞争大于合作，版权过于封闭，不利于资源共享；处于线段AD上任何一点，二者合作大于竞争，资源过于开放，不利于版权保护。Google和版权人的博弈对局，既要版权的垄断，又要资源的共享，所以，AC和AD都不能平衡两种利益，追求任何单方利益都是不对的。由于OA代表着正比例的函数关系（$Y = X$），所以，在OA线段上的任何一点，都可以兼顾二者的利益，达到两种利益的均衡，即线段OA代表利益平衡的合作关系。其中A点表示二者各自利益都达到最大化，是“帕累托最优”状态，从O到A是一个“帕累托改进”的过程。线段AD表示Google对资源共享的扩张度超过版权人版权保护的忍受度，但是这却是惠民的，因为Google的数字化项目加快了全球知识传播的速度，促进了人类信息的获取，大大提高了资源利用率。如果从世界整体信息资源的福利上升的结果中给予版权人适度的补偿，那么这必定是卡尔多-希克斯效率的“帕累托改进”。如果能建立一套完善的版权补偿金制度，协调版权人与Google的利益纠纷，既保障版权收益，又满足Google数字化信息需求，共同为人类信息服务谋福祉，那么必然能协调二者的利益冲突，促进数字图书项目的合作共赢。

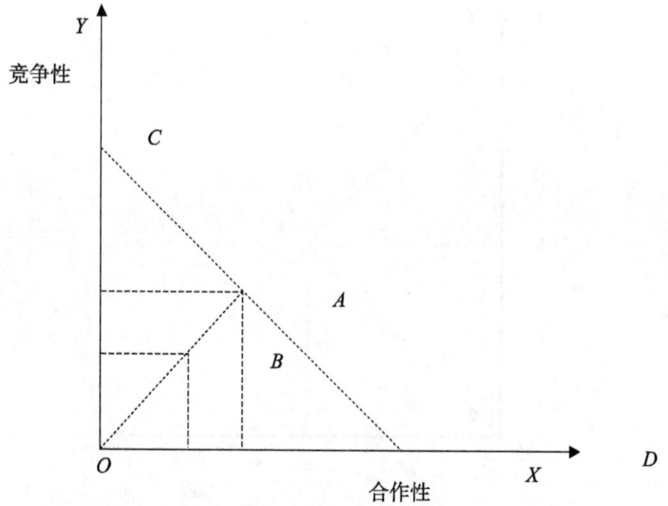

图6-8 信息共享与版权保护博弈的帕累托改进

6.2.3 实现多方共赢

意大利经济学家维弗雷多·帕累托（1848—1923）提出“帕累托最优”理论，所谓帕累托最优状态：如果没有一个人可以在不使任何其他人的处境变差的前提下而使自己的处境变得更好，那么，这种状态就是“帕累托最优”。对于作为信息用户的信息人与版权信息人的竞争博弈关系，代表信息资源共享和版权保护两种利益的博弈，博弈的最初目的是追求帕累托最优状态，此时资源得到了最优的分配。帕累托最优标准认为：效益的提高必须是对各方都有利，以损害某一方利益为代价，来改善其他方利益的方法实质上是没有效益的。按照帕累托效率标准来分析双方的博弈，兼顾到了信息共享与版权保护的各自利益，是最有效率的。

如果我们可以朝“帕累托最优”状态的方向进行改进，那就叫做“帕累托改进”。虽然帕累托最优是我们追求的一种完美的理性状态，但它却难以在作为信息用户的信息人与版权信息人即信息共享与版权垄断的博弈实践中实现，绝对公平效率提升无法适用于双方所代表的私权和公权的博弈。在图6–9中，横坐标X轴代表版权保护，属于版权人个人私权，纵坐标Y轴代表信息共享，属于公共范围内信息共享的公权。绝对公平的帕累托最优的实现，意味着在图6–9中的版权保护只能保持在A点，然而其实现的难度较大，而且存在一定不稳定性。

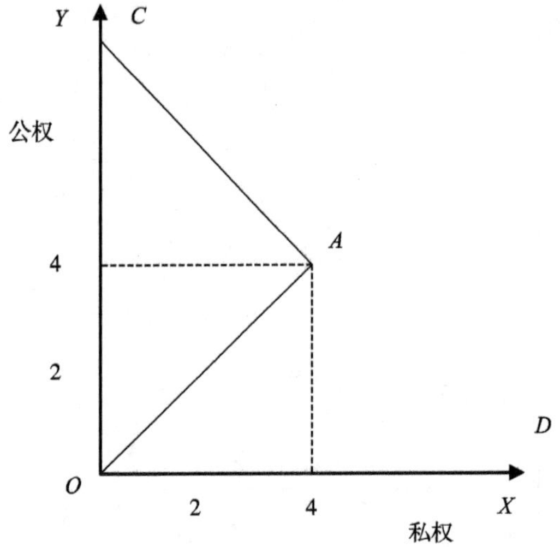

图6–9 公权与私权博弈均衡的帕累托改进

“帕累托最优”只是一种理想化的资源配置状态，经济学家卡尔多和希克斯发展和修正了这一理论，提出了卡尔多–希克斯效率标准。卡尔多–希克斯效率标准：指虽然可能使一些人受损，另一些人受益，但是只要总体收益必然大于损失，就可以从获得的收益中挪出一部分对所受到的损失进行补偿，增加总的社会福利水平，就是效率提高的体现。可见，根据卡尔多–希克斯效率标准进行帕累托改进，是一种次优的均衡，同样是有利于实现社会整体效益的最大化。所以，在数字环境下，我们可以利用卡尔多-希克斯效率标准的补偿定理来指导作为信息用户的信息人与版权信息人即信息共享与版权保护合作博弈的具体实践，调节私权与公权的矛盾冲突，促进二者的博弈双赢。在图5中，线段OA既尊重了版权保护所代表的私权，又保障了信息共享所代表的公权，是二者利益平衡的合作状态。从O点到A点，是一个帕累托改进的过程，在A点实现帕累托最优。线段AC表示信息共享程度大于版权垄断的强度，其在一定程度上侵犯了版权人利益，但却促进了人类信息的自由获取，大大提升了社会整体的信息福利水平。如果能够从社会整体信息福利成果中适度地给予版权人一定的补偿，这必定是对卡尔多-希克斯效率的“帕累托改进”，是信息共享与版权保护的次优的均衡。基于以上的分析，可以确定，作为信息用户的信息人与版权信息人即信息共享与版权保护之间的博弈，需要根据卡尔多-希克斯效率标准来进行帕累托改进，虽然它是帕累托最优的一种次优的妥协方案，但它是在二者的博弈实践中现实的“帕累托改进”途径。我们应该利用多种新的方案实习双方合作共赢，促进信息生态环境的和谐发展。

第一，凭借网络正外部性，开辟版权盈利新渠道。在泛在网络环境中，数字作品具有正的经济外部性，可以使得版权作品的信息用户规模增加的同时，实现对数字版权的合理补偿，进而有效保护了网络环境下的版权。在正的网络经济外部性的作用下，如果能让渡一部分版权收益，比如对正版作品低价收费，甚至不予收取费用，那么必然将会吸引大量信息用户。当拥有大量消费者群体时，版权人完全可以加插广告、提供全面服务等通过外部性渠道收取“服务型费用”。如图6-10所示，横坐标和纵坐标分别代表版权保护和信息共享的程度，线段OA表示信息共享与版权保护的利益均衡。由O点到A点（帕累托改进的过程），最终在A点达到了帕累托最优。线段AC表示信息共享的力度超越版权人版权保护的程度，虽然一定程度上给版权人带来利益的损失，但大大增加了社会的信息福利水平。在正的网络经济外部性的条件下，线段AC扩张到$A'C'$，不仅提高了信息资源共享的程度，还保证了版权利益，结合了开发获取与创作共用两种版权授权方式，无疑是双方合作的最佳路径。这种版权人联合起来以放弃应得的版权收益为代价而赢得更多信息消费规模的模式并不是十分陌生的，比如，早期发生的

"无版权"和"开放源码"运动，为我们提供可资借鉴的创新兼容方案。版权人暂时放弃版权收益而转为从新的盈利渠道上赚取外部性收益，同样可以保证版权的合法利润，有效地保护版权，这为数字环境下版权保护与信息共享实现合作共赢提供了一个可以借鉴的发展思路。

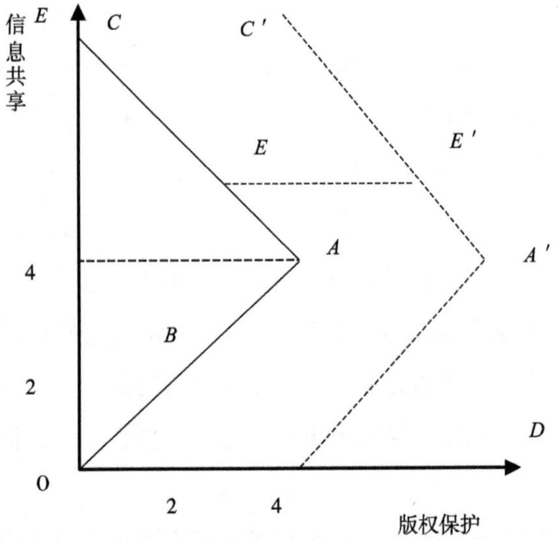

图6-10　网络正外部效应下的版权保护与信息共享的双理性模型

第二，加强对版权信息人合法权益的保护。对版权的尊重，是实现数字环境中信息获取利用的基本前提，也是版权制度和法律的客观要求。由于现阶段我国的版权保护法规体系还不够完善，在网络环境中表现的更显劣势，故要加强对版权人合法权益保护，以实现制度均衡。首先，要完善数字版权纠纷的管理体系。数字环境下的版权问题因为信息传播的跨地域性而变得更加复杂。2003年12月，最高人民法院修订了《最高人民法院关于审理涉及计算机网络著作权纠纷案件适用法律若干问题的解释》，规定"网络著作权侵权案件由侵权行为地或者被告住所地人民法院管辖。侵权行为地包括实施被诉侵权行为的网络服务器、计算机终端等设备所在地。对难以确定侵权行为地和被告住所地的，原告发现侵权内容的计算机终端等所在地可以视为侵权行为地"。该项法律规定使得网络侵权的行为地扩大化，方便版权人提出诉讼。然而，即便版权人在"难以确定侵权行为地和被告住所地"的情况下胜诉，也面临着执行难的问题。因此，在我国司法实践中，尚需强化国家、地区之间的法律沟通与合作。其次，保护版权人合法权利，必须加强执法。执法不力是造成我国数字版权侵权案件繁多的一个重要原因。在网络时代，数字作品的复制、传播变得容易、快捷，防止侵权有高度的复杂性和技术性，无疑是增加了网络执法难度。为更好地应对网络侵权，一方面培养网络法规意识，更新数字版权保护技术，另一方面则应不断加强和改进执法。最后，加强对新型数字作品的版权保护。随着网络和数字技术的发展，多种多样的数字作品涌现在网络，而我国传统的著作权法通过列举的形式分辨作品类型来保护作家权益的方式已经无法满足时代的需求，因此需要重新修订版权法律，采用灵活的司法实践处理方式分辨新的数字作品类型和新的信息产品形式，分清楚哪些作品具有独创性特点，在不违反法律禁止性规定的情况下对其实施版权保护，尽可能快的以法律形式确立保护条款，比如网络信息传播权，就使得版权人借助网络传播实现了作品的版权保护。

第三，建立多元授权模式，推行创作共用机制。博登海默在《法理学——法哲学及其方法》一书中曾引出：法律制度的成功之处在于专断权力与限制权力达到了平衡。然而，这种平衡并不能永续，因为社会文明的进步要求法律制度的不断更新。只有赋予经验以理性，才能恢复这种平衡，政治、社会才能得以存续。理性选择多元授权模式，均衡信息获取与版权垄断，是网络时代中使版权法律恢复至利益均衡状态的重要路径。版权授权由版权拥有者控制和自治，但并不否定国家的保护和引导，即国家可以加入技术和资金投入，建立数字版权监管组织，加强知识产权侵权执法。其次，在立法理念上，树立与国际合作的司法意识，协调推进版权制度保护，实现数字网络中的版权人与权利代理组织、公众用户之间版权授权的无缝链接。再者，完善著作权集体管理体制，最大程度地发挥集体管理效用。同时，考虑到旨在促进世界信息作品的自由传播和重用的“创作共用”效应，我们需要完善网络数字作品的许可授权机制，使得任何创作可以畅通无阻地呈现在渴望分享利用和再创作的人面前，共同促进公民信息资源的价值最大化。

第四，对数字作品合理定价。版权人对其网上的数字作品合理收费，并不违背信息资源的共享自由，因为它将信息转化为货币，补偿了版权人智力创作劳动，节约了信息开发的高昂成本，改善了数字资源的供给结构，提高版权作品内容的质量，拉动信息产业链发展，优化数字资源共享环境。有国外学者曾指出："公共信息的利用应该在透明和合理的价格机制下通过各种技术形式和许可方式来提高获取和再利用。"以文本或数字形式表现出来的知识资源都会消耗一定的成本费用（包括人力、财力和物力），所以，适当的给予版权人价格回馈，对其所提供的数字资源进行收取费用，是合情合理的。同时，由于对网络环境中的版权作品收取价格，这就必然能打击盗版，有效遏制网络复制行为和侵权倾向，形成良好的网络版权资源的共享秩序，实现了版权保护和信息资源共享的和谐共赢。

根据博弈论分析，如果合理降低版权价格，那么信息用户使用正版作品的可能性就越大，进而形成了对盗版的自觉性打击，形成版权作品在线传播的良好风气。因为信息产品的边际生产成本为零，所以，对数字版权作品的价格制定不应过高，反而要尽可能的低廉，赢得信息用户对价格的认同感，必然能迫使盗版作品自动退出版权市场，最大限度保障版权收益。电子图书相对于纸质图书来说，不仅阅读便捷，而且质优价廉，信息用户完全没必要损耗精力、时间和交通成本跑去图书书店购买纸质版书籍，取而代之，他们将会购买电子图书，实现在线阅读。由此可见，版权人对数字作品采取低廉的定价策略，既能保护其创作的专有权和一定的版权收益，又方便公众对信息资源的自由获取，促进网络时代中数字版权合理利用的信息和谐。

第五，完善版权相关配套法规，建立版权反垄断制度。版权自诞生之日起，就伴随着"权利保护"和"权利限制"的二元对立统一观，数字环境下的版权制度亦然。版权法律中的"合理使用"制度主要负责对版权人权利的限制和约束，但仅仅凭借"合理使用"条款并不足以防止版权的过渡保护，再加上数字环境中信息庞大、容易复制、传播迅速等特点，版权人对数字作品的保护变得更加苛刻，所以有必要建立一整套完善的版权反垄断制度。

版权本质上说是一种合法的权利垄断，在合理范围内并不损害社会利益，也不应受到责难。但是，当传统的纸质版权问题被移植到网络中，数字版权问题随机产生，借助网络平台，数字版权的无形性特征将加剧版权扩张，从而形成知识垄断，限制正常竞争，导致行业垄断，不仅阻塞了信息资源的共享，也损害了整个社会的进步。在数字环境下，版权人完全可以跨越“合理使用”界限，走入非法垄断的领域，打着“合法”的幌子，赚取版权扩张的收益。从这个角度来看，它不应受到法律保护。因此，在数字时代中，对版权人的版权合理规制，加以权利限制，建立版权反垄断制度，就显得格外重要。由于我国对版权相关的反垄断法的规制尚属空白，在网络环境中就更不可能有效地限制版权的非法扩张，无形中加深了版权人和信息用户的矛盾，损害双方的利益，影响信息和谐社会的构建。我国应尽快构建数字版权的反垄断法，对版权人权利合理规制的前提下促进信息的共享。

第六，设立版权补偿金制度。1965年德国颁布的《版权法》中确立了版权补偿金制度：当作品借助个人拷贝而被大范围地使用时，版权人的利益得不到有效保护，此时对拷贝设备和存储介质进行统一收费符合法律规定，收取的费用要借助特定的方式支付给版权人。

在泛在网络数字背景下，信息的复制与传统意义上的复制不同，传统复制局限于特定载体，数字图书内容本身可以不受特定载体限制，实现全方位完美地被复制，而且这种复制行为有无数的网络用户参与其中，所以网络用户侵犯版权的风险急剧增加。网络私人复制的盛行，版权保护意识的淡薄，技术保护措施的不力以及我国版权法律的不健全，使得在数字网络传播中引入版权补偿金制度势在必行。版权补偿金制度可以缓解版权人和信息使用者之间的版权纠纷，使双方利益冲突减弱，设立版权补偿金制度，在满足信息使用者对信息的需求的同时，版权人的经济损失也得到了补偿，能够实现信息资源共享与版权保护的博弈双赢。

第七，促进信息的有效沟通。版权信息人与作为信息用户的信息人之间的矛盾和冲突，代表着私人利益与社会整体利益之间的较量，但二者并非完全对立，在一定条件下可以达成合作，实际上他们都不希望看到各自利益受损的“囚徒困境”状态。为了避开“囚徒困境”的惨局，版权人与信息用户必须建立双向的信息沟通渠道，发挥主观能动性，协调利益关系，采取合理的方式使得对方明确自己行为的目的，表达善意而非恶意，避免因非合作策略而遭受报复，否则将只能面临“囚徒困境”的结局。对于版权人和信息用户，彼此应主动表明合作的态度，用善意的行为进行信号传递，减少信息不对称，化解信息误判，各自才能做出正确的策略选择。因此，双方建立明确的信号传递制度，表达合作倾向和真实态度，共同促进双方合作，必然能走出“囚徒困境”的博弈怪圈，推动信息人之间的和谐。

6.3 信息人与其他生态因子的和谐

6.3.1 提倡慎独伦理道德建设

儒家“慎独”思想促进信息人的道德责任意识的提升。克己内省，反求诸己，从自身的不足寻找解决问题的原因，强调自我的检查和反省，要求对自身严格自律的“慎独”修身方法，必将提升信息人的道德修养。信息人的道德修养水平与道德自律意识的提高，有利于培育良好的生态氛围，有利于建设和谐的信息生态环境。

明德，亲民，止于至善是儒家道德追求的目标。至善作为最高的道德准则与目标是儒家孜孜以求的人生理想。今天的信息实践活动中，欺诈等道德失范现象时有发生，引起许多学者和专家的关注和担忧，因此，在信息实践活动中，提倡“慎独”精神具有重要价值。首先，“慎独”增强信息人的诚信，信息人要诚心实意坚持自我约束，信息实践活动缺乏“诚意”，则信息生态链就成了无源之水，信息人要端正内在意志、意念，清除各种思想上的杂质，杜绝不良信息行为的发生；其次，“慎独”提倡信息人主体的自律性，要求信息人在独处之时、隐微之处也要谨守内心道德法则，不仅应接受制度、法律的约束，更应该将道德自律转化为自己的内在自觉，主动约束自身的行为。“慎独”要求信息人在他人所不知的信息世界中，信息人须遵守各种规则，考虑到其他信息人的存在和自身责任；自觉认识到信息人作为一个用户即使可匿名连接到计算机网络系统，但决不能违反系统或网络规则，超出个人使用权限的范围，在网络之中一定要做好隐处的自律。

培养信息人自主道德判断能力，儒家“慎独”思想起到重要作用。在网络社会中，信息人要坚持道德原则和道德规范，抵制诱惑，消除人所不知而唯己知的邪恶念头，做到“慎欲”。在获取信息时，信息人要始终保持冷静、理智的行为，最终达到个人内心的和谐。面对复杂、多变的泛在网络环境，海量的、形形色色的碎片化网络信息频繁充斥着信息人的大脑。信息人在受益的同时，也难免会受不良信息诱惑，从而给其他信息人——信息接受者带来负面影响。因此，信息人需加强抵抗力，拒绝不良诱惑，此时“慎欲”教育至关重要。“慎欲”教育强调面对泛在网络信息的诱惑，培养信息人自我控制和监督能力，信息人要坚定自律、严格自我克制。同时要克制不良欲望，但并不抑制正常的欲望，正常的欲望可以使信息人的头脑清醒，正常欲望会变成信息人扬帆远航的前进动力。

注意检点信息人自身的行为，依据儒家“慎行”的修养要求，信息人必须注意检点自己的行为，虽然虚拟的信息生态环境拆除信息人在现实世界的对自我的约束，真实的自我迫不及待地显露出来，充分地张扬自我，肆意妄为地实施攻击行为。因此，对信息人的“慎行”教育，培养规范道德行为，并积极构建信息人的泛在网络自律机制。

促进信息人追求高尚的道德，在泛在网络信息大环境中，信息人主体间的沟通与交流，形成了不同与传统沟通模式的一种新型的，基于社交媒体平台的线上的社会互动交流模式。在这个社会互动交流中，信息人主体间形成交流互动的集合，彼此相互依赖、相互依存，具体可体现在衣食住行、工作、学习等方方面面。面对如此客观现实，新模式的社会互动网络信息传播中，要特别注意对信息人进行“慎始如终”教育，提升其道德修养。马克思主义哲学告诉我们，事物是不断化发展变化的，上网信息人人数的增加，网络世界日新月异而且更加复杂。网络道德规范与网络发展的最新标准必须一致，信息人应不断提升网络道德修养，最终达到“善始善终”的最高伦理境界，即“慎独”境界。儒家修身思想强调“慎独”。要想在信息人自我修身中取得较大成绩，必须要做到“慎独”。新型的信息生态环境基于互联网技术，以社交媒体网络为依托平台，其表面上似乎与信息人的道德伦理无关，但在社会网络中，通过各网络行动者之间信息传播互动的过程，其背后隐藏着各种复杂的人与人的关系。该关系虽是处在虚拟网络中，但网络问题追根究底还是源于使用网络的行动者（信息人），所以，和谐信息生态环境的建设要求有效地吸收儒家文化的思想精华，构筑和谐信息生态文化氛围，促使信息人的道德修养水平提升，将这种“慎独”精神内嵌于信息人个体的内心，变成信息人强烈责任感，让信息人通过各种实践活动去获得亲身体验，才使得“慎独”落到实处。中国传统儒家“慎独”思想强调个体道德修养的自觉性和一贯性，在信息生态环境中，要从“慎独”开始，使信息人主体养成习惯，并自觉遵守各种规则、培养良好的道德品质。

6.3.2 加强信息法律政策约束

加强信息政策的宏观调控力度，强制性地建立信息政策约束的长效机制。杜绝信息人以破坏信息生态环境为代价，追求自身效用的最大化的短期行为。为了保证其正常秩序和氛围，信息人的行为应受到约束，该约束要依靠知识产权等信息法制。由于目前信息产权出现主体模糊、虚化现象，因此，在实行信息资源有偿使用与转让时，需防止其滥用和过度使用信息资源，必须保证信息人合理的生产，传播和使用信息资源。本部分以政府作为政策法律的实施主体，图书馆作为公益性质的团体信息人，图书馆读者作为信息人个体，通过政府、图书馆和读者之间的博弈分析来研究信息政策、法律对信息人的约束作用。

博弈是在一定的博弈情境（Game Situations）下发生的，即博弈各个主要参与者的利益诉求彼此关联的，既相互依存，又互相冲突，同时，博弈各主要参与者在具有开放性和包容性的既定制度环境下，能够进行必要的策略或行动选择，即策略空间。政府、图书馆、读者等图书馆法的参与主体的利益诉求是彼此关联的，既相互依存，又互相冲突，为博弈发生创造了必要的博弈情境。因此，可以通过博弈分析的方法对政府、图书馆、读者等图书馆法运行所涉及的主要参与者间策略行动的选择和利益诉求的均衡进行准确的说明和分析信息政策、法律的对信息人的约束作用。

在“经济人”假设的前提下，政府、图书馆、读者等图书馆法所涉及的主要参与者不可避免的选择收益最大化，政府部门是公共利益的代表者，但是作为执法者政府部门在公共选择理论中是一个“经济人”。作为团体信息人的图书馆和作为个体信息人的读者在追求利益最大化的同时，都会受到其他方参与方的限制，由此产生基于三方互动的博弈对局。最终实现纳什均衡：双方在对方给定的策略的前提下每一个理性的参与者都不会有单独改变已选定策略的冲动，从而达到稳定均衡的状态。基于纳什均衡理论分析图书馆法所涉及的三个主要参与者的策略行动后，发现图书馆法能够有效运行的前提是图书馆法所包含的相应条款成为三方参与主体的最优策略。否则，图书馆法在没有达到均衡稳定的状态情况下，可能会随时失效。

博弈可分为零和、非零和两种博弈。本节主要研究的是“非零和博弈”。“非零和博弈”指博弈中各方的得失总和不为零，对局各方并不是完全对立的，一方或几方的所失，并不必意味着他方必有所得；反之同理。双赢，是非零和博弈论中的一个概念，指处于一定环境条件下的双方，面对一定的规则，同时或先后选择并实施对对方有利的行为或策略，从而实现自己的利益，达到自己的目标。“双赢”理论适用于用政策法律约束信息人利益主体——政府、图书馆、读者三方“多赢”的情况。利益主体对“多赢”的目标模式选择将导致他们之间的关系发生变化，同时促进了相关法律条款的产生和相应的制度设计。

17世纪英国宪政博弈就避免了零和博弈和负和博弈，实现正和博弈，并且取得立宪成功。17世纪英国宪政的“非零和博弈”理论对应用政策法律约束信息人的行为具有启示作用。由于在根本利益上政府、图书馆、读者之间是没有冲突的，是“非零和博弈”策略能够被选择和实施的前提。因此，在充分考虑政府部门、图书馆以及读者间共同根本利益的同时，兼顾博弈各参与主体的意愿和利益诉求，以达到基于“非零和博弈”的纳什均衡，旨在通过政策法律来约束和保障政府、图书馆和读者的利益，实现“全赢”。通过政策法律来约束的博弈竞局中图书馆将有三种策略，即遵守图书馆法、违背图书馆法和不作为（不积极主动为读者服务，消极怠工，得过且过）；读者的选择也有三种，即依法维权、弃权、非法救济（采用非法手段维护自身利益）；政府作为执法者同样存在三种策略选择，即严格执法、放弃执法、过度执法。在通常情况下，通过政策法律来约束的博弈是一种三人三战略的博弈。但要得到博弈的均衡解，要从两两博弈开始。

政府与图书馆的对局博弈。政府严格执法能够获得较高的社会整体利益，其收益假定取值为5。如果政府选择“放弃执法”和“过度执法”这两种策略，无论图书馆如何进行策略选择，政府均要承担巨大的社会成本，得不偿失。尤其是破坏法律严肃性和增加社会成本的“过度执法”，产生的负效益尤为明显。在相关法律法规限制下政府的执法行为，不仅保护了权利人合法权益，同时也遏制了违法现象，并使得社会整体利益上升，而突破了限制的过度执法行为却带来与之截然相反的效果，公民合法权益受到侵犯，社会整体利益下降。所以，政府“过度执法”的收益最少，假定取值-10；“放弃执法”获得的收益次之，假定取值分为0或-5两种收益情况（图6-11）。在给定政府策略的前提下，图书馆所选各个策略所得的收益不同，如果政府选择严格执法的策略，图书馆选择违法策略所得收益假定取值为-5；如果政府选择放弃执法的策略，图书馆选择违法策略所得的收益最高，假定取值10；如果政府选择过度执法，图书馆选择违法策略所得的收益最低，因为图书馆可能承受的惩罚可能高于法定的惩罚，因此我们将所得收益假定取值取值为-10。当然，无论政府采取何种策略，图书馆选择“不作为”策略时，所得的收益假定取值均为0。

如图6-11矩阵所示，用劣势策略消去政府的“严格劣策略”：“过度执法”和“放弃执法”之后，“严格执法”策略成为可选择的唯一优势策略，同理“遵守图书馆法”也成为图书馆可选择的唯一优势策略。因此，政府“严格执法”和图书馆“遵守图书馆法”成为这一博弈对局的纳什均衡（我们在达成纳什均衡的优势策略下划线表示），得以实现了图书馆法的运行效力。

		政府					
		严格执法		放弃执法		过度执法	
图书馆	遵守图书馆法	5	5	5	0	−10	−10
	不作为	0	5	0	−5	0	−10
	违背图书馆法	−5	5	10	−5	−10	−10

图6-11 政府与图书馆对局博弈

政府与读者的对局博弈。参考政府与图书馆的博弈可知，在此博弈中政府的劣势策略同样是“放弃执法”和“过度执法”，政府选择“放弃执法”的策略和

“过度执法”策略的所得的收益分别假定取值为-5和-10，政府选择最优策略“严格执法”所得的收益假定取值为5（图6-12）。如果政府选择“严格执法”的策略，读者的最优策略是选择“依法维权”假定取值为5，读者的劣势策略是“弃权”和“非法救济”，分别假定取值为0和-5。如此则读者的“依法维权”和政府“严格执法”成为此对局的纳什均衡，图书馆法得到有效施行。

		政府					
		严格执法		放弃执法		过度执法	
读者	依法维权	5	5	−5	−5	−5	−10
	弃权	0	0	0	−5	0	−10
	非法救济	−5	5	5	−5	−5	−10

图6-12　政府与读者对局博弈

图书馆与读者的博弈。读者的劣势策略是“弃权”和“非法救济”所得的收益假定取值为-5和-10（图6-13）。从长远收益看，读者的最优策略是“依法维权”，假定取值为5。在读者依法维权的情况下，图书馆选择“违背图书馆法”的策略成为其劣势策略，假定取值为-5。图书馆的最优策略是选择“遵守图书馆法”，假定取值为5。因此，读者选择“依法维权”策略，图书馆选择“遵守图书馆法”的策略是这一对局博弈的纳什均衡。如果在法治社会中图书馆选择“违背图书馆法”的策略、读者被迫选择“非法救济”的策略时，双方所得的收益必将都是-10。

		读者					
		依法维权		弃权		非法救济	
图书馆	遵守图书馆法	5	5	5	−5	5	−10
	不作为	0	5	0	−5	0	−10
	违背图书馆法	−5	5	10	−5	−10	−10

图6-13　图书馆与读者的博弈

图书馆立法的有效性是以上三种纳什均衡得以实现的条件。第一，图书馆立法要不断扩宽读者的维权渠道，降低其维权成本，使得读者的维权成本降到最低，从而使“依法维权”策略成为读者的最优策略；第二，在严格执法成为政府选择的优势策略的前提下，图书馆在选择“遵守图书馆法”策略，所得的收益大于等于图书馆选择“违背图书馆法”策略所得的收益时，使得“遵守图书馆法”的策略成图书馆选的最优策略。科学的图书馆法的建立，需要我们要分析图书馆法建立的原因和目标，进而考虑图书馆法建立的目标与图书馆法实施的结果的一致性问题。图书馆法在不满足纳什均衡的条件下，图书馆的法律条款是没有意义的，也不可能自动实施。因此，我们只有在深入考虑与图书馆法有关的各个利益主体间的策略互动和利益诉求的均衡条件的基础上，才能制订出有行之有效的图书馆法，图书馆法的每一个条款都满足纳什均衡的情况下，图书馆法才会行之有效并且自动实施。

对于图书馆法的条款来说，如果其是体现政府、图书馆、读者这三个主体的博弈均衡的，那么就可以使图书馆立法过程更加趋于科学化、客观化、技术化，可以增强图书馆立法的预见性、稳定性、普适性。因此，我们要寻求使各方都获得正当利益的最佳全赢博弈策略，让政府、图书馆、读者这三个利益主体充分参与到图书馆立法博弈中来，通过反复博弈，使各方利益在立法博弈中实现均衡，让图书馆立法真正反映各方的利益，满足社会对图书馆的需要。这对图书馆法的长期稳定和图书馆法的连续发展具有重要意义，并可以增强图书馆立法的预见性，从而防止图书馆立法行为的短期化。

图书馆法的制定与实施是一项长期的重复博弈，在这一过程中，博弈各方通过各种渠道和途径获悉其他博弈方的决策信息，将能更准确地依据对方决策做出自身最优的判断，增强博弈方为了长期利益而放弃谋取短期利益动机的可能性。因此，有效的信息沟通是图书馆法的制定与实施的基础，是图书馆法避免出现“零和博弈”谬误均衡，从而实现“非零和博弈”均衡的重要条件。因此，政府、图书馆、读者这三个利益主体间有效的信息沟通与互动势在必行，要定期地、详尽地通过各种信息渠道建立信息沟通机制，将各方的决策信息发布出来，进行行之有效的信息沟通来协调各方利益，最终找到能够使各方都能获益的“最佳全赢博弈”策略。

6.3.3 提升信息本体服务效果

在信息实践活动中，每一个信息人既是信息的接受者又是信息的服务者，作为信息服务者，信息人必须提升自身的信息服务效果，这样才能使自己的信息实践活动为其他信息人所理解和接受，使得信息实践的效率更高，效果更好，才能使整个信息生态环境更和谐。人们通常把信息人接收、存储、加工以及理解信息的过程称之为认知过程，认知过程主要是指人脑对客观存在事物现象和本质的映射。在生产实践中信息人接受信息服务，不断地促进其认知过程的优化，促进其与周围事物的相互理解和相互作用，同时会相应的产生与接收和接受的信息服务有关的主观活动和行为。对接收和接受的信息服务的质量的评定取决于信息人对信息服务的满意程度，信息人在接受信息服务后会出现一个前后比较的过程，也就是接受服务后的实际感受与接受服务前的心理预期的相互比较，可以看出信息人的接收和接受过程总是与认知过程相伴而生，如图6-14所示，信息人认知过程与接收和接受的信息服务存在互动关系。

6.3.3.1 注意与信息服务的互动

注意是指人的意识在某一对象上的指向与集中，注意是人类心理活动的重要基础特征，但并不是独立的心理过程。注意可以将心理活动以某一强度来维持在某一对象上，因为人脑加工处理信息的能力是受限的，所以在某一时刻只有大脑选择的那一部分信息被加工，由于注意的选择功能促使大脑选择加工那部分重要的信息，同时也排除了其他不必要信息的干扰，注意的选择功能是人脑信息加工处理的必不可少的条件。

第一，注意是有广度要求的，注意的广度指的是注意的范围，即一个人在某一特定的瞬间能够清晰地识别对象的数量。例如，成年人注意的平均广度：黑色圆点8~9个；几何图形3~4个；外文字母4~6个；汉字3~4个。注意广度的影响因素主要有两个方面：一方面是主观因素，涉及个人经验、情感、活动任务等；另一方面是客观因素，涉及刺激对象排列分布特点等。因为注意广度特性的存在，所以信息人在提供信息服务时要求信息产品的数量不能超过其他信息人的平均注意广度，信息产品之间的排列要遵循一定的规则，这样会更加吸引信息人的注意。

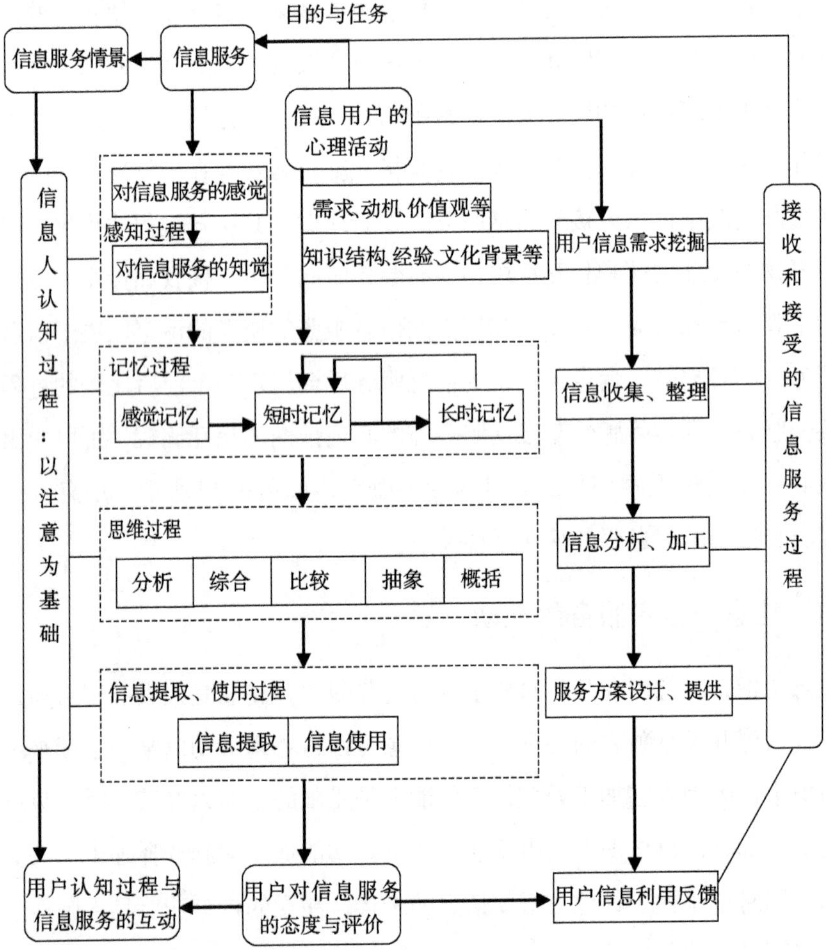

图6-14　信息人认知过程与接收和接受的信息服务的互动

第二，注意的稳定性是指在较长的一段时间里人脑将注意力指向和集中在某一对象或活动上的特性。例如，年龄在5～7岁的儿童注意力集中大约15分钟，年龄在7～10岁的儿童注意力集中大约20分钟，10～12岁的儿童注意力集中大约25分钟，高中生注意力集中在30～45分钟。因为注意稳定特性的存在，所以在信息人提供信息服务时要求全面考虑注意稳定时长与信息人年龄的关系，依据信息人注意稳定时长的不同，为不同年龄段的信息人提供不同时间段的信息服务。例如，为高中生提供信息服务的时长不宜超过45分钟。

第三，注意转移指的是注意的调控功能，如果人脑想要将信息加工的对象从一个转移到另外一个时，注意的调控功能会发挥作用并完成转移。一旦人脑初次接触的注意对象充分的满足个体的兴趣和需要，那么这种转移就会极快完成。因为注意转移特性的存在，所以在信息人提供信息服务时，首先要充分地挖掘其他信息人的需求，并将其他信息人的主观和客观需求作为提供信息服务的出发点和落脚点，同时探究其他信息人的兴趣所在，从而利用信息服务引导其他信息人的需求和兴趣。当信息服务与其他信息人的主、客观需求相统一，提供信息服务的方式与其他信息人的需要、兴趣相符合，此时的信息服务才能更好地引起其他信息人的关注，其他信息人的注意力才能有意识地、自发地转移到信息服务的任务工作上来，信息服务才会发挥巨大地效用。

6.3.3.2 感觉与信息服务的互动

感觉特征，只是反映事物的个别属性，感觉是从认识开始的，可以作为一切心理活动基础的感觉是客观世界的主观映像，感觉是事物直接作用于感觉器官时，对事物个别属性的反映。只有客观事物直接作用于信息人的感觉器官时才会产生感觉，感觉并不反映客观事物的全局特征。感觉又划分为内部感觉和外部感觉，内部感觉涉及机体觉、运动觉和平衡机觉等，指的是个体对内部刺激的察觉；外部感觉涉及视觉、听觉、味觉、嗅觉等，指的是个体对外部刺激的觉察。其中视觉和听觉被看作是人类接收信息的最主要的感觉。

第一，视觉要求，视觉指的是个体对光波刺激的察觉和对外界事物的颜色、明暗等特性进行分辨而获悉的感觉。视觉是人类重要的感觉之一，有专家学者研究发现，正是由于视觉的存在才使人类获得了认识客观世界所需要的全部信息的80%。对视觉适宜刺激的波长在380～780纳米，如图6-15所示，颜色（colnor）是光波作用于人眼所引起的视觉经验。

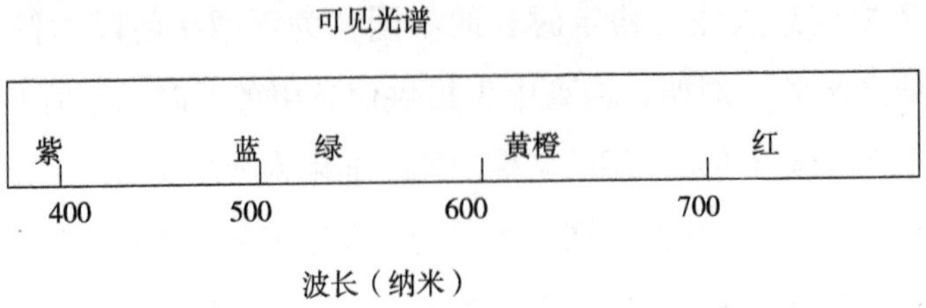

图6-15　颜色作用于人眼所引起的视觉经验

如图6-15所示，经过视觉的过滤，颜色会有一些温度感以及前进和后退的感觉，并且会对信息人心理产生一些刺激感，通常紫、红、绿、蓝以及黄橙等这些颜色最能够调动信息人的视觉感觉，因此在信息服务的过程中要多加利用这些颜色。黄橙和红色属于十分活跃的颜色，信息人面对这些颜色会出现一种积极向上、充满希望的感觉；蓝色会有一种冷静、豁然的感受，绿色则代表了万物复苏、生机盎然的心境，在淡色黄、橙、红、蓝、绿的笼罩下可以使人们精力集中，有利于提升信息接受的效用，但是，如果过分的突出利用和营造这种饱和度极强的颜色，很有可能会造成信息人的视觉疲劳，导致信息接受效能下降。所以面向儿童和老年人的信息服务机构的内部装潢应该适宜使用黄橙色和浅红色系，给予儿童和老年人以温暖和温馨的感受；另外浅蓝和浅绿色系会让信息人感到清爽、放松，所以信息服务机构的内部装潢设计可以采用这两种颜色，从而提高信息人信息接受的效用。

第二，听觉要求，人类在获取信息和感受外部世界的过程中，其中听觉和视觉互为补充。听觉是个体对声音刺激的察觉，人类依赖听觉来获取与语言和声音有关的一切信息，频率为16~20000赫兹的声波视为听觉的适宜刺激，声波低于16赫兹的声音视为低音，声波高于20000赫兹的声音视为超声波，通常把1000~4000赫兹的声波定义为人耳最为敏感的声波频率，因此，提供的视听音频资料最好集中在1000~4000赫兹的声波频率上。听觉与视觉同等重要，人类的听觉具有音调、音高、音响三种特征。音调可以理解为声音的高低，取决于声波的频率，如果声波的频率越大，说明听到的声音就会越高；音响可以理解为声音的强弱，取决于声波振幅，如果声波振幅越大，那么听到的声音就会越响；反之，响度的衡量单位是分贝，通常认为超过120分贝就会让人耳感到刺痛，所以，信息人在播放音频资料时响度最好控制在120分贝以内。音色取决于声波成分的复杂程度，如果音调和音高变换复杂、杂乱无章就会引发噪声。噪声过大会损害信息人的听觉神经，也会影响信息人的心情，干扰信息人的学习和工作，因此在提供信息服务时要杜绝噪声污染，同时要监控周围环境，可以安装一些消音、隔音设备，为信息人提供一个和谐安静的环境。

6.3.3.3 知觉与信息服务的互动

知觉是客观事物整体作用于人的感官，并在头脑中形成事物的全局映像，相反，感觉形成的是事物的个别映像，感觉是知觉的重要因素和基础，知觉则是在感觉这个基础上发展而来的。理解性、选择性、整体性和恒定性是知觉的重要特征。

第一，知觉的理解性要求，知觉的理解性主要是指信息人利用已有的知识、智慧和经验去阐述和解释事物，赋予知觉对象特定的含义，再采用相关的词汇标注的过程。信息人对已有知识和经验的掌握情况会体现在对客观事物的知觉反映上，在感知某一事物时，信息人习惯利用以往的经验来解释、判断，越是知觉经验和知识丰富的信息人，其知觉反映就会越精准、快速、到位。知觉的理解性要求我们在挖掘信息人的需求和兴趣，进行信息收集和整理时，要充分考虑信息人的知识储备和理解信息的能力，在实现信息服务的过程中，最好采用最直观最形象的方法，充分调度信息人的真实体会和实践经验，促使信息人能够快速地、准确地感受到信息服务人员想要表达的动机。把握信息人知觉理解性，可以帮助我们调动信息人在适宜情况下的思维，可以帮助我们保证信息人输入、输出信息的前后完整性和一致性；把握信息人知觉理解性，可以帮助我们理解信息人是如何快速地得出合理结论的。

第二，知觉的整体性要求，知觉的对象是由不同的属性和若干个组成部分构成的，在知觉的过程中，信息人习惯把一些零散的对象理解为一个整体，而不是独立地反映对象的个别属性特征，信息人会将多个个别的属性特征进行有机地整合，这就是所谓的知觉整体性。通过对信息人的知觉整体性的认识，我们了解了信息人可以通过自身的知觉系统，将客观事物的单个属性和部分集中统一为整体，所以在为信息人提供信息服务时，可以把难于理解的、复杂程度较高的信息产品进行科学分化，这样就可以有效地提供信息服务。通过对信息人知觉整体性特点的分析，我们可以知道信息人对客观事物的个别属性特征的知觉，取决于事物的整体性，同时也可以依据信息人已有的知识背景填补部分信息，如果目标信息处在一个完整的、有价值的环境中，信息人很快地就能做出知觉反映，相反，如果目标信息处于一个孤立的、混乱的环境中，那么信息人的知觉反映的时间要相对延长，因此，信息服务人员需要构造一个完备的信息知识的框架，完善信息编码和加速信息人的知觉反映。根据知觉整体性要求，信息人提供信息服务时，必须深刻掌握其他信息人以往的知识结构和先进经验，从信息加工的过程来看，信息人的信息接收是一个由信息人过去的知识和经验构成的体系，当知觉的整体性使得信息人感受到某些具有个别属性特征和主要属性特征的信息时，信息人能够准确地凭借已有的知识和经验了解到其他的属性特征，并且可以勾勒出信息的整体架构，所以，将信息人的知识和经验与其信息接收行为有机的结合，并在一个整体的信息结构中提供信息服务，一定程度上会优化信息服务的效果。

第三，知觉的选择性要求，客观事物是复杂多样的，人类无法在短时间内完全感知到一切客观事物，人总会依照自身的兴趣和爱好，自觉地选择某些事物来作为感知的对象，而把其他未被选择的事物当做是知觉的背景，产生一些模糊、不确定的知觉映像。因为知觉的选择性和其他特性存在密切的关联，所以知觉选择对象具有相对稳定性、完整性和易于理解性。知觉的选择性来自两方面因素的影响，一方面是知觉对象特性的影响，另一方面是知觉者自身主观因素的影响，例如，知觉者的兴趣和需求、情绪、知识和经验、理解能力都会在一定程度上影响知觉的选择性，所以信息人提供的信息产品要具有鲜明性的特点，这样才能使得其他信息人在短时间内获悉全面的感知。知觉选择性的规律要求信息人要注意信息产品的颜色，信息产品的重点部分，信息产品的摆放，将信息内容的关键部分变成其他信息人的知觉对象。另外，信息提供人员的语言表达要满足其他信息人知觉选择性的要求，信息提供人员要清晰完整地表达，突出信息内容的重点部分，同时语气要和蔼，音调要有起伏，要善于抒发情感，这样其他信息人才不会失去兴趣，知觉选择性能够使得其他信息人易于抓住重点。知觉选择性与信息人自身的处理和理解信息的能力息息相关，所以在信息服务的过程中要时刻注意信息人觉察到的事实，在信息收集和信息分析以及提供信息服务时要从其他信息人需求的整体性出发，客观真实地对其他信息人的需求进行有序的分析，力求从其他信息人的立场去思考问题、解决问题。

第四，知觉的恒常性要求，如果观察到的客观事物在特定的范围内变化，而人的知觉映像却在这个特定的范围内保持它固有的稳定性，这种特性就是知觉恒常性。客观事物具有相对稳定性，然而对于这些事物我们的大脑却有着丰富的知觉信息，人脑中的知觉信息会主动地修改那些来自各个感受器的不全面的甚至是错误的信息。例如，虽然物体在视网膜的成像的大小、形状或者方向已经出现偏移，但是在知觉的恒常性的影响下我们依然能够准确的感知物质的实际大小、形状和方向。知觉的恒常性主要是指大小、形状、颜色、明度等方面的恒常。知觉恒常性的产生要满足两个条件：一是出现在画面中的情境线索；二是先于经验的知识。即使刺激信息会发生变化，但是经过合理的加工处理以后还是可以被还原识别。知觉恒常性有优势也有劣势。优势是能够使人们稳定的、客观的认识事物。劣势是容易采用静止的观点看待事物。在信息选择的过程中，符合知觉恒常性的信息很容易被接受，不符合知觉恒常性的信息就会不假思索的被拒绝。信息人在利用信息时需要对信息进行验证，通过与先验知识的比较来进一步引导信息人的行为，用来作为后期活动的认识标准。所以信息人在信息提供服务中，可以将信息内容的字体或图像变得形象化或抽象化，但是要保证变形程度在科学合理的范围内波动，如果信息内容过于变形或抽象会大大增加信息人的难度，反而不利于信息人识别和处理信息。

6.3.3.4　记忆和遗忘与信息服务的互动

记忆是指对过去活动、感触、经历、印象的积聚并通过大脑对这些信息编码、存储和获取的认知过程。记忆发挥着巨大的作用，首先，记忆可以把心理活动的方方面面相互连接成一个整体。其次，记忆对信息人个体的心理健康发展起着重要作用。最后，记忆是信息人个体生活学习、生存发展的基本的机能。根据记忆产生的时间长短可以划分为感觉记忆、工作记忆、长时记忆。如图6-16所示。遗忘是指人脑对识别和记忆后的内容不能重新再认识，或者人脑再认识后的内容是错误的。从信息加工角度解释遗忘，就是信息提取出错或无法正常进行信息提取。在感觉记忆、短时记忆和长时记忆这三个阶段中，都可能会发生记忆遗忘。影响遗忘进程的因素主要有：记忆时间，识记材料的位置、性质与数量，学习的程度以及识记者的态度。

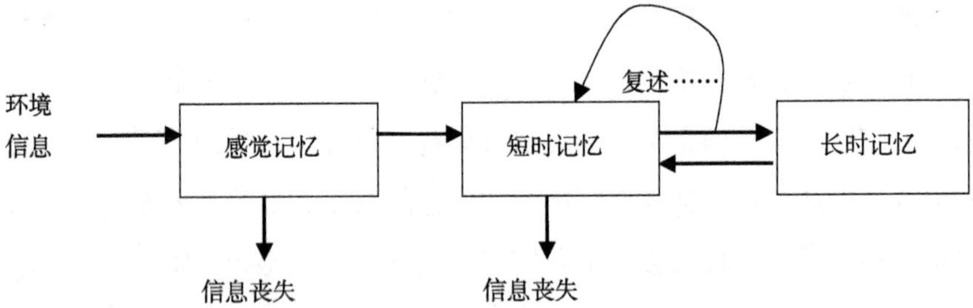

图6-16　记忆模型

第一，感觉记忆的要求，感觉记忆是指人脑在接受外部刺激之后，其中有部分信息被保留在感觉通道内的瞬时记忆。感觉记忆可以理解为整个记忆系统的接收室，感觉记忆，又叫瞬时记忆或感觉登记，处于人类记忆信息加工的第一层次。感觉记忆是外界信息在最短的时间内呈现的，未被加工的并按照感知次序登记的记忆。感觉记忆是记忆系统初级阶段，只要进入感官的一切信息都能够被记录，因此感觉记忆的容量很大。然而感觉记忆中的信息被保留的时间却很短，一般持续0.25～2秒，如果信息人感受不到，这些信息会立马消失，如果能够感受到，这些信息会就被短时记忆系统保留下来。因此，开展信息人信息服务工作一定要独具特色，首先，要尽量地吸引作为接受者的信息人的注意力，从而达到完善信息服务的目标。其次，信息人记忆的基础是感觉记忆，所以信息提供人员需要利用各式各样的服务形式来引导信息人识别、感知、发现各种信息，增加信息人多种形式的感觉记忆。最后，信息提供人员要启发信息人将多种形式的感觉记忆归并，使得信息人能够牢牢记住那些真正需要的、有价值的信息。

第二，短时记忆的要求。短时记忆介于感觉记忆和长时记忆之间，是处于二者的中间阶段。美国心理学专家米勒对短时记忆做过研究，认为其信息容量具有相对恒定性，通常维持在5～9个单位，也就是7减2或加2个单位，如果信息没有被复述，那么该信息只能保留较短的时间存在于短时记忆中。经过短时记忆加工处理过的感觉记忆可以转化为长时记忆，存在于长时记忆中的信息也能够再次转化为短时记忆，此时可以通过短时记忆来再次深入加工这部分信息。针对信息提取和编码的短时记忆，包括多种类型的认知加工策略：复述策略、联想策略、组块化策略、精细加工以及分类等策略，其中短时记忆储存信息的主要途径就是复述，有研究发现人脑对刺激信息的回忆量越大，说明其复述信息的频率就越高，复述策略可以大大减少对短时记忆中信息的遗忘，所以在信息服务的过程中，要在信息人没有彻底记住和消化信息时，信息服务人员要为用户反复的讲解说明，并使得信息人能够将接收到的信息完整、主动的进行复述，这样才可以逐步提供信息人的短时记忆能力。1956年米勒研究并阐述了利用组块化策略来扩充短时记忆的信息容量，组块化策略的思想是将意义不同的记忆材料划分为不同类型，并插入多种主题或变换为其他形式。信息服务人员对记忆信息组织、整理的程度越高，那么用户的记忆效果就越好。在米勒的编码和组块化思想的启发下，要求信息提供人员要有意识地、有目地将信息材料依照信息人的主观意愿来科学化、合理化的分配，易于信息人的记忆。

第三，长时记忆的要求。对于长时记忆而言，其信息容量是不受限制的，长时记忆中的信息可以长期地存储，信息可以通过短时记忆转换为长时记忆，而长时记忆又构成了信息人个体对外部世界和自身的一切知识和经验的总和，长时记忆中信息的提取和保存与信息编码的好坏程度是密切相关的。保持良好的长时记忆要求信息人能够有效地组织复习，因为防止遗忘的前提是组织记忆后的复习，没有经过复述的信息是无法转换为长时记忆的，因此在为信息人提供信息服务时，既要采用信息人易于理解和接受的方法进行组织编码，借助各种可能的外部记忆促进信息人的记忆，又要反复提供信息人需要的重要信息，使信息人在吸纳新信息的同时复习旧信息。在信息服务的同时要确保提供的信息是前后一致的，密切关注在排除前后不一致信息时对用户的影响。

第四，避免遗忘的要求。19世纪后半期，德国的心理学专家艾宾浩斯提出了“艾宾浩斯”遗忘曲线，该曲线说明人类的遗忘规律为先快后慢，记忆与遗忘是时间函数，如图6-17所示。

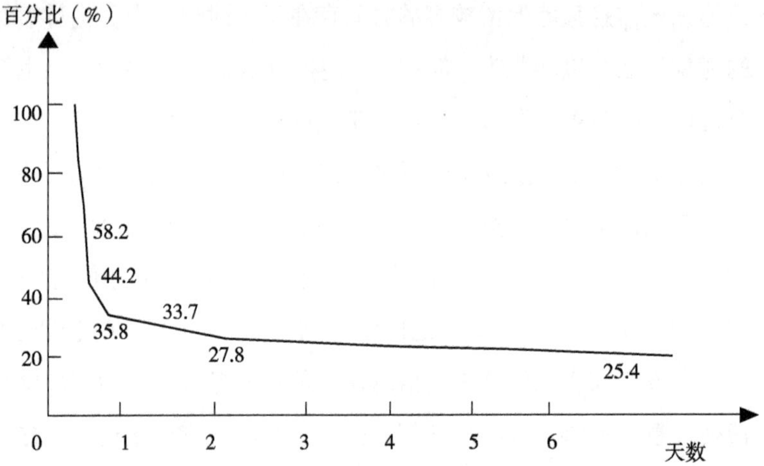

图6-17　“艾宾浩斯”遗忘曲线

从艾宾浩斯绘制的曲线图可以看出，遗忘曲线符合先快后慢的规律。进入短时记忆阶段的信息必须经过复述才会进入到长时记忆，所以，要求信息人有针对性的及时复习是必需的。信息人可以通过有效的及时复习使将要遗忘的或刚刚遗忘的信息内容得到巩固加强，可以避免不必要的遗忘并节省记忆时间。人脑的遗忘有前摄抑制和后摄抑制的特点，其中前摄抑制指的是先前接受的信息对后续接受的信息有干扰作用，后摄抑制指的是后续接受的信息对先前接受的信息有干扰作用，也就是说在学习的过程中，前后内容相似的信息材料极易发生信息的前、后抑制。所以，在提供信息服务时，要学会在内容相似的信息材料之间加入其他的信息材料来弱化信息的前摄和后摄抑制现象，例如，在抽象的信息材料中掺杂一些形象的信息材料，有利于信息人减少遗忘和提高记忆能力。

6.3.3.5　思维与信息服务的互动

思维反映的是客观事物间规律性的联系和本质特征，是人脑对客观现实进行概括和间接的反映。人的思维过程是把存储在长时记忆中的知识和经验调用出来并分析综合、抽象和概括人脑外的输入信息的过程。分析是指人脑把事物从整体划分为部分，并按照事物的属性科学分解的过程；综合是把事物的各个部分按照属性统一为一个整体，是分析过程的逆过程；抽象是把事物的普遍特征和属性抽离出来，将不能够反映该事物实质的内容摒弃；概括的前提条件是比较，即先比较事物的相同点和不同点，然后对其进行总结归纳的过程。

第一，分析与综合的要求。分析与综合是思维方法中最常见的，分析就是把客观事物按照基本结构、基本属性和特征逐一分解开来，综合就是将客观事物的各个部分和属性特征统一为一个整体，进而从整体的视角来掌握事物的本质和客观规律。在信息服务尤其是信息分析环节中，对信息的分析和理解必须要与信息接受者思维模式中的分析与综合相契合。在对信息产品分析的过程中，可以利用定性与定量、结构与模式、功能与流程等多种分析方法，这样便可以将信息产品的不同属性、方面、联系等全部呈现出来。对信息产品进行分析就是要把整个信息产品分割为不同的部分，把复杂的信息产品简单化。整合就是要把已经分割出来的信息产品的若干部分有机的连接起来，将部分归结为整体，将局部概括为全局。整合是在信息分析的基础上，通过信息的内在关联将信息产品重新呈现出来的。分析是综合的前提和基础，如果信息分析不深入，那么就不能准确的提供信息服务，如果综合不全面，那么信息资料只能是零星的碎片，毫无意义，不能够精准的表达信息产品的内涵。因此，对信息产品进行分析与综合的思维方法是相互包含、转换和渗透的，信息提供人员分析与综合的思维模式，就是在这种复杂多变的相互作用中不断地深入和强化的。

第二，比较的要求。比较就是参照某一公认标准，分辨两种或两种以上事物的某种关联的异同点的心理过程。横向和纵向比较是最常见的两种比较方式。横向比较是指比较同种事物的某一方面的相同属性在同一时间点上表现出来的异同，例如，在某一时刻，信息人A的信息接收能力强于信息人B。纵向比较是指比较同一事物某一方面的属性在不同时间节点上表现出来的异同，例如，与上半年相比，信息人A的信息接收能力明显改善。在信息服务尤其是信息产品的供应环节中，对信息的比较必须要与信息人思维模式中的比较相契合。当信息提供人员提供的信息产品使信息接受者感到陌生时，要求信息服务人员主动去类比一些具体的或者用户熟知的事物，使得通过比较的信息产品给信息用户留下鲜明而深刻的印象。

第三，抽象与概括的要求。思维活动的基本过程主要指的是抽象和概括。抽象是指从同类事物的特征和属性集合中把表示事物的本质属性抽离出来，摒弃那些非本质的次要的内容。概括就是将抽离出来的事物的本质属性归并到同类事物中去的思维活动。要想使得信息接受者对信息产品的认识，从感性认识升华到理性认识，必须要让信息接受者的思维包含这种抽象与概括的思维活动过程。在信息接受者理解认识信息产品的过程中，抽象与概括在思维中发挥着巨大的作用，抽象与概括的思维活动渗透于信息接受者对信息产品理解的各个角落，信息接受者对信息产品的认识需要实现从具体形象到本质抽象的跨越，即要求信息接受者把大脑外部的信息内容经过思维加工处理后，转换为自身的心理认知。因此，信息提供人员要遵守信息接受者抽象与概括思维的规律性，要科学解释信息产品，要准确把握信息接受者针对某一问题的态度和想法，要清楚信息接受者对信息内容的抽象理解和概括总结，这样才能改善信息服务质量和提高信息服务水平。在提供信息产品时要求信息服务人员头脑清醒、思路明确、有的放矢。信息产品应该按照从个体到总体、从局部到整体、从单一到综合的思维层次和知识层次逐步完善，指引信息接受者运用知识的抽象概括思维，把认知结构中的知识与将要接受的新知识进行衔接，这样便可以使信息接受者头脑中的新旧知识相互贯通。

6.3.3.6 提取、使用与信息服务的互动

按照某种线索将需要的信息从记忆中分离出来，这个过程是认知过程中的信息提取。信息提取的主要途径：回忆和再认。信息使用，是利用提取到的信息对新信息进行识别、认知的过程。主体通过实践活动来实现对新信息、新知识的认知，并且自觉地与自身认知系统中的信息内容进行匹配，在匹配的过程中，保留与原来的认知结构一致的信息内容，作为指导后期活动的行为标准和认识标准。

第一，信息提取的要求。认知过程信息提取的主要途径：回忆和再认。再认是指一种繁复的心理过程，主要包括：回忆、比较、推断等活动。对客观事物的再认要满足两个要求：首先识记的强化程度，假如原有的识记是清晰的、牢固的，那么再次呈现的时候就可以快速、较容易地再认；假如原有的识记是混乱的、泛化的，那么再次识别出的难度就很大。其次是现阶段呈现出的事物与原有识记事物的相似程度。假如现阶段呈现的事物与原有的识记事物相异程度不大，那么就很容易再认；假如现阶段呈现的事物与原有的识记事物相异程度很大，那

么再次识别就很困难。所以，在信息提供服务中，为了有效地辅助信息接受者精确地识别出信息，就需要广泛地提供尽可能多的线索和情景信息，尤其是关于某一信息的特征属性，信息接受者会凭借这一部分信息特点的出现而唤起其对该信息的部分记忆，信息接受者在识记是可能留下联想线索的，因此，在信息提供服务的过程中，要善于挖掘利用信息的多方面联系，这有助于增加信息接受者联想并提高其对记忆的提取。

第二，信息使用的要求。信息人在使用信息的过程中，会以原有的认知作为衡量尺度加工新信息，所以新信息的使用容易受到信息人以往认知的监控和调节。这是信息人认知结构中知识和经验制约的结果，这就是所谓的思维定式。因此，原有的认知会对新信息进行不断地判断、过滤和选取。当信息人使用信息时，会将新接受的信息与原有认知对象进行匹配，匹配结果一致，就接纳新信息，匹配结果不一致，要么拒绝新信息，要么通过反刍效应，重新审查、审核原有认知、改动原有认知，做到对原有认知的精益求精的改造。在提供信息服务时，信息提供者要全面了解信息接受者的原有认知中的知识和经验，假如信息提供者提供的信息产品与信息接受者的原有认知相协调，那么就会产生意想不到的效果，假如信息提供者提供的信息产品与信息接受者的原有认知相背离，那么就要采用各种方法使信息接受者的认知产生反刍效应，使信息接受者重新考量原有认知，并依据新信息对原有认知做出改进。

6.3.4 改进技术与基础设施

信息技术就是人类使用一切方式开发利用信息资源的技术手段的集合。信息技术不仅涵盖信息的生产、收集、表达、检测、处理和存储等方面的技术，也包括有关信息的传播、转变、显现、识别、抓取、掌控和利用等方面的技术。自然智能在信息技术的助力下加速转化为人类智能。信息技术促进了人类工具的进化，信息技术持续高速的发展，改变了人类社会开发利用信息资源的方式。继农业革命、工业革命之后，信息革命被称为第三次产业革命。现代信息技术的飞速发展和广泛应用是这场信息革命的主要原因。随着信息革命的开展，不仅为发达国家逐渐从工业社会过渡到信息社会提供了助力，同时也为发展中国家提供了一个实现跨越式发展的机遇。60多年来，随着现代信息技术的高速发展，计算机在全世界大部分地区得到普及，并在人类经济社会中扮演的角色越来越重要，已深入社会各阶层的方方面面，彻底改变了人类工作、学习和生活的方式和方法，改变了人们固有的思想观念，提高了社会经济系统的运行效率，极大推动了人类社会生产力的发展。国际上，众多学者认为，以信息技术为代表的新技术革命的产生发展，给全球经济带来了根本性的变化。先进的信息技术正在进入人类自然能力的思维王国，解决信息资源的规模化生产、传递、使用问题。信息技术的普及、推广、发展导致了人类工作、学习与生活的数字化、智能化以及网络化。各国政府都十分重视本国信息化建设，中共十八大报告指出“促进工业化、信息化、城镇化、农业现代化同步发展”，这是我国政府依据经济社会发展规律做出的科学判断，把“信息化”上升到了国家战略、民族战略的高度。政府重视信息化的主因是信息资源是一种极其重要的战略资源，而开发信息资源的关键是依赖信息技术，信息人通过相应的信息技术才能获取、利用和管理信息资源，信息人的能力也会随着信息技术的进步而得到提高，信息生态环境也会因此得到改善。

科学技术是第一生产力，信息资源开发的出发点和最终目的就是变信息资源为信息资产，信息技术决定着信息循环的方式和功用，信息技术决定信息人信息流转的效率和效果，因此改进信息技术和加强信息基础设施建设对构建和谐的信息生态环境非常重要。首先，信息人要学着观察大自然的运行规律，然后将总结的规律应用于信息科学，利用生态学物种共生和物质循环演化的原理，构建信息资源生产、使用过程中的物质和能量多层分级利用的信息产业技术系统。其次，鼓励技术创新，使用感测与识别技术，拓展信息人获取信息的感觉器官功能；利用信息传导技术，使信息能够快速、稳定地传播；开发信息处理与再生技术，加强对信息的编码、压缩、加密等；加强对信息控制、显示等技术的研究，提高信息资源的使用效率。随着现代信息技术和通信网络的发展，在国际上日益受到重视的泛在计算（Ubiquitous Computing）技术，其主要包括：泛在信息采集、泛在信息处理和泛在信息交换。泛在计算是微处理技术、传感器技术、计算技术、网络技术、无线通信技术等不断发展和融合的结果，泛在计算技术是目前的重大技术革命之一，对信息人的生产、生活，乃至泛在信息社会的经济、社会变革，均将产生极为深刻的影响。通过技术创新，凭借信息技术系统的影响，扩大信息生态系统的容量，提高信息生态系统的供给力。最后，信息技术促进信息人个人竞争力和比较优势的提升，提升每一个信息人的信息素质，这将直接关系到信息生态环境整体能否可持续发展。奈斯比特曾说：未经加工的信息不仅非用户之友，甚至会成为用户之敌——自然更非财富和资源。信息不会无缘故的转换为资源，信息人使命和职责就是借助信息技术将混乱无序的信息转换为合理有序的信息资源。消除因信息过剩、信息不对称、信息鸿沟、信息迷航等产生的信息异化问题，必须依赖信息导航技术 。信息导航技术既是有序展示信息资源内容与结构的基本手段，也是沟通信息人与信息资源的一座桥梁。信息导航使信息分布以有序化的方式展现，其重要作用在于向信息人提供方便快捷的信息指引，使信息人更方便快捷地查询所需要的信息。信息导航要求采用简洁易懂且符合信息人认知习惯的方式来整合信息资源，条理清晰、分类明确的信息导航，得益于对海量信息的组织与管理，有效的信息导航从根源上规避了信息迷航现象的产生；信息导航要求构建标准的信息导航地图，记录信息人查寻信息的路径，在易迷航之地增添相关提示，从而降低信息迷航现象的发生频率，提高信息资源的利用效率。随着信息技术的高速发展，网络信息与日俱增，量的积累最终引起质的变化，以数字化、网络化、智能化、互联化、泛在化为特征的网络社会，呈现新技术、新环境和新形态，而与此同时信息安全问题也愈加凸出。信息安全主要包括信息设备安全、数据安全、内容安全和行为安全。其中信息系统硬件结构的安全和操作系统的安全是信息系统安全的基础，密码、网络安全等技术是关键技术。泛在信息空间是一个无疆界的、新的地理学空间，其特征是技术和变化。信息的自由性与科学性发生剧烈冲突时，将会加大信息人对信息使用的困惑。必须使用融合管理、技术、执法几种手段来对信息自由性与科学性的矛盾进行综合治理，信息安全技术的应用是实现信息保密的基本措施。由于安全保密主要指内部网的安全，因此其安全保密系统要靠内部网的安全保密技术来实现，利用防火墙技术对内部网与外部网的联接处进行隔离，以确保内部网的安全。信息保密的关键还包括传输和存储的保密，信息人应注意以下几点：要精简电子文件的密级；在技术层次上完善身份验证、存取控制、数据完整性、数据机密性、防火墙技术、安全协议等。从管理角度来看，要定期对基础信息网络和重要信息系统进行信息安全检查，提高对重大及突发事件的应急处理能力，并且加快信息安全学科建设和人才培养速度。

本章参考文献

[1] 吴威威.爱好和平:中华民族精神的重要体现[J].中共济南市委党校学报,2003,(8):7-9.

[2] 鄢本凤.现代人身心和谐即路径优化[J].重庆社会科学,2008,(1):36-39.

[3] FREUDENBERGER H J. Staff burn-out[J].Journal of Social Issues,1974,30(1):159-165.

[4] MASLACH C. A multidimensional theory of burnout[C]//Cooper C L. Theory of organizational stress. London: Oxford University Press,2001:68-85.

[5] Kathleen M,Galotti.认知心理学[M].西安:陕西师范大学出版社,2005:351-354.

[6] 魏萍,周晓琳.从知觉负载理论来理解选择性注意[J].心理学进展,2005:13(4):413-420.

[7] 姬海涛.人类学思维范式的生成[D].天津:南开大学,2012.

[8] 唐娟,蔡颖.进化心理学视角下的智力研究[J].社会心理科学,2011(10):35-39.

[9] 薛红丽,静进.ADHD儿童同时性加工与继时性加工的实验研究[J].中国心理卫生杂志,2005(10):669-671.

[10] 刘余良.国外对学生认知风格差异的研究[J].教育理论与实践,1990(1):61-64.

[11] 何宏耀.加涅教学设计的原理、模式与方法[J].西南民族学院学报(哲学社会科学版),2002(4):242-244.

[12] 许婵贞.论心理学的整合——格式塔式的整合道路[J].南方论刊,2009(2):65-67.

[13] 王正平.深生态学:一种新的环境价值理念[J].上海师范大学学报(社会科学版),2000(11):1-14.

[14] 裴迪.古典慎独智慧与当代网络伦理[J].煤炭高等教育,2008(6):117-119.

[15] 蔡权.基于环境参量的参数化绿色建筑设计研究[D].南京:南京工业大学,2012.

[16] 罗伯特·基欧汉,约瑟夫·奈.权力与相互依赖[M].门洪华,译.北京:北京大学出版社,2002:263-264.

[17] Jack Hirshleifer. Appeasement:Can it work?[J].American Economic Review Papers and Proceedings, 2008,91(2):342-346.

[18] 曾培炎,成思危.应对危机的国家战略[M].重庆:西南师范大学出版社,2009:55-60.

[19] Stergios Skaperdas, Constantinos Syropoulos Guns, butter, and openness: on the relationship between security and trade[J]. American Economic Review Papers and Proceedings, 2001, 91(2):353-357.

[20] 孙瑞英,马海群.抵制网络信息霸权的博弈分析与对策研究[J].情报科学,2015(3):112-117,134.

[21] 廖瑞,谢黎焱,李大伟.基于博弈论的国家战略利益冲突分析[J].舰船电子工程,2012(3):23-25,49.

[22] GALE D. A theory of n-person games with perfect information[J]. Proceeding of the National Academy of Science,1953(39):496-501.

[23] 约翰·纳什.纳什博弈论论文集[M].张良桥,王晓刚,译.北京:首都经济贸易大学出版社,2002:311-329.

[24] 孙瑞英.网络信息资源共享与版权保护的博弈双赢研究[J].情报理论与实践,2013(12):30-34.

[25] Daniel J, Gervais. The Internationalization of Intellectual Property ;New Challenges from the Very Old and the Very New[J].Fordham Intellectual Property, Media & Entertainment Law Jouma1,2002(1):122-130.

[26] 夏青青.基于信息资源共享的版权保护研究[J].宿州教育学院学报,2009(10):31-33.

[27] 付晨普.Google数字图书馆发展综述[J].情报探索,2010(6):21-23.

[28] 王文萧,刘立玲,朱方.版权与利益的博弈——以Google数字图书馆模式为例[J].出版广角,2013,(16):82-83.

[29] 陈万忠.论信息资源共享与知识产权保护[J].湖南工程学院学报,2009 (3):112-115.

[30] 熊艳玲.论版权保护与信息资源共享的利益冲突及平衡[D].湘潭:湘潭大学硕士论文,2004:16.

[31] 吴汉东.知识产权法[M].北京:法律出版社,2003:48.

[32] 魏建,黄少安.经济外部性与法律[J].中国经济问题,1998(4):17-24.

[33] 王文萧,刘立玲,朱方.版权与利益的博弈——以Google数字图书馆模式为例[J].出版广角,2013,(16):82-83.

[34] 魏建,黄少安.经济外部性与法律[J].中国经济问题,1998(4):17-24.

[35] 王蕾,数字时代下的版权权益平衡机制研究[J].知识管理论坛,2015(3):31-36.

[36] 吴玲丽.从Google数字图书馆版权纠纷看网络时代版权制度的理念变革[J].华中师范大学研究生学报,2010,17(2):5-8.

[37] 郭妮,刘丹.数字时代阅读多样化与现代图书馆服务的新模式[J].情报资料工作,2015(3):83-87.

[38] 高月兰.对“帕累托最优”的伦理诘问[J].河北理工大学学报(社会科学版),2005(8):18-20.

[39] 李绍荣.帕累托最优与一般均衡最优之差异[J].经济科学,2002(2):75-80.

[40] 朱富强.效率原则是否为指度制度改革的合理原则—社会总效率和帕累托效率的实践后果

解析[J].制度经济学研究,2010(6):185-207.

[41] 高淑琴.图书馆学情报学开放获取资源类型划分及其现状[J].情报科学,2007(2):157-162.

[42] 吴化碧.数字时代版权保护与信息资源共享的冲突和协调[J].云南师范大学学报,2006,38(6):27-33.

[43] 博登海默.法理学——法哲学及其方法[M].邓正来,译.北京:华夏出版社,1999:149.

[44] Joseph P. Liu: Regulatory Copyright [J]. North Carolina Law Review, 2004(1): 87-96.

[45] 吴化碧.数字时代版权保护与信息资源共享的冲突和协调[J].云南师范大学学报,2006,38(6):27-33.

[46] 邹银凤.深度教育与大学生网络主体意识的培养[J].中国青年研究,2010(3):109-111.

[47] 蒋柯,胡瑜."注意"的意义:认知科学的解释范式述评[J].华东师范大学学报(教育科学版),2013(3):44-49.

[48] 洪昆辉.论心理活动信息输入的注意选择原理[C].中国思维科学研究论文选2011年专辑,2012-7-16.

[49] 韩熙.注意广度、工作记忆、刷新与流体智力之间关系的实证研究[D].西安:西北大学,2012.

[50] 张灵聪.注意稳定性研究概述[J].心理科学,1995,19(6):372-373.

[51] 郑庆勋.谈注意的分配与转移[J].江苏教育,1983(12):30-31.

[52] 蔡继云,高福生,亢瑾.试论感觉统合训练对幼儿发展的作用[J].成功(教育),2013(4):123.

[53] 祝琨.基于双目视觉信息的运动物体实时跟踪与测距[D].北京:北京交通大学,2008.

[54] 袁丽丽.纳西族颜色词与颜色认知的回顾与反思[J].社会心理科学,2011(4):426-429.

[55] Margaret L. Segregation of form, color movement and depth.Scienee, 1988, 240(6):740.

[56] 朱广全.颜色错觉在体育教学训练中的运用[J].新课程学习(下),2011(7):134-135.

[57] 朱玉璋.论音高听觉的形成及培养[J].交响——西安音乐学院学报,2002(3):59-64.

[58] 杨乐.噪音污染治理问题与控制技术的探讨[J].科技资讯,2012(5):140.

[59] 陈哲.用知觉理解性原则促进班级管理[J].湖南教育学院学报,1999(12):49.

[60] 罗莹.知觉整体性规律与对外汉语课堂教学[J].考试周刊,2010(28):209-210.

[61] 邵志芳.认知心理学——理论、实验和应用[J].上海:上海教育出版社,2006:112.

[62] 温庆海.运用知觉选择性规律搞好课堂教学[J].内蒙古民族师院学报(哲社版),1995(4):86-87.

[63] 孙春燕.知觉特性之于标识设计[J].新视觉艺术,2013(1):134-136.

[64] 张国忠.遗忘规律的探索与运用[J].继续教育研究,2002(6):86-88.

[65] 孟昭兰.普通心理学[M].北京:北京大学出版社,1994:183-185.

[66] 马振玲,杨仲乐.感觉记忆信息的受控加工[J].中南民族大学学报(自然科学版),2002(3):27-29.

[67] Cowan N. Sensory memory and its role in information processing. Electroencephalography Clinical Neurophysiology Suppl,1995(44):21-31.

[68] Miller G.A. The magical number seven plus or minus two:some limits on our capacity for processing information. Psychological Review.1956(63):81-87.

[69] 刘万伦.短时记忆研究综述[J].巢湖学院学报,2005(3):6-10,99.

[70] 黄希庭.心理学导论[M].北京:人民教育出版社,1991:355.

[71] 冷英,莫雷.长时记忆中文本目标信息的激活机制[J].心理发展与教育,2006(3):35-43.

[72] 韩晓吉,刘凤鸣.基于艾宾浩斯遗忘的用户兴趣模型更新机制[J].网络安全技术应用,2012(7):68-71.

[73] 杨红升,朱滢.自我与提取诱发遗忘现象[J].心理学报,2004,36(2):154-159.

[74] 林崇德.思维心理学研究的几点回顾[J].北京师范大学学报(社会科学版),2006(5):35-42.

[75] 尹碧菊,李彦,熊艳,等.设计思维研究现状及发展趋势[J].计算机集成制造系统,2013(6):1165-1176.

[76] 欧玉芳.比较优势理论发展的文献综述[J].特区经济,2007(9):268-270.

[77] 李家永.抽象概括六法[J].云南教育,1992(6):34-36.

[78] 郑南宁.认知过程的信息处理和新型人工智能系统[J].中国基础科学,2000(8):9-18.

[79] 汪杰英.反刍效应在化学教学中的应用[J].化学教学,2010(1):28-29.

[80] 周宏仁.信息化概论[M].北京:电子工业出版社,2009:17-26.

[81] 李世东,林震,杨冰之.信息革命与生态文明[M].北京:科学出版社,2013:23-36.

[82] 王知津,徐芳.信息导航驱动因素分析[J].图书馆学研究,2010(1):2-8.

[83] 王世伟.论信息安全、网络安全、网络空间安全[J].中国图书馆学报,2015,41(216):72-84.

[84] 沈昌祥,张焕国,冯登国,等.信息安全综述[J].中国科学,2007,37(2):129-150.

7 实证研究

截至2015年6月，微信用户的数量达到6.06亿，与2014年年底相比，增加了1850万人，即传统网民中的90.8%都是微信用户，其中，手机即时通信微信用户的数量高达5.40亿，占全体手机网民的91%。伴随手机即时通信微信用户的井喷式增长，各种即时通信App应运而生。手机和微信应用的普及，为图书馆的信息服务开启了一种新的渠道，图书馆微信服务迅速普及，微信服务的影响力不断扩大，更加方便用户接收和利用图书馆的信息资源，而图书馆微信平台本身就是一个微型的信息生态环境，本章以图书馆微信平台作为实证研究的对象，来分析构建和谐信息生态环境的影响因素，以期发现规律，为进一步构建整体的和谐信息生态环境提供实践的参考和借鉴。

7.1 图书馆微信平台信息生态环境

“微信公众平台”即“WeChat”，2012年8月23日由腾讯公司推出，也叫“官号平台”和“媒体平台”，俗称“微信”。目前，微信在全球范围大约有6亿用户，仅国内的用户就达5亿之多，微信几乎改变了中国人的信息交流方式，更改变了中国人的生活方式。微信已经渗透到人们生活的方方面面，它的影响力不再局限于通讯方式本身，完全改变了人们信息传播方式和习惯，微信交流成为一种全新的信息交流生态循环。

微信作为智能终端，是一种提供即时通讯服务的应用程序，具有便捷、免费(或收取少量费用)、方便的优势，普及的速度极快。中国移动的统计结果表明，截至2014年第二季度末，大约两年时间，微信账户同比增长57%，达到4.38亿。

微信用户数量庞大，信息需求极旺盛，微信朋友圈、微信公众平台等功能深受欢迎，微信好友之间可以免费互发各种信息，包括：语音、视频、图片和文字等，更可以通过公众账号收取推送信息、通过扫描二维码方式等添加好友和关注微信公众平台，支持将关注的信息内容分享给好友或分享到朋友圈，毫无疑问，微信已经成为公众获取信息与交流信息的重要途径。因此，规模较大的都已开通微信服务，借助微信平台将图书馆与信息用户联接起来，及时通过微信服务满足用户的信息需求，图书馆信息服务已经进入微服务时代。

7.1.1 图书馆微信平台的形成和发展

图书馆微信平台按其服务功能可以划分为订阅号和服务号两种类型。根据微信服务的相关规定可知：服务号能够为企业等组织机构提供强大的业务服务和微信用户的管理，其功能偏重于服务类交互（服务形式类似12315，114，银行等提供的绑定信息服务方式）。订阅号的主要功能是发送消息，能够为组织机构的宣传推广工作提供助力。主要区别如图7-1所示。

不同类型的公众号所具备的功能权限，主要区别如下。

功能权限	未认证订阅号	认证订阅号	未认证服务号	认证服务号
消息直接显示在好友对话列表中			✓	✓
消息显示在“订阅号”文件夹中	✓	✓		
每天可以群发1条消息	✓	✓		
每个月可以群发4条消息			✓	✓
基本的消息接收/回复接口	✓	✓	✓	✓
聊天界面底部，自定义菜单	✓	✓	✓	✓
九大高级接口				✓
可申请开通微信支付				✓

图7-1 服务号与订阅号具备的功能及权限

本项目组于2016年3月5日，选择“图书馆”为关键词搜索微信公众平台，共搜索到199个与图书馆相关的微信公众号；再以“library”为关键词搜索微信公众平台，找到92个与library相关的微信公众号，两者相加共搜索到291个与图书馆相关的微信公众号。在这些图书馆微信公众号中，如果考察图书馆的类型，各省、市（县）、区（镇）的公共图书馆共119个，占比为40.75%；而各大学、学院等高等学校图书馆共84个，占比为28.77%；其他没有实体的，只提供线上文章推送服务的虚拟图书馆的公众账号占比为30.48%。如果考察这些图书馆的开通时间，80%以上的图书馆公众微信号是在2014年以后开通的。如果考察这些图书馆的微信服务内容，公共图书馆的微信公众号多提供读者服务、借阅图书、好书推荐等板块，高校图书馆的微信公众号多提供各种信息公告服务、各种服务通知等，只有少数的高校图书馆提供借阅信息查询、信息咨询等服务。图书馆微信公众平台的服务形式主要是：每日推送新鲜的文章，并就这些文章与用户进行互动，这样在图书馆与微信用户之间会形成一个独特的知识微社区，这个知识微社区就是一个微型的信息生态环境。由于微信的互动性，在这个微型的信息生态环境中，图书馆和图书馆的微信用户代表两种不同的信息人，这两种信息人之间能够进行良好的信息沟通和互动，因此，在图书馆微信公众号这个微型的信息生态环境中，信息会在各种信息人之间进行链式流转，信息人之间的信息交流和互动自然结成信息生态链。

7.1.2 图书馆微信平台信息生态环境的构成

图书馆微信平台的产生和发展历史，体现了其可持续发展的生态诉求，剖析图书馆微信平台信息生态链的核心环节和驱动形式，分析图书馆微信平台信息生态链的构成要素之间的关系、信息传播特点以及运行效果，构建出图书馆微信平台信息生态链的模型。

7.1.2.1 信息生态链的概念释析

在一定的信息空间内，信息个体、群体、群落同信息环境之间通过信息资源交换关系而形成的统一整体，叫做信息生态系统。在信息生态系统中，信息生态链反映了不同种类信息人之间信息流转的链式依存关系，信息生态链由信息、信息人、传播路径共同构成，是信息生态系统中的核心运转要素。信息生态链的概念模型诠释了生态系统与环境之间的动态平衡的生态学思想，借鉴这一思想能够更好的阐释信息传播和扩散的过程和效果。

7.1.2.2 信息生态链的构成

如图7-2所示，依据数学、物理等学科中的多维空间概念，对信息生态链进行科学抽象，笔者认为信息生态链绝不是一条在二维平面上的线式链条，信息生态链中信息节点、信息内容和传播路径必然是由三维空间的三个坐标决定的，信息生态链客观存在的现实空间就是三维空间，具有三个维度的度量。根据当前的研究，可以把信息人划分为四种：信息生产者、信息消费者、信息传播者、信息监管者。其中信息监管者处于信息环境层，信息监管者负责实施宏观调控和信息实践活动的监管；信息生产者、传播者和消费者处于信息实践层，进行信息生产、信息传播、信息消费活动；信息生产者群体、信息消费者群体、信息传播者群体、信息监管者群体四种角色在信息流转时相互作用，构成三维空间的信息生态链，并成为信息生态链中的信息节点，形成一般状态下的信息生态链。

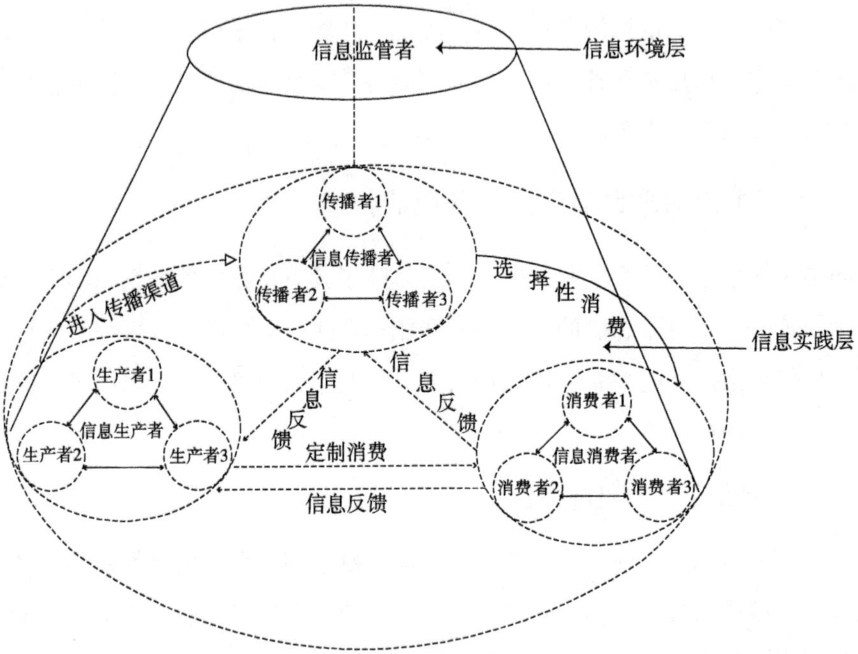

图7-2 信息生态链三维空间结构

图7-2三维空间的信息生态链结构清晰地显示了各类信息人群体在信息流转中所扮演的角色和起到的作用。一般来说，信息流动方式有纵向流动和横向流动

两种：信息纵向流动是指信息在不同种类信息主体之间的运动，代表信息资源的被转化和利用过程，即图7-2中信息生产者与信息传播者之间的信息流动、信息传播者与信息消费者之间的信息流动；信息横向流动是指信息在同一类信息主体内部的流动，即在信息生产者群体内部的个体之间的内部信息流动、信息传播者群体内部个体之间的内部信息流动、信息消费者群体内部个体之间的内部信息流动。造成信息横向流动的原因是由于同一信息人主体可能既是信息消费者，又是信息传播者，甚至是信息生产者。在信息流转过程中，信息生产者是信息资源和信息生态链循环的创造者；信息消费者的需求是信息生态链和谐发展的不竭动力；信息传播者是信息有效流转的纽带，信息消费需求是否得到满足，信息传播环节的桥梁作用不可忽视，同时，除信息监管部门外，信息生产者和传播者也会承担一定的把关信息质量的工作；信息监督者的作用是使处于信息实践层的信息生产者群体、信息传播者群体、信息消费者群体之间的关系更规范，信息资源的质量与数量配置更加科学合理，为信息生态链和谐演进奠定坚实基础。

7.1.2.3 微信平台信息生态链的构成

微信平台信息生态链构成同普通信息生态链一样，也包含信息、信息人和传播路径三个要素。其中，微信平台信息生态链中的信息人包括微信平台公共号和微信微信用户两种，如图7-3所示。

微信平台公共号通常作为信息生产者，而微信用户根据其与微信平台公共号关系的不同，扮演着信息传播者和信息消费者的不同角色。直接关注微信平台公共号的微信用户，在微信平台公共号生产信息后，作为信息消费者接受信息，并且可以通过转发的方式将信息进行扩散，通过个人的朋友圈进行二次传播，此时微信用户就由信息消费者变为信息传播者；而未直接关注微信平台公共号的微信用户，通过朋友圈获取信息后，此时就是信息消费者，如果对微信平台公共号产生兴趣并关注，并传播信息将成为新的信息传播者。这一过程即微信平台公共号信息从主要关系网渗透传播至微信用户个人朋友圈的正向传播过程，在这一传播过程中，朋友圈内的用户之间通过对信息的接受、加工、采纳等行为会形成一定的反馈，从反方向传递至信息生产者，即微信平台公共号，信息生产者会根据这些反馈的情况对以后的信息生产行为进行一定的调整，使其生产的信息更加迎合信息传播者和信息消费者的信息偏好，能够更好的满足二者的信息需求。

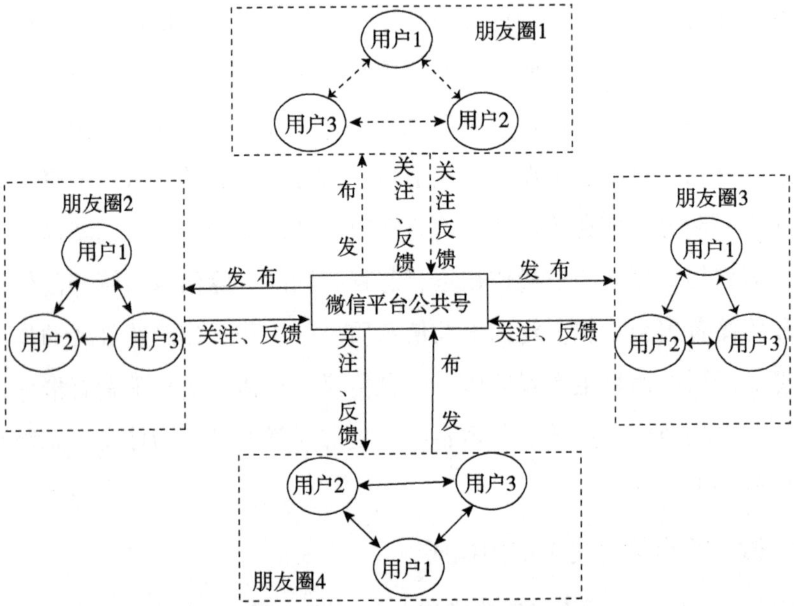

图7-3 微信信息生态链的信息流转平面模型

基于“图7-3 微信信息生态链的信息流转平面模型”分析，以及结合“图7-2 信息生态链三维空间结构”的构成图，可以推导出“微信平台信息生态链”的构成图，如图7-4所示。

在图7-4所示的微信平台信息生态链中，微信公共号的主要功能是通过微信平台发布和推送信息，因此是信息生产者，微信平台是信息生态链的传播者，微信用户是信息消费者；微信信息的流动方式也分为纵向流动和横向流动两种形式：信息生产者、信息传播者和信息消费者各自在其内部建立了横向信息流动联系，例如，用户在朋友圈中浏览并吸收好友动态信息，对感兴趣的信息转发到自己的朋友圈。同时，在微信平台信息生态链中，信息生产者、信息传播者和信息消费者之间建立了纵向流动联系，微信公共号作为信息生产者将其生产出的信息推送到传播渠道，微信平台作为信息传播者通过关注、评论、转发交换信息内容，此时信息传播者也兼具信息消费者的身份。当没有转发、评论的行为发生而只是简单地关注时，关注微信公共号的用户的身份就是信息消费者，即信息生产者和信息消费者之间通过关注完成信息内容的推送。信息传播者和信息消费者之间也可以相互关注，继而完成信息的传播。信息环境层作为信息监管者，自动对信息生产者生产的信息进行分析分解，其分解依据之一是信息消费者的关注需求，信息监管者既提高了信息的消费速率，又在一定程度保证了流转信息的质量，从而维护了整个微信平台信息生态链的和谐循环。

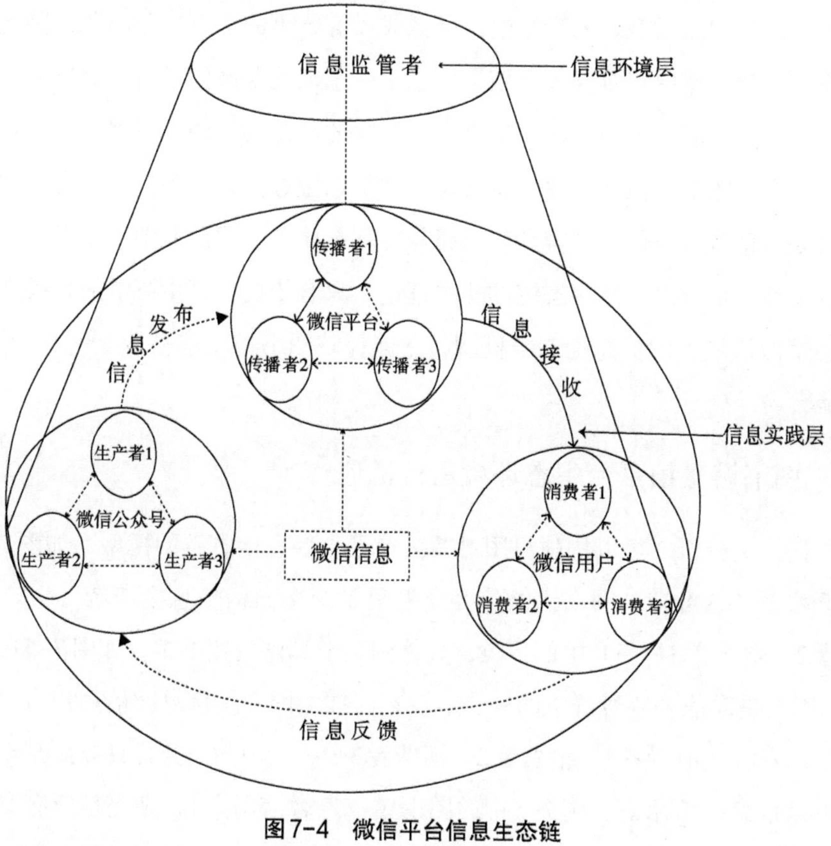

图7-4 微信平台信息生态链

7.1.3 图书馆微信平台生态环境可持续发展的生态诉求

图书馆依托微信平台，可以对分散在不同载体上的科技、经济、文化、生活等信息内容进行收集、组织和加工，针对用户的信息需求向他们提供有价值的信息服务。图书馆依托微信平台的信息服务，从服务形式看可以变被动为主动；从服务路径看可以变单向为多向；从信息服务的渠道看可以变正规为非正规；从信息服务的层次和深度看可以覆盖零次、一次、二次和知识型服务。但是，任何新事物的发展都是一个矛盾的统一体，图书馆微信服务独特的互动形式包含了信息用户喜爱的所有流行文化元素，能够满足用户对多样化信息的需求，但于此同时，由于微信平台“去中心化”效应明显，传播“意见领袖”缺失，传谣及辟谣的速度慢、渠道不畅等负面因素的影响，也会导致微信“去中心化”与内容优化的悖论，产生信息过载、谣言泛滥、推销成风等严重的信息异化问题，因此，政府规制与行业自律要双管齐下，依据生态学思想来规范微信平台，这样才能满足微信平台自身发展的生态诉求，促进微信平台的可持续、健康发展。从信息生态学的视角看，图书馆微信平台本身就是一种信息生态链，具备信息生态链的生态特征，如信息节点、信息内容和传播路径等基本要素。因此，图书馆微信平台的可持续发展必须遵循信息生态链的相关理论，只有依据信息生态链的相关理论构建图书馆微信平台的信息生态链模型，才能保障图书馆微信平台上信息的快速、有效流转。

7.1.4　图书馆微信平台生态环境运行机理

根据上文分析，可以构建出图书馆微信平台信息生态链的模型，如图7–5所示。观察图7–5可知：图书馆微信公众号只是众多微信信息生产者（生产者1、生产者2、生产者3……）中的一类，具体到某个具体的图书馆，如图7–5中的图书馆1则更是微信公众号群中的一个节点；同样，图书馆信息微信用户也只是微信信息消费者（消费者1、消费者2、消费者3……）中的一类，具体到某个具体的图书馆信息微信用户，图7–5中的图书馆信息微信用户1，则更是所有微信信息微信用户海洋中的一滴水。图书馆微信平台公共号信息借助微信平台以辐射式向外发布、传播至微信用户个人，在这一传播过程中，信息微信用户通过对信息的接收、加工、采纳等行为会形成一定的反馈，从反方向传递至图书馆微信平台公共号（信息生产者），图书馆微信平台公众号会根据这些反馈的情况对以后的信息生产行为进行一定的调整，使其生产的信息更加迎合信息传播者和信息微信用户的信息偏好，能够更好的满足二者的信息需求。在图书馆微信平台信息生态链的演化过程中，因为信息人（信息生产者、信息传播者、信息消费者、信息监管者）和其他信息生态因子相互作用，微信公众号子系统和微信用户子系统会借助微信平台产生协同作用而紧密地联接在一起，使得图书馆微信平台信息生态链整体形成新的结构及秩序。

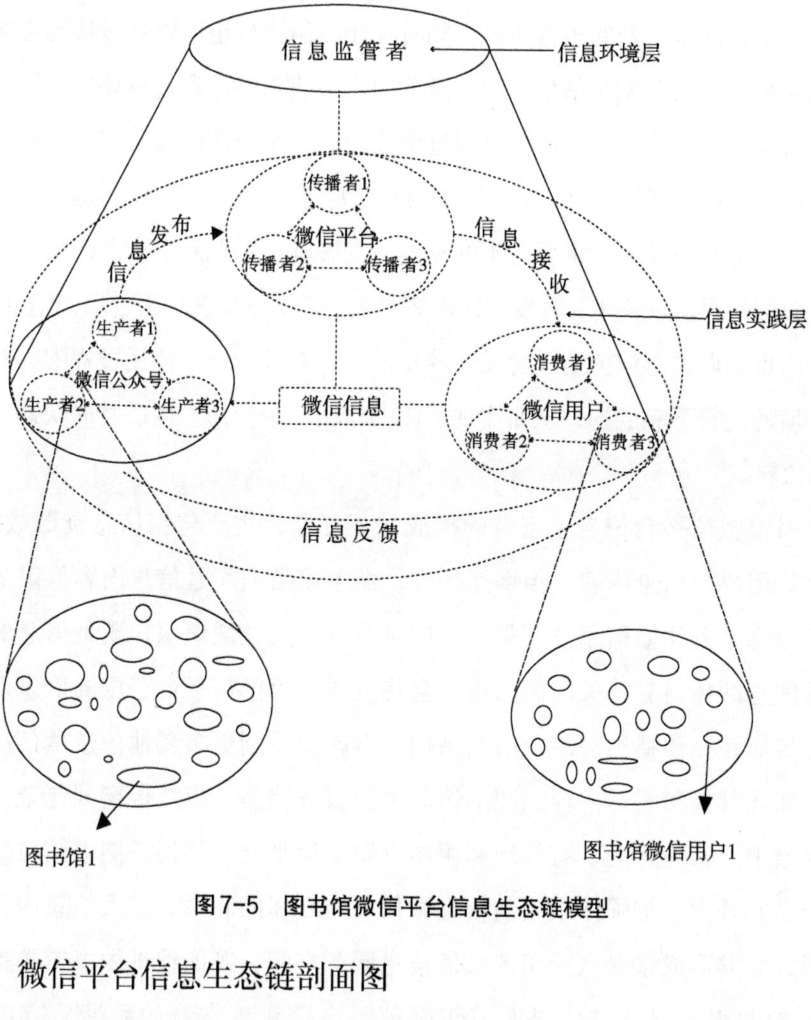

图7-5 图书馆微信平台信息生态链模型

7.1.5 微信平台信息生态链剖面图

为了清晰阐明图书馆微信平台信息生态链的运行模式，将图书馆微信平台信息生态链的运行模式变换成平面角度展示出来，即如图7-6所示，在这个剖面图中，其中心由图书馆数据库、图书馆微信平台、服务窗口、关注微信用户、社会网络共同构成。这个剖面图表达了图书馆微信平台在信息环境中的信息生产、信息传播、信息消费、信息反馈的生态链单元构成。多个单元连接起来，就接链成网，形成图书馆微信平台信息生态系统。图7-6中，图书馆数据库进行信息生产；图书馆微信平台从图书馆数据库获取信息，通过分类整理之后，将整理好的信息发布到服务窗口；微信平台服务窗口通过信息推送功能，直接将发布的信息推送给关注本平台的微信用户；同时关注微信用户也可以通过移动终端主动访问服务窗口，获取发布信息；关注微信用户将获取的信息通过评论、转发，对信息进行传播；评论、转发的信息通过该关注微信用户的传播，使其他社会网络获取了信息，社会网络在得到信息后也会对信息进行评论、转发，如此循环扩展，图书馆微信平台信息生态链就会不断延伸，其影响范围不断扩大。而且在此过程中关注微信用户通过关注、转发、评论等方式会向图书馆微信平台反馈信息需求，社会网络也会向图书馆微信平台反馈信息需求，在整个信息传播过程中，都是在信息环境的监管下完成的，从而实现了图书馆微信平台信息生态链的快速、高效的信息流转。

图书馆微信平台信息生态链的构成并不复杂，主要包括信息资源数据库、关注微信用户、信息内容、传播路径等。图书馆数据库是信息内容得以生产的源泉，而每个关注微信用户都是一个信息节点，关注微信用户既是信息的接收者又是信息的传播者，关注微信用户会将从图书馆微信平台获取的信息内容通过各种传播路径传播出去，图书馆微信平台就会受到更多其他信息微信用户的关注，如此就像滚雪球一样，图书馆的微信服务快速、广泛传播到复杂交织的社会网络中。若能合理、有效地利用图书馆微信平台，将促进图书馆对数据库资源的多元开发，加强图书馆与信息微信用户之间的联系，扩大信息内容的传播范围，能够形成多触点交织的微信信息服务空间，既能促进图书馆数据库资源的有效利用，又能够促进图书馆微信平台信息生态链的和谐、有序循环演进。

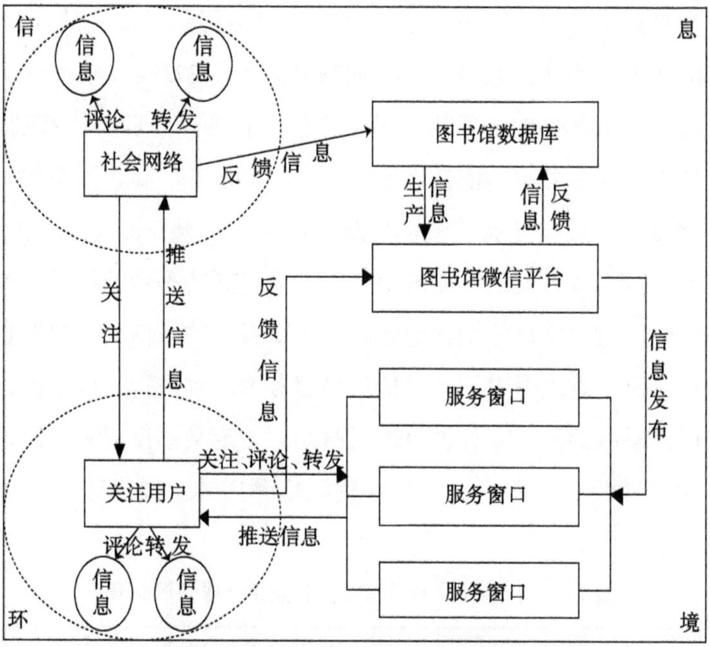

图7-6 图书馆微信平台信息生态链剖面图

7.1.6 图书馆微信生态链调研分析

第一，本次调研对象选择31家省级图书馆（不含港澳台地区的国内各省、自治区、直辖市的共图书馆），采用微信客户端查找添加功能，加关注的调研方式。由于此次调研的图书馆公众账号都是采用馆名进行注册的，检索结果可能会有遗漏的小概率事件发生，由于影响较小，所以仍以馆名为检索关键词。

第二，利用微信客户端（6.1.1版本），依据公众号查找添加功能，选择图书馆名称作为关键词进行检索，并关注开通微信公众账号的公共图书馆账号。选择时间节点为：截至2015年3月1日，整理各图书馆公众账号的认证情况与各图书馆开展的各项服务工作，特别是对各图书馆的特色服务进行整理登记。采用内容分析法对各图书馆提供的微信服务的具体内容进行分析。

第三，针对各图书馆开展微信服务情况，对采集的数据进行整理、归类、统计，编制出31家省级图书馆的微信公众平台服务调研表（表7-1），本次数据采集截止时间：2015年3月1日。

第四，在调研的31家省级公共图书馆中，已开通微信服务的24家，占总数的77.4%，其中19家为认证账号，占开通账号总数的37.5%。根据以上数据，可以断定多数省级公共图书馆非常重视基于微信平台的信息服务，特别是长三角、珠三角等发达地区的图书馆，依托该地区智能移动设备的高普及率和公众对于新兴媒体的高接受度，较早开展了微信公众平台服务、服务形式也较多样。例如，重庆图书馆于2014年4月就已完成微信认证，借助微信平台开拓了多种形式的线上信息服务。但同时，宁夏等偏远地区的省级图书馆的微信平台建设和服务都比较落后。通过对每个省级图书馆的微信信息服务的内容进行统计分析，将目前省级图书馆的微信平台的基本服务内容进行归纳，自定义预设回复、信息推送、读者证绑定、书刊续借、书目查询、数字资源推荐等为主要的微信信息服务形式（表7-2）。

表7-1　省级公共图书馆微信公众平台服务调研表

序号	图书馆名称	是否开通公众号	是否认证	账号类型
1	海南省图书馆	开通	认证	订阅号
2	宁夏回族图书馆	无		
3	四川省图书馆	无		
4	西藏图书馆	开通	认证	订阅号
5	青海省图书馆	开通		
6	广东省立中山图书馆	开通	认证	订阅号
7	贵州省图书馆	开通	认证	订阅号
8	福建省图书馆	开通	否	服务号
9	陕西省图书馆	开通	否	订阅号
10	内蒙古自治区图书馆	开通	认证	订阅号
11	山西省图书馆	开通	认证	订阅号
12	甘肃省图书馆	开通	认证	订阅号
13	广西壮族自治区图书馆	开通	认证	订阅号
14	湖北省图书馆	开通	认证	订阅号
15	江西省图书馆	无		
16	浙江省图书馆	开通	认证	订阅号
17	南京图书馆	开通	否	服务号

续表

序号	图书馆名称	是否开通公众号	是否认证	账号类型
18	新疆维吾尔自治区图书馆	开通	否	订阅号
19	安徽省图书馆	无		
20	湖南省图书馆	开通	认证	订阅号
21	云南省图书馆	无		
22	河南省图书馆	开通	认证	订阅号
23	重庆图书馆	开通	认证	服务号
24	上海图书馆	开通	认证	服务号
25	山东省图书馆	开通	否	服务号
26	河北省图书馆	开通	认证	服务号
27	天津图书馆	无		
28	首都图书馆	开通	认证	订阅号
29	辽宁省图书馆	开通	认证	服务号
30	吉林省图书馆	开通	认证	订阅号

表7-2 省级图书馆微信信息服务内容

序号	图书馆名称	自定义预回复	信息推送	读者卡绑定	书刊续借	书目查询	数字资源推荐
1	海南省图书馆	提供	提供	提供	提供	提供	
2	西藏图书馆		提供				
3	广东省立中山图书馆	提供	提供	提供	提供	提供	
5	福建省图书馆		提供				
6	陕西省图书馆		提供				
7	内蒙古自治区图书馆		提供				
8	山西省图书馆	提供	提供	提供	提供	提供	
9	甘肃省图书馆		提供	提供	提供	提供	
10	广西壮族自治区图书馆	提供	提供	提供	提供	提供	
11	湖北省图书馆	提供	提供	提供	提供	提供	
12	浙江省图书馆	提供	提供	提供	提供	提供	
13	南京图书馆	提供	提供	提供	提供	提供	提供
14	新疆维吾尔自治区图书馆	提供	提供				

续表

序号	图书馆名称	自定义预回复	信息推送	读者卡绑定	书刊续借	书目查询	数字资源推荐
15	湖南省图书馆	提供	提供	提供	提供	提供	
16	河南省图书馆		提供				
17	重庆图书馆	提供	提供	提供	提供	提供	
18	上海图书馆	提供	提供	提供	提供	提供	
19	山东省图书馆	提供	提供	提供	提供	提供	
20	河北省图书馆	提供	提供	提供	提供	提供	
21	首都图书馆	提供	提供	提供	提供	提供	提供
22	辽宁省图书馆	提供	提供	提供	提供	提供	
23	吉林省图书馆	提供	提供	提供	提供	提供	
24	黑龙江省图书馆	提供	提供	提供	提供	提供	提供

从表7–2可以看出，公共图书馆的微信账号都开展了信息推送服务，信息推送的内容包括通知信息、公告信息、动态及活动预告等信息；从调研的数据来看，订阅号基本采用主动推送信息的形式，其中一部分图书馆开发了自定义菜单，供读者查询。例如，黑龙江省图书馆的微信公众号就开发了三个自定义菜单：我的图书、读者活动、寻找发现。其中读者活动菜单里的真人图书、龙图展览、读者课堂等信息内容，极具创意地将图书馆的信息服务与读者的需求兴趣匹配起来，得到微信用户的一致好评；大多数公共图书馆的微信服务已经实现自定义预设回复，通过预设数字与服务内容之间的关系，可通过输入指定的数字，来获得相关的微信服务内容。例如，输入数字1，就会有4个公共图书馆自动回复，这四个图书馆分别是山东省图书馆、浙江省图书馆、湖南省图书馆、海南省图书馆。微信自定义预设回复功能可以查询图书信息，通过绑定读者证来查询借阅信息、进行续借等，也可以提供解绑读者证、挂失读者证等服务；数字资源推荐服务也是省级公共图书馆微信服务的主要形式，例如，黑龙江省图书馆和辽宁省图书馆的微信公众号设有数字阅读栏目，甘肃省图书馆的微信公众号设有数字图书馆的链接，首都图书馆微信公众号设提供“数字资源推荐”栏目；省级公共图书馆的微信公众号除了提供上述几种基本的服务形式外，各省级公共图书馆还推出了各自具有特色的微信服务。例如，甘肃省图书馆微信公众号提供地方戏曲、文

化遗产、特色农产品、文化旅游等甘肃省特色的微信信息服务。首都图书馆微信公众号推出“微语好读”，利用微信平台具有发送、接收音频文件的优势，邀请名人对一些文献进行朗读并录音，然后在微信平台推送录音，进行阅读推广。重庆图书馆的微信公众号设有“借阅排行榜”，定期发布图书的“借阅排行榜”，并向读者推荐位于“借阅排行榜”中前列的图书，重庆图书馆的微信公众号推出的“读者指南”，能够帮助用户通过上传照片的方式来获取所需的图书信息，以及用户上传的位置信息为其提供最快捷的到馆路线等服务。

通过调研可知，目前省级图书馆微信公众号的信息服务还存在诸多问题，从信息生态学视角进行剖析，从微信信息在微信平台的有效流转程度来看，省级图书馆微信公众号生态链还不完善，例如，信息生态链中各信息主体间的互动不足，作为信息生产者和发送者的图书馆缺乏必要的宣传，微信信息服务内容的形式单一，微信服务的栏目设置较少等。

第一，信息生态链中信息人之间的缺乏互动，导致信息生态链的结构松散，作为信息生产者和发送者的图书馆馆员与作为信息接受者和传播者的微信用户之间互动较少。依据新媒体指数大数据平台提供的数据，以周为时间单位，时间段选择为2016年2月28日至2016年3月5日，在这期间，28个图书馆中有19个的微信公众号发布信息，9个图书馆的微信公众号没有发布任何信息，尽管大部分图书馆的微信公众号发布信息，但用户的阅读量较少，用户的点赞更少，这说明作为信息发布者的图书馆微信公众号与作为信息接受者的用户之间缺乏基本互动。从表7-3可以看出，一周之内，黑龙江省图书馆微信公众号的用户点赞数为35个，说明每发2.5条信息，才能收到1条点赞，可见作为信息生产者和发送者的图书馆馆员与作为信息接受者和传播者的微信用户之间互动较少，无法进行相关的信息需求反馈，信息生态链中信息人之间的缺乏互动，必然导致信息生态链的结构松散，影响微信信息的正常流转。

表7-3 省级图书馆微信平台数据分析表

序号	公众号名称	发布	阅读	头条	平均	点赞	WCI
1	湖南省图书馆	7/23	96562	49158	4198	652	716
2	上海图书馆	1/7	12442	4916	1777	65	496

续表

序号	公众号名称	发布	阅读	头条	平均	点赞	WCI
3	四川省图书馆	6/16	10738	6517	671	167	436
4	福建省图书馆	1/7	5401	1758	772	50	398
5	海南省图书馆	5/7	4440	3697	634	157	401
6	陕西省图书馆	3/8	4090	1561	511	57	366
7	黑龙江省图书馆	6/14	3842	2007	274	35	307
8	甘肃省图书馆	6/14	3677	1240	263	113	346
9	辽宁省图书馆	1/2	3318	1915	1659	33	419
10	首都图书馆	3/5	3232	2519	646	24	348
11	重庆图书馆	1/6	2964	1200	494	29	339
12	天津图书馆	1/3	2909	1073	970	25	372
13	湖北省图书馆	3/4	2363	2076	591	26	334
14	安徽省图书馆	1/5	799	299	160	12	215
15	吉林省图书馆	1/1	775	775	775	15	308
16	河北省图书馆	6/12	704	568	59	18	182
17	河南省图书馆	4/9	651	441	72	9	171
18	广西壮族自治区图书馆	1/2	371	241	186	10	202
19	云南省图书馆	4/7	195	115	28	3	88
20	内蒙古自治区图书馆	0/0	0	0	0	0	0
21	西藏图书馆	0/0	0	0	0	0	0
22	广东省科技图书馆	0/0	0	0	0	0	0
23	青海省图书馆	0/0	0	0	0	0	0
24	山西省图书馆	0/0	0	0	0	0	0
25	新疆维吾尔自治区图书馆	0/0	0	0	0	0	0
26	山东省图书馆	0/0	0	0	0	0	0
27	江西省图书馆	0/0	0	0	0	0	0
28	广东省科技图书馆	0/0	0	0	0	0	0

第二，信息生态链中信息生产者对自身生产和传播的信息内容缺乏宣传，导致信息生态链中信息流转的推力不足。观察表7-3可看出，黑龙江省图书馆微信

公众号一周内阅读量为3842次，与湖南省图书馆微信公众号的阅读量（96592）差距明显。通过调研分析，形成差距的原因是黑龙江省图书馆微信公众号的服务宣传力度不够，微信平台上对主页功能的介绍也不够全面。因此，微信信息用户对微信公众账号的服务内容和形式并不十分了解，因此用户还不能主动搜索图书馆微信公众号的信息服务，所以图书馆微信公众号有必要加强对自身信息服务的宣传力度，在用户中营造必要的影响，助推其微信公众号的信息服务。

第三，缺乏对图书馆微信用户群体的划分，对微信用户的需求没有进行详细的调研，导致信息生态链中信息流转的拉力不足。根据黑龙江省图书馆官方网站信息可知，黑龙江省图书馆对其读者群体进行了必要的调研，截至2015年年底，黑龙江省图书馆的用户遍布31个省，男性读者有54323人，女性读者有71912人，少儿读者35035人，青年读者62934人，中年读者26101人，老年读者2165人。但针对黑龙江省图书馆微信公众号的用户，并无具体调研数据，更没有对微信公众号的用户进行群体划分和需求调研，这必然导致黑龙江省图书馆微信公众号推送的信息内容和提供的相关服务与微信信息用户的需求不匹配，不能彰显微信用户需求对微信信息生态链中信息流转的拉力作用。

第四，图书馆微信公众号的信息服务内容单一、形式缺乏创新和吸引力，导致信息生态链中信息流转的支撑力不足。观察表7-2可知，省级图书馆微信公众号的信息服务内容主要包括以下几种：信息推送、自定义预设回复、读者证绑定、书目查询、书刊续借、数字资源推荐。以上几种信息服务的内容单调，形式上主要是图片加文字形式，缺少生动有趣的语音和视频形式，无法拉近图书馆与微信用户之间的距离，各种微信信息服务的内容和形式无法支撑图书馆微信信息生态链中信息的有效流转。图书馆微信公众号必须要深入思考，改进微信信息服务的内容和形式，近几年，真人图书馆服务效果很好，在用户中形成良好的口碑，依托于微信平台，图书馆完全可以把真人图书馆与微信服务结合起来，让微信用户与真人图书互动交流，利用名人效应，提升图书馆微信服务的效果。

7.2 发挥信息人构建和谐微信生态链的作用

从人本观的视角构建和谐的微信平台微信平台信息生态环境，促进经济的全面发展是关键，提高信息人的福利水平是根本，社会生态的可持续发展是前提。人本观强调信息人的价值体现是构建和谐的微信平台信息生态环境的绝对价值，信息人本身既是微信平台信息生态环境的一部分又是微信平台信息生态环境演化的目的和归宿。信息人本身就是微信平台信息生态环境的一个部分，属于微信平台信息生态环境中的一种生态因子，信息人和微信平台信息生态环境必然不可分割。然而，信息人又是微信平台信息生态环境中处于“高位”的一部分。不管从现实还是反思角度来看，信息人利益诉求均是微信平台信息生态环境演化发展的目的和归宿。这是因为，相比较其他信息生态因子，信息人具有超越于微信平台信息生态环境本身的道德，微信平台信息生态环境因信息人的存在才会具有价值和意义。微信平台信息生态环境的价值和意义只有因信息人的存在才会彰显出来，从最根本意义上讲，微信平台信息生态环境的价值和意义也是信息人赋予的。首先，必须以微信平台信息生态环境这个复杂巨系统的整体性为目标，建构信息人新的价值尺度，必须承认信息人在微信平台信息生态环境这个复杂巨系统中占据发展中心的特殊位置。信息人与自身关系的生态化是构建和谐的微信平台信息生态环境的主观性原则。信息人与自身关系的生态化，一方面是信息人的肉体存在的生态化，另一方面，是指信息人的精神存在的生态化。前者主要是指信息人的各个生理器官的健康、协调运转的平衡状态。后者主要是指信息人的理性、激情、欲望等的协调统一，情感、道德、审美等处于正常运转的良性循环状态；信息人与信息人关系的生态化是构建和谐的微信平台信息生态环境的社会性原则。这要求在特定的信息生态链中，每个信息人个体都能有保障地发挥自己的所长并能够得到相应的回报，信息人与信息人之间不存在根本的利益冲突和矛盾。其次，强调信息人与微信平台信息生态环境中的其他信息生态因子共生共存，改变信息人单纯的经济理性与技术理性。最后，构建和谐的微信平台信息生态环境，必须以信息人的内在尺度与微信平台信息生态环境这个复杂巨系统的外在尺度的统一，从经济、社会、自然三维角度进行全面考量。和谐微信平台信息生态环境不会先于信息人的存在而存在，和谐微信平台信息生态环境问题必然是因信息人而生、因信息人而解的。“和而不同”的哲学思想要求信息人之间求同存异，消除彼此的疑虑和隔阂，最终实现信息福利的均衡普惠，信息人共同发展。和谐微信平台信息生态环境必须以信息人的实践为基础，和谐微信平台信息生态环境产生于信息人的实践、服务于信息人的实践、随信息人的实践的发展而发展；和谐的微信平台信息生态环境必然代表着各种信息人群体的利益，也是信息人与信息人、信息人与信息社会关系的一种理想状态。和谐微信平台信息生态环境中，信息人是主体，信息人可以把信息人以外的信息内容、信息技术、信息时空、信息制度等作为认识、利用和改造的对象，使信息内容、信息技术、信息时空、信息制度等为信息人所用、为信息人服务。利益是信息人实践的根本动力，利益也是微信平台信息生态环境和谐的最重要动因。有人的存在，就必然有伦理规范的存在。信息人要想成为自由而全面发展的人，就必须回归生态、社会、自我的三位一体的和谐，这种和谐是至善的伦理境界，体现信息人最高的伦理诉求。从“信息人”的角度看：信息人的主观能动性会促使信息人改变信息异化现状，使得信息人群体的种类和规模与信息环境的发展相对匹配，促进微信平台信息生态环境和谐演化。

7.2.1 定主体地位

从存在论的视角看，信息人与微信平台信息生态环境中的其他信息生态因子一样，同属于微信平台信息生态环境中的一份子或一个组成部分，信息人与其他信息生态因子之间是一种“平等”的关系，信息人与其他信息生态因子之间难以区分出主、客体关系。但是从价值论视角看，信息人具有不同于其他信息生态因子的特殊属性，即具备其他信息生态因子不具备的自主性、创造性等特征，信息人源于微信平台信息生态环境而又超越于微信平台信息生态环境，信息人可以把微信平台信息生态环境中的其他信息生态因子作为认识、利用和改造的对象，使直接的其他信息生态因子或被信息人改造过的其他信息生态因子为信息人所用、为信息人服务。并且，信息人还具有认识和改造自身的自觉性和能力，也就是在信息人有意识、有目的信息实践活动中，在改造微信平台信息生态环境的同时使信息人自身得到改造。通过以上的分析可知：信息人在微信平台信息生态环境中的主体地位主要体现在“价值论”的意义上，信息人的实践活动不断地改变或影响着微信平台信息生态环境的演化发展，已经成为微信平台信息生态环境这个复杂巨系统中的主导性生态因子，信息人是构建和谐微信平台信息生态环境的实践主体、认识主体、价值主体和利益主体。

微信平台信息生态环境在本质上是由信息人通过实践创造的，不是信息人的观念意志创造的。信息人从事各种信息活动，必须成为信息实践的主体，微信平台信息生态环境的演化必然以信息人的信息实践活动为基础。

认识体现主体在实践基础上对客体的能动反映。信息人既然是信息实践活动的主体，就必然是信息活动认识的主体。信息人在改造微信平台信息生态环境的同时，也必然在反映微信平台信息生态环境，并且决定和谐微信平台信息生态环境的价值取向。

价值代表客体满足主体特定需要的意义关系。信息人的信息实践与认识活动都具有价值意义，并且，作为主体的信息人是价值意义的享有者，即信息人也必然是信息实践与认识活动的价值主体。价值主体意味着信息人会根据其他信息生态因子满足自身需要的程度，去评价和审视其他信息生态因子价值大小或者有无价值，然后作出自己的价值选择，彰显信息实践活动的价值。

利益是凝聚力量的核心，是信息人从事信息实践活动的直接目的和动力。在信息实践活动中，信息人的所有行为，都同他们的利益有关。信息人是各种利益创造的主体，也是各种利益的享有主体，诠释了信息在微信平台信息生态环境中的责任担当。

7.2.2 信息人之间求同存异

“求同存异”观点源于“和而不同”思想，《论语·子路》：“君子和而不同，小人同而不和。”“和而不同”体现信息人整体内在的和谐统一，信息人之间的利益追求必定是不同而又不相互冲突的，正是信息人整体内在的和谐统一才会促使各种信息人个体和群体共生共长，正是信息人之间的不同才会使各种信息人个体和群体相辅相成。遵循“和而不同”思想可知：信息人在认识和处理信息实践问题时允许不同思想观点和不同实践方法的存在，主张在坚持共同原则的条件下，不同思想观点和不同实践方法的和谐统一。强调“和实生物，同则不继”，构建和谐微信平台信息生态环境时，信息人将矛盾对立双方的和谐相处视为微信平台信息生态环境和谐演化的动力和源泉；信息人在处理矛盾与分歧时应坚持寻求以促进微信平台信息生态环境和谐演化为共同基础，充分发挥主观能动性，通过沟通，在耐心引导下最后达成共识。

第一，“异中而求同”是指信息人之间同一性与斗争性相统一。信息人之间的矛盾是对利益立面的统一，即信息人之间利益追求任何对立的两个方面，既有差别性、相互排斥性、反对性、否定性，又必然存在相互依存性、包含性、一致性、合作性、相互转化性。信息人求同存异重在一个“求”字。“求”字要求信息人要准确判断形势，明确什么才是信息人之间真正的共同利益，然后要求信息人要主动争取，一旦认清形势看准共同利益之处，就必须善于和敢于抓住机遇，积极采取相关行动，获取最大的信息福利；最后则要求信息人要精心呵护来之不易的合作，不要因小的利益追求而断送能够带来更大收益的合作。

第二，“求同不求异”是指信息人追求全面性与重点性相统一。首先，全面性要求信息人应该在利益矛盾的主要方面“求同”，而又顾及利益矛盾的次要方面“存异”；其次，重点性要求信息人偏向于利益矛盾的主要方面“求同”，力争“求同而不求异”。信息人在构建和谐的微信平台信息生态环境时更应积极倡导“和而不同”的包容精神，应把“和而不同”的战略性思维，融入信息人实践活动的全过程，使整个信息实践活动链接成一个统一体，让信息人的思想上实现“1+1=1”的“求同”，促使微信平台信息生态环境演化发展达到“1+1>2”的突变演化升级。

第三，“求同又存异”是指信息人认识问题、解决矛盾时追求普遍性与特殊性相统一。“求同存异”是信息人认识问题、解决矛盾的一种基本方法，要求信息人依据矛盾的普遍性与特殊性、共性与个性相统一的原理来解决信息实践活动中遇到的各种问题。“同”要求信息处理问题时要明确矛盾具有普遍、共性的一面，“异”要求信息处理问题时要明确矛盾具有特殊、个性的一面；求同就是要求不同的信息人个体或者信息人群体努力去寻求、扩大双方的共同点，存异就是要求不同的信息人个体或者信息人群体正视并允许双方有一定的个性存在，即求同存异还贵在一个“存”字。信息人个体或者信息人群体如此多的差异、分歧或矛盾，在无法化解或破解时，办法就是先存起来，别让这些分歧阻碍信息人之间合作的大局。“存”字还有一层深意，那就是承认信息人个体或者信息人群体“异”的合理性，对彼此的差异要理解或尊重。

第四，“存异以待同”是指信息人认识问题、解决矛盾时追求质变与量变相统一。信息人承认“存异”，但并不是对信息人个体或者信息人群体之间的差异置之不理，更不是有意去“求异”，而是“存异以待同”。首先，应引导信息人个体或者信息人群体之间的差异向共同点转化。信息人应提倡用“求同存异”的方法通过量变逐步缩小信息人个体或者信息人群体之间差异的程度，以期质变的来临。因为，信息人个体或者信息人群体之间的差异如果不及时解决，很有可能会反向积累从量变演化为质变，最后信息人个体或者信息人群体之间的矛盾变得不可收拾。其次，防止信息人个体或者信息人群体之间“小异”向“大异”转化。在不具备解决差异的条件下，如果硬性去“求同”，信息人个体或者信息人群体之间的矛盾不仅无法解决，反而会促使双方矛盾从量变演化为质变，从非对抗性矛盾演化为对抗性矛盾、从隐性矛盾演化为显性矛盾，此时信息人个体或者信息人群体之间会从“小异”变成“大异”。

7.2.3 重视实践活动

实践是信息人特有的生活方式，正是因为实践才把信息人与动物的活动区分开来。实践一方面是信息人特有的对象化活动，信息人作为主体把包括信息人在内的微信平台信息生态环境要素作为实践活动对象，信息人在实践活动中能够发挥有目的、有计划的主体自主性，能够能动地创造信息人之间的各种社会关系。实践作为信息人把握微信平台信息生态环境的基本方式，信息人的各种物质活动或感性活动都会以实践的方式表达出来，信息人的实践活动以生产活动作为最基本的形式，信息生产活动具有物质性、客观性的特点，信息人的实践活动正是信息人的各种信息生产活动和感性活动这两者的紧密结合。因此，信息人是在信息实践关系中从事具体信息活动的人，必须从实践的角度来揭示信息人的本质，并将信息人的价值置于各种实践关系中来考量，并最终在实践关系中体现信息人的价值。

第一，改造生态环境。信息实践活动打开了信息人与微信平台信息生态环境沟通的大门，并且在信息人的实践活动中，确立了信息人与微信平台信息生态环境之间的关系。信息人对微信平台信息生态环境的认识具有自身感性的成分，在信息人的实践活动中，特别是在信息人的信息生产实践中对微信平台信息生态环境会进行相应的改造，会按照信息人自身的意愿改变微信平台信息生态环境形态，即微信平台信息生态环境必然是经过信息人改造的微信平台信息生态环境。因此，在任何信息人存在的微信平台信息生态环境中，几乎不存在未经过信息人改变的微信平台信息生态环境。那些首次被信息人发现的最原始的信息源，也是在信息人的实践过程中进入信息人的视野的，并且在信息人的实践中被感知的。随着信息技术水平的提升，信息人的实践活动对微信平台信息生态环境的改造更是超过了以往任何时代，因此，必须从实践的角度去揭示信息人对微信平台信息生态环境的改造。

第二，认识完善自我。实践是架构信息人与微信平台信息生态环境之间的桥梁，通过实践活动，信息人能够打开认识微信平台信息生态环境的大门，并将自身从微信平台信息生态环境各要素中分化出来，成为独立的生态因子；通过信息实践活动，信息人对微信平台信息生态环境的认识会不断深化，继而会根据微信平台信息生态环境演化的趋势塑造信息人自身。信息实践活动还会不断完善信息人自身，信息人作为实践主体在改造微信平台信息生态环境的同时必然对信息人自身也进行塑造，在信息实践活动中展示了信息人特有的本质，在信息实践活动中信息人的力量不断扩大，同时信息人对信息实践活动的认识也会更加深刻。从信息人与微信平台信息生态环境的关系看，信息人一方面以不同的方式认识与理解微信平台信息生态环境，另一方面又会不断改造微信平台信息生态环境，使之合乎信息人自身存在的需要。信息人不仅与微信平台信息生态环境发生知和行的关系，而且面临认识自己与变革自己的问题。从狭义来看，信息人在信息实践活动中要认识自己与认识其他信息人个体，从广义来看，信息人要认识个体的信息人与作为群体和群落的信息人，在信息实践活动中要完善个体（自我）和群体的价值取向，从总的方面规定信息实践主体对各种信息行为的选择。

第三，明确群体归属。信息实践活动是实现信息人与信息人相互沟通的中介。信息人在信息实践活动的过程中，通过信息生产活动这一基本的实践形式，一方面从微信平台信息生态环境中获取满足自身发展需要的能量，另一方面会结成一定的社会关系，即形成相应的信息人群体和信息人群落，并且这种信息人之间的社会关系是通过各种信息生产实践来维系的，信息人所结成的各种关系，都归因于信息资源的生产实践中利益诉求。虽然每个信息人都会从实现自身利益最大化的视角来从事各种信息实践活动，但在信息实践活动中至少应该不选择危害信息人群体的行为，这样信息人的信息实践活动才会得到普遍层面的认同，其中包括信息人自己肯定自己是社会共同体中的成员，信息人才会获得群体归属感，才会在整个信息生态大环境中拥有明确的身份定位。

第四，促进社会变革。信息人的信息实践活动一方面是推动微信平台信息生态环境演化的主导力量，另一方面也是变革信息社会的主要力量。信息社会的发展过程就是一连串信息实践活动、不断交替信息实践过程的集合体。在微信平台信息生态环境演化过程中，随着信息人信息实践活动的不断发展，信息实践形式的多样变化，信息人信息资源的生产实践，将信息人从整个微信平台信息生态环境中分化出来，创造出满足信息人自身生存与发展的各种需要，并在此基础上结成了错综复杂的信息人群体和群落，从本质上讲，信息人群体和群落也是一种实践形式，不同的信息人群体和群落的社会矛盾构成不同，信息人群体和群落的内部的社会关系也是不同的，同时社会关系的变化也在调节着各种社会矛盾的变化。这就要求信息人在考察社会关系实践形式时，不能忽视其背后信息资源生产实践的基础性地位，必须在重视信息资源生产的基础上，大力开展各种信息实践活动，促进信息人信息福利水平的提升和信息社会的变革。

7.2.4 平衡权利与义务

和谐的微信平台信息生态环境必然是信息人孜孜以求的美好的信息生态状态。笔者认为和谐的微信平台信息生态环境必然是信息人的权利与利益平衡的状态。首先，正是基于对利益的追求，信息人才会联合起来进行信息生产、信息交流和信息消费等行为，对利益的追求是信息人集结成群体和群落的原因；其次，权利是一种保障，权利承载了信息人对和谐的微信平台信息生态环境的秩序价值的追求，是信息人个人与群体、群落有效结合的基础。权利为实现信息人与微信平台信息生态环境、信息人与信息社会、信息人与其他信息人、信息人与自身的和谐提供了首要前提和重要保障；最后，康德认为，“权利是一种条件的综合，根据这些条件，任何人的有意识的行为，按照一条普遍的自由法则，确实能够和其他人的有意识的行为相协调。”通过对权利的宣告，信息人的利益得到保障、价值和尊严得到尊重，信息人在社会资源配置中的地位和资格得到确认。

第一，引导利益追求。利益反映信息人之间的生产关系、经济关系。引导信息人理性看待各种利益关系，合法追求正当利益是信息人在微信平台信息生态环境中生存的基础。但是，信息人谋取何种的利益、如何谋取利益，却必须需要适当地进行引导。要教育信息人对不合理、不健康的利益加以抵制，要对与微信平台信息生态环境和谐演化发生矛盾的过高利益需求加以适当引导，必要时，对那些以非正当方式追求不法利益的信息人施以法律制裁，以起到惩戒作用，确保信息人利益主体的求利活动都能在既有利于自己、又有利于他人和微信平台信息生态环境的和谐演化。

第二，解决利益矛盾。信息社会实质上是由作为不同利益主体的信息人相互联系、结合所形成的庞大的联合体。信息人之间各种社会关系在深层本质上都是利益关系，不同信息人之间的利益及利益追求的差别和冲突在所难免，必然造成信息人之间利益上的矛盾。信息人之间的利益矛盾体现在以下几个方面：信息人个人与个人之间的利益矛盾，信息人个人与群体之间的利益矛盾，信息人群体与群体之间的利益矛盾；信息人主体不同方面利益相互之间的矛盾主要体现在：物质利益与精神利益之间的矛盾，经济利益与政治利益等之间的矛盾；信息人主体不同时间利益的矛盾主要体现在：现实利益与未来利益之间的矛盾，短期利益与长远利益之间的矛盾，等等。因为信息人之间利益上的矛盾关乎信息人相互关系的和谐、信息社会秩序的安定以及整个微信平台信息生态环境的存在状态，因此，只有妥善解决信息人之间的利益矛盾，恰当协调信息人的利益关系，才能够促进微信平台信息生态环境和谐演化。构建和谐的微信平台信息生态环境，必须妥善解决信息人之间（这里主要指信息人个人与个人之间、群体与群体之间）的利益及利益追求的矛盾，即必须要正确反映和兼顾不同信息人主体的利益，缩小悬殊的利益差距，实现信息人利益共享和利益均衡。因此，必须在公平正义的原则基础上，达成利益共享的社会共识采取措施尽量缩小信息人主体之间的利益差距，力争不同地区之间、不同行业之间的弱势群体的利益得到高度的关注和照顾，在信息人个人与个人之间、群体与群体之间，合理地分配经济、政治和文化权益，使全体信息人各得其所又各获其利。

第三，主张基本权利。权利就是一种进行甄别和给予优先承认的方式。在一定的微信平台信息生态环境状态下，与信息人的生存和发展休戚相关的一些基本需要，被称为信息人的权利，这种权利通过国家的强制力量来给予优先承认和满足。在微信平台信息生态环境中，信息人基本权利包括：生命权，信息人人身不受伤害得到保护的权利；自由权，既指信息人思想自由、言论自由、宗教自由、结社自由和活动自由；财产权，信息人的经济利益相联系的民事权利，如所有权、继承权等；关于公民个人地位的各种权利，如信息人国籍权和各项民主权利；涉及政府行为的权利，尤其是涉及法治和司法行政的权利。主张基本权利，就是要通过国家力量维护信息人的些基本要求，使得信息人基本权利成为社会予以优先承认并由国家力量加以维护的人的权利，防止信息人的权利受到侵害，确保信息人权利的最终实现，为实现信息人利益追求的无阻性提供必要的前提和强有力的保障。

第四，体现伦理诉求。有人的存在，就必然有伦理规范的存在。和谐的微信平台信息生态环境必然是符合伦理规范的环境状态，信息人必定有强烈的伦理诉求。信息人要想成为自由而全面发展的人，就必须回归生态、社会、自我的三位一体的和谐，这种和谐是至善的伦理境界，体现信息人最高的伦理诉求。信息人是信息态环境中的主体要素，信息人必须与微信平台信息生态环境共生共存，信息人与微信平台信息生态环境既相互影响，又相互制约而达到一种平衡，是必然的伦理诉求。由于人是社会关系的总和，社会是各种社会关系交织起来的整体。信息人与信息人之间的关系即信息人人际关系，信息人人际和谐其实就是利益诉求的和谐。当信息人个人的利益诉求和信息人群体的利益诉求之间存在着对抗性矛盾时，信息人个人要服从信息人群体，此时，维护信息人群体利益作为最高的道德要求。因此，协调信息人与信息人之间、信息个人与信息人群体之间的利益关系，也是必然的伦理诉求。马克思指出：“任何一种解放都是把人的世界和人的关系还给人自己。”在和谐的微信平台信息生态环境中，必须解放信息人，把信息人的世界和信息人的关系还给信息人自己。使得信息人在信息活动中，能够妥善处理各种冲突，避免对自身的心理造成不良的影响；使得信息人对自己的信息行为有充分的安全感，能够体验到自己信息行为的价值，并能恰当地评价自己的信息能力，能够发展自身的潜能。可见，解放信息人，使信息人成为真正的人、成为自由而全面发展的人是和谐微信平台信息生态环境最高的伦理诉求。

和谐的微信平台信息生态环境倡导的生态“大自我”整体主义价值观，这种“大自我”的价值观是信息人面对微信平台信息生态环境恶化挑战的生存智慧。信息人与整个微信平台信息生态环境是彼此相关联的，信息人是信息态环境中的主体要素，信息人必须与微信平台信息生态环境共生共存，信息人与微信平台信息生态环境必然达到一种平衡，这是整体主义价值观深层伦理诉求，也敦促信息人必须完成价值观的深层变革。伦理道德是信息人的思想和行为的一种价值浓缩和评定准则，信息人要突破浅层生态学的认识局限，对信息人所面临的生态环境问题进行深层追问并寻求深层解答，这要求信息人不仅要从科技层面来审视微信平台信息生态环境问题，而且还要从伦理学、经济学、社会学高度来探讨有益于信息人的价值观念、生活方式、社会实践等，以期达到信息人与整个微信平台信息生态环境的协调发展。在倡导的生态“大自我”整体主义价值观的同时，要重视信息人本身的发展，将信息人个体的发展同微信平台信息生态环境整体的发展统一起来，正确认识信息人的价值，发挥信息人的主观能动作用，为了实现信息人福利的提升与微信平台信息生态环境保护的有机结合，最终实现微信平台信息生态环境的可持续和谐演化。

义利问题是伦理价值观的核心问题，信息社会的道德风情或道德状貌借助并通过信息人对义利问题的认识表现出来的。由于信息社会是信息人社会关系的总和，信息人与信息人之间的关系即信息人人际关系，信息人人际和谐必须要秉持“义利并重”的价值取向。遵循的“义利并重”的价值观要求把公平与效率统一起来。公平与效率是伦理评判意义的价值尺度，彻底抛弃空谈道德的虚伪说教，鼓励和保护信息人追求正当的合法利益；充分尊重信息人个人的合法利益，鼓励和引导每一个信息人维护和争取自己的合法利益；倡导以义导利、以义取利、见利思义等价值观，调动信息人信息实践活动的积极性，并保证微信平台信息生态环境的和谐演化。倡导“义利并重”的价值取向，就必须诉求于公正，公正是伦理生态视域下评判的首要道德与制度准则；诉求于民主，实现民主的本质在于实现信息人自身的自我管理，动力在于活动信息人主体的自我主宰；诉求于自由。自由是信息人展现自我、自我价值实现的前提条件，是伦理生态化的基本要件；诉求于仁爱，仁爱是信息社会基本的伦理道德规范。

7.3 实现微信平台生态和谐的举措

基督教把圣父、圣子、圣灵称为“三位一体”，目前“三位一体”常用来比喻三个方面联成的一个紧密不可分的整体。构建和谐的微信平台信息生态环境，信息人必须回归生态、社会、自我的三位一体的和谐，这种和谐是至善的伦理境界，体现信息人最高的伦理诉求。

7.3.1 挖掘微信用户的信息需求

具备一定的知识结构和知识背景的信息人，必然有一定的信息需求结构，客观条件决定信息人的信息需求结构，信息人不能全面而准确地认识自己的客观信息需求，仅仅认识到其中一部分或者完全没有认识到，有时也可能产生错误的认识。微信用户的信息需求状态离不开微信用户的实际生活体验和原有的知识结构。当微信用户进行信息需求消费时，信息需求中就可能包含着多个需求结构，如图 7–7 所示。

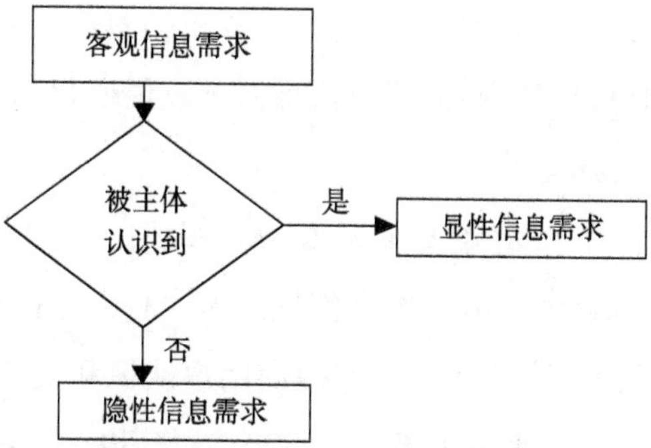

图7-7 信息需求状态

由于微信用户的认知过程是不断发展的，从模糊认知占主导地位逐步发展到精确认知占主导地位，从感性阶段逐步发展到理性认知阶段，模糊性现象是微信用户在认知过程中必然会产生的。在需求发展过程中，微信用户常常会处于对需求内容和需求满足物的模糊认知状态。该种状态下，需求发展的无限性和人的认知能力有限性之间常常会处于不平衡状态，即需求发展了，而微信用户的认知却没有同步发展，导致不能准确意识到需求的存在，或者暂时发现不了需求满足物。因此，可以将微信用户的需求分为显性需求和隐性需求两种：显性需求即指微信用户已经觉察到的，并有明确满足的信息产品的需求；隐性需求即指微信用户尚未觉察到或者朦胧觉察到，但没有明确满足的信息产品的内在要求。隐性需求是微信用户处于萌芽状态、需要"学会"的内在要求或感觉。快速发展的高科技，多样化、高层次化的需求，以及微信用户受局限的认知能力，必将会产生越来越多的隐性需求。与此同时，微信用户与信息生产者之间的关系也发生了变化。以前是微信用户将已觉察到的需求传递给信息生产者，后者按其需求开发信息产品，而现在微信用户的信息需求常处于模糊认知状态，因而信息生产者的工作重点要放到对微信用户未明确觉察到的需求的挖掘上来，通过信息挖掘，创造出满足微信用户需求的信息产品，同时对信息用户进行引导与教育。目前信息机构在显性信息需求方面做得比较好，而对于隐性的信息需求方面的挖掘还有待提高。

情报学家布鲁克斯构建了信息作用于知识结构的方程式：

$$K[S]+\Delta L=K[S+\Delta S]$$

式中：微信用户的知识结构为$K[S]$，在$K[S]$的基础上，吸收信息ΔL，形成新的知识结构，即$K[S+\Delta S]$。引用布鲁克斯的方程式与科亨（Kochen）的信息需求状态划分方式，我们可以研究微信用户信息需求发展变化的“运动状态”，可以构建一个新的布鲁克斯方程：

$$K[S]+\lambda_1\lambda_2\lambda_3\Delta I=K[S+\Delta S]$$

在新的布鲁克斯方程中，ΔI为客观信息需求，λ_1、λ_2和λ_3都在区间[0，1]内变化。其中λ_1为主观信息需求系数，即微信用户认识和表达客观信息需求的比例；λ_2为所需信息的实际获取比例系数，它受信息环境、信息供给、信息技术条件等因素的制约；λ_3为信息的认知能力系数，表示微信用户理解和吸收信息的比例。新的布鲁克斯方程表明：微信用户的客观信息需求往往是未能表达的，属于潜意识下的一种需求，而不被认知主体察觉。当前，社会发展和科技进步，人们对专业信息资源的利用不断加深，传统的信息服务产品已难以满足微信用户的需求。微信用户希望将分散于本领域和相关领域的无序、冗余的信息信息资源加以重组和集成，信息技术的出现和发展，恰好为微信用户获取集成化的信息资源提供了技术支持。通过微信终端平台，微信用户多样化、个性化、综合化的信息需求，均可得到满足，微信用户可以方便地按个体需求获取所需信息资源，并将信息进行集成化处理。

7.3.2 找准微信资源的生态位

当前，信息资源的数量极其浩繁、信息资源的质量鱼龙混杂，用生态学理论阐释信息生态系统，深入研究信息资源的生态位，对于我们了解微信平台信息生态系统的自组织演进特性，控制微信平台信息生态失衡现象是十分必要。

生态学认为，正是因为生物之间相生相克的存在状态，才使各种生物之间结成生物链，各种生物在该链条中彼此依赖、互相影响，维持着各物种数量方面的稳定。微信平台信息生态系统中，各种信息资源的质量、数量也是相互依存、相互制约的，每种信息资源在微信平台信息生态系统中应该有自身的生态位。因此，明确将要生产或发布信息的生态位是信息生产者、信息发布者、信息的组织者工作重点。

如图7-8所示，确定信息资源生态位是一个动态过程，竞争与协同同在。信息生态系统中，信息人以竞争方式逐步确定生产或发布的信息的生态位。微信平台信息生态平衡时，原则上各种信息资源的生态位不重合，若有重合，必然会通过竞争来削减生态位的重叠。信息人要确定信息资源生态位，不仅要遵守信息环境的要求，而且要分析、定位微信用户信息需求市场，加强各类信息发布者之间的合作，才能够更加深刻地理解和掌握信息资源相互依存、相互制约的规律。

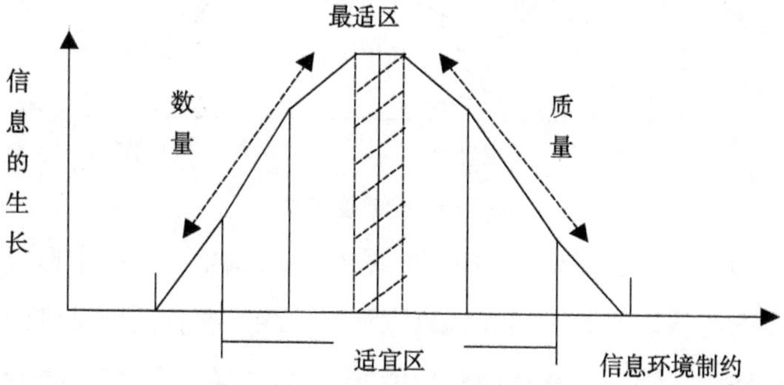

图7-8 信息资源生态位平面图

通过生态空间计算，可以了解信息资源的空间结构及其分布型的生态学特征，提高信息资源生产、利用发展战略的前瞻性和可预见性。信息资源发展的生态空间大致可以划分为自然空间、社会空间和规范空间，其中，自然空间是信息资源生产的根本条件和基本背景；社会空间也称环境空间，是信息环境系统；规范空间是社会在发展过程中所形成的特有的信息人的认知态度和价值理念。通过对信息资源的生态位宽度的计算，测量出每一种信息资源生态空间。

如图7-9所示，在生长的初期，随着信息的不断开拓，信息占领了所有空余的生态位，为了寻求更良好的生态位，信息在生长过程中，会出于本能的产生一种满足需求的趋适行为，结果导致信息资源的流动，并在流动过程中加强了相互之间的竞争。由于系统过大会产生不稳定性，所以竞争过程中各种信息总是尽力减小生态位势，朝着稳定的方向演替。当微信平台处于信息生态平衡状态时，各种信息资源所处的生态位应该是不重合的，若有重合，则导致竞争加剧，以求达到稳定。微信平台信息生态系统为了削减生态位的重叠、达到平衡，则需通过信息资源间竞争与协同来完成。作为信息的生产者、发布者以及组织者的信息人必须首先遵守信息环境的要求，其次要分析、定位微信用户信息需求市场，加强各类信息发布者之间的合作，最后要深刻理解和掌握信息资源相互依存、相互制约的规律。

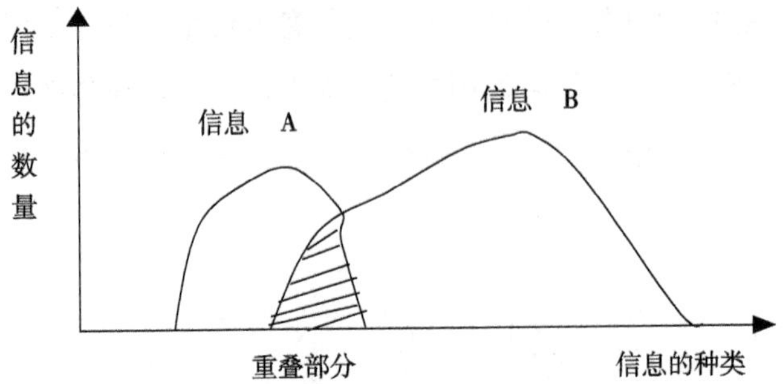

图7-9 信息生态位

特色竞争力是经过长期培育和积淀，在信息机构生产过程中形成的一种不易被竞争对手模仿的特质能力。培养特色竞争力，除了要找准信息机构自身生态位和洞察外部环境，还需制定合理的错位发展战略。“错位发展”，指发挥信息机构特色优势，避开生态位重叠的恶性竞争，打造出“人无我有，人有我优”的竞争实力，而并非复制信息机构的常规生产模式。信息资源生产过程的理念错位就是要在“不求全（信息资源种类）、不求大（规模大）、不求多（信息资源数量）”的理性认识中，把握信息机构发展的方向、模式及目标；手段错位就是利用现有信息基础设施和信息技术，扩大信息资源生产的覆盖面；功能错位就是要根据区域微信用户人口结构和素质结构，建立更加符合区域经济、社会特点的多层次、多规格、弹性化的信息资源生产体系；途径错位就是要结合经济、社会发展的实际需要，努力开发各种特色的信息资源。

信息资源的生产是一个复杂有序、功能稳定的生态系统，是信息生态系统内部构成要素遗传、变革、衔接和融通的产物，对信息资源的生产准确定位才能促进内外环境的和谐。微信平台内部环境的和谐，就是要有效设置信息机构的内部资源结构，合理划分各级机构的权利和义务。微信平台外部环境的和谐，就是要在准确定位的基础上，根据竞争对手和自身的实际，发挥内在优势，实现生态位错位和分离。追求环境和谐是信息机构微信平台生存发展的核心理念，是信息机构准确定位的核心使命，也是信息机构持续发展的美好愿景。以定位造和谐，以和谐促发展，形成定位、和谐、发展三位一体的优势生态位。

微信平台信息生态系统是人工系统，人是信息生态系统的主体。广义的信息人，是指每一个社会成员，包括所有社会组织和自然人，如图7-10所示。

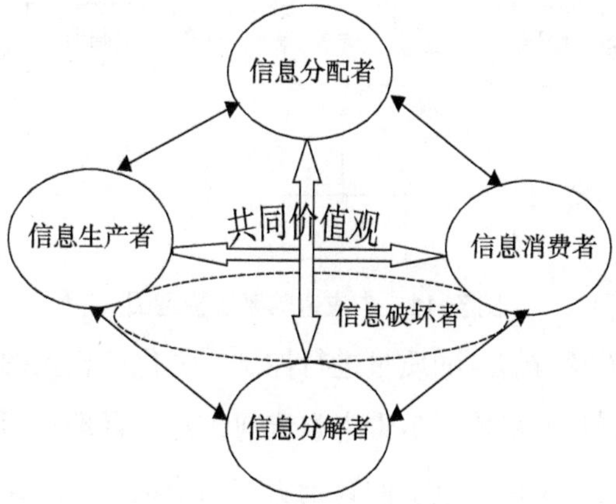

图7-10 信息人关系图

首先，信息人之间需培养利益共享的价值观念，利益共同体是信息生态系统进化发展的动力、核心内容和本质要求。在信息社会，信息人之间的关系要和谐，信息人一定要尊重他人，爱护微信平台信息环境、诚实守信地发布信息、民主地进行交流沟通，要讲究网络道德、伦理，不断改进自己态度及工作方法。其次，要正确认识信息人之间的竞争关系，因为竞争，所以信息人才能不断提高信息质量，信息内容才会更加丰富多彩；因为竞争，所以信息人才各有专攻，不致出现千人一面。信息人在协作中有竞争，在竞争中有协作，二者相互渗透、相辅相成。多赢是信息人之间竞争的最理想结果，良好的协作会创造竞争中的多赢。信息人只要在法律和道德允许的范围内按照平等、诚信的原则去进行竞争，在竞争过程中取长补短、互利共赢。在反复的竞争与协同作用下，逐渐形成规模，且发生分化，微信信息生态环境才可以良性可持续发展。

7.3.3 规范公众号间信息交流过程

微信平台信息生态失衡的原因是错综复杂的，涉及多个方面，它贯穿于整个信息活动过程之中。一个完整的信息活动过程包括信息的生产、传播和利用三个环节，缺一不可。申农著名的通信系统模型（图7-11），是最简单、原始的一个通信系统，但它模拟了一个典型的信息供给、传递和接收的过程。

信息传播表现为一个运动过程，其三要素包括信源、信道和信宿。信源即信息的源泉，信道即信息传播的通道，信宿即信息的接受者。

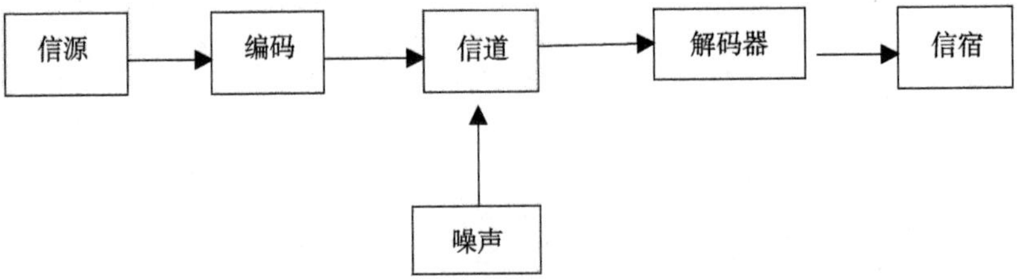

图7-11　申农通信系统模型图

第一，对信息源发布信息的质量进行控制。强化信息人的生产管理，各级政府部门设立信息质量监控机构，负责审查流通信息。合理利用法律、行政、经济等手段控制虚假信息、淫秽信息、假冒伪劣产品信息，不定期评估、审查和监督信息生产。为提高信息质量，需严格对各种非法转载、转抄、重印信息的行为进行限制、制裁。其二，鉴于信息资源的时效性，随着时间的推移，信息资源的质量与可靠性不断递减，因此，关注信息资源的时效性，要注意及时更新信息资源。其三，保证信息完全性，主要保证信息内容范围及其整理加工的完整性、信息表述的准确性等。使其能准确、详细地表述信息内容，并满足多个微信用户的需求。其四，关注一致性，不同的计算机系统之间及其系统内部要保持数据结构及数据值描述的一致性。其五，满足可存取性，可存取性是指微信用户获取信息资源的难度及效率。应保证网站微信平台设置存取权限或者对信息资源描述的可存取性，在强调信息本身时效性的基础上，使微信用户方便、真实、可靠获取信息或信息资源。对信息资源供给质量产生影响的因素很多，有经济因素、技术因素，还有国家政策导向因素。首先，要通过市场机制调动信息生产者的积极性，通过高质高价的价格体系刺激信息生产者供给高质量信息资源的积极性。其次，改进信息生产技术，在既定的资源条件下，提高生产技术，为深度开发、利用信息资源提供技术支持，从而获得高质量信息供给。政府应采用鼓励投资信息产业、刺激生产高质量信息的政策（例如减税等），增加高质量信息供给。

第二，对信息传播的效果控制。信息传播者是信息传播的关键，在信息交流过程中起决定作用。信息传播者受个人认知差异、组织、利益等因素的影响，在传播信息过程中会具有明显的人为倾向。在全球信息化背景下，微信平台信息生态失衡已经开始影响社会、经济、政治、文化和权力中的一切活动。因此，控制微信平台信息生态失衡，必须联系网络、金融等各个领域共同携手作战。信道的状况制约信息传播的效果，在信息传播过程中，信道中会产生干扰信息传播的因素或噪声。由于噪声的干扰，发出的信息与接收的信息含义有差异或两者截然不同，因此，要从技术角度开展研究，以计算机核心信息技术为参考轴，围绕对于信息、信息资源和信息手段所发生的操作和行为来展开技术攻关，这样才能从信道的角度控制信息质量。减少噪声、排除干扰的措施，不外乎两个方面：一是提高编码的可靠性和信道抗干扰的能力，如编码序列的长短是否合适（因为较短的序列能缩短信息在信道中滞留的时间，并减少受噪声干扰的可能）、编码序列是否科学；二是科学估计所得信息的信息量，加强对所得信息的滤波、提纯，以消除噪声。

第三，对信宿进行控制。信宿即微信用户，考察信息的产生、传播、吸收和使用过程，信息的创造者、传播者、接收者、利用者等任何社会组织和社会成员，只要有利用信息的智力条件和与社会他人的交往需求，能够登录微信公众号，就会成为微信用户。这是因为社会组织或成员在获取和利用微信平台信息的同时，必然伴随着新的信息产生和传播，体现为信息与微信用户的交互作用机制。在微信平台上，有些信息都是由于"微信用户利用"而产生的，而微信用户"创造"的信息以新的渠道传递和被利用，由此而产生信息的社会效益和作用。在微信平台，信息只有经微信用户摄取方可体现其价值，而微信用户在各种活动中又离不开信息，表现为信息与微信用户之间的相互依赖性；微信用户在发布、传递、获取和利用信息的过程中会对信息客体做出选择，以求信息活动与微信用户主体活动相适应和相匹配；微信用户在选择、发布与使用信息的过程中必然对信息进行评价，以明确信息的价值；信息与微信用户的关联作用体现在微信用户用新的方式表达信息，即加工接受和存储在大脑中的信息；微信用户与微信用户之间的信息传递因而是信息的一种主要传播方式，微信用户吸收信息的同时创造新信息，并赋予信息新的生命力。由于信息微信用户具有多、广、杂、散等特点，在利用信息过程中受到需求、信息能力、观念、管理等多重因素的制约，微信用户极易丧失控制信息的能力，滋生多种信息生态失衡现象，诸如信息崇拜、信息霸权等。因此，只有提高微信用户的信息意识、信息利用技能和思想文化素质才是实现信息价值的前提和基础。

7.3.4 加大信息环境调控力度

微信平台信息生态系统的演替是信息生态系统与环境因素综合作用的结果。根据信息生态系统发展的规律，提出科学的环境规范策略，才能促进微信平台信息生态系统由无序走向有序，由低级有序走向高级有序的自动演替过程。

第一，精神层次的环境调控措施。微信平台信息生态系统的和谐发展战略是从更高、更远的视角来解决环境与微信平台信息生态系统自动演替的关系问题。精神层次的环境控制措施，不但为微信平台信息生态系统的自动演替提供了理论思维和指导信息人行为的新模式，还将为微信平台信息生态系统的和谐发展提供新的战略和策略思想，从而促进微信平台信息生态系统自动演替过程。精神层次的环境控制措施，关键是提升信息人生态文明理念，强化全社会的可持续发展意识。加强信息生态伦理教育，信息生态伦理是一个包含多种思想倾向和思想流派的多元化的话语体系，信息生态伦理教育致力于把人与人关系领域的道德研究，扩大到信息人与微信平台信息生态系统自动演替关系领域的道德研究。用生态学的观点来观察微信平台信息生态系统的自动演替过程，充分认识其是一个共同体（由相互依赖的多个部分组成），强调信息环境因素与微信平台信息生态系统自动演替要协调发展、共同进化，培养信息人科学、理性的价值观，充分认识微信平台信息生态系统和谐发展理念及外延。

第二，制度层次的环境调控措施。制度包括信息人本身的生存活动和信息人参与群体活动的各种密切相关的制度。制度层次的环境控制措施，就是要建立新的信息人的伙伴共同体，要求在微信平台信息生态系统的经济制度、政治制度、法律制度等各项制度的制定及其实施中，都要确立其生态理念的指导作用，制定出相应的生态保护、协调发展的方针政策、法律法规，组织、协调、引导和规范信息人的实践活动。制度层次的环境控制措施，具有的约束力和强制力，是促进微信平台信息生态系统由无序走向有序，由低级走向高级的自动演替过程的必要保障。

第三，技术层次的环境调控措施。信息技术是信息环境的关键，人们通过一定的信息技术获取信息资源，同时也通过信息技术的进步提高获取、利用和管理信息资源的能力，促进信息环境的改善。第一，信息人要学习自然界的智慧，把大自然的法则应用于信息科学，利用生态学物种共生和物质循环、转化、再生的原理，设计信息资源生产、利用过程中的物质能量分级利用技术系统。第二，提高信息资源的利用效率，通过技术创新，信息技术系统的作用，扩大微信平台信息生态系统的容量，提高微信平台信息生态系统的供给力。第三，提高信息导航能力，有序展示信息资源内容与结构，通过信息导航，架起微信用户与信息资源之间的一座桥梁。网络信息过滤作为筛选信息、满足微信用户需求的有效方法便应运而生。信息空间是一个没有边界的新的地理学空间，它的特征是技术和变化。当信息的自由性与科学性发生强烈的冲撞时，人们信息使用的困惑加大了。目前解决信息自由性与科学性矛盾的主要方法是融合管理、技术、执法几种手段综合加以治理，实现信息保密的基本措施是信息安全技术的应用。

7.3.5 微信平台自动演替与环境调控的耦合

自组织理论主要由三个部分组成：耗散结构理论（Dissipative Structure）、协同学（Synergetics）、突变论（Calastrophe Theory）。微信平台信息生态系统的发展是一个自组织的过程，在信息环境因素和社会大环境因素的双重规范下，必然由无序走向有序，由低级有序状态走向高级有序的动态平衡状态。促进微信平台信息生态系统发展的首要任务是建立内在机制的信息环境，微信平台信息生态系统在信息环境的规范下，将逐步由低级走向高级的自组织的过程。

第一，保持微信平台信息生态系统的耗散结构。1865年，德国物理学家克劳修斯提出了熵（entropy）的概念，根据熵增原理，一个系统如果它的构成因素数量趋于无限增大，必然伴随着内部熵增长。熵的增长意味着系统走向无序或混乱。熵定律表明，一个封闭系统随着内部熵的逐渐增大，最后走向“热寂”——系统毁灭。然而，世界上的许多事物并非全部走向“热寂”，而是表现为从小到大、从弱到强，或者死而复生，甚至欣欣向荣。这说明，有一种机制能够抵消或消除熵增，使系统保持有序演化状态。普利高津提出的开放系统的熵变化公式是：

$$ds=d_is+d_es$$

根据熵定律，其中d_is（熵）永远大于0，d_es（熵流）可正可负。当d_es为负值且其绝对值大于d_is时，整个系统的熵变化ds就小于0。熵变化ds小于0，意味着d_es起到了负熵的作用，使系统有效地克服了熵增，保证了系统的有序化演进。可见，有没有负熵机制，是系统能否持续演化和发展的根本前提。在一个开放系统中，始终有新信息的输入与输出，是形成负熵机制的根本前提。信息量越大，则负熵越大，熵值越小，系统有序度越高。在这个过程中，新信息起到了负熵的作用，意味着有用新信息与熵之间是一种此消彼长的对立关系。由此，维纳曾指出，“正如一个系统中的信息量是它的组织程度的度量，一个系统的熵就是它的无组织程度的度量，这一个正好是那一个的负数”。

微信平台信息生态系统其实也是符合上述熵变化规律的开放系统。我们知道，社会信息系统具有两个明显的特征，一是它的连续性，另一是它的无序性。所谓信息系统的连续性，是指信息总是被连续不断地被生产、流通和利用，由此形成“信息流”。信息的这种无序生产和无序流动的无组织状态，借用熵理论来说就是“信息熵”（信息系统无序程度的度量），与信息熵相对的概念是“信息序”（信息系统有序程度的度量）。信息熵的存在及其增大，必然为人们交流和利用信息带来极大的障碍，从而严重影响人们对客观知识主观化吸收需要的实现。由此形成了社会信息系统的基本矛盾：信息生产和流动的无序性同人们利用信息的有序性要求之间的矛盾，也即信息熵与信息序之间的矛盾。解决这一矛盾的根本方法就是用“负熵”来抵消或减少信息熵，从而提高信息序。这里的“负熵”就是对信息流进行整序（分类、编目、标引、排列等）、疏通和控制的过程或手段。这种手段既可以是个体性的手段，也可以是社会性的手段。小规模、小数量的信息熵，可以借助个体的力量抵消或减少，但大规模、大数量的信息熵，则必须借助社会的力量来加以控制。各种信息机构就是社会用来抵消信息熵、保证信息序的一种专门的社会设施。也就是说，信息机构是社会对信息系统的有序化需要所催生的产物，因为信息机构就是能够产生“负熵”的负熵供给设施。如图7-12所示，根据结构理论的观点，微信平台信息生态系统遵循“熵”定律。

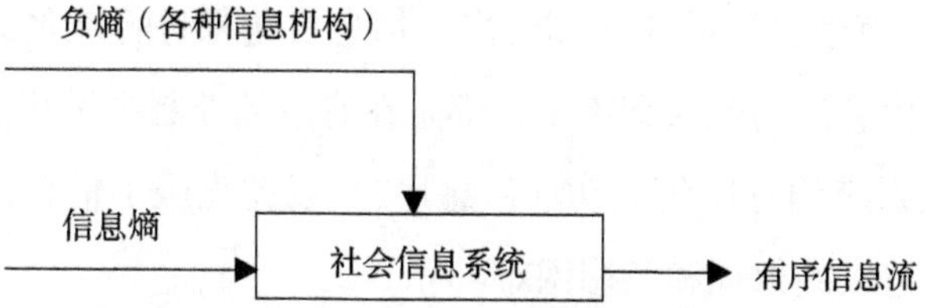

图7-12 信息机构负熵功能示意图

第二，运用信息机构的“负熵”机理。信息机构的“负熵”功能，主要表现为对信息资源的集中存储、序列化加工、控制流向与流量三个环节。集中存储。集中存储信息是信息机构的基本功能，信息机构的其他功能发挥都以集中存储功能为基础。从逻辑上讲，集中存储本身就是一种有序化的体现，即集中是有序的前提。一个信息机构不可能存储社会上的所有信息资源，但社会的全体信息机构系统就能存储全社会的大部分信息资源。集中存储信息，防止了信息资源的散轶，保证了信息资源的长期存用。集中存储信息是集中有序利用信息的基础。信息机构系统集中存储信息，为客观知识的历时性纵向交流提供了社会化的公共平台。信息机构集中存储信息，等于是集中记忆客观知识，为客观知识的积累和发展提供了连续纽带。序列化加工。信息机构不仅集中存储信息资源，而且还对所存储的信息加以序列化加工，使其处于有序化的“预备利用”状态。对所存储的信息进行序列化加工，是信息机构工作者基本而又常规的业务工作。信息机构在长期的发展过程中，形成有一系列序化馆藏信息文献的技术性程序、方法或标准。如信息分类是将信息的知识内容按所属学科给予标识，使知识内容有一个分门别类的序列；信息主题标引是用规范化的自然语言语词来表征信息中的知识主题，使知识主题按主题字顺得到标识；信息排序则普遍以知识的分类标识为依据，使知识按学科体系得到组织，等等。控制流向与流量为了更好地理解信息机构对信息流的控制机制，我们可以做这样一种类比：各种信息流好比是一条条涓涓溪流，一个个信息机构如同是涓涓溪流汇成的一座座水库。正因为信息机构汇集涓涓溪流（输入），积蓄了巨大能量（有序积累形成的水能），从而能够发电（输出）。在这个过程中，信息机构起到了控制信息流向和流量的作用——让每一束信息流有序地流入信息机构，然后再有序地流向每一个利用者（微信用户或读者）；而且，每一束信息流的流入和流出，信息机构都进行流量的控制。也就是说，信息机构对信息流的流入和流出，都是在有序的控制中进行，由此基本保证了整个社会信息系统的有序化流动（信息序），以此克服了信息流的无序散状流动（信息熵）所造成的保存和利用困难。

第三，重视微信平台信息生态系统的协同效应。提升微信平台信息生态系统的协同自组织功能，首先，要推动微信平台信息生态系统的伦理建设，推动信息人之间的互动，倡导信息人运用伦理道德力量来推动信息技术发展，向着建设造福于人类社会的和谐微信平台信息生态系统的方向前进。其次，根据微信平台信息生态系统的实际情况，通过法律、法规、政策等推进微信平台信息生态系统的宏观管理。进一步完善法律体系，既要填补法律的空白和缺失，同时也要修改和完善法律，做到有法可依。信息人既应懂得用法律武器保护自身权利，又自觉遵守法律。再次，科学技术是第一生产力，它决定着信息循环的方式和效能。通过信息技术的进步提高信息人获取、利用和管理信息资源的能力，促进信息环境的改善。最后，加快建设社会信息基础设施步伐，加强信息基础设施管理，推动微信平台信息生态系统的健康有序发展，为微信平台信息生态系统的自组织奠定坚实的基础。范竹华等人认为生态系统总处于不断进化和演变之中，并称其为生态系统的螺旋式上升演替理论。根据生态系统发育的状况、结构和功能，将其发育阶段分为幼年期、成长期、成熟期。微信平台信息生态系统从低一级向高一级自动演替，最终达到顶级状态（最高级的生态稳态），也必然遵循螺旋上升理论。从系统论的观点来说，在内、外机制的驱动下，微信平台信息生态系统的自动演替从简单向复杂、从粗糙到细致来复杂度和精细度。

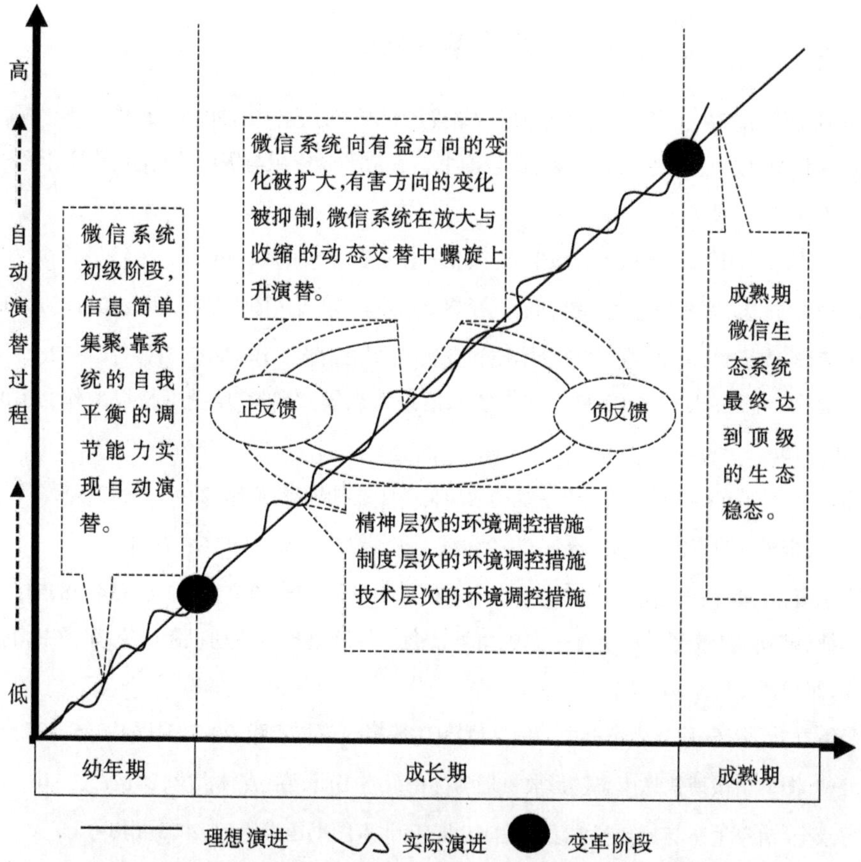

图7-13 微信生态系统自动演替与环境调控耦合机制图

环境要素的规范作用产生多种相互作用的反馈关系，包括正反馈和负反馈。正反馈具有使微信平台信息生态系统自我加强、自我促进和自我催化的作用，负反馈具有使微信平台信息生态系统自我抑制、自我调节和稳定系统的作用。在微信平台信息生态系统的自动演替过程中，随着环境要素与其他各种要素的相互作用，会出现多重的正反馈与负反馈环。微信平台信息生态系统向着有益方向的变化被扩大，即好的作用效果被放大，而有害方向的变化则被抑制，这样将导致微信平台信息生态系统的结构在稳定和放大与收缩的动态交替中得以和谐发展，最终达到生态稳态，即微信平台信息生态系统演替的最高级阶段。

本章参考文献

[1] 中国互联网络中心.第36次中国互联网络发展状况统计报告[R].2015(7):42.

[2] 赵玉明,明均仁,高凯."211工程"高校图书馆微信平台应用与现状分析[J].图书馆学研究,2015(15):17-23.

[3] 李盈盈.传播生态学视域下的微信研究[J].东南传播,2014(11):14-17.

[4] 谢守美,方志.博客信息生态链:概念、影响要素及其维护[J].图书情报工作,2011(5):20.

[5] 娄策群,周承聪.信息生态链概念本质和类型[J].图书情报工作,2007,51(9):29-326

[6] 马捷,靖继鹏,张向先.信息生态系统的信息组织模式研究[J].图书情报工作,2010,54(10):15.

[7] 孟凡生,孙瑞英.和谐信息生态系统的模型构建[J].情报资料工作,2011(3):42-45.

[8] 高洁,李琳.信息传播学[M].哈尔滨:哈尔滨工程大学出版社,1997.8:27-31.

[9] 李京蔚,娄策群.微信信息生态链信息流转研究[J].图书馆学研究,2015(8):34-38,54.

[10] 马捷,韩朝,魏傲希,等.信息生态视角下社会事件网络传播驱动机制研究[J].图书情报工作,2013,57(15):56-61.

[11] 娄策群,周承聪.信息生态链中的信息流转[J].情报理论与实践,2007,31(6):725-727.

[12] 韩朝.图书馆微博信息生态链形成机理与优化策略[D].长春:吉林大学,2014,5:9-16.

[13] 蒋录全.信息生态与社会可持续发展[M].北京:北京图书馆出版社,2003:140-145.

[14] 孙瑞英.信息资源配置质量研究[D].长春:吉林大学,2007,10:91-17.

[15] 谢守美,方志.博客信息生态链:概念、影响要素及其维护[J]. 图书情报工作2011(05):20.

[16] 赵闯,王戴尊.基于"微信"的图书馆应用与服务模式研究[J].现代情报,2014(11):15.

[17] 孙学科.求同存异共融共生[J].企业文明,2015(9):21-22.

[18] 于景润.实践在马克思主义哲学中的作用和意义[D].开封:河南大学,2011:25.

[19] [德]康德.法的形而上学原理——权利的科学[M].沈叔平,译.北京:商务印书馆,1991:40.

[20] 北京大学哲学系.十八世纪法国哲学[M].北京:商务印书馆,1963:537.

[21] 马克思恩格斯.马克思恩格斯全集:第1卷[M].北京:人民出版社,1956:82.

[22] [英]鲍桑葵.关于国家的哲学理论[M].汪淑钧,译.北京:商务印书馆,1995:209.

[23] [德]黑格尔.法哲学原理[M].范扬,张企泰,译.北京:商务印书馆,1982:172-173.

[24] 马克思恩格斯全集:第1卷[M].北京:人民出版社,1956:443.

[25] 王新海,王志宏.Web客户隐性需求的内涵、特征及类型[J].情报杂志,2008(11):120-123.

[26] 张学军.略论潜在信息需求[J].情报探索,2005(1):39-41.

[27] 罗永泰,卢政营.需求解析与隐性需求的界定[J].南开管理评论,2006(3):22-27.

[28] 贺颖,孟鹏,宋文胜.情报用户知识结构的认知视角分析——布鲁克斯方程式的进一步探讨[J].2003(7):6-8.

[29] 孙瑞英.信息资源配置质量研究[D].吉林大学博士论文,2007.10.

[30] Lindeman,R.L.The trophic dynamic aspect of ecology[J]. Ecology,1942,23:399-418.

[31] 生态位.百度百科.http://baike.baidu.com /view/103716.htm?fr=ala0_1_1[2010-8-20].

[32] 国佳.信息生态系统下的企业信息协同模式研究[D].吉林大学硕士学位论文,2009,06:24-28.

[33] 陈锡生,袁京蓉.企业信息资源生态系统中信息制度要素研究[J].技术经济,2002(7):21-23.

[34] 吴涛,等.浅析网络信息资源配置及其质量管理[J].理论方法,2005(3):27-30.

[35] Hausken K jell .Cooperation and between group competition . Journal of Economic Behavior & Organization, 2000(42):417-425.

[36] 肖化顺,陈端吕.植物群落的现代演替理论浅析[J].中南林业调查规划,2006(8):60-62.

[37] [美]杰里米·里夫金,特德·霍华德.熵:一种新的世界观[M].吕明,袁舟,译.上海:上海译文出版社,1987:4.

[38] 湛垦华,沈小峰,等.普利高津与耗散结构理论[J].西安:陕西科学技术出版社,1982.

[39] [美]维纳著.控制论[M].郝季仁,译.北京:科学出版社,1963:11.

[40] 胡运清.信息生态环境问题研究[J].图书馆工作与研究,2007(4):48-51.